참나 깨달음

SELF REALISATION
The life and Teachings of Bhagavan Sri Ramana Maharshi

B.V. Narasimha Swami

Published by
V.S. Ramanan
President, Board of Trustees
Sri Ramanasramam
Tiruvannamalai 606 603
INDIA

First Edition 2003

참나 깨달음

라마나 마하리쉬의 생애와 가르침

나라심하 스와미 지음 | 김병채 옮김

슈리 크리슈나다스 아쉬람

참나 깨달음

초판 1쇄 발행일 2015년 12월 3일

지은이 나라심하 스와미
옮긴이 김병채

펴낸이 황정선
출판등록 2003년 7월 7일 제62호
펴낸곳 슈리 크리슈나다스 아쉬람

주소 경상남도 창원시 북면 신리길 35번길 12−12
대표 전화 (055) 299-1399
팩시밀리   (055) 299-1373
전자우편 krishnadass@hanmail.net
홈페이지 **www.krishnadass.com**

ISBN 978−89−91596−48−1 03270

출판 인사

슈리 B.V. 나라심하 스와미가 슈리 바가반에게 왔을 때 그는 이미 인도 남부 도시인 살렘에서 부장변호사이자 인도독립운동의 열렬한 참가자로 활동하고 있었다. 이때는 아마도 바가반이 스깐다스라맘에서 현재의 위치로 옮긴 지 약 7년이 지난 1929년 정도였을 것이다. 그 당시에는 상주 인원이 네댓 명 이상이 되지 않았다. 나라심하 스와미는 아쉬람에서 머무는 동안, 바가반의 전기를 쓰고자 하는 마음이 일어나게 되었다. 그는 많은 헌신자들로부터 면밀하게 정보를 수집하였으며, 물론 슈리 바가반으로부터도 그렇게 하여, 몇 달 안에 영어로 된 책을 완성하였다. 그는 빨라꼬뚜의 선구적인 '개척자'였다! 그 당시 아쉬람에서는 명상수행만을 하고자 하는 사다까(수행자)들이 식사를 하면서 지낼 수 있는 방이 없었다. 음식을 먹으러 읍내로 가는 것도 귀찮은 일이었다. B.V. 나라심하 스와미는 아쉬람의 서쪽에 있는 빨라꼬뚜를 그의 집으로 삼고, 슈리 바가반의 발아래에서 사다나를 하기 위해 거기에 정착하였던 많은 사람들에게 간단한 방식을 보여 주었다. 슈리 꾼주 스와미는 자신의 회고록에서 B.V. 나라심하 스와미는 아드바이따 베단따의 복잡한 내용을 배우는 데 열심이었으며, 슈리 바가반으로부터 까이발야 나바니따를 한 구절씩 배우는 커다란 행운을 가졌다고 언급하고 있다. 그 가르침은 일주일 만에 끝났다. 나중에 슈리 바가반은 "따밀어로 된 시 작품들을 통하여 베단따를 가르치는 전통적인 교단들은 학생들이 몇 년간에 걸친 마나나(시구의 암기)를 하고 나서야 비로소 그렇게 한다. 하지만 나라심하 스와미처럼 예리한 지성을 가진 사람의 경우에는 도대체 이러한 과정이 필요하겠는가!"라고 하였다.

바가반의 많은 헌신자들은 이 위대한 영혼에게 늘 빚을 지고 있다. 나중에 나온 바가반의 모든 전기들은 B.V. 나라심하 스와미의 자료에 확고하게 바탕을 두고 있다. 슈리 B.V. 나라심하 스와미는 또한 슈리 세샤드리 스와미에 관한 방대한 정보를 수집하는 데 힘이 되었고, 나중에 그 자료들을 슈리 꾸주마니 나라야나 샤스뜨리에게 넘겨주었으며, 샤스뜨리는 그것을 부연하여 바가반의 생애 동안에 따밀어로 출판하였는데, 그것은 바가반의 위대한 동시대인에 대한 전거가 되는 전기였다.

슈리 나라심하 스와미는 대단한 지성을 타고났지만, 그는 천성적으로 헌신의 길에 마음이 끌렸으며 그래서 바잔들이 열리는 곳마다 참여하였다. 북부로 성지순례를 다녀온 후, 그는 쉬르디에 정착하였다. 그리고 만년에 남부로 돌아와 슈리 바가반을 방문하였고, 계속해서 쉬르디 사이 바바를 모시는 교단을 마드라스의 밀리뿌르에 설립하였으며, 여기서 그는 직접 사마디를 얻었다. 슈리 나라심하 스와미는 또한 3권으로 된 최고의 쉬르디 바바의 전기를 썼다.

아마도 간결함 때문에, 많은 문학적인 전기에서 인용하여 각 장을 장식하고 있던 주옥같은 시적인 표현들은 나중에 출판된 『참나 깨달음』에서는 삭제되었다. 또한 당시에 타당하다는 여러 가지 이유를 들어 한 장이 몽땅 빠져 버렸고, 여러 곳에서 단락이 추가되어 나라심하 스와미의 글이 확충되었다. B.V. 나라심하 스와미의 원 저작은 몇 십 년 동안이나 절판이 되었다. 슈리 라마나스라맘은 B.V. 나라심하 스와미가 쓴 매우 인기 있는 슈리 바가반의 전기를 다시 개정하여 출간하게 된 것을 매우 기쁘게 여긴다.

이 개정판의 새로운 특징은 초판의 내용뿐만 아니라 그 후의 내용들을 통합하고 있다는 것이다. 따라서 1장에서 27장까지는 1931년 초판을 복사한 그대로이다. 그 이후의 장들은 나중의 판들을 기초로 하여 만들어졌다. 그래서 전기가 완전한 모습을 갖추게 되었다.

유명한 헌신자인 S.S. 코헨은 자신의 에필로그에서 슈리 바가반의 마하 니르바나와 같은 매우 중대한 사건들과 그 이후에 아쉬람에서 일어난 사건이나 성장의 모습들을 기록했다. 그러므로 이 책에 나오는 아쉬람에 관한 설명은 (넓은 의미에서) 최근의 자료라 할 수 있다.

2002년 12월 21일
(슈리 바가반의 123주년 자얀띠)
슈리 라마나스라맘 총재
V.S. 라마난

서문

나는 띠루반나말라이의 성산을 흠모하는 위대한 성자, 슈리 라마나 마하리쉬의 생애와 가르침에 대한 책의 서문을 쓰도록 요청받게 된 것을 나에게 부여된 매우 귀한 특혜라고 여긴다. 신의 섭리라는 측면에서 볼 때, 영적 하늘에 빛나는 별로 반짝이면서 쉴 곳 없는 낙담한 나그네를 영원하고 참된 행복의 천국으로 인도하는 그런 성자와 접촉할 수 있었던 것은 나의 행운이었다.

인류의 대다수가 이 환영의 세상이라는 유령에 현혹을 받고 있기 때문에, 잘못된 만족감 하에서 그 유령을 붙잡으려고 하는 그들의 노력은 필사적이다. 하지만 그들은 늘 그들이 염원하는 것을 성취하기 위하여 애타게 기다리고 있다. 만년에 가서야 비로소 그들은 귀중한 시간을 허비하면서 실재가 없는 그림자를 쫓아다닌 것에 대해 후회의 고통을 느끼게 된다. 이 위대한 성자의 생애와 귀감은 우리에게 세상의 길에서 만날 수 있는 함정들에 대한 경고를 하고 영성의 안전한 길로 접어들게 하는 빛나는 횃불의 역할을 한다. 사람을 강하게 끄는 그의 영향력은 하나의 은총이다. 그의 간단한 말 한마디가 때로는 의심이라는 두터운 구름을 걷어 내고, 무거운 가슴은 그의 짤막한 말로 가벼워지며, 심지어 난해한 철학의 얽히고설킨 수수께끼도 그의 직관의 샘으로부터 나오는 간단한 설명으로 만족스럽게 해결이 된다.

영적인 영광으로 가득한 이 살아 있는 기념비의 분명한 메시지에 사람들이 얼마나 느리게 반응하는지, 그리고 이 성자가 이룬 것을 깨닫고자 진정으로 시도하는 사람이 얼마나 적은지를 볼 때 안타까움을 느낀다. 그의 진보는 오늘날 보통의 인간보다 훨씬 앞서 있어서, 그는 영적 의식의 초월적 세계에 거주하고 있으며, 그의 육체적 몸과 감각은 진정한 내면의 참나를 깨닫는 데 아무런 장애가 되지 않았다. 그에게 있어서 물질적 세상의 환영은 더 이상 모든 현상들의 토대를 숨기고 있는 베일이 아니다. 그것은 그에게 투명한 매체였다. 최고의 사기꾼인 마음은 그에게 유순하고 충성스러운 하인이다. 그가 특히 즐겨 하는 말은 다음과 같다. "늘 그대 자신의 참나 속으로 물러나십시오. 가만히 있지 못하는 마음이 끊임없이 생각의 거미줄을 엮어 내는 그 근원을 찾으십시오. 일어나는 생각들을 무시하십시오. 생각의 뿌리에 집중하십시오. 그 고요와 평온 속에서 휴식하십시오. 그대의 노력은 너무 많았습니다. 그러므로 다음으로 해야 할 일은 경험과 내적인 깨달음을 얻는 것이고, 그것은 말로 된 설명을 허용하지 않습니다."

지금까지 희열의 거처에 도달한 자는 거의 없었다. 이 성스러운 성자가 우리의 시선을 끄는 또 하나의 주옥같은 영적인 진리는 "비록 많은 이들이 행복은 외적 조건에만 달려 있다는 잘못된 견해를 가지고 있지만, 행복은 진정으로 내면의 태도이거나 마음에 대한 주관적인 깨달음입니다."라는 것이다. 그는 행복을 위한 외적인 추구는 단지 '숨바꼭질'을 하는 게임일 것이라고 말하곤 하였다. 변화하는 사건들이나 환경들에 현명하게 적응하는 태도로 고요한 마음 상태를 유지하는 것은 우리의 수중에 있다고 말하곤 하였다. 물론 현명한 분별에 토대를 두고 있는 그러한 적응을 수련함으로써 많은 슬픔과 불행, 우울은 피할 수 있다. 진정한 행복은 자신의 참나 외부에 있는 어떤 것에도 의존하지 않는 행복이다. 그것은 절대적인 희열이며, 그러므로 영원하다.

'나'를 알라. 이것이 그가 우리에게 삶의 문제를 다루는 방법으로 제시한 것이다. 간단한 말이지만, 그것의 뜻은 많은 지식인들을 당혹하게 하였다. 여기서 다시 그는 단순한 지적인 탐구만으로는 충분하지 않고, 삶의 진정한 목적을 성취하려는 진지한 열망을 가지고 굽히지 않는 수행을 할 때 성공을 거둘 수 있다고 하였다. 그와 같은 위대한 영적인 사람들을 몽상적이고 비실제적인 것으로 비웃는 많은 회의론자들도 만약 이 성자를 찾아가서 그의 영적인 오라가 미치는 범위 내에서 상당한 시간 동안 머물러 있기만 하면 자신의 회의론을 의심하기 시작할 것이다.

나는 얼마 안 되는 제자들과 숭배자들이 들을 수 있었던 이 성자의 삶에서 일어난 사건들과 그의 문답과 말씀에 대한 정보를 수집하는 데 수고를 아끼지 않고, 대가답게 적절하고 명쾌한 문체로 이 책의 장들에서 그것을 구체화시킴으로써 현세대뿐만 아니라 후대에게도 유용한 도움을 준 이 책의 저자에게 진심으로 축하를 하는 바이다. 내가 이 서문을 통하여 이 책의 저자가 젊은 시절에 마침 나의 급우이자 법조계의 동료라는 사실과, 그리고 우리 두 사람이 모두 존중하고 있는 위

대한 성자의 생애와 가르침을 다루고 있는 그의 책과 관련해서 우리의
옛 우정이 다시 이어졌다는 것을 말해도 부적절하지는 않을 것이다.

(Sd.) K. 순다람 쩨띠,

고등법원 판사

마드라스, 깔빠욱, 뿌나말리 하이 로드, 78번지

목차

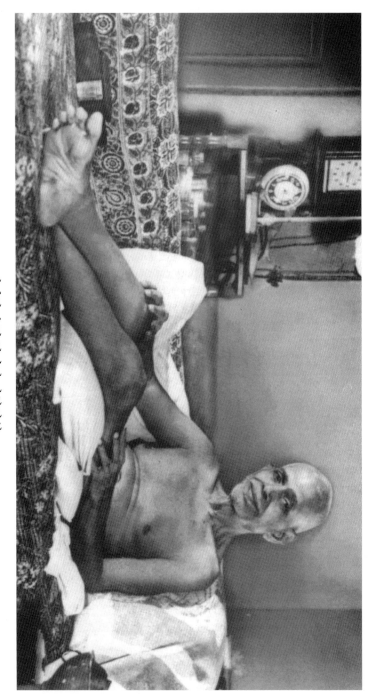

바가반 슈리 라마나 마하리쉬
(1879-1950)

제1장

이분은 누구인가?

너희는 무엇을 구경하러 광야에 나갔느냐? 바람에 흔들리는 갈대인
가? 아니라면 무엇을 보러 나갔는가? 고운 옷을 입은 사람인가? 화려
한 옷을 입고 호화롭게 사는 사람들은 왕궁에 있다. 아니라면 무엇을
보러 나갔는가? 예언자인가? 그렇다. 내가 너희에게 말한다. 예언자
보다 더 중요한 사람이다.

– 누가복음 7장 24-26절

띠루반나말라이는 따밀나두 주의 북쪽 아르꼬뜨 지역의 외딴 곳에
위치한 조그만 읍이다. 그 읍은 외부 세상의 주목을 거의 끌지 못하고
있다. 사람들은 조용하며,

> "인생의 시원한 외딴 골짜기를 따라
> 그들은 그들의 조용한 길을 따라간다."

하지만 띠루반나말라이에 있는 아루나짤라 산과 사원은 봄베이, 뱅
골, 마드라스 전 지역에 걸쳐 있는 힌두인의 눈에는, 특히 쉬바파의 사
람들에게는 신성하게 여겨진다. 많은 군중들이 몰려드는 주요 축제는
까르띠까이(11월-12월) 월에 열흘 동안 열리는 축제이다. 보통 5일째부

터 소 축제가 열리며, 도로는 사원의 행렬과 장식, 봉화, 소 매매 등을 보기 위하여 밤낮으로 몰려드는 많은 인파로 넘쳐난다. 군중들은 대체로 세 군데에, 즉 사원, 소 축제, 빨리띠르땀 근처의 정원에 몰려든다. 사원과 소 축제에 인파가 몰려드는 이유는 굳이 설명할 필요가 없다. 하지만 빨리띠르땀 근처의 정원에는 무엇이 있기에 사람들이 모여드는가? 이제 그곳을 살펴보도록 하자.

정원은 쪤감 로드의 북쪽으로 약 40야드 떨어진 곳에 있다. 물이 거의 도로 지면까지 올라와 있는 빨리띠르땀 저수지가 그 도로 옆에 서쪽으로 길게 뻗어 있다. 몇 그루의 코코넛나무와 바나나나무 및 망고나무가 전경을 이루고 있어 도로에서는 내부가 가리어 보이지 않는다. 이 나무들 뒤쪽으로는, 산기슭에서 실개천이 화원의 한쪽 끝자락을 따라 졸졸 흘러 내려가는 가운데 몇 채의 낡은 작은 집과 새로이 타일을 입힌 구조물이 보인다. 숲으로 둘러싸인 이 은자의 집을 보면 산은 얼마나 인상적이고 고무적인 배경을 이루고 있는가! 산은 우아하게 경사져 내려와서 말하자면 겸손하게 아쉬람과 만나, 작은 숲과 저수지, 초가지붕이나 꽃들과 어울려 조화를 이루며 얼마나 아름다운 자연의 얼굴을 보여 주고 있는가! 바로 그 얼굴 위에는 세상의 때가 묻지 않은 눈이면 분명하게 식별할 수 있는 '고요한 평화, 영원한 희열'이란 글자가 큼직하게 쓰여 있고, 그것은 어떤 눈으로도 볼 수 없는 지구의 중심까지 뻗어 있다. '높다란 산'은 계속 위로 솟구쳐 오르면서 끝도 없는 무한한 하늘을 향하고 있으며, 그리고 경외심에 눌린 보는 이의 가슴을 일깨워 대망을 품게 하고 그 무한한 하늘 속으로 녹아들게 한다. 아마도 이곳을 찾는 사람은 "고요히 평화로운 명상을 하며 황홀한 사마디에 들기에 얼마나 멋진 장소인가!"라고 말할지도 모른다. 그러나 바로 지금, 까르띠까이 축제가 열리고 있는 때에는 이곳이 조용하지 않다. 남자, 여자, 어린이들로 이루어진 사람들의 끊임없는 흐름이 도로에서 쏟아져 들어와서 조그마한 남쪽의 초막으로 향하고 있다. "당신들은 무엇을 보러 갑니까?"라고 그들에게 물어보자.

아니면, 상께이의 다음 말을 빌려 보자.

"바쁘게 서둘러 움직이는
간절한 열망에 가득 찬 이 인파는 무엇을 의미하는가?
날마다 모여드는 군중의 이 놀라운 모임,
도대체 이 이상한 소동은 무엇을 의미하는가?
조용한 어조로 군중은 대답하길."
스와미가 가까이 있어요. 그의 발아래로 우리는 달려갑니다.

저쪽 바깥 뻬알의 호랑이 가죽 위에는, 허리 가리개[1] 하나만 걸치고 있는, 다소 햇볕에 그을리긴 했지만 아름다운 안색과 삭발하지 않은 머리와 면도하지 않은 얼굴을 한, 중년을 넘어선 보통 키의 한 사람이 앉아 있다. 그는 고대 로마시대의 어떤 철학자의 동상처럼, 아무 미동도 없이 고요하게, 어떤 특별한 대상에 시선을 두지 않고, 한결같은 응시로 앉아 있다. 수백 명의 사람들이 그의 앞에 앉아 있거나 서 있거나, 아니면 시종 그의 눈을 응시하면서 지나간다. 하지만 그는 움찔하

---

1   샅 가리개(Koupina)는 탈장대처럼 품위를 위해, 허리를 수평으로 감싸고 있는 기다란 천 조각에 수직으로 묶어 놓은 좁다랗고 긴 천 조각이다.

며 놀라지도 않으며, 눈을 깜빡이지도 않으며, 몸을 돌리지도 않는다. 그의 눈은 얼마나 밝게 빛나고 있는가! 당신은 그 눈을 세심하게 살펴 봤는가? 거기에는 얼마나 고요하고 평화롭고 조금도 동요되지 않는 안 정됨이 깃들어 있는가! 그 눈은 참으로 심오한 의미의 심연으로 당신 을 끌어들이고 있지 않은가! 그리고 만약 당신이 두려워하지 않고 낙 담하지 않은 채 여전히 참고 견딘다면, 그 눈은 당신이 그 아무리 현기 증 나는 천상의 높은 산이라도 올라갈 수 있도록 도움을 주지 않겠는 가! 만약 세상적이고 영적인 방랑에 지친 사람들이 그 눈을 들여다본 다면, 그 눈은 참으로 마음을 달래 주는 힘과 고요한 희열을 발하고 있 지 않은가! 정말이지 이곳 대자연의 얼굴을 통하여 번쩍이는 것이 또 한 그의 눈에서도 빛나고 있다. 그는 단지 숲의 은둔자에 불과한가, 아 니면 숲과 산의 수호신인 숲의 요정인가?

그 사람 앞에는 사람들의 쇄도를 막기 위해 대나무 울타리가 세워 져 있다. 그리고 많은 사람들은 방문객들의 물결이 지나가도록 그들 과 울타리 사이에 1야드의 좁은 길을 터놓은 채, 그의 앞에 앉아 있거 나 서 있다. 새로 오는 방문객들은 줄을 지어 이 좁다란 길을 지나가다 가, 그분 앞에 이르면 엎드려 절을 하고, 그들이 가져온 선물들(코코넛, 바나나, 꽃, 건포도, 사탕, 장뇌 등)을 바친다. 울타리 안에서 시중드는 사람 이 이러한 선물을 받고, 그 일부를 쁘라사담prasadam(축복받은 선물)으로 서 되돌려 준다. 방문객은 그것을 즐겁게 받고, 절을 한 뒤 그곳을 재빨 리 떠난다. 방문객들은 어떤 말도 하지 않으며 그분도 어떤 말도 하지 않는다. 전체의 친견 시간은 엄숙한 침묵 속에서 진행된다. 이러한 인 상적인 접견은 아침에 몇 시간 동안 계속되며 오후와 저녁에도 반복된다. 새로 온 어떤 사람은 간신히 인파를 빠져나오거나, 아니면 인파 사이로 그분을 엿보면서 "사람들이 정말 많구나!"라고 외친다. 아마도 그는 다른 달에도 비록 까르띠까이 축제 때처럼 수천 명은 아닐지라도 수십 명 혹은 수백 명이나 되는 군중이 이렇게 그분 앞으로 다가가서 엎드려 절한다는 말을 전해 듣게 될 것이다. 또한 그런 달에는 그분이 새로 지은 북쪽의 홀에 조용히 앉아 있고, 많은 이들이 마음의 걱정 때문에 그분에게 도움을 청하며 금세 위안을 얻는다는 것을, 부자이든 가난한 자이든, 지위가 높은 자이든 낮은 자이든, 늙은이든 젊은이든, 모두가 똑같이 환영받고 대접받는다는 사실을, 그리고 그때 그분이 모두에게 편견 없이 친절하다는 것을 알게 될 것이다.

다시 한 번, 가령 축제 열흘째 날 밤, 즉, "까르띠까이 디빰" 때 이곳을 방문해 보자. 저녁 6시에 이 축제의 주요 행사가 열린다. 신 아루나 짤라가 가마를 타고 사원 바깥으로 나온다. 곧바로 산등성이에서는 거대한 봉홧불이 피어오르며 수십 킬로그램의 버터기름과 장뇌를 태운다. 이것은 여러 날 동안 타오르며 수십 마일 떨어진 주변에서도 보인다. 경건한 헌신자라면 어디서나 그것을 보는 즉시 그 앞에 엎드려 절한다. 왜냐하면 이 봉홧불이 모두에게 분명히 표현하고 있는 것은 아루나짤라 산이 신의 여덟 형상 가운데 하나인 불이나 빛의 형상을 나타낸다는 사실이며, 그리하여 이 산이 "떼조 링감"(빛의 형상으로 나타난 신)으로 불리고 있기 때문이리라. 이 봉홧불로 말미암아 신앙심으로 전율을 느끼는 사람들에게 늘 분명히 보이는 그 빛이 이제 신앙심이 없는 사람, 즉 상상력이 없는 사람들에게도 아주 생생하게 자각된다. 빨리띠르땀에 있는 숲속 은자의 집으로 가서 거기서 어떤 일이 일어나는

지를 보자. 그 남쪽 작은 집 앞에는 지면을 높이 올린 확 트인 평지가 있고, 그곳 벤치 위에는 우리가 이미 보았던 그분이 앉아 계신다. 그분의 발아래에는 여러 줄로 늘어선 사람들이 말없이 기도하며 첫 봉홧불이 피어오르는 것을 지켜보고 있다. 그리고 봉홧불이 나타나면, 이곳에 모인 사람들도 엎드려 불의 왕관을 쓴 산의 신을 숭배한다. 즉시 이분 앞에 장뇌와 버터기름이 확 타오르는 불길이 일고, 모든 사람들은 엎드려 안과 밖에 있는 빛을 숭배한다. 그 다음 헌신자들은 참나를 깨닫고 신에게 몰입할 수 있도록 해 달라고 열렬히 청하면서, 신(산으로 구현된 아루나짤라)의 찬가인 따밀어로 된 「악샤라마나말라이」를 엄숙하게 부르기 시작한다. 이 찬가를 경건하게 듣는 이는 가슴속 깊이까지 감동을 받는다. 이것은 한 시간 이상이나 계속된다. 그리고 밤의 고요함으로 인하여 찬가가 불러일으킨 경외심과 존경심은 더욱 깊어진다.

이곳을 찾은 사람의 관심은 이제 한껏 고조되어, "이분은 도대체 누구인가? 어떻게 그토록 깊은 존경을 받고 있는가, 아니 그토록 많은 사람들의 숭배를 받고 있는가?"라는 의문을 제기한다.

제 2장

가족 특징

그럼에도 불구하고, 우리는 아무튼 선이 악의 마지막 목표일 것이라
고 믿는다.

-테니슨, 『인 메모리엄』, 54

　띠루쭐리는 마두라이에서 30마일 정도 떨어져 있으며, 가장 가까운
기차역이 있는 비루두나가르에서도 18마일이나 떨어져 있는 작은 마
을이라서, 여행객들이나 바쁜 정치인들에게는 별로 호감이 가지 않는
지역이다. 언제든지 예상할 수 있는 성지순례자들이나 탁발수도자들
조차도 그곳을 거의 찾지 않는다. 남인도철도회사가 1902년 마두라이
와 라메스와람을 잇는 철도를 개설하기 전까지는 오랫동안 띠루쭐리
는 마두라이와 라메스와람 사이의 주요 도로 상에 있는 순례자들이나
기타 여행자들이 보통 잠시 쉬었다 가는 장소들 가운데 하나였다. 왜
냐하면 이곳에서 어느 쪽으로든 수십 마일을 가더라도 유명한 사원이
나 친절한 게스트 하우스(짜뜨람chatram) 즉 숙박 시설을 갖춘 다른 마을
이 없었기 때문이다. 이곳의 사원은 수세기 전에 잘 지어진 건축물이
며 그곳에 모셔진 신은 순다람무르띠와 마니까바짜까르가 부른 고전

적인 따밀 노래로 칭송되었다. 그곳은 오랫동안 람나드 세뚜빠띠의 자민Zamin에 딸린 한 자치구의 본부였고 지금도 경감과 부(副)호적담당관의 사무실이 있으며, 또 최근까지 병원 한 곳과 행정장관 앞에서 개업하는 자격증이 있거나 없는 변호사 집단으로 구성된 행정장관 부속실이 있었다.

50년 전으로 돌아가서 1879년의 띠루쭐리를 살펴보자. 500가구 혹은 그 이상으로 이루어져 있는 이곳은 분주한 마을 혹은 조용한 읍이라고 할 수 있을 것이다. 이 가구들 중 우리는 자격증이 없는 변호사인 순다람 아이어의 집을 찾아본다. 그는 아침마다 고객들로 분주하며, 그 수도 많다. 그는 항상 집을 개방한다. 그래서 많은 고객들은 친구들과 일꾼들을 데려와서 그와 함께 식사를 한다. 아니 그의 식탁에는 "어떤 이방인이라도 앉을 수 있는 의자가 준비되어 있다." 두 개의 객실을 갖춘 그의 넓은 집에서는, 이제 방금 발령을 받아서 온 사무원들이 지내기에 적절한 방을 얻을 때까지 그들에게 숙박이 제공된다. 그는 천성적으로 매우 친절한 사람이었기 때문에 사무원들은 끊임없이 그의 도움을 구하고 도움을 얻었다. 그 결과로 그는 영향력 있는 사람이 되었다. 노상강도를 포함한 범죄자들조차도 그의 선함을 알고 그의 짐수레는 피해를 입지 않도록 하였다. 대체로 그 마을에서는 그가 형편이 넉넉하고 중요한 인물로 간주되고 있었다.

하지만 우리는 그의 재산이나 지위에는 그다지 관심이 없다. 그보다는 특히 종교, 철학과 영성의 영역에서 그의 인품과 학식을 살펴보자. 그는 12살 때 한 달에 2루삐를 받고 띠루쭐리 마을의 모니엠 구마스따, 즉 회계사의 사무원으로 시작하여 자수성가한 사람이었다. 그는 '사무

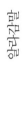

윤하영름

순다라 아이어

바가반 슈리 라마나 마하리쉬
(21세)

변호사'로서 더욱 파란만장하고 진취적인 삶을 살기 위하여 그 직업을 버렸고, 궁극적으로 자격증이 없이도 사무실을 열 수 있는 변호사 자격증을 얻었다. 이 책에 들어 있는 그의 사진을 보고, 그의 얼굴에서 그의 인품을 찾아내는 것은 무리가 아니다. 우리는 확고함이나 불굴의 결심, 인내심, 그리고 사람과 사물에 대한 주의 깊고도 예리한 관찰력을 읽을 수 있다. 아마도 바로 이러한 그의 자질들이 그가 삶에서 거둔 성공의 원인이 되었을 것이며, 또한 이러한 스케치의 주체인 더욱 유명한 그의 아들의 성공에도 기여했을 것이다.

영성이나 철학적 문화, 종교적 헌신에 관하여, 순다람 아이어는 어떤 두드러진 특징을 자랑할 수 있는 것은 없었다. 그는 그 당시에 성공한 다른 어떤 변호사와도 꼭 같았다. 집의 사제는 정기적으로 일련의 작은 성상들로 되어 있는 가정의 수호신들을 숭배하였으며, 그들에게 음식을 바친 뒤에야 그 음식은 가족들에게 분배되었다. 가끔씩 그 지역의 사원을 방문하여 드물게 말씀을 들으며 시간을 보내거나, 아니면 집에서 뿌라나Purana 혹은 이띠하사Itihasa(종교적 서사시)를 읽는 것이 그의 종교적 삶의 전부였다. 하지만 우리는 흥미롭게 그의 가족의 한 특별한 모습을 주시하고자 한다. 그의 가문에서 매 세대마다 한 사람은 가정과 모든 편의들을 포기하고 고행자sanyasi(산야시)가 되었다. 순다람 아이어의 직계 삼촌들 가운데 한 분은 오렌지색 혹은 황토색 옷을 입고 지팡이와 물그릇을 들고서 음식을 탁발하며 살았다. 순다람 아이어의 형 벤까떼사 아이어는 몇 년 전에 띠루빠란꾼람을 방문하러 가겠다고 하면서 그 마을을 떠나고는 연락이 끊어졌다. 나중에 어떤 이는 찌담바람에서 그를 보았다고 전했는데, 그때 그는 찌담바람에서 고행자의 옷을 입고서, 헌신자들이 나따라자Nataraja 사원을 경건하게 일주 순례할 수 있도록 그 사원의 바깥뜰에 나 있는 잡초와 가시를 제거하고 있었다고 한다. 어떤 이들은 그가 바라나시에 있는 것을 보았다고 하였다. 그러므로 순다람 아이어의 세대에서는 이미 그의 가족이 한 고행자를 바친 셈이 되었다. 이러한 가족의 특징의 기원에 관하여 노인들이 이야기하는 흥미로운 일화가 하나 있었다. 과거 언젠가 한 고행자(산야시)가 이 가족의 집을 찾아왔으나, 마땅한 대접을 받지 못했으며 심지어 한 끼조차도 얻어먹지 못했다. 그는 떠나면서 그들에게 대대손손 이 가족 중 한 명은 고행자가 되어 음식을 구걸하며 방랑할 것이라는 저주를 내렸다. 이것이 축복인지 저주인지는 그 다음 세대가 보여줄 것이다. 순다람 아이어는 그의 아들 중 어느 한 명이 세상을 포기할 것이라는 것을 전혀 알지 못했다. 1892년, 그는 죽으면서 세 아들을 남겼는데, 14살의 나가스와미, 12살의 벤까따라만, 그리고 6살의 나가순다람으로, 그들 중 어느 누구도 보통의 세상적인 사람들과 조금도 다른 점을 보여 주지 않았다. 일반 사람들에게 흥미로운 질문은 "과연 그 옛날의 저주에 따라 이 가족 중 어느 한 명이 고행자가 될 뿐만 아니라, 종교와 영성의 영역에서 같은 동포에게 주목할 만한 봉사를 할 것인가?" 하는 것이었다.

제3장

세 사람 중 누가?

두 사람이 한 침상에 있는데, 하나는 데려가고, 하나는 버려둘 것이다.

누가복음 17장 34절

순다람 아이어의 장남인 나가스와미는 아주 명석한 학생이어서 가족들은 그가 가족의 경제적인 수입을 끌어올릴 수 있다고 당연히 기대할 수 있었다. 그는 보통 일반 교육과정을 이수하여 장기적으로 지방 행정관 대리직도 바라볼 수 있는 사무직 국가 공무원을 준비하는 것으로 분명히 기대되었다.

막내인 나가순다람은 가족들이 그의 미래에 대하여 기대를 한다거나 예상을 하기에는 너무 어렸다.

둘째 아들인 벤까따라만은 어떤 관점에서 보더라도 장래가 촉망되는 소년처럼 보이지 않았다. 공부에는 무관심했으며, 타고난 기민함과 예리한 지성에도 불구하고 학업의 진척은 형편없을 뿐이었다. 흔히 아무 준비도 없이 수업을 들으러 갔는데, 다른 어떤 학생이 그날의 수업을 전해 주는 것을 단 한 번만 듣고도 즉시 기억해 낼 수 있었지만, 또한 수업이 끝나기도 전에 몽땅 잊어버리곤 했다. 그는 정말이지 공부에는 거의 관심을 기울이지 않았다! 친구들이 그를 밖으로 데려갔을 때, 그는 스포츠와 게임에 더 많은 관심을 가진 것처럼 보였으며, 이따금 친구들과 복싱, 레슬링, 수영, 달리기, 축구 혹은 인도 체조를 하면서 몇 시간을 보내곤 했다. 결국 그는 잘 발달된 체격을 갖게 되었다. 그래서 같은 또래의 소년들이나 심지어 선배들도 그를 두렵게 여기고, 그런 점을 염두에 두면서 그에게 행동하곤 했다. 하지만 그 당시에는 이 모든 것이 소년에게는 전혀 명예로운 것으로 여겨지지 않았고, 가족들도 그를 불확실한 자산으로 간주하는 경향이 있었다.

지금까지 우리는 통상적인 사업적인 관점에서 이들 세 젊은이의 미래를 살펴보았다. 하지만 고려해야 할 가족의 특징, 즉 "저주"가 있다.

이 세 젊은이 중 누가 감히
지상의 기쁨과 투쟁을 경멸하고
신에게 자신의 삶을 바치고
영의 가장 가파른 산에 올라
그곳으로부터 눈 속에서 죽어 갈 수밖에 없는
아래의 감사하는 마음을 지닌 사람들에게
가장 평온한 빛과 따뜻함을 뿌려 줄 수 있는가?

또한 이러한 관점에서 볼 때도, 셋째 아들에 대해서는 어떤 예측도 할 수 없었다. 장남은 그러한 경향을 전혀 가지고 있지 않은 것처럼 보였다. 둘째 아들은 '기쁨을 경멸하고 힘든 나날을 살아갈' 가능성이 훨씬 더 적어 보였다. 의심할 바 없이 그의 과거는 이 방향으로 이따금 나타난 한두 가지의 힌트를 주었다. 그는 매우 좋은 길조의 상황에서 태어났다. 1879년 12월 30일 새벽 1시(쁘라마띠, 즉 마르갈리 16일에 해당), 다시 말해, 쉬바 신이 야간 거리의 행진을 막 끝내고 사원으로 들어가려고 하는 바로 아루드라-달샤남 날에, 이 아이는 세상으로 나와 첫 울음을 터뜨렸다. 아루드라-달샤남 날은 쉬바파들에게는 특별히 성스러운 날이다. 바로 그날이 나따라자 신(쉬바)께서 황송하게도 고따마 석가모니, 비야그라빠다, 빠딴잘리와 같은 경건한 숭배자들 앞에 나타나신 날이라서, 그날의 축제는 매우 열정적이었다. 이른 새벽부터 경건한 숭배자들은 성스러운 저수지들을 찾아가 목욕을 하고 통상적인 기도(아누슈따나anushtana)를 한 후에 사원으로 들어가서, 쏟아져 들어오는 거대한 인파 사이로 간신히 신성한 상image을 한 번 쳐다보는 달샤나darsana를 한다. 그리고 몇 시간 동안 신을 찬양한 뒤 밤낮으로 계속되는 쉬바 신의 마을 거리 행렬을 따라다니다가, 자정이 되면 쉬바 신을 모시고 다시 사원으로 들어오게 된다. 그러나 그렇게 좋은 날, 그렇게 좋은 시각에 그가 태어났다는 것을 기준으로 감히 어떤 전조를 보더라도, 그의 초기의 삶은 실망스러운 것처럼 보였다. 젊은 벤까따라만은 다른 소년에 비해 더 나은 것도 더 모자라는 것도 없었다. 그는 세상적인 물건이나 성스러운 물건에 대해 똑같이 짓궂은 장난을 치곤 하였다. 그는 아버지처럼 집에서나 사원에서나 전통적인 방식으로 쉬바 신을 숭배하였으나, 쉬바 신의 숭배로 인하여 어떤 특별한 감동이 일어나는 것도 아니었다. 그는 베다들의 성스러운 언어에 대한 교육도 전혀 받지 않았다. 그는 띠루쭐리에서 읽기, 쓰기, 셈이라는 기초교육을 받았으며, 딘디굴에서 1학년의 1년을 보냈다. 중학교 공부는 마두라이에 있는 스콧 중학교에서 했으며, 고등학교 공부는 그곳에 있는 아메리칸 미션 스쿨에서 했는데, 여기서 그의 유일한 종교적인 교육을 받았다. 하지만 힌두 소년들은 대개 성경 수업시간을 싫어하며, 기도나 성경의 가르침에 거의 주의를 기울이지 않는다. 벤까따라만은 생업을 위한 일반적인 교육 과정에는 거의 관심을 두지 않았으며, 종교수업에도 관심을 덜 기울였다.

사실 학교생활이 거의 끝날 때까지 그는 진심으로 어떤 것도 좋아하지 않았다. 심지어 스포츠나 게임도 좋아하지 않았다. 삶은 아직 그를 매혹시킬 만한 강한 어떤 목적이나 동기를 드러내지 못하였다.

그 결과, 1896년까지, 순다람 아이어의 아들들 중 어느 누구도 영적으로 발달하고 있다는 징후를 보여 주지 못하였다. 그리고 만약 가족의 특징, 즉 "저주"가 나타난다면, 그것은 마치 부계의 사촌들 가운데서만 일어날 것처럼 보였다.

제 4 장

여명의 일견

도래하는 사건들은 미리 그 그림자를 드리운다.

벤까따라만의 삶에 폭풍이 다가오고 있다는 것을 예고하는 나뭇잎의 살랑거리는 소리가 처음 들린 것은 바로 1895년이 끝날 무렵이었다. 11월 어느 날, 그는 마두라이에서 띠루쭐리 출신의 나이가 지긋한 친척을 만나, "어디서 오셨습니까?"라고 통상적인 질문을 던지며 말을 걸었다. 그러자 "아루나짤람"이라는 무미건조한 사무적인 대답이 돌아왔다. 하지만 이 단순한 대답은 여태껏 무관심한 젊은이에게 마법의 주문처럼 작용했다. 그때까지 어떤 감정도 없이 익숙하게 들어 왔던 '아루나짤람'이라는 말이 갑자기 경이로움과 즐거움으로 그를 전율시키며, 그의 마음을 편재와 신성함, 지고의 힘과 친절이라는 생생한 생각들로 채워 넣었다. 그리고 그 생각들은 모든 흙덩이나 돌덩이가 신성시되었던 아득히 먼 어떤 경이로운 나라에서, 거대하고 복잡한 담장과 높은 탑들로 둘러싸인 어렴풋이 지각되는 어떤 상징을 중심으로 모여들었다. 누군가가 그와 같은 성스러운 장소를 실제로 보고 거기서 돌아왔다는 데 크게 놀라 그 젊은이는 분명히 흥분되어 "뭐라고요, 아루나짤람에서라고요, 거기가 어디죠?"라고 소리쳤다. 이제는 친척이 놀랄 차례였는데, 그는 세상물정도 모르는 무지한 젊은이를 애석해 하면서 냉정하게 "뭐라고? 띠루반나말라이도 모른단 말이냐? 그곳이 아루나짤람이야."라고 말했다. 잠시 동안 벤까따라만의 가슴속에서 타올랐던 불꽃이 이 대답으로 식는 것 같았다. 그리고 그는 오랫동안 아루나짤람에 대해 더 이상 생각을 하지 않았다.

하지만 여태껏 혼란스럽지 않았던 가슴속에 일어난 이 동요는 무엇을 의미하는가? 그것은 지하에 숨어 있던 불이 곧 넘쳐흘러 과거의 모든 흔적을 소멸시키고 현재와 미래를 새로운 어떤 것, 다시 말해, "풍요롭고 이상한" 어떤 것으로 바뀌게 될 그런 불에서 피어오르는 연기인가? 누가 알겠는가? 아니면 그것은 그의 잠재의식 속에서 이는 '부드러운 잔물결에 불과'한가?…………

"누구에게서 나오는지는 모르지만, 그는 하나의 신비적인 암시, 하나의 작은 섬광을 안 것이 아닌가?"

그의 삶에서 또 하나의 흥미로운 사건이 일어난 것은 대략 같은 시기였거나 아니면 몇 달 뒤였다. 그는 집에서 삼촌이 어떤 이에게 빌려 온 『뻬리아뿌라남Periapuranam』이란 책 한 권을 발견하였다. 이 책은 그의 학급 수업을 제외하고 그가 완독한 최초의 종교 서적이었으며, 그것은 그의 관심을 크게 끌었다. 이 책은 마치 많은 젊은이들이 아라비안나이트의 이야기를 처음 읽을 때와 같은 신기한 경험을 그에게 주었다. 이 책은 그가 익숙해 있었던 흥미 없는 화려한 세상과는 달리 그를 다른 세계로 데려다 주었다. 이 책은 63명의 따밀 성자들의 삶을 특징지었던 갑작스러운 신앙심의 취득이나 신에 대한 깊은 사랑, 철저한 자기희생, 그리고 신과의 숭고한 영적 교감을 감동적으로 그린 이야기를 전하고 있다. 그가 계속 책을 읽어 감에 따라 놀라움, 감탄, 경외심, 존경, 공감과 경쟁심이 연달아 그의 영혼을 휩쓸고 지나갔으며, 따라서 그의 영혼은 수천 년 동안 그의 동포의 마음을 매혹하여 사로잡았던 웅대한 이상과 사상에 잠깐 경의를 표했다. 하지만 그 책을 재빨리 다 읽고 치웠을 때, 새로운 충동과 이상은 사라지고 그는 정확히 책을 접하기 이전의 모습으로 돌아온 것 같았다. 지루한 그의 일상적인 생활이 다시 계속되었으며, 그는 1896년에 6학년 수업과 일상적인 집안 일로 그럭저럭 시간을 보내고 있었다. 그렇다면 그의 삶은 그곳에 떨어진 모든 행복의 씨앗을 삼켜 버리고 태워 버린 불모의 메마른 황무지였던가? 아니면 꽃이나 열매는 맺지 않았지만, 풍성한 목재와 가지, 껍질과 잎을 피운 나무였는가?

제 5 장

새로 태어나다

너희들은 다시 태어나야 한다.

नायमात्मा प्रवचनेन लभ्यो न मेधया न बहुना श्रुतेन ।
यमेवैष वृणुते तेन लभ्यस्तस्यैष आत्मा विवृणुते तनूँ स्वाम् ॥

이 아뜨만은 베다의 암송으로 얻어질 수 없는 것이며, 또한 명민한
지성이나 경전을 자주 들음으로써도 얻어질 수 없다. '그것'이 그를
선택해야 그는 '그것'을 얻는다. 아뜨만은 그에게 '그것의' 형상을 드
러낸다.

–까따 우빠니샤드

벤까따라만의 삶에 찾아온 위기, 즉 그의 열의 없는 무미건조한 삶
을 고상한 깨달음과 이상에 대한 헌신의 삶으로 바꾸어 준 위대한 일
깨움은 1896년 중반기에 일어났다. 이때는 그가 17살 때였으며, 이 나
이는 최대 다수의 종교인들이 자신들의 "전환"을 경험하였거나 새로
운 삶을 시작한 때이기도 하다. 특히 자신의 이상과 성품의 변화들이
자기 억압에 항상 익숙해 있어 좀처럼 자신의 생각이나 느낌을 표현하
지 않는 그런 내성적인 사람에게 일어난다면, 외부인들이 그 변화들을
알아차리기는 항상 어렵다. 벤까따라만이 이러한 유형에 속해 있어 심
지어 그의 친구들이나 형제들에게도 수수께끼 같은 인물이었기 때문
에, 그 자신의 말로 이러한 변화를 설명하는 것이 가장 안전하다. 이 사

건이 있은 후 오랜 시간이 지나서, 그는 종종 제자들에게 그가 어떻게 변화를 겪게 되었는가를 질문받았다. 다음은 대체로[2] 그가 직접 말한 내용이다.

"내 삶에서 커다란 변화가 일어난 것은 내가 마두라이를 영영 떠나기 약 6주 전이었습니다. 그 일은 너무나 갑작스러웠습니다. 어느 날 나는 삼촌댁 이층에 혼자 앉아 있었습니다. 나의 건강은 여느 때와 다름없었습니다. 나는 어떤 질병에도 좀처럼 걸리지 않았습니다. 나는 매우 깊이 잠을 자는 사람이었습니다. 1891년, 내가 딘디굴에 있을 때, 많은 사람들이 내가 자고 있던 방 근처로 몰려들어 나를 깨우기 위해 소리치고 고함지르고 방문을 두드렸지만, 허사였습니다. 그들이 결국 방 안으로 들어와 나를 격렬하게 흔들었을 때야 비로소 나는 잠에서 깨어났습니다. 이러한 깊은 잠은 오히려 건강이 좋다는 증거였습니다. 나는 또한 밤에 잠이 든 채로 돌아다니곤 했습니다. 내가 깨어 있을 때 나를 희롱하는 것을 두려워한 약삭빠른 놀이 친구들은 내가 잠들었을 때 와서 나를 일으킨 뒤 운동장으로 데리고 다니면서 나를 주먹으로 치고 때리고 하면서 데리고 놀다가 다시 나를 침대에 도로 데려다 놓곤 한 것입니다. 나는 그동안 내내 나의 깨어 있을 때의 자아는 알지 못하는 온순함이나 겸손, 용서와 무저항의 태도로 그 모든 것을 견뎌 내

---

2 대체로: 정확한 말은 기록되지 않았다. 보통 스와미는 매우 몰개성적으로 말한다. 그가 한 말 속에는 "나" 혹은 "당신"을 가리키는 어떤 분명하거나 뚜렷한 지시어가 거의 없다. 특히 따밀어의 특징은 그러한 몰개성적 말에 적합하며, 그는 일반적으로 따밀어로 말한다. 하지만 그의 말과 습관을 연구하는 사람은 대부분 숨겨져 있는 인칭 지시어를 찾아낸다. 그가 실제로 사용하는 말은 너무 색깔이 없고 모호하여, 많은 독자들, 특히 서구적 유형의 독자들에게는 적합하거나 호소력이 없을지 모른다. 따라서 여기서는 뚜렷한 인칭대명사가 있는 통상적인 어법을 사용한다.

곧 했습니다. 그리고 아침이 되었을 때는 밤에 겪었던 일들을 전혀 기억하지 못하였습니다. 하지만 이러한 몽유병 때문에 생활하기에 더 약해지거나 건강이 나빠진 것은 아니었고, 또 그것을 병으로도 거의 여기지 않았습니다. 그래서 그날 내가 혼자 앉아 있을 때 나의 건강에는 아무런 이상이 없었습니다. 하지만 죽음에 대한 갑작스럽고 분명한 두려움이 나를 사로잡았습니다. 내가 곧 죽을 것만 같았습니다. 내가 왜 그런 느낌을 가져야 했는지는 내 몸에서 느낀 어떤 것으로도 지금은 설명할 수 없습니다. 그때에도 나 자신에게 설명할 수 없었습니다. 하지만 그 두려움에 어떤 근거가 있는지를 일부러 알아보려고도 하지 않았습니다. 나는 '내가 죽어 가고 있구나.' 하고 느꼈으며, 즉시 내가 무엇을 해야 하는지 생각하기 시작하였습니다. 나는 의사나 선배나 심지어 친구들한테도 자문을 구하려고 하지 않았습니다. 나는 스스로 즉시 그 문제를 풀어야 한다고 느꼈습니다.

죽음에 대한 두려움의 충격은 즉시 나를 내성적, 즉 '내향적'으로 만들었습니다. 나는 말을 내뱉지 않고 마음속으로, '이제 죽음이 다가왔다. 그것은 무슨 의미일까? 죽어 가는 그것이 무엇인가? 이 몸은 죽는다.'라고 혼자 중얼거렸습니다. 나는 즉시 죽는 장면을 연기했습니다. 나는 마치 사후 경직이 시작된 것처럼 사지를 뻗어 사지가 경직되었다고 생각습니다. 나는 나의 더 많은 조사에 현실감을 부여하기 위하여 시체를 흉내 냈습니다. 숨을 멈추고 어떤 소리도 새어 나가지 않도록 입술에 단단히 힘을 주어 입을 꽉 다물었습니다. "'나'라는 단어나 다른 어떤 단어도 입 밖으로 새어 나가서는 안 된다! 그러면 그 다음엔?" 하고 속으로 말했습니다. "이 몸은 죽었다. 그것은 경직된 상태로 화장

터로 옮겨져 거기서 태워져 재로 바뀔 것이다. 하지만 이러한 몸의 죽음과 더불어 '나'는 죽는가? 이 몸이 '나'인가? 이 몸은 활동하지 않고 생기가 없다. 하지만 나는 나란 존재의 완전한 힘을 느끼고, 몸과는 별도로 존재하는 나 자신 속의 "나"란 소리마저도 느낀다. 그러므로 '나'는 영, 즉 몸을 초월해 있는 존재이다. 물질적인 몸은 죽지만 그 몸을 초월하고 있는 영은 죽음의 신도 건드릴 수 없다. 그러므로 나는 죽지 않는 영이다." 이러한 모든 것은 단순히 머릿속에서 일어나는 사고 과정만은 아니었습니다. 이 모든 것은 살아 있는 진리로서, 즉 어떠한 이 의도 없이 내가 바로 지각했던 어떤 것으로 내 앞에 생생하게 번개처럼 지나갔습니다. '나'는 매우 실제적인 어떤 것이었으며, 그 상태에서는 실재하는 유일한 것이었습니다. 그리고 나의 몸과 연관된 모든 의식의 활동은 그것에 집중되었습니다. 그때부터 계속 '나' 즉 나의 '참나'는 강력하게 나를 끄는 힘으로 주의의 초점을 잡고 있었습니다. 죽음에 대한 두려움은 그때 영원히 사라졌습니다. 그때부터 지금 이 순간까지 참나 안으로의 몰입은 계속되었습니다. 다른 생각들은 음악의 다양한 음표들처럼 오갈 수 있을지라도, '나'는 다른 모든 음표들과 함께 어우러져 조화하는 근원적이고 토대가 되는 '스루띠sruti' 음표와 같이 계속 머물고 있습니다. 몸이 말하거나, 책을 읽거나 어떤 다른 일에 관여하고 있을지라도 나는 여전히 '나'에 중심이 모아지고 있었습니다. 이러한 위기가 있기 이전에는 나 자신을 분명히 지각하지 못했으며, 의식적으로 그것에 끌리지도 않았습니다. 나는 그것에 대하여 눈에 뜨이는 직접적인 흥미도 느껴 본 적이 없었는데, 하물며 그것에 머물고 싶은 어떤 항구적인 성향은 더욱 아닙니다. 이러한 새로운 습관의 결과는 나의 삶에서 곧 드러났습니다.

먼저 나는 친구, 친척, 학업 등의 외부적인 관계들에서 내가 가졌던 조금의 흥미마저도 잃었습니다. 나는 기계적으로 공부하였습니다. 그리고 윗분들에게 내가 책을 읽고 있는 것처럼 보이기 위하여 책을 집어 펴 두었지만, 나의 주의는 공부와 같은 그런 피상적인 문제들로부터 멀리 벗어난 다른 곳에 가 있었습니다. 친척, 친구 등과의 관계에서 나는 더욱 겸손해지고 온순해지고 무관심해졌습니다. 이전에는 다른 아이들 가운데서 내가 어떤 귀찮은 일을 맡게 되면, 나는 때때로 공정하지 못한 일의 분배에 대해 불평을 하곤 하였습니다. 만약 아이들이 나를 놀리면, 나는 맞받아 응수하고 때때로 그들을 위협하면서 나의 권리를 주장하였을 것입니다. 만약 누군가가 나를 놀리거나 다른 사람에게 무례한 짓을 한다면 재빨리 그것이 그의 실수임을 인정토록 하곤 하였습니다. 이제는 그 모든 것이 변하였습니다. 떠맡게 된 귀찮은 모든 일, 모든 놀림, 모든 조롱을 유순하게 견디어 냈습니다. 화내고 자기의 권리를 주장했던 옛날의 성격은 사라졌습니다. 나는 친구들과 스포츠 등을 하러 가는 것을 그만두었으며, 혼자 남아 있는 것이 더 좋았습니다. 종종 나는 특히 명상하기에 좋은 자세로 홀로 앉아서 눈을 감고, 나 자신이나 영, 나 자신을 구성하고 있던 흐름이나 힘(아베샴 avesam)에 온전히 몰입하는 집중에 열중하곤 하였습니다. 계속해서 나를 비웃고, 나를 갸니jnani(성자), 요기스와라Yogiswara(요기들의 신)라고 칭하면서 옛날의 리쉬들처럼 밀림의 숲으로 들어가라며 익살맞게 충고하곤 하였던 형의 지속적인 조롱에도 불구하고 그것을 계속하였습니다.

음식에 대한 선호와 편식이 사라졌습니다. 내게 주어진 음식은 맛이 있든 없든, 신선한 것이든 상한 것이든, 그것의 맛이나 냄새나 질에 무심한 채 삼키곤 하였습니다.

새로이 나타난 특징들 가운데 하나는 미낙시순다레스와라의 사원과 관련이 있었습니다. 이전에는 그곳에 가끔 갔으며, 친구들과 함께 가서 신상들을 보고 이마에 신성한 재와 주홍 색소를 바르고 어떤 뚜렷한 감동도 받지 않고 집으로 돌아오곤 했습니다. 새로운 삶에 눈을 뜨고 난 이후, 나는 거의 매일 저녁 사원에 가곤 하였습니다. 혼자 사원에 가서 쉬바 혹은 미낙시 혹은 나따라자 혹은 63명의 성자들의 성상 앞에 오랫동안 서 있곤 하였습니다. 나는 나를 압도하는 감동의 물결을 느끼곤 하였습니다. 몸을 지배하던 이전 세력의 기반(알람바나alambana)은 나의 영에게 자리를 물려주었습니다. 왜냐하면 그것이 더 이상 내가 몸(데하뜨마붓디dehatmabuddhi)이라는 생각을 품지 않았기 때문입니다. 따라서 영은 새로운 세력의 기반(알람바나)을 가지기를 갈망하였으며, 따라서 자주 사원을 방문하였고 영혼의 충만은 많은 눈물로 넘쳐흘렀습니다. 이것은 개별적인 영혼과 함께 하는 신(이슈와라)의 유희였습니다. 나는 우주의 통치자요 모두의 운명을 지배하는 신이며, 전지전능하고 편재하는 신인 이슈와라 앞에 서서, 나의 헌신이 깊어져서 63명의 성자들처럼 영원하도록 나에게 신의 은총을 내려 달라고 기도하곤 하였습니다. 대개 나는 기도를 하지 않았지만, 내면의 심연의 것이 계속 흘러나와 바깥의 것으로 흘러들어가게 했습니다. 눈물은 이렇게 충만한 영혼이 넘쳐흐르는 표시였지, 쾌락이나 고통에 대한 어떤 특별한 감정을 나타내지는 않았습니다. 나는 염세주의자가 아니었습니다. 나는 삶에 대하여 아무것도 몰랐으며 삶이 온통 슬픔으로 가득 차 있다는 생각도 가지지 않았습니다. 환생을 피하고픈 욕망도 없었으며 해방을 추구하거나 무집착(바이라기야_{vairagya})이나 구원을 얻고 싶은 욕망도 없었습니다. 나는 『뻬리아뿌라남_{Periapuranam}』과 나의 성경 수업, 그리고 약간의 『따유마나바르』나 혹은 『떼바람』 이외의 다른 책들은 전혀 읽은 적이 없었습니다. 신(혹은 내가 무한하지만 개인적인 신이라고 부른 이슈와라)에 대한 나의 개념은 『뿌라나_{purana}』들에 나와 있는 것과 유사했습니다. 그때는 나는 브람만, 삼사라 등도 들어 본 적이 없었습니다. 그때는 모든 것의 근저에 하나의 본질이나 비개성적인 실재가 있다는 것, 그리고 나 자신과 이슈와라 둘 다는 그것과 동일하다는 것도 전혀 몰랐습니다. 띠루반나말라이에서 『리부 기따』와 다른 경전들을 들었을 때, 나는 이러한 사실들을 알게 되었으며 이러한 책들이 이전에 내가 분석이나 명칭도 없이 직관적으로 느꼈던 것을 분석하여 이름을 붙이고 있다는 것을 발견하게 되었습니다. 그런 경전의 언어로 표현하면, 나는 깨달음을 얻은 이후의 나의 정신적인 혹은 영적인 상태를 숫다 마나스_{Suddha Manas} 즉 쁘라갸나_{Prajnana}(즉, 깨달은 이의 직관)로 설명해야 합니다."

제6장

루비콘 강을 건너다

인간사에는 홍수의 흐름이 행운을 가져다주는 때가 있다.

-셰익스피어, 줄리어스 시저, 4장 3절

यदहरेव विरजेत्तदहरेव प्रव्रजेत्

삶의 덧없음을 느끼는 순간,
가정을 떠나라.

-나라다 빠리브라자까 우빠니샤드

　벤까따라만은 그가 선택한 길을 따라 이제 힘차게 앞으로 나아갔다. "뮤즈 여신의 샘물을 깊이 들이키되, 맛을 보지 말라."가 이제 그의 좌우명이 되었다. 그는 책들과 사회적 의무들을 제쳐 두고, 틈만 나면 참나에 대한 집중 즉 아뜨마디야나Atmadhyna를 하기 위하여 앉았다. 이런 행동의 사회적 결과를 상상하는 것은 어렵지 않다. 수업과 사회적 의무를 소홀히 함으로 징계와 처벌이 왔다. 불화의 요소가 점점 조성되고 본래의 평정 상태를 뒤집기에 충분한 힘이 모였다. 모든 진행, 아니 모든 움직임은 내적인 성장과 환경 사이에 이러한 조정을 원하는 결과이다. 벤까따라만의 삼촌과 형은 그의 지성과 같은 이렇게 훌륭한 지성이 그들이 생각하기에 무용한 지나친 신앙심이나 무익한 감상적인 생각에 빠져 낭비되고 있는 것을 몹시 개탄하면서 많은 질책을 가하였다. 학교 선생님 또한 번번이 수업을 등한시하는 것을 보고 참을 수 없었다. 그리고 훈계가 소용없다는 것을 알고 벌로 과제를 주는 것에 의지하였다. 벤까따라만으로서는 그의 마두라이 집이 그가 전념해 있는 일에 어울리지 않는다는 것을 점점 느끼고 있었다. 마두라이의 집은 그가 조금도 신경을 쓰지 않았던 신체적인 안락은 분명히 주었지만, 그가 좋아했던 한 가지 일은 방해했다. 이 모든 일이 위기의 도래를 시사하고 있었다.

1896년 8월 29일 토요일, 드디어 그 위기는 도래했다. 그는 영문법 공부를 잘 못해서 그 벌로 베인의 영문법 책에서 한 과를 세 번 쓰라는 과제를 받았다. 그는 얼마 동안 2층에 앉아서 그 과를 두 번 베껴 쓰고, 세 번째 적고 있었다. 그러다가 갑자기 그의 영혼은 '통탄할 기계적인 훈련'에 대하여 반란을 일으켰다. 그는 베인의 문법서와 숙제 노트를 포개어 옆으로 밀쳐 두고, 그에게 맞는 명상을 하기 위해 눈을 감고 허리를 똑바로 세우고 앉았다. 그동안 모든 것을 지켜보고 있던 형은 동생의 행실을 고칠 의도로 버럭 소리를 질렀다. "இப்படி யெல்லாமிருக்கிறவனுக்கு இதெல்லாமென்னத்." 이 말을 글자 그대로 풀이하면, "이렇게 행동하는 녀석이 왜 이 모든 것을 계속하고 있나?"이다. 그의 의미는 아주 분명했다. 공부나 가정적이고 사회적인 의무보다도 비세상적인 명상을 더 좋아하는 사람이 왜 사회 속에 계속 머물면서 학업을 계속 하는 체 해야 하는가? 이 표현은 그때까지 4-5주 동안 형이 여러 번 사용했지만, 동생은 진지하게 그 말에 주의를 기울이지 않았다. 그러나 이번에는 총알이 명중하였다. "그래, 형이 한 말이 맞아. 내가 여기서 할 일이 더 이상 뭐가 있겠어?"라고 동생 벤까따라만은 생각했다. 곧바로, 지난 11월에 그에게 전율을 주었던 '아루나짤라'에 대한 생각이 정면으로 떠오르며, 그곳을 벗어나 '아루나짤라'에 있고 싶은 절실한 욕망이 그의 영혼을 사로잡았다. 모든 것을 보는 전지전능한 아루나짤라가 지금 그에게 오라고 부르지 않는가? 그렇다, 이것은 아루나짤라의 부름이요, 천상에 계시는 아버지의 부름이다. 그는 결심을 했고, 아루나짤라로 가기 위한 방법과 수단을 궁리했다. 그 일은 은밀하게 진행해야 한다. 친척들이 알고 그를 추적하여 다시 옛날의 틀에 박힌 생활 속으로 돌아오게 해서도 안 된다. 일단 아루나짤라에 가면, 그는 성자 난다의 다음 말처럼 영원히 그곳에 머무르게 될 것이다.

> "தில்லை வெளியிலே கலந்து கொண்டாலவர்
> திரும்பியும் வருவாரோ?"

(즉, 찌담바람으로 가서 거기서 신의 에테르 속으로 들어간다면, 다시 돌아오고 싶은 마음이 생기겠는가?). 벤까따라만도 일단 일을 시작하면, 다시 말해 일단 아루나짤라의 기슭에 당도하면, 다시 돌아오는 일은 절대로 없을 것이라고 느꼈다. 그는 어떤 어려움이 있어도 신의 힘 안에서 강인하게 모든 일을 직면하고 싶었다. 그래서 그는 명상하던 자리에서 일어난 뒤, 전기에 관한 특별 수업에 참석하기 위해 그날 정오 열두 시에 학교에 가야 한다고 형에게 말했다. 형은 동생에게 띠루반나말라이로 여행하는 데 필요한 재정적 도움을 주고 있다는 것을 전혀 눈치 채지 못하고, "그러면 아래층 금고에서 5루삐를 꺼내, 너의 학교 근처에 있는 대학에 가서 나의 수업료를 꼭 내도록 해라."고 말했다. 신기하게도 보이지 않는 신의 도움이 여기서 나타났다. 그는 아래층으로 내려가서,

급히 식사를 끝내고, 숙모에게 5루삐를 받았다. 그는 서둘러 낡은 지도책을 넘겼다. 그러나 거기에는 1892년 개통된 빌루뿌람-띠루반나말라이-끼뜨빠디를 잇는 지선이 나타나 있지 않았다. 그 지도책에 따르면, 마두라이와 에그모어를 연결하는 철도선에서 띤디바남이 띠루반나말라이와 가장 가까운 지점임을 그는 알았다. 그래서 그는 띤디바남까지 가는 데 3루삐면 충분할 것이라고 추측하고, 나머지 2루삐와 편지 한 통을 쉽게 발견될 수 있는 모퉁이에 있는 형의 책 속에 남겨 두고, 마두라이를 영원히 떠났다.

제 7 장

작별의 편지

왜 저를 찾으셨습니까?

저는 제 아버지의 집에 있어야 하는 줄을 모르셨습니까?

─누가복음 2장 49절

작별의 편지는 다음과 같이 적혀 있다.

> என் தகப்பனாரைத் தேடிக்கொண்டு
>
> நான் ⟨ அவருடைய உத்திரவின்படி இவ்விடத்தை விட்டுக்
> கிளம்பிவிட்டேன். இது நல்ல காரியத்தில் தான்
> பிரவேசித்திருக்கிறது. ஆகையால் இந்தக் காரியத்திற்கு
> ஒருவரும் விசனப்பட வேண்டாம். இதைப்பார்ப்பதற்காக
> பணமும் செலவு செய்யவேண்டாம்.
>
> உன் சம்பளத்தை இன்னும்
> செலுத்தவில்லை. ரூ. 2 இதோடு   } இப்படிக்கு,
> கூட இருக்கிறது.   ─ ─ ─ ─

내 아버지를 찾아서

나는 그분의 명령에 복종하여 여기를 떠납니다. 이것은 고결한 계획을 위하여 나서는 것입니다. 그러므로 아무도 이 일을 슬퍼할 필요가 없습니다. 이것(이 사람)을 찾아내기 위해, 돈을 낭비할 필요가 없습니다.

● 43

당신의 수업료는 아직 지불하지 못했습니다. } 그러므로
2루삐를 여기 동봉합니다. } ＿ ＿ ＿ ＿

이 편지는 벤까따라만이 마두라이를 영원히 떠날 때 그의 마음 상
태와, 윤리적이며 영적인 분야에서 그가 이룩한 진보에 대한 모든 흥
미로운 문제에 대한 해결의 실마리를 분명히 보여 주고 있다. 사람들
은 그가 마두라이를 떠날 때 단란한 가정, 일가친척, 그리고 친구들에
대한 생각들과, 그리고 예전의 즐겁거나 혹은 그 밖의 감정들이 깃들
어 있는 장면들이 그의 마음의 눈앞을 스쳐 지나갈 때, 무엇인가를 간
절히 바라는 미련에 찬 시선을 뒤로 던지면서 떠났는지 아닌지, 그리
고 그를 잃고 어머니나 다른 사람들이 겪게 될 비탄에 대한 생각에 동
정적인 슬픔이 가슴에서 북받쳐 올랐는지 어떤지에 대해 알고 싶어 할
것이다. 그 또한 집도 없고 무일푼이며 친구도 없는 어두운 미지의 세
계로 들어가면서, 미래에 대한 어떤 두려움이나 불안을 갖고 있지 않
았을까?

이상한 이야기지만, 이런 생각들 중 어떤 것도 그를 괴롭힌 것처럼
보이지 않는다. 거대한 열광의 파도가 그의 존재 전체를 삼켜서 그와
같은 생각들이 들어설 여지를 거의 남겨 놓지 않은 것처럼 보인다. 그
는 너무 선량하고 너무 사랑스런 사람이어서 그에게 소중한 그런 사람
들의 감정을 완전히 무시할 수는 없었다. 그는 가족들이 그를 찾아야
하는 모든 걱정과, 그리고 그의 부재로 인하여 특히 어머니가 겪게 될
깊은 고통에서 벗어나는 것을 간절히 보고 싶었다. 그는 자신의 선한
계획을 언급함으로써 그들의 고통을 위로하고 있으며, 그들에게 기운

을 내라고 말하고 있다. 그는 테니슨의 다음과 같은 (각색된) 말로 이야 기하는 것 같다.

> 먼 곳에서
> 아루나짤라가 부르고 있습니다.
> "그것은 나를 '부르는 소리'입니다.
> 내가 바다를 향해 출항할 때
> 난간에 기대어 슬퍼하지 마소서."

가족들이 그와 그의 미래에 대하여 가질지도 모르는 두려움에 대하여, 그는 순전히 신(아버지)의 명령에 복종하여 신을 찾고자 떠나고 있기 때문에 자신은 안전한 손에 맡겨져 있을 것이라고 그들에게 알려준다. 더욱이 (그들의 걱정뿐만 아니라) 자신의 행방을 찾는 데 그들이 사용할 불필요한 경비를 덜어 주기를 바라고 있다. 또한 형에게 그의 수업료를 내지 않았다는 것과, 그 일부, 다시 말해, 2루삐는 편지와 함께 두고 왔다는 것을 알리고 싶어 한다. 이 모든 것은 보호자의 일면이다. 다른 일면은 영적인 것이다. 여기서 우리가 주목해야 할 것은 벤까따라만의 성장에 나타난 주요 특징은 그가 자신을 부르고 있는 이슈와라(신, 아버지), 즉 "아루나짤라"를 강력하게 믿고 있다는 것이다. 그가 이 명칭을 사용하지 않고 빼 버린 것은 그것으로 말미암아 그의 행선지가 드러나게 될 것이라는 점을 그가 의식적으로나 무의식으로 인식하고 있었음에 틀림없다. 편지가 드러내는 그 다음 특징은 몇몇 사람들에 의해 가장 중요한 특징으로서 그리고 아마도 언급할 가치가 있는 유일한 특징으로서 간주될지도 모른다. 심지어 가장 무심한 독자라도 편지에서 **இது**로 사용된 "이것"이란 말에 주목할 것이다. 첫 문장은 "나"를 불쑥 내뱉는다. 그러면 개인적인 의식이 주목을 받게 되어, 독자의 눈에 뚜렷이 보인다. 그러나 바로 다음 문장에서, 현자의 돌은 독자가 지켜보는 가운데 보다 천한 금속(개인의 에고)과 접촉하면서 그것을 몰개성적 혹은 확장된 "나"라는 금으로 바꾸어 버린다. 편지에 나타난 "나"라는 말 다음의 표현은 **"என் தகப்பனார்"**로 "나의 아버지(신)"이다. 여기서 복 받은 자아는 천상으로 도약하며, 아버지를 방문할 아들의 권리를 주장한다. 자아의 상스러움은 즉시 사라지고, 남아 있는 사람은 바로 '신의 아들'이다. 그는 '교활한 흙의 주형'(육신)이 아니라, 하나의 영인 그의 아버지(신)와 같다. 이와 같이 글쓴이로부터 흙의 오점이 사라짐으로써, 즉 데하뜨마-붓디Dehatma-buddhi("나는 몸이다." 라는 생각)가 없어짐으로써, 그렇지 않았다면 수수께끼로 남아 있을지도 모르는 다음 문장에 나오는 **"இது"** 즉 '이것'이란 말을 푸는 실마리가 제공된다. 두 번째 문장에서, 글쓴이의 깨달은 영혼은 띠루반나말라이로 떠나는 여정을 언급하고 있다. 그리고 자기 자신을 묘사할 때 3인칭 중성이 사용되고 있다. '나'가 아닌, '이것'이 계획을 착수하는 것이다. 이제 마두라이를 떠나 띠루반나말라이로 향해 가는 것은 (즉, 두 번째 문장부터 계속해서) 이미 신에게 몰입해 있는 영이 아니라, 영과 별개로 분명히 보이는 몸이다. 자신의 자아와 몸과의 동일시가 끊겨 버렸다. 그 끊어진 부분(서로 떨어져 있는)은 시야에 명확하게 노출되었다. 그 다음 문장은 나의 용무가 아니라, '이것'의 용무를 언급하고 있다. 네 번째 문장에서도 또한 아마 친척들이 행방불명된 글쓴이를 찾아 나

설지도 모른다는 것을 언급하면서 "**இதை பார்ப்பதற்காக**" 즉 "이것 (사람)을 찾기 위하여"란 말을 사용하고 있다. 여기서 편지는 친척들을 다음과 같이 꾸짖는 것처럼 보인다. "체! '이' 생명이 없는 물질인 '이' 몸을 보고자 하다니! 그게 무슨 소용이 있겠는가? 여러분이 정말로 교제하고 싶은 것은 벤까따라만이란 이름으로 알고 있던 몸을 지닌 영이 아니던가! 저런! 그러한 영은 이미 사라지고 없다. 육신에 속박된 낡고 편협한 영과는 동일시하기가 매우 어려운 새로운 영이 그것을 대신했다. 그러므로 나를 찾는 일을 그만두라." 그 다음에 편지는 "그러므로 ————"로 이어지면서 끝난다. 여기 대시 기호가 있는 자리에는 이전 같았으면 벤까따라만이 서명을 했을 것이다. 그러나 이번에는 '나'로 시작한 개성을 가진 인물이 이어지는 몇 행에서 '이것'으로 용해되고 말았다. 그래서 끝에 가서는 편지에 서명할 그 시각 그 자리에 남아 있는 사람은 분명히 없다. 성격의 느낌은 이미 약해져 사라졌거나, 아니면 적어도 그 느낌이 너무 약해져 서명을 보증하거나 편지에 서명할 기분을 일으킬 수 없었다. 서명을 생략한 것은 분명히 기차를 잡기 위해 서두르느라 시간이 없기 때문이 아니다. 왜냐하면 서명 대신에 일련의 대시 기호를 적을 시간이 있었고, 그 후에도 형에게 수업료를 내지 않았다는 것과 나머지 돈을 남긴다는 것을 알리는 추신까지도 덧붙일 시간이 있었기 때문이다. 심지어 이 마지막 행들은 모두가 몰개성적이다. 추신은 "당신의 수업료는 내지 않았습니다."라고 말하지만, 누가 내지 않았는지 그 주체를 덧붙이지 않았다. '내가' 혹은 '이 사람이'와 같은 표현이 전혀 없다. 그리고 마지막으로 2루삐를 남겨 놓은 것에 대하여, 편지와 함께 놓여 있는 생기 없는 은화에 대한 언급이 있다. 그것은 순전히 몰개성적이다. 그의 성격의 변화를 알려 주는 이러한 말들이 얼마나 감동적인가!

이 스케치의 주인공이 가지고 있는 윤리적이거나 영적인 상태에 대해서는 훨씬 더 많은 것이 언급되어야 한다. 사실 그의 전기에는 그의 가르침들과 영적인 경험들을 묶을 수 있는 '흥미로운 플롯'이나 사실들의 줄거리가 아주 적다. 그러므로 우선 사실이라는 이러한 검소한 요리부터 먹고 난 다음에 그의 영적인 삶이란 영양가 있는 진수성찬으로 넘어가자.

제 8 장

아버지를 찾아서 집을 떠나다

나보다 아버지나 어머니를 더 사랑하는 사람은 나에게 가치가 없느
니라.
  자신의 목숨을 얻으려는 사람은 목숨을 잃을 것이며, 나를 위해 자
기 목숨을 잃는 사람은 목숨을 얻을 것이니라.

—마태복음 10장 37, 39절

순례자는 다시는 집에 발을 들여놓지 않겠다는 결심을 하고 집을 떠
났다. 뻐꾸기는 자신의 참된 본성을 발견할 때 자신이 부화된 까마귀
의 둥지를 떠나며, 다시는 돌아오지 않는다.

벤까따라만이 집을 떠난 것은 토요일 정오 무렵이었다. 역은 1마일
정도 떨어져 있었다. 그는 빠르게 걸었다. 정오는 띤디바남과 마드라
스로 열차가 출발하는 통상적인 시간이었다. 그러나 그가 역에 도착했
을 때 그는 아주 늦었지만 기차는 훨씬 더 연착한다는 것을 알았다. 열
차는 아직 도착하지 않은 것이다. 이것은 신(그의 아버지)이 그의 계획
에 미소 짓고 있다는 또 다른 증거였다. 그는 역에 걸려 있는 요금표를
보고 띤디바남까지 2루삐 13안나임을 알았다. 그는 자신의 생각에 너
무 몰두한 나머지 몇 줄 아래를 쳐다볼 수 없었다. 그래서 띠루반나말
라이가 바로 기차역이라는 것과 거기까지의 요금이 꼭 3루삐라는 것도

볼 수 없었다. 그는 소심하여 사람들에게 정보를 묻는 데 익숙하지 않았을 뿐만 아니라, 또한 그의 계획이 성공하기 위해서는 비밀을 유지할 필요가 있다는 생각으로 가득했다. 무엇보다도 그는 불필요한 수고와 경비 지출을 피하기 위하여 여행 계획을 주의해서 상세하게 세우는 사무적인 기술에는 아주 서툴렀다. 반면에 그의 영혼은 '생각의 높은 천상계 주변으로' 날아올라 신과 교제하고 있었다. 그래서 그는 즉시 띤디바남행 기차표를 샀다. 그리고 거스름돈 3안나를 옷 구석의 매듭에 묶은 뒤, 기차가 도착하자마자 객차 안으로 들어갔다. 그리고 그는 생각에 몰두했다. 그에게는 신체적이든 정신적이든 걱정해야 할 무거운 짐이 없었다. 외부의 다양한 것들에 대해 생각하는 사람은 자신의 영혼을 잃는다. 이러한 객관적인 소유물에 대한 생각들이 영혼을 집어삼키기 때문이다. 보물이 있는 곳에 마음도 있기 마련이다. 벤까따라만과 함께 열차에 탄 승객들은 짐을 가지고 있었으므로, 계속 빈틈없는 경계를 해야만 했고, 플래카드의 경고처럼 "철도 도둑을 조심해야" 했다. (그에게 보물이 조금이라도 있었다면) 그 보물들은 '나방이나 녹도 더럽히지 못하고, 도둑들도 뚫고 들어와 훔쳐갈 수 없는 곳'에 보관되어 있었다. 그는 아버지(신)에 대한 생각에 몰입해 있었으며 되풀이하여 자신의 영혼 속으로 뛰어들었다. 『바가바드 기따』(9장 22절)에서 신(슈리 크리슈나)이 다음과 같이 말한 것은 바로 이러한 상태이다.

अनन्याश्चिन्तयन्तो मां ये जनाः पर्युपासते ।
तेषां नित्याभियुक्तानां योगक्षेमं वहाम्यहम् ॥

"끊임없이 나에게 봉사하는 사람들과 항상 나에 관해 그리고 오직 나만을 생각하는 사람들의 안전과 이익을 나는 보살핀다."

벤까따라만은 어떠한 소유 의식도 없이 영혼 속에는 신이 존재하고 있었으므로 모든 안전과 행복을 누리고 있었다. 동료 승객들이 말하거나 행동하는 것에도 주의를 기울이지 않고, 기차가 북쪽으로 달려갈 때 시야에 전개되는 다양한 아름다운 경치에도 무관심한 채, 그는 자신 속으로 들어가고는 고요했다. 여러 기차역이 그렇게 지나갔다. 그의 객차 안에는 은빛 수염을 한 늙은 모울비(회교 율법 학자)가 많은 성자들의 삶과 가르침에 대하여 다른 승객들과 이야기하고 있었다. 모울비는 자신의 곁에 앉아서 그들의 토론에 참가하지 않고 있는 브람민 출신의 젊은이를 알아차리고 그에게 물었다.

"어디로 가십니까, 스와미?"

"띠루반나말라이로요."라는 간결한 대답이 돌아왔다.

"나도 그곳으로 가고 있습니다." 모울비가 말했다.

"뭐라구요? 띠루반나말라이로요?" 젊은이가 물었다.

"아니요, 나는 그 다음 역까지 갑니다."

"다음 역이 어디입니까?" 젊은이가 다시 물었다.

"띠루꼬일루르입니다." 모울비의 대답이었다.

"뭐라구요? 이 기차는 띠루반나말라이로 갑니까?" 순진한 젊은이가 놀라서 물었다.

"당신은 틀림없이 이상한 승객이군요. 그러면 당신은 어디로 가는 티켓을 샀습니까?"

"띤디바남이요."

"저런, 당신은 띤디바남으로 갈 필요가 전혀 없습니다. 우리는 빌루뿌람의 환승역에 내려서 띠루반나말라이와 띠루꼬일루르행 열차를 갈아타야만 합니다."

이 정보를 얻는 후, 벤까따라만은 동료 승객들이나 세상의 어떤 일에 대해서도 더 이상 관심을 가지지 않고, 다시 자신 안으로 몰입하였다. 그의 여행의 흥분과 깊은 정신적인 몰입은 배고픔의 느낌조차도 느끼지 못하게 하였다. 그가 배고픔의 고통을 느낀 것은 해질 무렵 기차가 뜨리찌노뽈리 환승역에 도착했을 때였다. 그는 그 지방의 배를 두 개 사서 그 중 하나를 먹었다. 과일을 한입 삼키자마자 즉시 배고픔은 사라졌다. 그리고 위의 포만감을 느끼며 그는 더 이상 먹고 싶지 않았다. 이것은 그에게 놀라운 일이었다. 전날까지 그는 하루 두 끼의 충분한 식사를 했고, 그밖에도 아침에 남은 찬밥과 오후의 점심을 아무런 어려움 없이 먹었기 때문이다. 그러나 이제, 단 한입으로도 배가 불러 더 이상 먹을 수가 없다니! 잠에 대해서 말하자면, 그는 잠과 그리고 그가 줄곧 잠겨 있는 사마디samadhi 상태 사이의 차이점을 거의 알 수 없었다. 새벽 3시에 그는 빌루뿌람에 도착하여 그곳에 내렸고, 아침이 되자 어느 길로 가야 할지 알아보기 위해 빌루뿌람의 거리를 오르내리며 걸었다. 그는 너무 소심하여 어떤 사람에게도 묻지 않았다. 도로 표지판에서 '맘발라뺏뚜' 같은 이름을 보았지만, 띠루반나말라이라는 이름은 없었다. 그는 그 당시 맘발라뺏뚜가 띠루반나말라이로 가는 길에 있다는 것을 알지 못했다. 상쾌한 아침에 이렇게 걸으니 시장기가 있어 그는 음식을 먹기 위해 호텔로 갔다. 주인은 그에게 식사를 하려면 정오 때까지 기다리라고 했다. 벤까따라만은 거기에 앉아서 평상시처럼 사마디에 들었다. 호텔 지배인은 준수한 외모, 긴 검정 색깔의 타래진 머리, 금 귀걸이를 하고 있으며 그리고 지성으로 빛나고 있는 얼굴을 가지고 있으면서 사마디에 들어 있는, 그리고 여행용 가방이나 소지품이 전혀 없는 이 젊은 브람민 청년을 흥미롭게 살펴보았음에 틀림없다. 식사를 끝내고 청년이 2안나를 지불하자, 주인은 그에게 질문을 했다.

"돈은 얼마나 가지고 있는가?"

"2.5안나를 가지고 있습니다." 벤까따라만이 대답했다.

"그럼 그냥 넣어 두게." 주인이 말했다.

벤까따라만은 즉시 기차역으로 출발하여, 수중에 있는 돈으로 갈 수 있는 거리인 맘발라빳뚜로 가는 차표를 구입했다. 그는 그날 저녁에 그 기차역에 도착했고, 띠루반나말라이까지 남아 있는 거리는 걷기로 결심하였다. 그래서 10마일 정도 걸었다. 그러자 산과 아라야니날루르 사원이 보였다. 그는 이렇게 먼 거리를, 특히 뜨거운 태양 아래서 걷는 것에 익숙하지 않았다. 그는 아주 녹초가 되었으며 사원에 도착한 것은 늦은 저녁 시간이었다. 그곳에는 아무도 없었다. 그래서 그는 탑 앞의 삐알_{pial}에서 기다렸다. 얼마 후 사원의 문이 열리자, 그는 안으로 들어가서 그 어두운 사원에서 오직 불빛이 있는 곳인 기둥이 있는 홀(만따빰_{mantapam})에 자리를 잡고 명상에 들었다. 여기에 그가 앉았을 때, 그는 '시각적 자동 활동' 혹은 '환시'[3] 즉 갑자기 눈부신 빛이 흘러나와 모든 곳에 퍼지는 광경을 보았다. 그는 "이것은 여기에 있는 신의 모습이 틀림없어."라고 생각하며 자리에서 벌떡 일어나서, 안쪽의 지성소(가르바 그리하_{Garba}

---

3 W. James, Varieties of R.E. 25쪽 참조.

Griha)로 들어가 그 빛이 거기서 나오는지를 알아보았다. 그러나 그 방에서는 그런 빛을 발견하지 못하였기 때문에, 그는 자신이 보았던 빛이 석상에서 나온 것은 아니라는 것을 확신했다. 빛이 무엇이었든 간에, 그 빛은 즉시 사라졌다. 그리고 그는 "다시 생각 속으로 떨어졌다." 이 사마디가 비로소 깨진 것은 뿌자가 끝났을 때 "누가 만따빰에 있어요? 나오세요. 사원을 잠가야 해요."라고 소리치는 요리사에 의해서였다. 벤까따라만은 밖으로 나와서 먹을 음식을 좀 달라고 부탁했다. 들려온 짧은 대답은 "여기에는 자네에게 줄 음식이 없다네."였다. 젊은이는 "어쨌든 저를 여기 머물게 해주세요."라고 요청했다. "오, 안 되네." 사제가 말했다. "아무도 여기에 머물 수 없거든."

그래서 벤까따라만은 밖으로 나와서 다른 사람들과 함께 약 1.2킬로미터 떨어진 낄루르로 갔다. 거기에 가면 아마도 야간 뿌자가 끝난 뒤에 음식을 얻어먹을 수 있을 것이라고 들었기 때문이다. 일행은 비라떼스와라의 낄루르 사원에 들어갔고, 사제가 계속 뿌자를 진행해 가자, 벤까따라만은 다시 깊은 사마디에 들었다. 사제가 떠날 때 그는 사마디에서 깨어났다. 청년은 음식을 요청했고 다시 사제로부터 짧은 부정적인 대답을 들었다. 줄곧 그 자리에 있으면서, 신앙심 깊고 성자다워 보이는 청년의 어려운 처지를 본 사원의 고수(鼓手)가 "그럼 사제님, 그에게 제 몫을 주세요."라고 소리쳤다. 밥이 든 이 접시를 들고 벤까따라만은 물을 얻어먹기 위해 오후 9시경 이웃에 있는 샤스뜨리의 집으로 안내받아 갔다. 그러나 물을 받기 위해 기다리는 사이에 그는 잠이 들었고, 그렇게 잠든 채로 걷다가 배고픔과 피로로 인해 쓰러진 것으로 보인다. 얼마 후 깨어나 보니 그는 원래 서 있던 곳에서 약간 떨어져 있는 곳에 누워 있었다. 사람들이 그의 주위에 모여 있었으며, 그들은 물을 요구하다가 쓰러져 의식을 잃었지만 다행히 다치지는 않은, 낯설지만 잘생긴 청년에 대해 의아해하고 있었다. 그는 바닥에 밥알이 흩어져 있는 것을 발견하고 그것을 주워 모아 일부를 먹고는 그곳에서 잠들었다. 다음 날 아침은 1896년 8월 31일 월요일로, 슈리 크리슈나의 생일인 고꿀라슈따미Gokulashtami였다. 띠루반나말라이까지는 아직도 20마일이 남아 있었다. 길을 따라 걸어 오르내리던 그는 어느 길을 따라가야 할지 알 수가 없었다. 그는 피로와 배고픔을 느꼈다. 그래서 먼저 음식을 찾아야만 했으며, 그 다음 기차로 가야 했다. "그리고 기차 요금은……" 하고 그는 잠시 생각하다가 루비가 박혀 있는 귀걸이를 뺐다. 20루삐 정도의 가치가 있는 이것을 전당 잡혀야만 했다. "어떻게 누구에게 전당 잡혀야 하는가?" 그는 전당 잡히거나 돈을 빌려 본 경험이 없었다. 그러나 필요는 발명의 어머니다. 배고픔은 스스로의 권리를 주장하고 있었다. 그래서 그는 한 무뚜크리슈나 바가바따르의 집에 걸어 들어가 음식을 구걸했다. 그는 그 집의 귀부인에게 보내졌다. 착한 귀부인은 슈리 크리슈나의 탄생일인 이 신성한 날에 손님으로 온 젊은이를 보고 기뻐했다. 그리고 그녀는 차가운 음식을 아주 많이 주었고, 그가 첫 한입에도 충분한 포만감을 느꼈는데도 불구하고 그에게 음식을 다 먹으라고 졸랐다. 그 다음 그는 바가바따르에게 가서, 부당한 의심을 피하기 위하여 털어놓기를, 그가 여행 가방을 들고 여행을 하다가 어쨌든 도중에 가방을 분실했으며, 따라서 그가 성지순례를 계속하기 위해서는 4루삐의 경비를 마련하기 위하여 그의 귀걸이를 전당 잡힐 수밖에 없다고 했다. 바가바따르는 귀걸이를 받아 그것이 진짜 금과 루비임을 확인하고서, 그의 주소를 전표에 적게 한 다음 자신의 주소가 적힌 전표를 그에게 준 후에 4루삐를 건넸다.

바가바따르와 귀부인은 경전[4]에 따라 모든 손님들이 바로 신(바수데바Vasudeva)이라고 완전히 믿고 있기에, 그 젊은이에게 충분한 오찬뿐만 아니라, 심지어 정식으로 하는 뿌자 때 나이베디야Naivedya(즉 음식 봉헌)로서 올리기도 전에 슈리 크리슈나 신에게 바칠 사탕과자 한 봉지도 주었으며, 그리고 역까지 그를 배웅해 주었다. 벤까따라만은 다시 돌아와서 보석을 되찾겠다고 약속했다. 그러나 그 집을 떠나자마자, 그는 주소가 적힌 전표를 찢어 버렸다. 그는 그 보석들의 가치가 얼마이든 간에 그것들을 되찾겠다는 생각을 경멸했다. 사탕과자와 돈을 가지고, 그는 역으로 힘차게 걸어갔고, 거기서 잠을 잤다. 1896년 9월 1일 아침, 그는 4안나를 주고 차표를 사서 한두 시간 안에 띠루반나말라이에 도착했다.

---

4 ―따이띠리야 우빠니샤드 1,11 (2) "그대의 손님을 그대의 신으로 알고 공경하라."
―바가바드 기따. "신은 모두이다."

भिक्षांसत्कृत्ययो दद्याद्विष्णुरूपाय भिक्षवे ।
कृत्स्नां वा पृथिवीं दद्यात्तेन तुल्यं न तत्फलम् ॥

신이 단지 탁발승을 가장하여 나타났지만, 그런 탁발승을 존중하고 음식을 주는 자는 지구 전체를 주는 자보다도 더 큰 이익을 얻느니라.
―아뜨리 스므리띠.

제9장

아버지의 발아래에

저를 위하여 갈라진, 영겁의 바위,
저로 하여금 당신 안에 숨을 수 있도록 하소서.
......
이제, 오랫동안 분열되어 있는 저의 마음을 쉬게 하소서.
이 축복받은 중심에 정착하여 쉬게 하소서
다시는 당신을 떠나게 하지 마소서.
모든 선을 소유한 신과 함께 있도록.

–상께이, 『노래와 독창』

1896년 9월 1일 아침 띠루반나말라이 역에서 내린 뒤, 벤까따라만은 아루나짤레스와라 사원의 '별처럼 빛나는 뾰쪽한' 탑(gopura 고뿌라)들이 있는 그의 '약속의 땅'을 멀리서 바라보았다. 성자 난다의 경우와 마찬가지로, 탑들을 바라보는 그 자체로 그의 영혼은 성취감에서 뿐만 아니라 희열 그 자체와 아주 가까이 있다는 데서 일어나는 기쁨으로 가득 찼다. 빠른 걸음과 뛰는 가슴으로 그는 큰 사원으로 똑바로 나아갔다. 경내를 둘러싼 높다란 벽을 따라 세워진 세 개의 출입문과 안쪽의 모든 문이 열려 있었다. 그의 근처에는 한 사람도 없었다. 그것은 마치 어떤 장애도 없이 가장 안쪽의 성소인 성소 중의 성소(가르바그라하 garbhagraha)로 똑바로 당당하게 걸어가서,

"오, 신이시여! 당신의 부름에 복종하여,

모든 것을 버리고 제가 여기에 왔습니다."

라고 인사를 하는 그 "사랑하는 아들"을 환영하기 위하여 아버지께서
이렇게 준비를 하고 있었던 것처럼 보였다.

그 순간, 모든 육체적이고 정신적인 흥분이 사라졌다. 그는 마음이
진정되는 느낌을 느꼈다. 그리고 그의 희열의 잔이 찰랑찰랑 넘쳤다.

"그것이 끝났습니다. 위대한 거래가 끝났습니다.

저는 신의 것이며, 그리고 신은 저의 것입니다.

그분은 저를 끌어당겼고, 저는 그분을 따랐습니다.

신의 목소리를 듣고 황홀에 취해서."

—샹께이

그 순간은 그의 삶에서 최고의 순간으로, 낡고 그릇된 세상적인 삶
이 "떠나고" 아버지(신)와 참나 안에서의 새롭고 참된 삶이 "도래"한다
고 할 수 있는 그런 순간이었다. 그는 잠시 황홀한 상태로 거기에 서 있
다가 엎드려 절을 한 뒤에 지성소를 떠났다. 그는 이미 그의 미래를 봉
해서 그것을 신께 드렸다. 그러므로 그는 지금부터 아버지(신)의 품에
안긴 아기와 같이, 신이 선택하는 대로, 어르거나 놀아 주는 아이에 불
과했다.

"완전한 복종, 완전한 기쁨,

아누나짬따 사원(신에서 본 모습)

아룬나짤라 산

환희의 비전들이 그의 시야에 갑자기 나타납니다.

완전한 복종, 모든 것이 쉬고 있습니다.

그는 항상 행복하고 축복 받은 상태로 신 안에 쉬고 있습니다."

"비록 구름이 하늘에 모인다 해도,

큰 파도가 넘실거리며 그를 에워싼다 해도,

세상이 아무리 캄캄하다 할지라도,

그분은 자신의 영혼 안에 햇빛을 비출 것입니다.

신의 빛 속을 걸어가는 동안,

그는 달콤한 교감을 발견했습니다.

그는 아주 힘차게 길을 재촉하며,

세상을 뒤로했습니다."

-(같은 책에서 번안)

이제 그는 돌로 된 링감을 보았고, 자신을 이미 끌어당겼고 아직도 끌어당기면서 낡은 상도에서 벗어나게 하는 것이 어떤 단순한 외부의 물리적인 대상이 아니라 만물에 두루 편재해 있는 영이라는 것을 느꼈다. 그가 아루나짤라를 보기 위해 다시 사원에 들어갈 때까지 3년이 흘렀다. 그의 가슴을 가득 채운 끊임없는 현존과 매시간마다 끊임없이 그가 받고 있는 보호와, 그리고 자신이 불멸의 영이라는 강한 깨달음을 직면하고서 그는 성소를 끊임없이 찾는다는 것이 불필요하다는 것을 느꼈다.

성자들의 삶은 끊임없이 개인적인 것에서 비개인적인 것으로, 그리고 반대로, 비개인적인 것에서 개인적인 것으로 바뀐다. 수동적이고 성격이 없는 의식의 순간들이 개인적인 신에 대한 깊은 헌신과 번갈아 일어난다. 청년은 이러한 진리와 진리의 다른 양상들을 어렴풋이 느꼈다. 왜냐하면 그때까지 그가 느낀 모든 것을 그에게 분석해 줄, 예를 들면, 유한한 것이 결국에는 무한한 것으로 드러나고, 개인적인 것이 비개인적인 것으로 드러나며, 형상과 속성을 지닌 다수가 절대적인 실체로 드러난다는 것을 그에게 보여 줄 그런 스승이나 책을 통한 학습이 그에게 없었기 때문이다.

벤까따라만(즉, 이날 이후 우리가 그를 부르게 될 명칭인 젊은 스와미)이 그의 아버지의 현존을 떠났을 때, 그가 어디로 갔겠는가?

"그분을 휴식의 장소로 택한 그 사람 앞에
세상이 모든 것이었으며, 신이 그의 안내자였습니다."

그의 선택은 물론 띠루반나말라이며, 그곳에 있는 아버지의 직접적인 현존, 즉 대사원의 경내였다. 경전(샤스뜨라)들에 따르면, 은둔자(빠리브라자까Parivrajaka)에게 적당한 거처는 사원, 언덕, 동굴, 나무 밑 혹은 신성한 강의 둑이다. 젊은 스와미는 (많은 은둔자들이 그 이전이나 그 이후에도 알았듯이) 사원이 가장 편리한 곳임을 알았다. 그곳의 분위기 자체가 순수하고 영적인 힘으로 가득했다. 사원의 종소리가 끊임없이 울리고, 경건한 방문객들이 계속해서 떼바람Tevaram, 띠룹뿌가르Tiruppugazh 와 기타 노래들을 부르면서 그들의 신에게 다가가고, 성스러운 신상의 행렬을 따르는 일단의 젊은이들이 수천 년 전에 숲 속의 현자들인 리쉬들이 사용했던 바로 그 강세와 억양으로 신성한 베다를 암송하고, 그리고 이러한 경내에서 끊임없이 마주치는 종교적인 삶의 다른 많은 국면들, 이 모두가 미덕과 신앙심을 촉진시키는 자극에 관한 한, 그 선택이 옳았음을 충분히 입증해 주었다. 하지만 심지어 이러한 외적인 접촉에서조차 벗어나 혼자서 자기 자신이나 그의 신과 교감하고 싶다 하더라도, 경내는 특히 은둔자의 요구에는 적합했다. 그곳에는 난다바남(꽃정원), 바자이 또땀(바나나 정원), 더 높은 방들을 갖춘 수많은 탑(고뿌라)들, 특히 지상 216피트 이상이 되어 보이는 13층이나 되는 동쪽의 큰 탑과, 길이가 1,480피트, 폭이 680피트가 되는 이 거대한 사원의 많은 구석구석 등과 같은 이 모든 것이 적당한 은둔처를 제공한다. 고행자는 비밀을 유지할 필요가 없으며, 보관하거나 자물쇠로 채워 둘 물건이 아무것도 없다. 여우는 굴을 가지고 있고, 하늘의 새는 둥지를 가지고 있지만, 신의 아들은 머리를 눕힐 장소가 없으며 자신의 것이라 할 수 있는 장소도 없다. 모든 곳이 그의 것이다. 지구의 표면 모든 곳이 그를 위한 침대이다. 나무들은 그의 우산이며, 달은 그의 등불이다. 그리고 그가 만나는 모든 사람들은 그의 형제요 자매이며, 아버지이며 그리고 그에게 음식을 주는 어머니이다. 젊은 스와미는 어디에서 음식을 구할까 하는 생각으로 어려움을 겪어 본 적이 있었을까? 결코 없었다. 그는 무엇을 마실까, 무엇을 먹을까, 무엇을 입을까 하는 생각으로 결코 어려움을 겪지 않았다. 그의 아버지는 그에게 무엇이 필요한지 알고 있다. 그래서 그는 오직 아버지와 (신의 왕국인) 참나만을 생각하고, 그러면 이런 모든 것들이 그에게 더해진다. 천 개의 기둥이 있는 홀 즉 만따빰mantapam이 이 젊은 '브람마나 스와미'(즉 그가 띠루반나말라이에 있는 일반 사람들에게 항상 알려진 이름)에게 첫 번째 거주지 역할을 했다. 그는 사마디 기간 동안 그곳에 앉아 있었다. 그곳의 차가운 석판이 그의 침대였지만, 그 석판 위에다 깔 천조차 없었으며, 하물며 돗자리나 깔개나 어깨 걸치개는 더더욱 없었다. 팔이 그의 베개였고, 손바닥이 그의 접시였다. 그리고 길가에서 발견한 넝마가 그의 옷[5]이었다.

그는 도착한 바로 그날 정처 없이 아이얀꿀람 저수지로 걸어가서, "이 덩어리(즉, 몸)에게 사탕과자를 왜 주는가?"라고 중얼거리면서 낄루르 바가바따르의 집에서 받았던 사탕과자 꾸러미를 버렸다. 그가 저수지에서 다시 걸어오면서 사원 근처에 이르렀을 때, 어떤 사람이 다가와서, "이발하지 않겠나?"라고 물었다. "하겠습니다."라고 젊은 스와미는 대답하고는, 바로 이발사를 찾아가 머리 전체를 삭발했다. 딘디굴과 마두라이에서 소년이었을 때, 그는 아름다운 머리털(길게 늘어뜨린 가늘고 짙은 검정 타래 머리)과 고운 피부색, 그리고 잘생긴 얼굴로 주목받았다. 이제 단번에 그의 머리타래와 이별하면서 그는 탄식 소리 한 번 내지 않았다. 깨끗하게 삭발한 머리는 고행의 삶(산야사sanyasa), 즉

---

5   (१) सत्यां क्षितौ किं कशिपोः प्रयासैर्बाहौ स्वसिद्धे ह्युपबर्हणैः किम् ।
    सत्यं जलौ किं पुरु धान्नपात्रैर्दिग्वल्कलादौ सति किं दुकूलैः ॥
    (२) चीराणि किं पथि न सन्ति दिशन्ति भिक्षां नैवाङ्घ्रिपाः परभृतस्सरितोप्यशुष्यन् ।
    रुद्धा गुहाः किमवधूतसुहृन्न कृष्णः कस्मादद्रजन्ति कवयो धनदुर्मदान्धान् ॥

(1) 누울 땅이 있다면, 왜 침대를 걱정하는가? 자신의 팔을 바로 사용할 수 있다면, 왜 베개가 필요한가? 손바닥이 있다면, 왜 접시와 그릇이 필요한가? 자신이 입을 공기나 나무껍질이나 이와 비슷한 것이 있다면, 왜 비단옷이 필요하겠는가?
(2) 길가에 넝마가 없는가? 나무들이 그들의 선물을 주고 있지 않은가? 항상 다른 것들을 부양해 주는 시냇물이 말랐는가? 신(슈리 크리슈나)은 모든 것을 복종시킨 자들의 친구가 아닌가? 그렇다면 왜 현명한 이들이 자신의 부에 눈이 멀고 부에 취해 있는 그런 부자들을 섬기고 있는가?

62 •

세상의 모든 허영과 결별하고 훨씬 고차원적이고 훨씬 더 진지한 것들이 매 순간 그의 주의력을 차지하게 되는 엄숙한 삶의 노정으로 들어간다는 상징이었다. 그 다음 그는 입고 있던 옷을 찢어 그 조각 하나를 샅 가리개로 만들어 걸치고, 나머지는 수중에 있던 3루삐 반의 잔액과 함께 버렸다. 그는 또한 몸에 두르고 있던 신성한 실을 떼어내 버렸다. 그는 돈을 만지지 않을 것이며, 후에 결코 돈을 만지지 않았다. '청빈'이라는 금욕 생활의 이러한 맹세들은 그가 선택했던 곳의 필수적인 세부 사항들이었으며, 그의 고상한 고행(따빠스tapas)을 돋보이게 하고 지지하는 역할을 했다. 샅 가리개를 걸친 것은 단순히 품위를 위한 것만은 아니었다. 그것은 내면으로 조이는 흔들리지 않는 의지나, 독신 생활의 맹세, 말과 행동과 생각에서 순수하겠다는 맹세, 성행위를 생각조차 않겠다는 숭고한 맹세를 나타냈으며, 또한 그런 것들을 생각나게 하는 역할을 했다. 왜냐하면 유대교의 위대한 개혁가이며 영적인 지도자가 보여 주었듯이, 마음속의 욕정은 말이나 행동으로 나타난 욕정만큼이나 우리의 영적인 비상에 아주 파괴적이기 때문이다. 신성한 실을 던져 버리는 것은 엄숙한 의미를 지니고 있었다. 젊은 스와미는 자신의 본성을 깨닫고 있었으며, 자신이 아닌 모든 것을 버리고 있었다. 몸은 자신이 아니었다. 그는 자신이 흐름 즉 에너지(아베삼avesam)임을 깨달음으로써 몸을 효과적으로 버렸다. 그리고 몸이 그렇게 버려졌을 때, 동시에 몸이 자신이라는 관념에 기초한 모든 구별과 생각도 사라졌음에 틀림없다. 만약 어떤 소년이 갑자기 "너는 누구냐?"라는 질문을 받았다면, 그는 "나는 브람민이다, 나는 힌두인이다, 나는 라마스와미 아이어의 아들이다, 나는 6학년 학생이다, 등등."으로 말을 하게 된다. 그의 진짜 자기는 결코 그에게 떠오르지 않는다. 참 실재 속에서 살기로 결심한 젊은 스와미는 몸에 기초한 마지막 구별의 흔적조차도 던져 버리기를 원했다. 신성한 실은 브람민 출신, 브람민 혈통, 그리고 그것과 연결된 우월성을 생각나게 했다. 그는 그런 구별들로부터 더욱더 멀리 벗어나고 있었다. 그는 어떤 누구보다 열등하지도 우월하지도 않았다. 지금까지 신성한 실은 그것의 의무를 다했다. 그것은 그의 몸에 이행할 더 이상의 역할이 없었다. 그러므로 그것은 버려졌다. "재산에 대한 사랑은 모든 악의 근원이다." 그래서 스와미는 동전과 옷의 형태로 갖고 있던 모든 재산을 버렸다. 갈까마귀와 참새에게 먹이를 주던 그분, 들판의 백합들에게 옷을 입혀 주던 그분이 이제 그에게 먹이를 주고 옷을 입혀 주고 있었다. 본능적으로, 다시 말해, 어떤 내면의 갈등이나 점진적인 노력도 없이, 젊은 스와미는 이러한 진리에 도달하여 그가 버릴 수 있는 모든 것을 없애 버렸다. 면도를 한 후 그는 목욕을 하지 않았지만, 그의 몸에게 "이 몸 덩어리가 목욕과 같은 안락함을 받아야 하나?"라고 (마음속으로) 말하며, 사원으로 들어갔다.

그가 이 만따빰에 머무는 몇 주 동안은 아주 낙관적이거나 유쾌하지만은 않았다. 사람들은 젊은 스와미가 가시와 바늘로 찌르는 듯한 고통을 견뎌 내야 할 적어도 자신의 몫이 있을 것이라는 것을 아주 확실히 느낄 수 있을 것이다. 어떤 친척이나 후원자도 없이, 침묵의 규칙을 지키면서 아래위로 오르내리는 열일곱 살 젊은이는 처음에는 호기심을 불러일으켰으며, 다음에는 주변에 있는 사람들, 특히 소년들의 짓궂은 성향을 자극시켰다. 그들은 이미 띠루반나말라이 거리를 걸어 오르내리는 세샤드리란 사람(나중에 유명한 세샤드리스와미로 알려짐)을 4, 5

년 동안 지켜보면서 그를 미친놈이라고 부르며, 마치 그가 미치기라도 한 듯이 그를 대했다. 그들은 새로 도착한 사람도 같은 부류에 속한다고 생각하고, 그를 "쩬나 세샤드리"(젊은 세샤드리)라고 부르며, 그가 앉아서 명상을 할 때 그에게 돌을 던지는 똑같은 의례적인 인사를 했다. 어느 날 젊은 스와미가 만따빰의 중앙 상단에 앉아 명상에 몰입했을 때, 그는 돌들이 그의 뒤에서 앞으로 날아오는 것을 발견했다. 다행히도 돌들은 그의 몸에 맞지 않았다. 그래서 그는 그런 관심으로부터 자유로워지기를 소망하면서, 같은 만따빰에 있는 빠딸라 링감으로 알려진 큰 구덩이의 어두운 구석진 곳으로 들어갔다. 그러나 그러한 자리 이동은 여우를 피하려다 호랑이를 만나는 격이었다. 어두운 동굴인 빠딸라 링감은 비록 거기에 신성한 링감과 난디(황소)상이 들어 있다 해도 햇빛이 들거나 빗자루로 쓸거나 청소를 한 적이 한 번도 없었다. 대부분 습기가 차 있었다. 그래서 해충들이 아주 잘 자랐다. 젊은 모우니(침묵을 지키는 자)가 영혼의 희열을 즐기면서 그곳에 앉아 있을 때, 빠딸라 링감의 합법적인 점유자들인 쐐기풀, 장수말벌, 벌, 개미, 모기, 그리고 다른 해충들이 침입자의 몸에 달라붙어 즐겁게 그의 피를 빨아 마셨다. 그가 거기에 앉아 있을 때 넓적다리의 아래쪽과 두 다리는 피와 고름이 나오는 짓무른 상처로 가득했다. 심지어 '벨루라르'의 아내(즉, 베라유다 쩻띠)인 라뜨남말이라는 사람이 그에게 음식을 주기 위하여 그 어두운 동굴에 들어가서 이런 악조건을 지적하면서 그를 그녀의 집으로 초대했지만, 스와미는 행동이나 말 혹은 몸짓으로도 응답을 하지 않았다. 그리고 그녀가 깨끗이 세탁한 천을 두고 나오면서, 이러한 해충의 공격을 막기 위하여 그 천을 최소한 침대나 앉는 자리로 사용하도록 요청했지만, 그는 그것을 만지려고조차 하지 않았다. 그의 무아의 경지가 너무나 깊었기 때문에 그는 결코 해충들을 알아차리지 못했다. 짓궂은 소년들의 관심에 대해 말하자면, 스와미는 그들을 완전히 벗어나지 못했다. 어두운 동굴 근처에 가기를 두려워한 그들은 멀찍이 서서 깨어진 항아리 조각들을 던졌는데, 그 조각들은 동굴까지 날아와 큰 소리를 내며 산산조각이 났다. 심지어 돌을 던지는 것조차 끊이지 않았다. 세샤드리 스와미는 빠딸라 링감에 있는 젊은 스와미를 보호하기 위해 가끔 보초를 선 것 같다. 그러나 불행하게도, 그가 그렇게 지킴으로써 어쨌든 어떤 경우에는 젊은 스와미의 안전이 도모된 것이 아니라, 그에 대한 위험이 증가되었다. 벤까따짤라 무달리아르는 젊은 스와미가 빠딸라 링감에서 근처의 고뿌람 수브람만야 사원으로 거처를 옮겨 가게 된 이유를 이렇게 기술했다. 어느 날 정오에 벤까따짤라 무달리아르는 천 개의 기둥이 있는 만따빰 근처로 가고 있었다. 그는 빠딸라 링감 쪽으로 돌을 던지고 있는 일단의 소년들, 즉 대부분 회교도 출신의 소년들을 발견했다. 그 광경을 보고 몹시 화가 난 벤까따짤라가 만따빰으로 달려가서 나뭇가지를 쥐고 그 젊은 개구쟁이들을 공격하자, 그들은 즉시 달아났다. 갑자기 만따빰의 어두운 곳으로부터 세샤드리가 나타났다. 벤까따짤라는 깜짝 놀랐지만 곧 정신을 차리고서 스와미에게 소년들이 던진 돌에 다치지 않았는지 물어보았다. "오, 아닙니다."라고 스와미는 대답하고서는 빠딸라 링감 쪽을 가리키면서 "저기 찐나스와미에게 가 보십시오."라고 말한 뒤 가 버렸다. 안쪽으로 더 들어갔지만, 방금 밝은 곳에서 어두운 곳으로 들어왔기 때문에, 벤까따짤라는 한동안 아무것도 식별할 수 없었다. 몇 분 후 그는 어둠 속에서 그 동굴의 링감(석상) 뒤에 있는 한 소년의 얼굴을 볼 수 있었다. 벤까따짤라는 다소 놀랐다. 그래서 근처에 있는 빨라니스와미와 그의 제자들이 일하고 있는 꽃밭으로 갔다. 그들에게 그 사실을 말하고는, 그들 중 몇 명을 데리고 빠딸라 링감으로 들어갔다. 그때까지도 이들이 내는 발자국 소리에도 불구하고, 젊은이는 부동의 상태로 눈을 감고 앉아 있었다. 그러자 그들은 스와미를 동굴에서 꺼내어 고뿌람-수브람만야 사원으로 옮겼다. 그 젊은 '브람마나 스와미'는 여전히 무의식 상태로 있었다. 눈도 아직까지 감고 있었다. 분명히 그는 깊은 사마디 상태에 있었다. 벤까따짤라와 다른 사람들은 스와미의 허벅지 아래쪽과 다리 주변에서 엄청난 수의 상처들을 보았고, 그 일부에서는 아직도 피와 고름이 흘러내리고 있었다. 그들은 이러한 고통에도 불구하고 과연 사람이 자신의 몸을 의식하지 않고 있을 수 있는지 의아해했다. 그러한 자리에서 더 이상 왈가왈부하는 것이 불경하고 부적절하다고 생각하여, 그들은 절을 하고 가 버렸다.

제10장

몇 년간의 힘든 생활

위대한 사람들이 도달하여 지키고 있는 높은 곳은
한 순간의 비상으로 얻어진 것이 아니었다.
그러나 동료들이 잠을 자고 있는 동안, 그들은
밤에 애써 올라가고 있었다.

-롱펠로우, 성 아우구스티누스의 사다리

그 자신이 모우니mouni(침묵하는 자)인 '브람마나 스와미'는 고뿌람-수브람만야 사원에 살고 있던 모우나 스와미의 보살핌과, 인근 정원에서 일단의 탁발수도승들인 사두sadhu들과 함께 살고 있던 B. 빨라니 스와미의 보살핌[6]을 받았다. 때로는 다른 몇몇 사람들도 그를 보살펴 주었다. 그러나 그들 중 누구도 늘 그의 곁에 있지는 않았다. '모우나 스와미'는 그 사원의 우마 여신의 성전에서 '우유-목욕' 의식을 치르면서 씻겨 나온 우유를 그에게 주곤 하였다. 이것은 우유, 물, 심황 분말, 설

---

6 브람마나 스와미가 보살핌을 필요로 했다는 것은 앞 장에서 설명된 벤까따짤라 무달리아르의 이야기로 충분히 의심의 여지가 없어 보일 것이다. 그것에 대한 추가적인 증거는 여기에서 인용될 수 있다. 스와미는 자신의 기분에 너무나 열중해 있었기 때문에 가끔 음식을 그의 입 속으로 밀어 넣어 주어야 했다. 왜냐하면 그는 식사를 하기 위해 일어나지도 않고 한 번에 여러 시간(심지어 여덟, 아홉 시간) 동안 사마디에 잠겨 앉아 있곤 했기 때문이다. 그리고 1896년 말 대략 한 달 동안 그는 보통 가리고 있던 넝마마저도 걸치지 않은 채 있었다. 그래서 어떤 옷도 입지 않은 채 있었다.

탕, 익거나 설익은 바나나, 그리고 여러 가지 잡다한 것들이 기묘하게 혼합된 것이었다. 초연한 브람마나 스와미는 아무런 혐오감도 없이 그것을 꿀떡꿀떡 들이키곤 했다.

어느 날 그것을 본 사원의 사제가 크게 마음 아파하면서, 여신에게 올린 깨끗한 우유를 어떤 첨가물도 넣지 않고 즉시 수거하여 그 일부를 '브람마나 스와미'에게 줄 수 있도록 매일 모우나 스와미에게 보내라고 지시했다.

고뿌람 수브람만야스와미 사원에서 한두 달 짧게 머문 후, '브람마나 스와미'는 근처의 화원에서 거처를 잡았다. 나무 높이가 10피트나 12피트가 되는 이곳 협죽도(알라리alari) 나무 아래서, 그는 깊은 사마디에 들어 앉아 있곤 했는데, 가끔은 사마디가 끝날 때 그가 처음 앉아 있던 곳에서 여러 야드 떨어진 완전히 다른 나무 아래에 있는 것을 발견했다. 다음에 그는 거처를 바하나 만따빰Vahana Mntapam으로 옮겼는데, 이곳은 신성한 신상들을 옮기는 수레들이 보관되어 있는 홀이다. 여기에서도 장난기가 있는 소년들의 놀림 때문에 그는 더 안쪽으로 들어가야 했다. 그래서 그는 멀리 떨어진 아주 깜깜한 곳에 있는 바하남(수레)의 사이에 앉아서 사마디에 들곤 하였다. 때때로 그가 깨어나 보면 그의 몸이 아주 작은 구멍을 통하여 다른 바하남 다리 아래로 (뱀처럼) 네발로 기어 다녔는데도 아무런 상처를 입지 않았다는 것을 발견하였다. 이 바하나 만따빰으로부터, 그는 빌바bilva(벨) 나무 밑으로, 그리고 일룹빠이iluppai 나무 밑으로, 그리고 근처 쉬바 강가 저수지의 남쪽에 있는 만가이 뻴라야르 사원으로 옮겼다. 일룹빠이 나무는 첫 번째 쁘라까람prakaram(경내)에 있는 정규 도로와 아주 가까웠는데, 그 길은 사원 내의 행렬 의식을 위해 만든 도로였다. 브람마나 스와미는 이미 1896년 11월-12월 사이에 있는 까르띠까이 축제 철에 성지 순례자들과 지방 사람들의 관심을 끌었다. 그러므로 군중들이 그를 보기 위해 끊임없이 무리 지어 왔다. 첫 번째 제자, 즉 스와미를 항상 곁에서 돌봐 줄 사람인 우단디 나이나르가 그를 찾아온 곳이 바로 여기였다. 이 나이나르는 완디와쉬 근처 띠루마니에 사는 신앙심이 깊은 훌륭한 학자였다. 그는 경전들과 여러 철학 서적들을 읽었지만 거기에서 마음의 평화를 찾지 못했으며, 깨달음도 얻지 못했다. 그는 황홀경에 들어 자신의 몸을 전혀 알아차리지 못하고 있는 젊은 스와미를 일룹빠이 나무 아래에서 우연히 보게 되었다. "이곳에 정말이지 깨달음과 평화가 있다. 그러므로 이곳에서 나는 그것들을 찾아야만 한다."라고 나이나르는 혼잣말을 했다. 그때부터 그는 늘 스와미의 곁에 있으면서 그의 신체적 필요를 돌보아 주었고, 바시슈땀Vasistham과 까이발야 나바니땀Kaivalya Navanitham을 암송했으며, 그의 학식을 깨달음으로 바꾸어 그에게 지고의 평화를 줄 수 있는 그런 축복 받은 우빠데사Upadesa(가르침)의 말을 직접 듣고 싶은 간절한 기대를 가지고 기다렸다.

나이나르는 사람들이 스와미에게 접근하지 못하게 함으로써 그의 사마디 방해를 최소화했다. 그러나 그가 항상 스와미 곁에 머물 수는 없었다. 나이나르가 장기간 자리를 비운 사이에는 호기심 많은 사람들에 의한 방해가 빈번하게 발생했을 뿐만 아니라, 해충과도 같은 짓궂은 소년들이 다시 공격을 해 왔다. 여기에는 그가 몸을 숨길 수 있는 빠딸라 링감 같은 것도 없었다. 그리고 그들 중 다수는 여전히 그를 미친 젊은이로 여겼고, 따라서 그는 그들의 모든 즐거움과 놀이를 위한 합법적인 표적이 되었다. 그들의 방자한 행동은 하나의 예만 인용해도 잘 드러날 것이다. 어느 날 스와미가 일룹빠이 나무 아래에서 자신의 몸을 잊고 사마디에 들어 앉아 있을 때, 어떤 짓궂은 개구쟁이가 아무도 보지 않는 틈을 타서 뒤로 다가간 뒤, 그가 자신을 얼마나 망각하고 있는지 그 정도를 시험하였다. 그 개구쟁이 소년은 아마도 스와미의 등 뒤에 오물을 던져서, 그의 랑고두langodu와 꼬우삐나Koupina(스와미가 입은 가로의 허리 가리개와 세로의 샅 가리개)를 젖게 만들고는, 자신의 영악함에 경탄하면서 낄낄대며 웃었음에 틀림없을 것이다. 젊은 스와미는 그에게 무슨 일이 일어났는지 전혀 자각하지 못하였다. 얼마 후, 아마도 천이 젖었기 때문이겠지만, 그의 의식이 되돌아왔다. 그리고 그는 왜 그 가리개들이 젖어 있는지 의아해했다. 그때 근처에는 어떤 소년도 서 있지 않았지만, 냄새로 보아 어떤 꼬마 녀석이 자신에게 못된 장난을 쳤다고 추측했다. 이러한 대우를 받고도 그의 가슴에서는 어떤 화도 일어나지 않았다.

왜냐하면 인간 자신의 화난 자만은
광대의 방울 달린 모자에 불과하기 때문이다.

아마도 또한, 그도 유년기에 그러한 못된 장난을 했기 때문에 "이렇게 시운이 바뀌자 그의 보복을 받는다."라고 생각했을 것이다. 하여튼 이 일룹빠이 나무는 그에게 많은 폐해를 가져다준 곳이었다.

대략 이때쯤, 띠루반나말라이 아디남의 안나말라이 땀비란이 우단디 나이나르와 함께 와서 브람마나 스와미께 경건한 마음가짐으로 끓임없는 주의를 기울이고 있었다. 띠루반나말라이에서 설립된 이 아디남(뭇뜨)은 오래전에 꾼나꾸디로 이전했고, 거기서 부유하고도 영향력 있는 뭇뜨(종단)로 발전했다. 안나말라이 땀비란은 그곳 뭇뜨의 수장과 의견이 달라서 띠루반나말라이로 왔다. 그는 순수한 금욕 생활을 하고 많은 헌신자들과 함께 떼바람Tevaram[7]을 노래하면서, 헌금은 모아서 가난한 사람들을 먹이고, 띠루반나말라이 교외인 낄나뚜르 근처에 있는 구루무르땀으로 알려진 건물에서 돌아가신 그의 구루에 대한 경배를 계속했다. 어느 날 우연히 일룹빠이 나무 근처를 지나가다가, 그는 젊은 스와미의 순수한 마음과 황홀경의 상태에 깊은 감명을 받았다. 그때 이후 땀비란은 스와미를 만나기 위해 나이나르를 항상 따라다녔다. 어느 날 그는 스와미에게 구루무르땀은 마을과 떨어진 들판에 있는 홀이어서 스와미가 사람들의 방해를 받지 않고 명상을 계속할 수 있는 한적한 장소임을 알려 드리고, 스와미께 그곳으로 갈 것을 간청했다. 스와미는 동의하고 그를 따라 낄나뚜르로 가서 구루무르땀에 거처를 잡았다. 땀비란은 수백 곡의 떼바람 노래를 암송했는데, 그 노래들은 가슴을 고양시키는 고상하고 교훈적인 것이었으며, 심지어 사람들의 영적 수양을 위한 충분한 도구도 될 수 있었다.

스와미의 바이라기야vairagya(무집착)가 성숙해 가고, 그가 편안한 생활과 심지어 청결함조차도 계속해서 무시해 감에 따라, 그에 대한 사람들의 존경심은 올라갔다. 그의 몸은 씻지 않은 때로 더러워져 있었고, 그의 머리카락은 엉켜 한 덩어리가 되었으며, 그의 손톱은 너무

---

7   떼바람은 따밀 지방의 세 시성인 아빠르, 순다라무르띠와 삼반다르의 성스러운 노래들에 붙여진 이름이다.

비루빡샤 동굴

스깐다스람

빠발라 꾼루

구루무르땀

자라 굽어져 있어서 그의 손은 어떤 용도로도 쓸 수가 없었다. 그는 항상 개미들이 우글거리는 마루 위에 몇 주 동안 앉아 있었으며, 개미들이 늘 기어올라 물어도 눈을 감고 여러 시간 동안 벽에 기댄 채 사마디에 들어 앉아 있었다. 그래서 그 벽에는 그가 기댄 등 자국이 남아 있었다. 방문객들은 몇 분 동안만 거기에 서 있는데도 개미들이 주는 고통을 견뎌 낼 수 없었다. 그러나 스와미는 몸의 의식을 잃은 채 몇 시간, 몇 날 그리고 몇 주 동안 그 고통을 견디고 있었다. 그래서 얼마 후에 스와미는 만따빰의 한 구석에 의자 하나를 제공받았는데, 그 의자의 다리들은 물속에 놓여 있었다. 그러나 그러한 때에도 스와미는 벽에 기대고 있었기 때문에 개미들에게 물 수 있는 기회를 주었고, 그는 벽에다 또 하나의 등 자국을 남겼는데, 지금도 희미하게 그 자국을 볼 수 있다. 사람들은 이렇게 자기에게 무심한 높은 경지를 보기 위하여 떼를 지어 몰려들었다. 그들 중 어떤 사람들은 "이 스와미는 나이가 매우 많다."고 말하면서 증거로 그의 손톱의 길이를 지적하였다. 많은 사람들은 그가 그토록 성자처럼 덕이 높기 때문에, 그들이 바라는 재산, 건강, 자손, 구원과 같은 모든 소원들을 들어줄 수 있을 것이라는 속단을 바로 내리고는 그의 귀에 찬사를 쏟아 부으며 발에 제물을 바쳤다. 이 모든 것이 스와미의 겸손함, 인내심, 지구력과 자기 억제력(आत्मविनिग्रह)을 성숙하게 했다. 비록 그들이 어느 정도 그의 명상을 방해하는 것으로 드러나기는 했지만, 그의 주변에 쳐진 대나무 울타리가 그러한 방해를 최소화시켰다. 시간이 흘러감에 따라 그의 명성은 점점 높아져 갔다. 그런데 이것은, 비록 음식 조달의 문제(그것이 늘 문제였다면)는 완전히 해결되었지만, 방해와 자제력이 증가되었음을 의미했다. 구루무르땀에서 처음 한두 달 동안은 땀비란이 나이베디아naivedya, 즉 그의 구루의 성소에 바쳐진 음식을 공급했다. 그후 땀비란은 나이나르에게 스와미를 돌봐 달라고 부탁을 하고 일주일 후에 돌아올 것이라고 약속하며 떠났다. 그러나 사실 그는 일 년이 지나도 돌아오지 않았다. 나이나르 또한 땀비란이 떠난 몇 주 후에 그의 뭇뜨(종단)의 부름을 받고 떠났다. 그래서 스와미를 돌볼 사람이 아무도 없었다. 그러나 스와미의 명성이 높아 감에 따라, 음식을 공급하는 일에는 전혀 어려움이 없었다. 많은 사람들이 이따금씩 음식을 봉헌물로 가지고 왔으며, 몇몇 사람들은 규칙적으로 매일 음식을 공급하는 일을 맡았다. 그리고 봉헌물을 바치는 각 개인은 자신이 이 수행자에게 음식을 줌으로써 공덕을 반드시 쌓는다고 역설했다. 유일한 어려움이 있다면 그것은 스와미에게 밀려드는 인파를 막는 것이었다. 나이나르가 떠난 후, 상주하면서 그 일을 수행해 줄 사람이 없었다. 몇 달이 지나서 이 문제도 해결되었다.

빨라니스와미라 불리는 말라얄리 족의 한 사람이 어느 죽은 나가링가스와미의 집에 살면서 아이얀꿀람 가에 있는 비나야까 신을 경배하며, 하루의 유일한 끼니로 음식에 맛을 낼 소금도 사용하지 않은 채, 나이베디야(신에게 올린 음식)에 의지하며 살았다. 돌로 된 신상에 대한 그의 헌신을 보고 한 슈리니바사 아이어가 그 과정을 그만두거나 바꾸라고 충고했다. 아이어가 말했다. "돌로 된 스와미에게 자네의 일생을 바친들 무슨 소용이 있겠는가? 구루무르땀에 가면 육신을 가진 젊은 스와미가 있다네. 그는 뿌라나에 언급된 젊은 드루바처럼 따빠스(금욕 생활)에 깊이 들어 있지. 만약 자네가 그를 찾아가서 그를 섬기고 헌신한다면, 자네의 삶은 그 목적을 이룰 걸세." 다른 사람들도 브람마나 스와미에게는 돌보는 사람이 없으며 그렇게 사마디에 들어 있는 사람을 섬기는 것은 축복이라고 그에게 얘기해 주었다. 이런 칭찬에 자극을 받은 빨라니스와미는 구루무르땀으로 가서 그 스와미를 보고 즉시 자신의 구세주를 찾았다고 믿어 버렸다. 처음에 빨라니스와미는 비나야까르 사원에서 경배를 계속했지만, 얼마 지나지 않아 살아 있는 구루에 대한 믿음이 커져 아주 몰두하게 되었다. 그래서 사원에서 하던 경배를 중단했다. 이렇게 구질서는 변하여 신질서에게 자리를 양보해 주었다. 그리고 신(비나야까)은 그 헌신자를 브람마나 스와미에게 보냄으로써 자신의 의무를 다했다. 그 이후 브람마나 스와미는 그의 전부가 되었으며, 고통의 바다를 건너는 유일한 뗏목이며 그의 남은 생애 동안(대략 21년) 그의 의지처가 되었다. 빨라니스와미는 항상 스와미를 돌보며, 실제 그림자처럼 그를 따라다녔으며, 봉헌물로 바쳐진 음식의 일부를 받아 서로 섞은 뒤 점심 식사로 스와미께 (정오에 한 컵 가득) 드리고, 나머지 봉헌물은 그것을 가져온 사람들에게 북따세사bhuktasesha 혹은 쁘라사다prasada로서, 다시 말해, 스와미의 축복으로 다시 돌려주었다.

스와미가 구루무르땀에서 생활할 때 일어난 한두 가지 사건을 소개하면 다른 사람들에 대한 스와미의 태도와, 스와미에 대한 다른 사람들의 태도를 알 수 있을 것이다.

땀비란은 지나치게 열심히 돌보아 드리고 있다가, 어느 날 기름과 백단유 반죽 등을 구해서 대사원의 신성한 신상이 대접받는 것과 꼭 같이 젊은 스와미를 대접하기 위해 거창한 준비를 하고 있었다. 그는 실제로 스와미의 헌신적인 머리 위에다 기름, 물, 우유, 음식, 빤짜므리 땀Panchamritam 등을 부으려는 제안을 했다. 젊은 스와미는 그렇게 대접받는 것을 좋아하지 않았다. 그래서 다음 날 땀비란이 음식을 가지고 도착하기 전에, "이것(음식)만이 (몸)에 (필요한) 접대이다."라는 의미를 가진 타밀어 "இதற்குத்தொண்டு இதுவே,"를 근처의 벽에 숯으로 써 놓았다. 땀비란이 와서 스와미 앞에 음식을 놓았을 때, 스와미는 벽에 쓰인 글을 가리킴으로써, 그가 제안한 가식적인 화려한 경배는 받아들일 수 없다는 것을 이해시켰다. 부수적으로, 이 '브람마나 스와미' 즉 '구루무르땀 스와미'는 글을 쓸 수 있고, 그것도 따밀어를 훌륭하게 쓸 수 있는 교육받은 사람이라는 사실이 처음으로 띠루반나말라이 일반 사람들에게 알려지게 되었다. 이 발견으로 그의 신분이 일찍 드러나게 되었다. 그를 끊임없이 방문하는 진실한 찬미자들 중에는 그가 글을 쓸 수 있다는 것을 안 딸룩 사무실의 우두머리 회계사 벤까따라만 아이어가 있었다. 어느 날 이 나이 지긋한 신사는 스와미의 신분, 즉 그의 이름과 그의 출신지를 반드시 알아야겠다는 생각에 사로잡혔다. 그래서 땀비란과 다른 사람들이 지켜보는 가운데 스와미에게 그 질문을 던졌지만, 스와미는 반복되는 질문에도 불구하고 입을 다물고 있었다. 델릴라와 비비안의 끈질김으로, 벤까따라마 아이어는 그 사실들을 알아낼 때까지 그곳에서 나가지 않겠다고 선언했다. 심지어 그가 그곳에 오래 머묾으로써 자신의 딸룩 사무실에 업무상의 문제가 발생되고, 또 집에 가지 못함으로써 생기는 심한 배고픔이 따른다 해도 그 사실들을 알 때까지는 나가지 않겠다고 한 것이다. 이 나이 든 찬미자의 열성에 감동받아, 스와미는 '벤까따라만, 띠루쭐리'라고 그의 이름과 마을의 지명을 적었다. 사무원은 그러한 이름을 가진 어떤 지명도 몰랐기 때문에 '띠루쭐리'가 어딘지 이상하게 여겨졌다. 그러자 스와미는 곁에 있는『뻬리아뿌라남』의 복사본을 집어서, 순다라무르띠 스와미의 고전적인 노래로 존중을 받았던 마을 이름인 '띠루쭐리'의 이름을 그에게 보여 주었다.

구루무르땀 주변의 정원에 따마린드 나무가 있었는데, 어느 날 그 나무를 돌보는 사람들이 어딘가로 떠나 버렸다. 몇 명의 나이 든 도둑들이 와서 따마린드 열매를 따 가져가고자 했다. 돌보는 사람도 없이 따마린드 나무 아래에서 말없이 앉아 있는 스와미를 보고 한 도둑이 다른 도둑에게 "이봐, 약간의 *கள்ளிப்பால்* (유포비아 띠루깔리euphorbia tirucalli) 우유를 가져와서, 이 사람의 눈에 뿌려 보자. 그리고 그가 말을 하는지 안 하는지 보자."라고 말했다. 모우남(침묵의 규칙)을 지키던 스와미는 입을 열거나 움직이지도 않았다. 그는 자기의 몸이나 따마린드 열매에 무슨 일이 일어나는지에 대하여 전혀 관심을 보이지 않았다. 그래서 다른 도둑이 갑자기 소리 지르며, "그에게 신경 쓰지 말게. 우리에게 아무 일도 하고 있지 않은가? 우리 볼일이나 보세."라고 말했다. 그래서 그를 괴롭히지 않고, 그들은 약탈품을 챙겨 달아났다. 도둑들이 협박할 때 그랬듯이 약탈해 가는 순간에도 스와미는 마냥 무관심한 것처럼 보고 있었다. 그리고 테니슨이 표현하고 있는 것처럼,

……"세상이 그 나름의 방식에 따라 돌아가게 하라.
자연은 약탈과 하나라서, 어떤 설교자도 그 해악을 고칠 수 없다.
하루살이는 제비에게 잡아먹히고, 참새는 때까치에게 잡힌다.

그리고 내가 앉아 있는 작은 숲 전체가 약탈과 먹이의 세상이다."

……

창조주의 취지가 모호한 고로, 이시스는 베일로 몸을 가렸다.

세상이 돌아가는 방식을 누가 알며, 어떻게 신이 그 방식을 만들어 낼까?

……

나는 세상을 창조하지 않았다. 그래서 그것을 창조한 자가 인도할 것이다."

구루무르땀에서 머문 일 년 반 동안 스와미의 판에 박힌 일상생활은 황홀한 사마디에 들어 있는 일과, 그리고 방문객들의 소음이나 일종의 (스페인 스튜 요리인) 올라 뽀드리다Olla podrida 같은, 식사가 담긴 컵으로 방해받는 일이었다. 이것은 그의 유일한 식사였으며 단지 몸과 영혼 모두를 유지하기에만 충분했다. 따라서 몸이 점점 여위어 해골처럼 변해 간 것은 조금도 이상할 것이 없다. 그는 운동을 하지 않아 변비에 걸렸다. 그래서 때때로 며칠이 지나서야 확장된 장이 조금 비워지곤 했다. 그는 대부분 멍하니 벤치에 앉아 있곤 했는데, 그럴 때마다 아침인지 저녁인지, 오늘이 무슨 요일인지도 알지 못하고 또 아무런 관심도 없이 앉아 있었다. 그는 단지 앉은 자세를 유지할 정도의 힘과 맑은 정신은 가지고 있었지만 일어나고자 한다면 일어설 수는 없었다. 단지 몇 인치 정도 몸을 일으켜 세우려 하다가도 현기증을 느끼고, 보다 안전한 자세로서 그의 자리에 다시 주저앉곤 했다. 다시 시도해도 결과는 비슷했다. 오직 반복해서 노력한 후에야 일어나서 나갈 수 있었다. 한번은 그가 일어나서 구루무르땀의 문간에 서 있었는데, 그때 그는 빨라니스와미가 양팔로 자신을 붙잡고 있는 것을 알았다. 꾸짖듯이, 그는 충실한 아담에게 물었다. "왜 저를 붙잡고 있습니까?" 아담이 대답했다. "스와미께서 넘어지려고 하기에 제가 붙잡아 넘어지는 것을 막았습니다." 스와미는 그때 양팔로 문을 잡고 있었으며, 그가 넘어지려 한다는 것을 자각하지 못했다.

스와미에 대한 방문객들의 방해를 막기 위하여 빨라니스와미는 외출을 할 때마다 문단속을 해야 했다. 이렇게 방문객들의 방해를 받는 가운데 18개월이 지난 후에, 스와미와 그를 돌보는 사람은 인근의 망고 숲으로 거처를 옮겼고, 이곳에서는 주인인 벤까따라마 나익까르의 허락 없이는 사람들의 출입이 금지되었다. 스와미와 빨라니스와미는 각각 망고나무 그늘 아래에 있는 들판 파수꾼의 (பரண்) 고미다락을 사용했다. 이곳에서는 방문객들의 방해를 받지 않았기 때문에, 그들은 더 자유로움을 느꼈다. 그리고 6개월이 행복하게 지나갔다. 바로 이 몇 달 동안에 빨라니스와미는 많은 여유를 누리면서, 돌아가신 나가링가 스와미의 서재에 가서, 베단따에 대한 따밀어로 된 여러 권의 책들, 즉, 『까이발야 나바니땀Kaivalya Navanitam』, 『베단따—쭈다마니Vedanta Chudamani』, 『바시슈땀Vasishtam』 등을 가져왔다. 그는 스와미의 앞에서 그 책들에 적혀 있는 말 그대로를 이해하려고 고생스럽게 애쓰고 있었다. 스와미는 그의 노고를 덜어 주고 싶어서, 그에게서 책을 한 권씩 받아 빨리 그 내용을 이해한 뒤 그 전부를 기억 속에 간직해 두었다가, 그 핵심을 얼떨떨해하는 제자에게 전해 주었다. 스와미는 자신의 종교적 묵상이나 깨달음을 위해 책을 공부하는 것이 필요하다고 느끼지 않았다. 그는 이미 그것을 성취한 터라, 어떤 새로운 버팀목도 필요하지 않았다. 그가 이런 책들을 보게 된 것은 윤리적이며 형이상학적인 기초를 설명하고, 책을 공부하고 있거나 공부를 마친 뒤에 그에게 물으러 오는 사람들에게 대답해 줄 필요가 있었기 때문이다. 그의 타고난 명석한 지성과 좋은 기억력, 깨달음을 얻은 경험의 도움으로, 그는 쉽게 그것들을 이해하고 묻는 사람들에게 설명해 주었다. 그리고 같은 방식으로 다른 언어로 된, 예를 들면, 산스끄리뜨나 뗼루구어, 말라얄람어로 된 종교 서적들에 대한 지식도 알게 되었다. 또한 이들 언어를 잘 구사했던 사람들과 가까이 지냄으로써도 알게 되었다. 마침내 그는 그의 살아 있는 생각들을 이 모든 언어로 된 글로 표현할 수 있었다.

제11장
드디어 행방을 찾다

अहमेको नमे कश्चित् नाहमन्यस्य कस्यचित् ।
न तं पश्यामि यस्याहं तं न पश्यामि यो मम ।।

그 의미는

"나는 홀로 있다. 어떤 것도 나의 것이 아니다. 어떤 다른 것도 나는
아니다. 나는 나의 어떤 존재도 보지 못한다. 또한 나는 나의 것인 나
도 보지 못한다."

—마하바라따 산뜨, 329

그래서 어떤 이가 그에게 말했다. "보십시오, 그대의 어머니와 형제
들이 그대와 말하고자 밖에 계십니다."

"그렇지만" 하고 그는 말하며 반문했다. "누가 나의 어머니이고 형
제들이냐?"

—마태복음 12장 47-48절

    1896년 8월 29일, 벤까따라만이 갑작스럽게 마두라이를 떠났을 때,
가족들은 즉시 이를 알아차리고, 그의 형의 책에 끼워져 있는 편지를
찾아냈다. 이것은 가족에겐 폭탄의 폭발과도 같았다. 그들은 그가 집
을 뛰쳐나가리라곤 꿈에도 생각하지 못했다. "가혹한 말도 전혀 없었
다. 어쨌든, 평소 꾸짖는 이상의 가혹한 말은 전혀 없었다. 하지만 이
아이는 아무에게도 말을 하지 않고 나가 버렸다. 도대체 어디로 갔을
까?" 그들은 수소문하기 시작하였으며, 마나마두라이에 있는 그의 어

머니와 친지들에게 이 가슴 아픈 사실을 전해 주었다.

특히 어머니에게 그것은 청천벽력 같은 소식이었다. 그들은 벤까따라만의 친구들과 동네 사람들, 그리고 여러 다른 사람들에게 물어 가며 어떤 실마리를 찾기 위해 안간힘을 썼지만, 아무도 그 어떤 유용한 정보를 제공해 주지 못했다. 이 소년은 3루삐를 들고 나갔으니, 당장 궁하지는 않을 것이다. 특히 그가 돈을 다 써 버리면 곧 돌아올 것이라는 통상적인 위로의 말을 어머니에게 했을 것이라고 추정할 수 있다. 며칠, 몇 주, 몇 달이 지나갔다. 하지만 소년은 돌아오지 않았다. 어머니는 점점 불안해졌고, 시동생인 숩비에르와 넬리압뻬에르에게 밖으로 나가서 소년을 찾아 데려다 달라고 간청했다. 어떤 사람은 소년이 뜨리반드룸에서 공연하고 있는 유랑 극단에 들어갔다고 하였다(이 극단은 그때까지만 해도 이방인들에게 음식이 전혀 부족하지 않은, 그런 꿀과 젖이 흐르는 땅이라는 명성을 얻고 있었다). 그래서 넬리압뻬에르는 뜨리반드룸으로 가서 연극 공연장을 문의해 보았으나 어떤 흔적도 찾지 못했다. 어머니 알라감말은 아들을 찾기 위한 두 번째의 수색에서 일행들과 같이 가겠다고 주장했다. 그리고 뜨리반드룸에서 벤까따라만과 꼭 같은 또래의 키와 머리 모양을 한 소년이 그녀에게서 등을 돌리고 사라지는 것을 보았다. 그녀는 이 소년이 틀림없이 벤까따라만이라고 생각했다. 그러나 그들은 그를 찾을 수 없었다. 일행은 그들의 실패에 크게 낙담하여 다시 집으로 돌아왔다. 그리고 해가 지나감에 따라, 그를 찾을 수 있는 가능성도 매우 적어졌고, 가족들은 다시 그를 만날 것이라는 것을 거의 단념했다. 1898년 8월 즈음, 숩비에르가 마두라이에서 숨졌다. 넬리압뻬에르와 가족들은 장례를 치르기 위해 그곳에 갔다. 장례식이

숨머이는

쌀기동무이는

바가반 슈리 라마나 마하리쉬

끝나기 전에, 띠루쭐리에 사는 한 청년이 오랫동안 잊고 있던 그들의 소년에 대한 뜻밖의 소식을 전해 주었다. "벤까따라만은 띠루반나말라이에서 공경 받는 성자입니다."라고 청년이 말했다. 그는 어떻게 이 사실을 알게 되었는지 얘기해 주었다. 그가 사업차 마두라이의 띠루그나나삼반다뭇뜨에 갔을 때, 꾼나꾸디의 안나말라이 땀비란이란 사람이 띠루반나말라이에 살고 있는 한 젊은 성자의 청정함에 대해 대단한 존경심으로 얘기하는 것을 들었다. 땀비란은 그 성자가 띠루쭐리 출신이라고 말했다. 이 말은 즉시 띠루쭐리에 사는 이 젊은이의 귀를 사로잡았으며, 그 젊은이는 땀비란에게 더 많은 사항을 확인했다. 그 청년은 그 성자가 바로 그들의 벤까따라만임에 틀림없다고 느끼고, 결국 이 소식을 가족들에게 전하기 위하여 쪽깜빠 나이깐 거리로 서둘러 왔던 것이다.

장례식이 끝난 직후에, (마나마두라이에서 개업하고 있는 차석 변호사인) 넬리압뻬에르는 친구인 A. 나라야나사미 아이어와 함께 띠루반나말라이로 떠났다. 그들은 그곳에 도착한 뒤 물어물어서, 그 젊은 스와미가 구루무르땀에서 가까운 벤까따라마 나익까르의 망고 숲에 있다는 것을 알아내었다. 그들은 거기로 가서, 안으로 들어가려고 하였다. 그런데 주인이 그들을 막았다. "이분은 침묵의 성자인 모우니입니다. 왜 안으로 들어가서 그를 귀찮게 하려 합니까?"라고 그는 말했다. 그러자 그들은 자신들이 그 젊은 성자의 친척들이며, 안으로 들어가서 단지 그를 만나보는 데 만족할 것이라고 간청했으나 헛수고였다. 그래서 넬리압뻬에르는

즉 "마나마두라의 변호사 넬리압뻬에르가 당신을 만나고 싶습니
다."라는 쪽지를 써서 정원 주인에게 건네며 "이 쪽지를 그분에게 보
여 주시오. 그리고 만약 스와미가 우리가 들어가는 것을 허락하면, 당
신은 우리를 안으로 안내해야 합니다."라고 말했다. 스와미에게 이 쪽
지가 전해지자, 그는 그 쪽지가 등기소의 것이며 그 종이 위 한쪽에 쓰
인 사무적인 글이 그의 형 나가스와미의 필체라는 것을 단번에 알아보
았다. 이것은 나가스와미가 등기소에 서기로 있다는 것을 그에게 알려
주었다. 그 종이의 뒷면에는 삼촌이 쓴 글씨가 있었다. 그래서 그는 삼
촌이 들어와서 그를 만나도 좋다고 하였다. 그래서 넬리압뻬에르는 안
으로 들어갈 수 있었다. 넬리압뻬에르는 헝클어진 머리와 길어서 꼬부
라진 손톱으로 자기 앞에 있는 기묘하고 더러워진 조카를 보자 기쁨과
슬픔이 교차하였다. 스와미가 침묵을 하는 사람(모우니)이었기 때문에,
넬리압뻬에르는 빨라니스와미와 나익까르에게, 그의 가족 중 한 명이
높은 성자의 대열에 들어갔다는 것은 아주 기쁜 일이지만 생활의 편의
문제를 무시하면 안 된다고 말하였다. 친지들은 젊은 스와미가 그들과
가까이 있기를 원한다, 그들은 그가 그의 맹세와 생활방식을 버리기를
원하지 않는다, 그는 모우니로서 그리고 수행자로서 계속 살 수 있다,
그러나 넬리압뻬에르가 살고 있는 마나마두라이에서도 위대한 성자는
계속 사마디에 들 수 있다, 그래서 스와미는 마음만 먹으면 거기로 가
서 충분히 살 수 있을 것이다, 그는 필요한 모든 보살핌을 받을 것이고
그의 경건하고 헌신적인 삶도 아무 방해를 받지 않을 것이다. 이러한

투로 변호사는 열심히 간청하였다. 그러나 다른 곳에서는 그의 간청이 통했을지 몰라도, 조카에게는 그것이 전혀 통하지 않았다. 젊은이는 돌처럼 움직이지 않고 앉아서 들었지만, 최소한의 관심의 기색도 보이지 않았다. 이러한 '숭고한 자기 억제'(आत्मविनिग्रह)는 너무나 완벽하게 전해졌기 때문에 넬리압뻬에르는 조카의 성품이 바뀌었으며, 그가 친척들 가까이에 있고 싶은 생각이 전혀 없다는 것을 직접 확신했다. 그래서 그와 친구는 알라감말에게 실제로 아들을 찾아 만났다는 좋은 소식과 함께, 소년이 완전히 변하여 다시 돌아가려 하지 않는다는 가슴 아픈 소식을 전해 주고는, 띠루반나말라이에 5일 머문 후 마두라이를 향해 떠나갔다.

몇 가지 이유로, 망고 숲이 더 이상 편리하지 않은 것으로 드러나자, 스와미는 아이얀꿀람 근처에 위치한 아루나기리나따르(같은 이름의 따밀 시인이 아닌, 그 지방의 신)의 작은 사원으로 거처를 옮겼다. 망고 숲을 나올 때 그는 심지어 빨라니스와미와 같은 열렬한 제자와의 접촉을 포함한 일체의 접촉이 전혀 없이 살아갈 수 있는지를 알고 싶었다. 그래서 빨라니스와미에게 "당신은 당신대로 가서 음식을 구해 지내십시오. 저는 저대로 탁발하여 지내겠습니다. 함께 살지 마십시오."라고 말했다. 그러나 빨라니스와미는 그날의 탁발이 끝난 뒤에 다시 아루나기리나따르 사원으로 왔다. "제가 어디로 갈 수 있단 말입니까?" "당신에게는 생명의 말씀이 있습니다."라는 것이 그가 느낀 전부였다. 마치 어린 송아지가 그 어미 곁을 떠나지 못하는 것처럼 그도 스와미와 떨어질 수 없었다. 여러 이유 가운데서 무엇보다도 이 사원이 아그라하람 근처에 있기 때문에 스와미가 거기에 오래 머무는 것은 불편했다. 그래서 그 사원에 한 달 머물고, 역시 그를 숭배하는 많은 사람들이 그를 따라다녔던 곳인, 큰 사원의 고뿌라(탑)와 알라리 정원에서 일주일을 머문 후에, 그는 빠발라꾼루(사람들이 별도의 작은 산으로 여기고 있지만, 실제로 아루나짤라 산의 돌출부 가운데 하나)로 거처를 옮겼다. 여기에는 이슈와라 사원 하나와 샘과 동굴이 있었으며, 산기슭에는 종단(못뜨)이 있었다. 이 사원에서 그는 잠깐씩 앉아서 명상을 했고, 빨라니스와미가 읍내에 없는 동안에는 직접 음식을 탁발하러 나가곤 했다. 사원의 사제는 방 안에 있는 스와미를 보지 못하면, 예배를 마친 뒤에는 이따금씩 문을 잠그고 나가 버리곤 했다. 신앙심이 깊은 많은 사람들은 여전히 스와미를 찾아와서 그가 동굴 즉 방에서 나오기를 기다리곤 했다. 대략 5, 6개월 동안 스와미는 빠발라꾼루에 머물렀다. 그러나 그가 여기를 떠나기 전에 그의 확고부동한 무집착(바이라기야)은 다시 심한 시험을 받았다.

알라감말은 넬리압뻬에르가 자기 아들을 데려오지 못한 것을 알았을 때 아들에 대한 그의 애정이 부족했기 때문이라고 여겼음에 틀림없다. "이제 내가 직접 거기로 가서 내 사랑하는 아들을 집으로 데려오리라."라고 그녀는 생각했다. 그래서 장남 나가스와미에게 1주일간의 휴가를 얻으라고 했으나 휴가를 받는 것이 쉽지 않자, 그녀는 크리스마스 휴가를 기다렸다가 나가스와미와 함께 띠루반나말라이로 출발했다. 거기에 도착했을 때 그들은 스와미가 빠발라꾼루 산의 정상에 있다는 것을 알았다. 그래서 산을 올라가, 바위에 누워 있는 스와미를 보았다. 알라감말은 그의 헝클어진 머리와 때가 잔뜩 끼어 있는 얼굴과 너무나 많이 자란 손톱과 더러운 샅 가리개인 꼬우뻐나에도 불구하고 진정한 모성적인 본능으로 벤까따라만을 알아보았다. 그녀는 그의 상태를 슬퍼하며, 그에게 집으로 돌아가자고 권했다. 그러나 소년은 움직이지 않고 앉아 있었다. 코리올리누스조차도 그 간청을 들었다면 확고한 결심이 흔들리며 눈물을 흘리면서 어머니에게 이렇게 말했을 것이다.

"오, 나의 어머니, 오, 어머님,
당신은 로마에 행복한 승리를 안겨 주었습니다.
그러나 당신의 아들을 위하여, 믿어 주십시오. 오, 믿어 주십시오.
그에게 가장 치명적이지는 않았더라도
아주 위험하게 당신은 그와 함께 승리를 거두었습니다."
-코리올리누스 5막 3장 185-9.

그러나 이 아들은 이미 "자신을 잃고" 있었으며, 어머니의 애원은 그의 귀에 들어오지 않았다.

순례를 떠나는 기독교인이든, (히므의) 고행을 시작하는 마하라자(왕)이든 간에, 친구들이나 친지들의 부름은 더 큰 발전을 저해하는 장애물로서 틀림없이 매우 일찍 나타난다. 어머니에 대한 애착은 인간을 그의 가정과 묶어 주는 가장 오래되고 가장 튼튼한 끈이다. 하지만 그것마저도 자신의 쉼 없는 전진에서는 싹둑 잘라 내야 한다. 그러면 회개하기 전의 아담은 순례자의 심장의 일부를 찢어 버리므로 많은 고통을 견뎌 내야 한다. 그렇다. 성공한 순례자나 성자는 호된 시련을 대면하여 심한 고통을 견디며, 결국에는 영광스러운 왕관과 영

원한 희열로 그 보답을 받는다. 알라감말과 나가스와미는 날마다 소
년을 찾아가서 사탕절임을 주며 집으로 돌아가자고 되풀이 애원하였
으나, 아무 소용이 없었다. 그러다 어느 날 알라감말은 어머니의 가장
날카로운 공격 무기인 눈물을 사용했다. 어머니는 자기에게 무관심하
다며 벤까따라만을 나무라다가 갑자기 눈물을 터뜨렸다. 젊은 스와미
는 더 이상 견딜 수 없어, 곧 일어나 나가 버렸다. 다음 날 또다시 그
녀는 그를 찾아가서 간절히 애원하였다. 스와미가 여전히 돌처럼 앉
아만 있자, 그녀는 그곳에 온 사람들에게 가서, 그녀와 스와미의 관계
에 대해 말하고, 그들에게 자신의 슬픈 신세를 한탄하며, 그들이 섬기
기 위해 왔던 스와미에게 중재에 나서 줄 것을 요청하였다. 그러자 그
들 중 한 사람인 빠짜이얍빠 뻴라이가 스와미에게 다음과 같이 말하
였다.

"당신의 어머니께서 울며 기도하고 계십니다. 적어도 대답이라도 해
주십시오. '예'든, '아니요'든 대답을 해주십시오. 스와미께서는 침묵의
맹세를 어길 필요는 없습니다. 여기에 연필과 종이가 있습니다. 스와
미께서 하실 말씀을 최소한 글로는 쓸 수 있을 겁니다."

이렇게 설득을 받고, 스와미는 종이와 연필을 들고 따밀어로 다음과
같이 적었다.

"அவரவர் பிராரப்தப் பிரகாரம் அதற்கானவ ஙங்காங்கிருந்
தாட்டுவிப்பன் என்றும், நடவாததென் முயற்சிக்கினு நடவாது.
நடப்பதென் றடை செய் யினு நில்லாது; இதுவே திண்ணம்;
ஆகலின் மௌனமாயிருக்கை நன்று."

그 뜻은, "운명의 주재자는 과거의 업, 즉 쁘라랍다까르마[8]에 따라 사람들의 운명을 지배합니다. 일어나지 않도록 운명 지어진 일은 아무리 노력해도 일어나지 않을 것이며, 일어나도록 운명 지어진 일은 아무리 막으려 해도 일어날 것입니다. 이것은 확실합니다. 그러므로 최선의 길은 조용히 침묵하는 것입니다."

콘스탄스 부인[9]은 아들 아더가 존 왕에게 납치되어 갔을 때 울음을 터뜨리며 "나를 미치게 해 줄 어떤 철학을 설파해 다오."라고 부르짖었다. 여기에서도 어머니의 영향을 전혀 받지 않는 아들이 있었다. 왜냐하면 그는 어머니에게 어떤 철학을 가르치고 있었기 때문이다. 아들을 데려가려는 모든 노력이 헛된 일이라는 것을 알게 되었을 때 그것은 분명히 그녀를 미치게 하는 일임에 틀림없었다. 아들은 운명이 사건의 전 과정을 미리 결정해 놓기 때문에 인간의 모든 노력은 무익하다고 덧붙여 말했다. 아들의 이러한 철학이 논리적으로 옳든지 옳지 않든지, 설득력이 있든지 없든지 간에, 그녀는 돌아가는 수밖에 없었다. 휴가는 끝났고, 나가스와미는 다시 직장으로 돌아가야만 했다. 알라감말은 무거운 마음으로 "이러자고 우리가 온 것인가?"라고 말하면서, 장남과 함께 산을 내려와 곧 마나마두라이를 향해 떠났다.

---

8 아마도 이 개념은 피츠랄드의 Rubiat of Omar Khayyum에 가장 잘 표현되어 있을 것이다.
"움직이는 손가락이 글을 쓴다. 그리고 글을 쓴 뒤에 계속 움직여 간다. 그대의 모든 경건한 기도나 위트도 그 손가락을 유인하여 반행이라도 취소할 수 없을 것이다. 또한 그대가 모든 눈물을 흘려도 그 반행 가운데 한 단어도 씻어 낼 수 없다."

9 셰익스피어의 존 왕, 3막 4장.

제12장

산 위의 빛

> 너희는 세상의 빛이다. 산 위에 있는 고을은 감추어질 수 없다. 등불
> 은 켜서 함지 속이 아니라 등경 위에 놓는다. 그렇게 하여 집 안에 있
> 는 모든 사람을 비춘다.
>
> —마태복음 5장 14-15절

어머니와 형님이 떠난 직후에, 스와미는 빠발라꾼루를 떠나서 아루
나짤라 산으로 올라갔다. 여기서 1922년 11월까지 변화하는 환경에
따라 이 동굴 저 동굴로 옮겨 다녔지만, 주로 비루빡샤 동굴에 머물렀
다. "나의 아버지의 집 안에는 많은 대저택들이 있다." 그래서 그 아들
은 어디를 가나 이 모든 저택에서 환영을 받았다. 그에 대한 인기와 존
경심이 높아지자 그를 찾는 방문객들이 줄을 이었고, 설사 산기슭에서
험한 길을 따라 2마일 정도나 올라가야 되는 산 위에 그가 있다 하더라
도 그에게 음식을 갖다 주었다. 산 위에 있는 그의 첫 번째 동굴은 비
루빡샤였다. 이 동굴의 모양은 신성한 쁘라나바 만뜨라인 ॐ 옴 자의
형상을 띠고 있으며, 성자 비루빡샤데바의 성스러운 자취가 남아 있
다. 비루빡샤 뭇뜨(종단)의 신탁 관리자들이 이 동굴을 관리하는 것으
로 되어 있었다. 그러나 스와미가 거기에 올라갔을 때는 관리하는 사

람이 아무도 없었으며, 동굴의 문도 잠겨 있지 않았다. 종단에는 두 파벌이 있어서, 서로 그 종단의 재산과 수입의 관리권을 주장하고 있었다. 소송이 아직도 계류 중이었기 때문에, 어느 파벌도 올라와서 동굴이나 그 안에서의 숭배의식, 그리고 까르띠까이 축제 철에 들어오는 얼마 안 되는 수입을 돌보지 않았다. 몇 년 동안, 스와미는 방해 받지 않고 그 동굴에 머물 수 있었다. 나중에, 소송이 한 파벌의 승리로 끝나자, 그 파벌이 다음 까르띠까이 축제 때에 올라와서, 비루빡샤 동굴을 방문하는 사람 개개인에게 다시 적은 액수의 입장료를 징수하기 시작했다. 이전 같았으면 사람들이 거의 방문하거나 돈을 내지 않았다. 그러나 이제 브람마나 스와미가 이곳에 거주하고 있기 때문에, 까르띠까이 축제 이외의 달에도 많은 사람들이 매일 그곳을 방문했다. 몇몇 사람들은 소풍을 목적으로 그곳에 갔는데, 동굴 주변에 있는 따마린드 나무 그늘과 작은 폭포가 있는 개울이 그런 목적에는 멋진 장소였기 때문이다. 그러나 대부분의 사람들은 브람마나 스와미를 친견하는 순수하게 영적인 은총을 받기 위하여 왔다. 축제 기간에는 군중이 열 배로 많아졌으며, 그들은 스와미를 보기 위해 몰려들었다. 이들 가운데 한 사람당 3뻬이의 입장료를 흔쾌히 지불하려는 사람은 드물어서, 많은 사람들이 동굴 안에 있는 스와미를 보지도 못하고 실망한 채 떠나갔다. 이러한 사실이 곧 스와미의 귀에 들어갔다. 스스로 돈을 축적하거나 소유하는 것을 아주 싫어했듯이 그는 자신의 청정함이 타인에 의해 이용당하는 것을 아주 싫어했다. 설사 모든 사람이 입장료 징수에 동의한다 하더라도 말이다. 더욱이 그는 종단의 관리인이 입장료를 지불할 능력이 없거나 지불을 거부하는 사람들을 그와 만나지 못하게 몰아내는 처사에 대해 반대했다. 그래서 그는 동굴 밖으로 거처를 옮겨 탁 트인 앞뜰의 따마린드 나무 아래에 앉았다. 그러자 관리인은 매표소를 경내의 외곽으로 옮겨, 브람마나 스와미에게 가까이 가고자 하는 사람들에게 여전히 요금을 받으려 했다. 비록 이 동굴이 스와미가 거주하기에는 아주 편리한 것이 분명했지만, 이곳에 대한 그의 특별한 애착도 없었다. 하지만 그가 거기에 더 머물기라도 한다면, 그것은 경건한 방문자들에게 돈을 뜯어내는, 즉 경건에 대한 세금을 뜯어내는 종단의 처사를 그가 지지한다는 것을 의미했다. 그래서 그는 즉시 비루빡샤 동굴을 떠나 좀 더 산 아래에 있는 '삿구루스와미의 동굴'로 갔다. 그리고 거기서 곧바로 구하나마쉬바야 사원 근처에 있는 다른 동굴로 거처를 옮겼다. 요금을 징수하던 관리인들은 브람마나 스와미가 떠나자 비루빡샤 동굴을 찾는 사람이 거의 없다는 것과 스와미가 머물고 있는 다른 동굴로 많은 사람들이 몰린다는 것을 알았다. 그래서 그들은 '악의에 찬' 정책을 포기하고, 스와미에게 그가 비루빡샤 동굴에 있는 한 그 어떤 요금도 받지 않겠다고 넌지시 말하며, 그가 다시 돌아오기를 간청했다. 그래서 스와미는 다시 비루빡샤 동굴로 돌아왔다.

비루빡샤 동굴은 겨울 거주지로선 아주 좋았으나, 여름에는 그렇지 못했다. 근처의 개울이 말라 버리고, 동굴 안으로 산들바람이 전혀 들어오지 않았기 때문이다. 물라이빨 띠르땀 저수지 근처에는 천연 동굴 하나가 망고나무 밑에 있었는데(그 때문에 이 동굴은 망고나무 동굴이란 명칭을 얻었다), 이 동굴은 스와미가 처음 산에 올라왔을 때는 거주지로 적합하지 않았다. 그러나 스리랑가짜르라는 사람이 곧 거기로 올라와서, 의학과 연금술, 그리고 종교에 관한 싯다들의 서적을 공부하느라 아주 바빴다. 그는 그 동굴의 근처에 살았는데, 동생인 라마누자짜르가 동굴 위로 돌출되어 있는 바위를 부수고, 매우 작은 구멍과 문이 달린 작은 벽을 동굴 정면에 세워 그 동굴을 거주할 수 있게 만들었다. 그 형제들은 브람마나 스와미가 그 동굴에 거주하도록 권유했다. 따라서 젊은 스와미는 동굴 근처에 있는 물라이빨 띠르땀 저수지가 감미롭고 맑고, 마시기에 알맞은 물을 끊임없이 제공해 주었기 때문에 여름철의 몇 달을 거기서 보내곤 했다. 이미 말한 바와 같이, 그가 어디로 가건 그의 충실한 아담인 빨라니스와미는 항상 그의 옆에서 봉사하였으며, 스와미를 숭배하는 많은 사람들이 왔는데, 그들 중 다수는 음식이나, 과자, 우유, 과일 등을 가져왔다. 빨라니스와미뿐만 아니라, 이제는 다른 사람들도 스와미를 영원히 사랑하며 그와 함께 살기 시작했다. '똑같이 공유하라'가 항상 스와미의 좌우명이었다. 그래서 그들 모두를 위한 음식이 마련되어야만 했다. 빨라니스와미와 다른 식객들은 방문객들이 그들 모두를 먹일 수 있을지 확실히 알 수 없었기 때문에, 산에서 출발하여 읍내로 가면서 탁발을 하곤 하였다. 이렇게 하면 스와미와 시중꾼들과 방문객들을 밤낮으로 충분히 먹일 수 있을 것이다. 탁발하러 간 사람들은 계속 소라를 불고 탁발을 하는 동안 신에게 도움을 간청했다. 이러한 목적으로, 브람마나 스와미는 연민과 깨달음으로 가득 찬 「악샤라마나말라이」를 지었다.

　스와미는 이들 동굴에서 어떻게 시간을 보냈을까? 구루무르땀, 망고나무 숲, 그리고 빠발라꾼루에서와 꼭 같았다. 그의 생활에서 특별히 눈에 띄는 변화는 없었다. "처음 시작할 때와 같이, 지금도 그렇다." 그는 대부분의 시간을 명상 속에서, 좀 더 정확히 말하면 깨달음 속에서 보냈다.

यस्त्वात्मरतिरेव स्यात् आत्मतृप्तश्चमानवः ।
आत्मन्येव च सन्तुष्टः तस्य कार्यं न विद्यते ।।

"참나를 누리면서 참나 속에 만족하는 자는
할 일이 아무것도 없다."

  그러나 종종 방문자들이나 식객들이 찾아와서는 주로 그들이 읽고
가져온 책들과 관련하여 의문을 해소하고자 했을 때, 그는 쉽게 그 책
들을 읽고 이해하여 일부는 책을 바탕으로 일부는 자신의 경험과 지식
을 바탕으로 그들에게 간단한 해결책을 주곤 하였다. 스와미의 가르침
은 그들의 문제에 명확하고 새로운 해결의 실마리를 던져 주고, 새로
운 시각을 제공해 주곤 하였는데, 그 해결은 아주 간단했다. 빨라니스
와미는 작고한 나가링가스와미의 서재에서 책들을 계속 가지고 왔다.
찌담바람 출신의 한 샤스뜨리가 찾아와서는 (슈리 샹까라짜리야가 쓴) 베
단따 철학의 탁월한 입문서인, 산스크리뜨로 된 『비베까쭈다마니』를
놓고 갔는데, 이 책은 우리가 아드바이띠즘(비이원론) 계열에 바탕을 둔
참나 깨달음을 얻기 위해서 이 책 이상으로 아무것도 읽을 필요가 없
는 그런 책이다. 스와미는 빨라니스와미가 가져온 따밀어로 지어진 운
문 번역본의 도움을 받아 이 책을 곧바로 통달하게 되었다. 나중에, 그
는 관리인으로 있던 G. 세쉬에르와 그의 조카의 요청으로 그것을 쉬운
따밀 산문으로 번역하기도 하였다.
  행복한 사람들은 자기에 대하여 기록할 역사가 없는 사람들이다. 브
람마나 스와미는 산에 올라온 이후로 그에 관해 쓸 역사가 전혀 없었

다. 역사가나 전기 작가가 써야만 하는 것은 실제로 스와미를 찾아와 그의 영향을 받은 사람들의 역사이다. 그들의 이름은 많지만, 그 가운데서도 더욱 유명한 몇 사람을 선택하여 스와미의 삶과 영향과 가르침에 대한 견해를 독자에게 보여 주고자 한다.

스와미의 가르침을 받은 최초의 인물인 우단디 나이나르는 1897년에 완디와쉬 근처에 있는 그의 종단(뭇뜨)으로 떠나갔다. 7년 후에는 다시 스와미를 찾았다. 그는 재산의 대부분을 자선단체에 기부한 후에 총 100루삐를 가져와서 스와미에게 구루닥쉬나gurudakshina(스승에 대한 선물)로 드렸다. 그러나 구루는 청빈한 생활에 대한 서원을 엄격히 준수했으므로, 제자가 감사의 마음으로 바치는 선물을 단호히 거절했다. 그러나 나이나르는 그렇게 쉽게 단념하지 않았다. 그래서 스와미 모르게 그 금액을 관리자인 G. 세쉬에르에게 맡기면서 나중에 스와미를 위한 어떤 좋은 목적이나 스와미가 찬성하게 될 용도에 사용하라고 알려 주었다. 그 기금은 몇 년 동안 사용되지 않고 남아 있었다. 한편 그 사이에 세쉬에르의 조카는 스와미가 (1908년에) 반쯤 쓰다 만 『비베까쭈다마니』의 따밀 번역본을 입수하고는 스와미에게 완성해 주기를 요청하였다. 스와미는 그것을 빨리 마무리지었고, 이 100루삐의 기금은 그 책을 인쇄하는 데 사용되었으며, 나이나르는 기뻐하였다.

나이나르는 한두 번 다시 스와미를 방문하였고, 스승의 발아래에서 의심할 바 없이 많은 영적인 청정함과 미덕을 얻은 뒤에 1916년쯤에 몸을 떠났다.

제13장

스와미와 책으로 배운 지식

사랑이 있지만 지식이 없는 자가
사랑이 있고 지식이 있는 자로부터
진리를 거두어들일 때
영의 내부의 심연을 움직이는
그 기쁨과 필적할 수 있는 기쁨이 무엇이겠는가?

-테니슨

브람마나 스와미가 비루빡샤 동굴로 왔을 때, 그는 여전히 많은 사람들을 끌어들였는데, 그들은 거기에 온 다른 사람들에게 음식이나 도움을 좀 기대하고 온 가난한 사람들, 신기한 것을 좋아하는 호기심이 많은 사람들, 산야시Sanyasi, 특히 세상적인 집착을 끊고 고요한 명상에 잠겨 있는 사람을 숭배하고자 하는 신앙심은 깊지만 학식이 없는 사람들, 스와미가 유식한지를 알아보려고 온 학식은 있으나 겸손함이 없는 학자, 그리고 마지막으로 참나 깨달음을 얻은 사람에게 깨달음에 대한 은총의 말씀을 간절히 듣기 위해 온 겸손하고도 신앙심이 깊은, 종교 문학을 공부한 학생들 등 각계각층의 사람들이었다. 이 마지막 부류에 속하는 사람들로는, 스와미가 평지에 머물고 있을 때 그를 찾아온 우단디 나이나르와 안나말라이 땀비란이 그 대표적인 사람들이다. 심지어 스와미가 산에 있을 때도 이러한 사람들은 가끔 스와미를 방문하여 함께 시간을 보냈다. 이미 언급한 찌담바람에서 온 샤스뜨리는 샹까라짜리야의 『비베까쭈다마니』의 사본을 가져와서 스와미에게 두고 갔는데, 스와미는 그것을 정독하였다. 놀랄 만한 기억력과 명석한 지성, 맑은 정신과 강한 흥미, 그리고 무엇보다도 깊은 종교적인 자기성찰을 통하여 스와미는 단 한 번 책을 보는 것으로써 그 뜻을 이해했을 뿐만 아니라 그 단어도 이해할 수 있었으며, 이들 단어를 그의 기억이란 명판에 영원히 지워지지 않게 새겨 넣을 수 있었다. 빠드마나바 스와미(그의 헝클어진 머리카락 때문에 자따이 스와미로 알려져 있음)는 만뜨라와 아유르베다에 관한 여러 권의 산스끄리뜨어 책과 『브리하뜨 스또뜨라 라뜨나까라』, 기타 종교적 철학적으로 흥미가 있는 서적들을 가지고 있었다. 브람마나 스와미는 산에 머물던 초기에는 이따금 그의 아쉬람을 방문하여 이러한 책들 가운데 다수를 아주 빨리 섭렵했다. 언젠가 어떤 사람이 빠드마나바 스와미에게 어떤 문제에 대해 물었을 때, 모우니 브람마나 스와미는 『브리하뜨 스또뜨라 라뜨나까라』를 집어 들며 대답으로 한 구절을 지적하였다. 빠드마나바 스와미는 즉석에서 적절한 대답을 듣고 놀랐다. 그는 자주 이러한 문제에서 이 같은 모우니의 도움을 받곤 했다. 젊은 스와미의 정신은 맑고 유연했다. 광범위한 경험과 기술을 갖춘 여러 학자들과 사람들은 영감을 얻기 위하여 스와미를 찾아갔으며, 그의 앞에서 자유롭게 그들의 생각을 말하였다. 암송하는 내용을 듣거나 빨라니스와미와 다른 사람들이 그에게 가져온 책을 읽으면서, 스와미는 그 나라의 철학적 문헌에 정통해 갔다.

감비람 세쉬에르는 1900년경 띠루반나말라이 읍의 감독관이었는데,

그때부터 열심히 스와미를 숭배했다. 그는 음악 반주가 있든 없든 라마의 성스러운 이름을 끊임없이 반복해 부르는 독실한 라마박따(라마의 헌신자)였다. 또한 요가도 공부하고 있었는데, 특히 라자 요가, 갸나 요가 등에 대한 비베까난다의 (영어로 된) 강의와, 라마 기따의 영어 번역본을 공부하고 있었다.

이들 책이나 유사한 책들을 공부하면서 이해하기 어려운 부분이 좀 있으면, 그는 그 책들을 스와미에게 가져가서 어려운 부분을 질문했다. 그러면 스와미는 그 책을 하나하나 살펴보고, 요청받은 대로 이 책들의 요점을 쉬운 따밀 산문으로 종이에 적어 주었으며, 마찬가지 방식으로 보충 질문에도 답하였다. 그렇게 하여 세쉬에르가 1900년, 1901년 그리고 1902년까지 모은 스와미가 쓴 종이는 정말로 한 묶음이나 되었다. 그는 이들을 베껴서 작은 노트로 만들었다. 몇 년 전에 세쉬에르는 세상을 떠났으나, 그동안 보존되어 왔던 그의 노트와 일부 종이들은 그의 형인 G. 크리슈나 아이어의 호의로 입수되었다. 이들 종이쪽지들과 노트를 근거로 하여, 최근의 출판물인 『비짜라 상그라하』가 나오게 되었다. 그러므로 이 책은 스와미의 가장 초기의 가르침을 담은 요지로 간주될 수 있을 것이다. 이러한 쪽지들로부터 스와미가 자신이 직접 경험한 문제라고 언급한 내용들이나 딴 방법으로 입수된 내용들을 보충하여 완성하는 데는 어려움이 있을지도 모른다. 그러나 한 사건에 대하여는 그것이 스와미께서 1896년 7월과 8월, 그리고 그 이후에 실제로 경험한 것을 묘사한 것이라는 것이 직접 확인되었다. 그것은 앞의 제5장에 통합되어 있었다.

스와미가 이러한 제자들을 다루는 한 가지 특징은 주목할 만하다.

그는 제자들에게 그들이 이미 따르고 있는 생각이나 행동의 방침을 계속 추구하라고 충고를 하면서, 얼마 동안 그들 자신의 생각대로 행하게 하곤 했다. 그리고 마지막 단계에 가서 비로소 그들이 그 자신의 사고방식을 따르도록 그들을 변화시키곤 했다.

यस्य यस्य हि यो भावस्तेन तेन समाचरेत् ।
अनुप्रविश्य मेधावी क्षिप्रमात्मवशं नयेत् ।।

"밧줄을 충분히 주고 난 다음, 그를 물가로 끌어당겨라."가 그의 원칙이었다. 이것은 특히 세쉬에르의 경우에 잘 볼 수 있다. 세쉬에르는 아슈땅가 요가Ashtanga Yoga에 깊은 흥미를 가지고 있었으며 호흡-조절(쁘라나야마pranayama)을 아주 중시했다. 스와미는 그가 쁘라나야마 수행에 결코 신경을 쓰지 않았다는 사실과, 쁘라나야마란 잠시 동안 마음을 정복하여 내면의 어느 한 지점에 마음을 고정시키고, 마침내는 참나에 마음을 고정시키기 위하여 사용되는 방법들 가운데 하나에 불과하다는 것을 거듭 말하고 있다. 스와미의 경우, 밖으로 달아나려는 마음의 경향은 그 자신의 고유한 방법으로 정지되었다. 그래서 그는 호흡 조절 없이도 사마디에 도달했다. 이 제자가 쁘라나야마에 대하여 몹시 알고자 하였을 때, 스와미는 비베까난다의 쉬운 소책자를 특별히 공부하여, 간략한 주석을 적어 주었다. 우리는 기회가 제공하는 각 단계에서, 좀 더 깊이 들어갈 필요성에 대한 말을 한마디씩 하고, 심지어 아슈땅가 요가를 영적으로 해석하고 있다는 것을 알게 된다. 깨달음에 대한 주제는 마음에 대해, 중심인 '가슴'에 대해, 그리고 인도 사상가들이 생각하고 힌두 서적에서 상세하게 설명된 인식론과 형이상학의 기본 원리에 대해 예비 설명을 어느 정도 하고 난 후에 서서히 끄집어냈다. 스와미는 결코 자신이 인도 사상을 비판적으로 연구하거나 다양한 학파에 대해 나름의 평가를 내린다고 주장하지 않았다. 스와미는 특정한 제자가 선호하던 책을 읽고 난 뒤 그에게 그 속에 담긴 그 학파의 의견을 말해 준다. 그는 결코 종교적 논쟁이나 기타 어떤 논쟁에도 관여하지 않는다. 왜냐하면 그 논쟁이란 것이 외적인 것에 대한 것이고, 지성의 활동 영역에 있기 때문이다. 지성이 직관에 자리를 내주면, 그 깨달음이 유럽인의 것이건, 미국인의 것이건, 혹은 인도인의 것이건 간에, 아니면 그 깨달음이 아드바이띤advaitin의 것이건, 드바이띤dvaitin의 것이건, 비시슈따아드바이띤visishtadvaitin의 것이건, 혹은 쉬바파saivite의 것이건 샥따sakta의 것이건 간에, 그 궁극적인 깨달음에는 아무런 차이가 없다. 그러나 따밀어로 번역되거나 각색되는 식으로 그에 의하여 다루어진 작품들은 아드바이따 학파에 속하는 작품들이다. 다음에 이어지는 대화들을 통하여 독자는 스와미의 사상 계통이 어떻게 분류되는지 스스로 판단할 수 있을 것이다.

14 장

M. 쉬바쁘라까삼 삘라이와 스와미

कोहं कथमिदं चेति संसारमलमाततं ।
प्रविचार्यं प्रयत्नेन प्राज्ञेन सहसाधुना ।।

나는 누구인가? 탄생과 죽음의 순환인 이 넓게 퍼진 삼사라는 어디
로부터 오는 것인가? 현명한 사람들은 이런 문제들을 부지런히 곧, 아
니 지금 바로 탐구해야 한다.

ㅡ마호빠니샤드, 4장 21절

कोहं कथमिदं किंवा कथं मरणजन्मनी
विचारयान्तरेवेत्थं महत्तत्फलमेष्यसि ।।

나는 누구인가? 이 세상은 어떻게 생겨났는가? 삶과 죽음은 어떻게
생겨났는가? 이런 식으로 그대 내면에서 탐구하라. 그러면 거기서 얻
는 그대의 이익은 엄청날 것이다.

ㅡ안나뿌르노빠니샤드, 1장 40절

राम स्वात्मविचारोयं कोहं स्यामिति रूपक
चित्तदुर्द्रुमबीजस्य दहने दहनस्मृतः ।।

라마여, 나는 누구인가라는 이 질문은 자기의 탐구이며, 개념적 사
고인 독초의 씨앗을 태워 버리는 불이라고 합니다.

ㅡ바시슈땀

　　스와미가 그의 가르침을 전수해 준 두 번째로 주목할 만한 사람은 M.
쉬바쁘라까삼 삘라이다. 그는 철학과 졸업생으로 1900년에서 1910년
까지 남 아르꼬뜨 지방 행정청의 세무 부서에 근무하였다. 대학 시절에

인간의 문제, 즉 '나는 누구인가'라는 문제가 그의 공부 과정에서 일어났지만, 열정적으로 탐구하지는 않았다. 그는 1902년에 공무적인 일로 띠루반나말라이에 처음 가게 될 일이 생겼다. 그때 브람마나 스와미가 아주 사심 없이 깨달음을 얻은 삶을 살아가고 있다는 이야기를 들었다. 그래서 스와미를 방문하여 참을성 있게 그를 섬기며, 지도와 가르침을 전수해 달라고 간청했다. 그는 또한 앞의 탐구와 관련하여 스와미에게 몇 가지 질문을 던졌다. 그 당시 스와미는 침묵을 지키고 있었다. 그러므로 그 질문들에 대한 답은 몸짓으로 주어졌다. 종종 상대가 질문에 대한 답을 이해하지 못할 때, 스와미는 마루나 석판 위에다 그 답을 글로 적어 주었다. 쉬바쁘라까삼 삘라이는 이러한 질문과 답변을 스와미의 삶과, 스와미와 자신의 특별한 경험을 묘사한 두 편의 시와 더불어 1923년에 책으로 출간하였다. 질문에 대한 답변 가운데, 열세 번째 질문과 관련된 답변은 스와미가 석판에 적었고, 질문자는 곧바로 종이에 옮겨 쓴 뒤 보관해 두었다. 다른 질문과 답들은 그가 기억해 두었다가 나중에 글로 기록해 두었다. 그러나 이런 것들이 곧바로 그의 공직 생활에 영향을 미치지는 않았다. 그의 무집착은 서서히 드러났으며, 공직에 대한 염증의 증가는 결국 (즉 1910년에) 공직 사퇴로 이어졌다. 그는 간헐적으로 스와미를 계속 방문하였다. 하지만 눈에 띄는 과거와의 단절은 없었고, 1913년까지 스와미에게 배운 것에서 어떠한 정서적인 체험도 겪어 보지 못했다. 그는 이미 홀아비로 지내고 있었기 때문에, 재혼을 해야 할지 아니면 바나쁘라스따vanaprastha(숲속 은둔자)의 삶을 살아가야 할지를 결정하는 것이 매우 중요했다. 만약 그가 재혼을 한다면, 신부를 선택한다는 것도 또 하나의 어려운 문제였다. 무엇보다도, 결혼은 그의 사회와 환경에서는 상당한 경비 지출을 의미했다. 그래서 필요한 경비를 마련해야 할 길도 그의 마음을 복잡하게 만들었다. 그러다가 이 문제를 해결하기 위한 하나의 묘안이 떠올랐다. 그는 그 지방의 신인 빅네스와라 Vigneswara를 섬겼기에 밤에는 종종 사원에 갔다. 그리고 거기서 그에게 도움이 되는 유일한 귀의처인 신에게 열심히 기도했다. 그는 아래에 명시된 질문들을 종이에 적어 놓고, 어떤 비전이나 개인적인 가르침의 은총이 내려지거나, 그것이 불가능하다면, 각각의 질문 아래에 적절한 답이 적혀 나타나기를, 어떤 경우에도 그 답은 밤이 끝나기 전에 나오기를 기도했다. 그리고 만약 가르침들이 그에게 나타나면 그 가르침을 따를 것이며, 만약 나타나지 않으면 띠루반나말라이에 있는 브람마나 스와미를 찾아가 그의 지혜에 의해 지도받을 수밖에 없을 것이라고 기도했다.

질문은 다음과 같았다.

1) 이 땅에서의 모든 슬픔과 근심에서 벗어나려면 저는 무엇을 해야 합니까?
2) 제가 생각하고 있는 여성과 결혼해야 할까요?
3) 그렇지 않다면, 그 이유는 무엇입니까?
4) 만약 결혼을 하게 된다면, 필요한 자금은 어떻게 마련해야 합니까?

쉬바쁘라까삼 삘라이는 이 질문들을 빅네스와라 신상의 발밑에 공손하게 놓고, 밤새도록 기대 속에서 인내하며 기다렸다. 그러나 어떤 비전도 보지 못한 채, 밤이 지나고 아침이 밝았다. 질문지는 그가 놓아 두었던 그대로 거기에 있었다. 그래서 어떤 답변도 적혀 있지 않았다. 그러자 그는 슬픈 마음으로 귀가 있어도 듣지 못하고, 입이 있어도 말하지 못하는 신상을 떠나서, 듣고 말할 수 있는 살아 있는 구루인 브람마나 스와미에게로 갔다. 분명히 빅네스와라 신은 그의 헌신자를 브람마나 스와미에게 넘겨줌으로써 다시 한 번 자신의 의무를 다한 것이다. 뻴라이는 일체 자신의 근심걱정을 말하지 않은 채, 비루빡샤 동굴에서 인내심을 가지고 스와미를 기다리면서 일어나는 일을 지켜보았다. 많은 사람들이 스와미를 찾아왔다. 그리고 스와미는 숨뭄보눔 summumbonum, 즉 참나 깨달음과 일점 지향의 영적인 삶, 그리고 참나 깨달음에 도달하는 방법에 대하여 그들과 함께 이야기하고 있었다. 날마다 뻴라이는 자신의 생각을 말하지 않은 채 스와미 곁에 머물렀으며, 스와미가 찾아오는 사람들에게 너무도 비세상적인 가르침을 주고 있다는 것을 알았다. 그는 스와미의 삶과 가르침 자체가 바로 말로 표명되지 않은 그의 질문에 대한 답변이란 것을 알았다. 스와미는 엄격한 브람마짜리야 brahmacharya(금욕)를 지키고 있었으며, 결혼을 한 적도 없었다. 그럼에도 불구하고 그는 정욕으로 방해받지 않았으며, 돈에 대해서는 언급조차 한 적이 없으며, 돈을 결코 원하지도 않았다. 하지만 그는 아주 행복했다. 그는 이미 참나를 깨달은 자였다. 그가 바라거나 성취할 것은 더 이상 없었다. 뻴라이는 이러한 분 앞에서 결혼이나 결혼 자금의 문제를 끄집어내는 것이 부끄러웠으며, 스와미의 삶과 가르침이 그의 두 번째 질문에 부정적인 답을 주고 있다는 것을 확신했다. 그가 마을로 돌아가려고 생각했을 때인 1913년 5월 4일, 어떤 놀라운 일이 일어났다. 많은 사람들이 스와미와 함께 있었고 뻴라이도 스와미 곁에 앉아 있었다. 그는 계속 스와미를 응시하고 있었으며, 얼마 지나지 않아 곧 이상한 비전을 보았다. 스와미의 얼굴은 더 이상 평범한 사람의 얼굴이 아니었다. 눈부신 영적 기운이 그를 감싸고 있었다. 놀랍게도 그의 머리에서 황금빛 아이가 서서히 나오더니 오래 지나지 않아 다시 머릿속으로 들어갔다. 이러한 이상한 현상은 두세 번 반복되었다. 쉬바쁘라까삼 삘라이는 더 이상 버틸 수가 없었다. 그는 이처럼 갑자기 자신에게 나타난 보다 높은 차원의 자비로운 힘이 있다는 증거를 보고 깊이 동요되는 것을 느꼈다.[10] 그의 마음은 감동으로 벅차 올랐으며, 눈에서는 기쁨의 눈물이 흘렀다. 그는 잠시 동안 흐느꼈으며, 그가 느낀 바를 표현할 수 없었다. 거기에 참석한 사람들은 어떤 비전도 보지 못하여, 삘라이에게 무슨 일이 일어났는지 의아해했다. 나중에, 그가 비전에 대해 얘기하자, 그들은 그런 비전이 그가 먹었던 간자(인도 대마초) 때문이라고 하면서 그를 놀렸다. 그러나 그는 농담할 기분이 아니었다. 다음 날 저녁, 즉 5월 5일에, 그는 스와미 앞에 단정히 앉았다. 이날 또다시 그는 비전을 보았다. 스와미는 갑자기 후광에 둘러싸인 모습으로 보였는데, 그 후광은 많은 보름달이 한꺼번에 뜬 것처럼 눈부셨다. 스와미의 몸은 (아침의) 금빛 태양처럼 빛나고 있었다. 그리곤 다시 온몸에 성스러운 흰 재를 바른 모습을 보았다. 스와미의 눈은 연민으로 빛났다. 그때 그 방에는 다른 사람들도 있었지만, 그들은 이와 같은 비전을 전혀 보지 못했다. 삘라이는 스와미에게 이러한 일들에 대해 묻지 않았을 뿐만 아니라, 스와미도 어떤 말도 하지 않았다. 이틀 후, 삘라이가 스와미를 찾아가 보았을 때, 스와미는 이제 수정 덩이처럼 보였다. 삘라이의 가슴은 기쁨으로 넘쳤으며, 그 기쁨이 갑자기 중

---

10 참조. W. James, Varieties of R. E. pp. 190–2, 219, 228, 269, 276, (Conquering sex).

단될까 봐 스와미 곁을 떠나는 것이 두려웠다. 이 모든 것은 쉬바쁘라까삼 삘라이에게 자신이 브람마나 스와미의 은총을 얻었다는 것을 확신시켜 주었다. 그는 스와미처럼 따빠스(엄격한 고행)의 주요 항목 가운데 하나로서 모든 성적인 욕망을 억제하고 브람마짜리야(금욕)를 지키는 엄격한 고행의 삶을 영위하기로 결심했다. 위의 모든 사실은 삘라이가 스와미와의 관계를 감사하는 마음으로 묘사한 따밀어로 쓴 시인 「아누그라하 아하발Anugraha Ahaval」에서 실제로 발췌한 것이다. 이 글에서 우리는 이 스와미에게는 사람을 끄는 강력한 성격이 있고, 얼마 동안 그와 함께 머물기라도 하면 자신의 삶과 습관과 본능이 바뀔 수도 있으며, 스와미의 은총으로 우리가 과일이나 책을 받는 것만큼이나 명백하고도 확실하게 신에 대한 믿음을 받을 수 있다고 느끼게 된다.

1902년과 그 직후에 스와미에게 받아 낸, 열네 개의 질문에 대한 답변은 다음과 같이 아래에 정리되어 있다.

1.

쉬바쁘라까삼 삘라이 스와미, 저는 누구입니까? 구원은 어떻게 얻습니까?

브람마나 스와미 그대의 내면에서 '나는 누구인가'라는 탐구를 끊임없이 하면, 그대의 참나를 알게 될 것이며 그럼으로써 구원을 얻을 것입니다.

2.

쉬바쁘라까삼 삘라이 저는 누구입니까?

브람마나 스와미 진짜 '나' 즉 참나는 다섯 감각 중 그 어떤 것도 아니며, 감각의 대상도 아니며, 행위 기관도 아니며, 쁘라나Prana(호흡이나 생명력)도 아니며, 마음도 아니며, 이들 가운데 그 어떤 것도 알아차리지 못할 때의 깊은 수면 상태도 아닙니다.

3.

쉬바쁘라까삼 삘라이 만약 제가 이것들 중 그 어떤 것도 아니라면, 저는 도대체 어떤 존재입니까?

브람마나 스와미 '이것은 나가 아니다.'라고 말하면서, 위에 열거한 것들을 하나씩 없애고 난 뒤에, 홀로 남아 있는 그것이 '나'입니다. 그리고 그것은 의식입니다.

4.

쉬바쁘라까삼 삘라이 그 의식의 내용은 무엇입니까?

브람마나 스와미 그것은 삿Sat 찟Chit 아난다Ananda(즉 실재, 의식, 희열)로, 거기에는 '나'라는 생각의 흔적조차 없습니다. 이것은 또한 모우나mowna(침묵), 아뜨만atman(참나)이라고도 불립니다. 존재하는 유일한 것은 오직 '그것'뿐입니다. 만약 세 가지(세상, 자아 그리고 개인적인 신인 이슈와라Iswara)가 분리된 실체로서 생각되면, 그들은 마치 진주층에 은빛이 나타나는 것처럼 환영에 불과합니다. 그러나 신과 지바(자아)와 세상은 하나이며, 쉬바스와루빠Sivaswarupa 즉 아뜨마스와루빠Atmaswarupa는 실재합니다.

5.

쉬바쁘라까삼 삘라이 우리는 어떻게 그 실재(즉 쉬바스와루빠)를 깨달을 수 있습니까?

브람마나 스와미 외적 대상(드리스아Drisya)이 사라지면, 보는 자, 즉 주체의 참된 본성이 (실재나 절대성으로) 깨달아집니다.

6.

쉬바쁘라까삼 삘라이 우리가 대상을 보는 동안은 그것(쉬바스와루빠)을 깨달을 수 없습니까?

브람마나 스와미 그렇습니다. 왜냐하면 보이는 대상(현상)과 보는 자(본체)는 마치 새끼줄과 새끼줄이 뱀으로 보이는 현상과 같기 때문입니다. 만약 뱀이라는 덧씌운 환영을 없애지 않으면, 존재하는 것이 새끼줄뿐이라는 것을 믿을 수 없습니다.

7.

쉬바쁘라까삼 삘라이 언제 그 외적 대상은 사라집니까?

브람마나 스와미 모든 생각과 모든 활동의 근원인 마음이 사라지면, 외적 대상은 사라질 것입니다.

8.

쉬바쁘라까삼 삘라이 마음의 본성은 무엇입니까?

브람마나 스와미 마음은 단지 생각에 불과합니다. 그것은 에너지의 한 행태입니다. 그것은 모든 대상들(즉 세상)로서 나타납니다. 마음이 참나 즉 쉬바스와루빠 속에 잠길 때, 그때 참나는 깨달아집니다. 마음이 밖으로 나오면, 세상이 나타나고, 참나는 깨달아지지 않습니다.

9.

쉬바쁘라까삼 삘라이 마음은 어떻게 사라집니까?

브람마나 스와미 오직 "나는 누구인가?"를 계속 탐구함으로써 사라질 수 있습니다. 비록 이 탐구가 정신적인 작용이지만, 그것은 기타 모든 정신적인 작용을 파괴하고, 마치 화장용 장작에 불을 붙이는 나뭇가지가 장작과 시신을 다 태운 뒤에 재로 변하는 것처럼 결국에는 그 자체도 사라집니다. 그때 우리는 참나에 대한 지식이나 깨달음을 얻습니다. 동시에 '나'(개별성)라는 생각도 사라집니다. 호흡과 기타 쁘라나의 활동도 없어집니다. 성격과 호흡(즉 쁘라나)은 둘 다 공통의 근원을 가지고 있습니다. 당신이 무엇을 하든, 이기심 없이, 즉 "'내'가 이것을 하고 있다."라는 느낌이 없이 하십시오. 이 경지에 이르면, 아내도 우주의 어머니로 보일 것입니다. 진정한 박띠Bhakti(헌신)는 우리의 자아를 항복시켜 참나 속으로 들어가게 하는 것입니다.

10.

쉬바쁘라까삼 삘라이 마음을 사라지게 하는 다른 방법은 없습니까?

브람마나 스와미 탐구 외에는 다른 적절한 방법이 없습니다. 만약 마음이 다른 방법들에 의해 가라앉는다면, 잠시 동안 조용히 있다가 다시 솟아올라, 그전의 행위로 되돌아갑니다.

11.

쉬바쁘라까삼 삘라이 하지만 우리 내부에 있는 이러한 본능과 무수히 많은 자기 보존적이며 기타 잠재적인 경향성(바사나Vasana)은 언제 정복

됩니까?

브람마나 스와미 당신이 참나 속으로 물러나는 빈도가 더 많을수록, 이러한 경향성도 더욱더 약해질 것이며, 결국에는 당신을 떠날 것입니다.

12.

쉬바쁘라까샴 삘라이 세대를 이어 우리의 마음속에 젖어든 이러한 모든 경향성을 완전히 없애는 것이 실제로 가능합니까?

브람마나 스와미 당신의 마음속에 그러한 종류의 의심이 들어설 여유를 절대로 주지 마십시오. 그러니 확고하게 결심하여 참나 속으로 뛰어드십시오. 앞에서 말한 탐구에 의해 끊임없이 참나 속으로 향하던 마음은 서서히 사라지게 되고, 결국에는 참나로 바뀌게 됩니다. 어떤 의심이 들 때마다, 그 의심을 없애려고 노력하지 말고, 그 의심을 느끼는 자가 누구인지를 알려고 노력을 하십시오.

13.

쉬바쁘라까샴 삘라이 얼마나 오래 이 탐구를 계속해야 합니까?

브람마나 스와미 생각을 일으키는 마음의 경향성의 흔적이 조금이라도 있는 한, 탐구는 필요합니다. 당신의 적들이 요새를 점령하고 있는 한, 그들은 밖으로 나올 것입니다. 적이 나올 때마다 그 적을 죽이면, 결국 그 요새는 당신의 손아귀에 들어올 것입니다. 마찬가지로 생각이 머리를 내밀고 밖으로 나올 때마다, 앞에서 말한 탐구의 방법으로 그 생각을 없애 버리십시오. 생각이 나오는 출생지 즉 시작하는 지점에서 생각을 근절해 버리는 이러한 과정을 바이라기야_{vairagya}(무집착)

라고 합니다. 그러므로 탐구는 참나-깨달음을 얻는 바로 그 순간까지 필요합니다. 꼭 필요한 것은 진정한 참나에 대한 지속적이고 부단한 "생각"입니다.

14.

쉬바쁘라까삼 삘라이 이 모든 것이, 즉 우주와 그 우주 속에서 일어나는 모든 것이 이슈와라(신)의 뜻이 아니겠습니까, 그리고 그렇다면 왜 신은 이렇게 하려고 합니까?

브람마나 스와미 신은 목적을 가지지 않습니다. 그는 어떤 행위에 의해 속박되지 않습니다. 세상의 활동은 그에게 영향을 줄 수 없습니다. 태양과 공간의 유사 관계를 예로 들어 이 점을 분명히 해 봅시다. 태양은 어떤 욕망이나 목적이나 혹은 노력 없이 떠오릅니다. 그러나 태양이 떠오르는 순간 바로 이 지상에서는 수많은 활동이 일어납니다. 렌즈가 태양 광선을 받으면 그 초점에서는 불을 일으킵니다. 연꽃 봉오리는 꽃을 피우며, 물은 증발되고, 지구의 모든 생명체들은 활동을 시작하고, 계속하며, 그리고 결국은 멈춥니다. 그러나 태양은 이런 모든 활동에 영향을 받지 않습니다. 왜냐하면 태양은 단지 자신의 본성만을 유지하고, 정해진 법칙에 따라 행동하며, 아무런 목적을 가지지 않으며, 단지 목격자에 지나지 않기 때문입니다. 신의 경우도 그렇습니다. 다시 공간이나 에테르의 경우를 예로 봅시다. 흙과 물, 불, 공기는 모두가 그 속에 존재하며, 그 안에서 움직이고 변화합니다. 하지만 이것들 중 그 어느 것도 에테르나 공간에 영향을 미치지 못합니다. 신의 경우도 마찬가지입니다. 신이 창조하고 유지하고 파괴하고 물러나고 구원할 때 모든 존재(지바jiva)들은 그 영향을 받지만, 그러한 신의 행위에는 어떠한 욕망이나 목적이 없습니다. 모든 존재(지바)들은 신의 법칙(까르마의 법칙 등)에 따라 그들의 행동의 결과를 거두어들이기 때문에, 그러한 결과에 대한 책임[11]은 신의 책임이 아니라, 그들 자신의 책임입니다. 신은 어떤 행위들에 의해 영향을 받거나 구속되지 않습니다.

---

11 창조는 독특하다. '목적'의 개념이나 '책임'(순전히 사회적 개념)의 개념이 나타나는 것은 시간, 원인, 개체 및 사회 집단들을 창조할 때이거나 그 이후이다. 이러한 개념들을 창조 너머에 있는 것, 즉 신에게 적용하는 것은 아무런 논리나 의미가 없다. 책임은 또 하나의 개념을 수반한다. 만약 신이 만물에 내재해 있는 것으로 간주된다면, 신을 대신할 어떠한 '타자'도 존재하지 않으며, 그러므로 어떠한 책임도 없다.

제15장

가나빠띠 샤스뜨리와 스와미

다음으로 언급할 제자는 까비야 깐따라는 칭호로 알려져 있는 A. 가나빠띠 샤스뜨리이다. 그의 탄생과 어린 시절에 관해서는 소설 같은 이야기가 많다. 1878년 그가 태어날 때, 바라나시에서 가나빠띠 신상 앞에 서 있던 그의 아버지 나라심하 샤스뜨리는 아기 같기도 하고 작은 동물 같기도 한 것이 신상에서 나와 그의 발치까지 달려오는 비전을 보았다. 바로 그 이유 때문에 그 아이의 이름은 가나빠띠가 되었다. 태어나서 첫 5년 동안 그는 벙어리였고, 간 비대증과 비장 비대증, 간질 발작과 같은 온갖 종류의 질병에 시달렸지만, 6년째가 되면서 붉게 단 다리미로 낙인을 찍음으로써 그 모든 질병에서 벗어났다. 그는 마치 지나간 벙어리 시절을 만회하려는 듯이, 굉장한 지각력과 집중력, 기억력, 그리고 재주를 보여 주었다. 한 번 읽은 것은 즉시 이해하였으며, 결코 잊어 버리지 않았다. 그는 한 번에 여덟 가지 혹은 열 가지 일을 처리할 수 있었다(아슈따바다나Ashtavadhana). 그는 열심히 배웠으며, 10세가 되자 산스끄리뜨로 시를 지었고, 별자리 연감을 만들었으며, 여러 권의 까비야kavyas(문학 작품)와 기초문법 책들을 통달했다. 12세 때는 깔리다사kalidasa를 모방하여 만다끄란따Mandakranta 운율을 지닌 두 편으로 구성된 브링가산데사Bringasandesa를 지었다. 14세 때는 빤짜까비야Panchakavya에, 그리고 산스끄리뜨 운율학과 수사학에 관한 주요 서적들에 이미 통달했고, 이 밖에도 민족 서사시인 이띠하사itihasa의 내용과, 라마야나Ramayana, 마하바라따, 그리고 몇 편의 뿌라나purana에 정통해 있었다. 그 나이 때 그는 산스끄리뜨를 능숙하게 말하고 쉽게 쓸 수 있었다. 문학적인 야심 이외에도 그는 열 살 때부터 또 다른 것에 마음이 빼앗겼는데, 그것은 그때부터 줄곧 그의 인생을 지배했다. 이띠하사와 뿌라나, 즉 민족 서사시와 성인전은 그를 자극하여 고대의 리쉬들이나 성자들과 겨루도록 했다. 만약 비슈와미뜨라Vishwamitra와 드루바Dhruva가 따빠스tapas 즉 만뜨라자빠mantrajapa(성스러운 음절의 암송)를 통하여 새로운 세상을 창조할 만큼의 충분한 힘을 얻거나 북극성이 되어 오를 수 있다면, 그도, 즉 깔라바라이의 가나빠띠 샤스뜨리도 똑같은 일을 해낼 수 있을 것이다. 그래서 18세 때부터, 즉 결혼식을 올린 직후부터 그는 특히 그의 목적에 적합한 고다바리 강, 갠지스 강, 줌나 강의 강둑과 같은 성스러운 장소를 방문했으며, 비록 그가 다른 많은 만뜨라에도 입문하여 실제로 암송했지만, 주로 쉬바빤짜끄샤리Sivapanchakshari 만뜨라mantra를 암송하면서 상당한 기간을 보냈다. 그의 삶의 주요한 부분을 이루고 있는 그의 따빠스에 대한 흥미로운 모험은 작은 책 한 권을 채우고도 남을 것이다. 그러나 이런 것은 이 책의 목적에 맞지 않는다. 여기서는 그가 인도의 각지를 십여 차례 여행하면서 마하데바(쉬바)가 그의 앞에 현현하여 은총을 베풀어 주기를 바라면서 각 지역에서 따빠스를 행한 뒤, 슬픈 경험 끝에 현명해진 상태로 1903년과 1904년 사

이에 처음 띠루반나말라이에 도착했고, 그 다음은 1907년에 왔다고만
말해 두자. 비록 그가 쉬바의 모습이라고 해석한 몇 번의 순간적인 비
전이나 경험들이 있었지만, 이런 것은 단순히 낙관적인 추측에 불과했
다. 비록 그가 천만 번이나 쉬바빤짜끄샤리를 암송하고 그만큼이나 자
주 쉬바의 이름을 썼지만, 어떤 신도 그에게 나타나 은총을 베풀어 주
지 않았다. 그래서 그의 일생의 탐구는 순전한 실패작처럼 보였다. 한
편 문학에 대한 열정으로 인하여 그는 늣데아로 가게 되었으며, 거기
서 그가 마음대로 구사할 수 있는 산스끄리뜨 문체와 문학에 대한 지
식, 용이하게 지어낼 수 있는 즉흥시의 소질, 그리고 언제든지 바로 사
용할 수 있는 사마시야-뿌라나Samasya-Purana[12]에 대한 재능으로 (아수까비

---

12 언제든지 바로 사용할 수 있는 재능의 예로서, 그의 사마시야-빠라나Samasya-Parana가,
    다시 말해, 시의 연을 완성시키는 그의 능력을 인용할 수 있다. 다음에서, 전도된 쉼표
    내의 말은 난외의 지시와 함께 시험관이 낸 것이다. 그리고 각 연의 나머지는 아주 짧
    은 시간 내에, 즉 시험관이 다음 질문으로 넘어가기 전에 샤스뜨리가 지어낸 것이다.
    시험관인 암비까닷따는 아리야 브리따의 두 시행에서, 자신(암비까닷따)이 누구인지
    를 샤스뜨리에게 말함으로써 시작했다.
    암비: सत्वरकवितासविता गौडोहं कश्चिदम्बिकादत्तः।
    샤스뜨리는 그 자신에 대하여 즉시 대답을 하며, 시를 완성시켰다.
    गणपतिरिति कविकुलपतिरतिदक्षो दाक्षिणात्योहं 그리고 첨언을 했다. भवान् दत्तः अहं तु औरस
    여기서 그는 '선물'뿐만 아니라 '양자'를 의미하는 단어 दत्त 를 이용하여, 암비까의 아
    들인 가나빠띠 신이나 혹은 빠르바띠를 넌지시 암시하고 있다.
    샤스뜨리가 즉흥적으로 지은 첫 사마시야 슬로까Samasya sloka는 다음 시의 첫 부분이었다.
    १. हिडिम्बा भीमदयिता निदाघे घर्मपीडिता ।
        "स्तनवस्त्रं परित्यज्य वधूश्वशुरमिच्छति" ॥
                              "(किंतु अनवद्यचरिता)"
    २. राहुस्त्रिकोणे च गुरुस्तृतीये
        कलत्रभावे च धरातनूजः ।
        लग्ने च कोष्टे यदि बालकस्यात्
        "सूर्यशशशाङ्ग्न समं विनष्टः" ॥
                              "(नतु अमावास्या)"

● 115

३. सतीवियोगेन विषण्णचेतसः
प्रभोश्शयानस्य हिमालये गिरौ ।
शिवस्य चूडाकलितं सुधाशया
"पिपीलिका चुम्बति चंद्रमण्डलम्"

४. चतुर्थ्यां भाद्रशुक्लस्य चंद्रदर्शनशङ्कया ।
"वत्सरस्यैकदा गौरी पतिवक्त्रं न पश्यति" ।।

즉각 대처할 수 있는 그의 변통의 재주는 그가 사바의 회장과 가졌던 팔(무기)에 대한 갑작스러운 일절에서 더욱 잘 볼 수 있었다. 사바 회장은 그(샤스뜨리)가 한 스탠자에 대하여 즉흥적으로 말하고 있는 매우 훌륭한 산스끄리뜨 주석서의 한가운데서 그를 멈추어 세웠다. 왜냐하면 그때 말의 실수로 샤스뜨리가 **सर्वेषां** 대신에 **सर्वाणां**를 말했기 때문이다.

अम्बिका:

अनवद्ये ननुपद्ये गद्ये हृद्यैपिते स्खलति वाणी ।
तत्किं त्रिभुवन सारा तारा नाराधिता भवता ।

K.K.G: 여기에 실수가 있다 "सार"는 नित्यपुल्लिङ्ग
바후브리히를 제외하면 "सार"는 항상 뿔링가(남성형)로 있을 것이다.

सुधांहसन्ती मधु चाक्षिपन्ती
"सार"
नतलभास्यं कविता करोति
नोपास्यते किं दयितार्धदेहः।

A:- उच्चैः कुञ्जर माकार्षीः बृंहितानि मदोद्धतः ।
कुम्भिकुम्भामिषाहारी शेते संप्रति केसरी ।।

K.K.G.- 다시 실수!

नबहुव्रीहेः मत्वर्थीयः

समासीने रसाले चेन्मौनमावह मौकुले ।
लोकः करोतु सत्कारं मत्वा त्वामपि कोकिलम् ।।

여기에서, 그러므로 री는 रः가 되어야 한다.

A:- ज्योतिरिङ्गण नकिं नु मन्यसे
यत्त्वमेव तिमिरेषु लक्ष्यसे

K-K-G:- किं प्रदीप भवने विभाससे
वायुना बहिरितो विधूयसे (रहो)

भट्टोखिलोष्टोपरि वारवध्वा
निपीय मध्वारभते विहारम् ।

암비까닷따가 의장으로 있는) 학자들의 모임인 빤디따 사바pandita sabha를 깜짝 놀라게 감탄시켰으며, 1900년에 까비야 깐따Kavya Kantha란 칭호와 증서를 받았다.

그러나 문학 분야에서조차 그는 동 세대나 후대에 유용하거나 가치 있는 어떤 것도 성취하지 못했다. 왜냐하면 그는 고귀한 것을 성취하고 싶은 야망으로 달아오르고 있었기 때문이다. 1903년, 그는 따빠스를 계속하기 위하여 죠띠 링가jyoti linga의 모양을 하고 있는 쉬바의 선하고 성스러운 자리로서 띠루반나말라이를 선택했다. 부수적으로 그 산에 브람마나 스와미가 있다는 이야기를 듣고 열두 달 동안 머물면서 그를 두 번 방문했다. 그 다음에는 학교 교사로서 벨로르로 가서 그를 중심으로 학생 단체를 조직했고, 그 학생들은 그들의 수장이며 지도자인 그와 함께 세상 사람들에게 그들의 사상을 전해 주고, 인류 전체는 아니더라도 그들의 나라를 향상시키는 데 일조할 수 있을 정도로 만뜨라 자빠mantra japa를 통해 그들의 샥띠를 개발하고자 했다.

그러나 얼마 후에 그는 벨로르 학교의 교사직을 그만두고, 1907년 12월 즈음 띠루반나말라이로 돌아가서 만뜨라 자빠를 재개했다. 뿌라나, 이띠하사, 까비야, 리그 베다 전체, 일부 우빠니샤드와 만뜨라 샤스뜨라에 관한 많은 책들에 대한 그의 엄청난 연구에도 불구하고 과연 그가 올바르게 따빠스의 성격과 본질적 요소를 이해했는지에 대한 의심이 이제 그를 괴롭히고 있었다. 왜냐하면 온갖 종류의 장소와 가장 혹독한 상황 하에서 12년간의 고행을 했지만 명백한 혜택과 같은

असुव्यवोवास्तुवसुव्ययोवा
प्यमी नमीनव्यसनं त्यजन्ति ॥

것이 전혀 나오지 않았기 때문이다. 그래서 까르띠까이 축제 9일째, 오후 1시 30분경, 그는 브람마나 스와미가 산에 있다는 것을 기억해 내고는, 스와미는 체험으로 따빠스의 참 본성을 틀림없이 알고 있을 것이라고 생각했다. 햇볕이 뜨거운 그 시각에 그는 산을 올라갔다. 스와미는 그가 1903년 자신을 처음 방문했을 때 비나야까의 그 유명한 구절(스또뜨라)이 또한 그(스와미)에게도 적용된다고 해석했던 바로 그 선생이라는 것을 뚜렷이 기억할 것이었다.

शुक्लांबरधरं विष्णुं शशिवर्णं चतुर्भुजम्।
प्रसन्नवदनं ध्यायेत् सर्वविघ्नोपशान्तये ।।

그가 그렇게 해석했던 이유는 이 스와미가 역시 흰 옷을 입고 있었으며, (신과 동일시되고 있었기 때문에) 만물에 두루 충만해 있었으며, 즐거운 달빛과 같은 색깔을 띠고 있었고, 그의 안따까라나Antahkarana(마나스Manas, 붓디Buddhi, 아한까라Ahankara, 찟따Chitta, 다시 말해, 마음, 이성, 자아 및 의지나 욕망이란 네 개의 부분으로 구성된 마음)를 이미 소진시켜 버린 상태였고, 자비로운 모습을 지니고 있었고, 헌신자의 요청을 받을 경우에는 그의 길을 가로막는 장애물을 기꺼이 없애 주려고 했기 때문이다. 생생한 기억력을 가진 스와미는 그 장면을 결코 잊을 수 없을 것이며, 또한 샤스뜨리(당시에는 사람의 눈에 띄지 않고 띠루반나말라이 거리를 오르내리던 남루한 차림의 비참한 인물)가 1904년 까르띠까이 축제가 있기 몇 주 전에 아루나짤레스와라 사원에서 지은 일 천 개의 빛나는 산스끄리뜨 시구를 축제 당일에 낭독함으로써 자아냈던 엄청난 느낌도 잊을 수 없었을 것이다.

샤스뜨리는 비루빡샤 동굴로 올라가면서 감동으로 떨었다. 다행히도, 스와미는 바깥 삐알_pial에 혼자 앉아 있었다. 샤스뜨리는 스와미의 발아래 엎드려 두 손으로 그의 발을 잡았다. 그리고 그가 다음과 같이 말할 때 감동에 북받쳐 그의 목소리는 떨렸다. "저는 읽어야 할 모든 것을 다 읽었습니다. 심지어 베단따 샤스뜨라도 충분히 이해했습니다. 지금까지 실컷 자빠 수행도 했습니다. 그럼에도 불구하고 지금까지 저는 자빠가 무엇인지 모르겠습니다. 그런 까닭으로 당신에게 귀의처를 찾았습니다. 부디 저에게 따빠스_tapas의 본질을 깨우치게 해주십시오." 샤스뜨리가 간절한 기대 속에서 그의 발치에 앉아 있을 때, 스와미는 15분 동안 아무 말 없이 샤스뜨리를 응시했다. 그때는 누군가가 올라와서 그들을 방해하는 사람도 없었다. 그러고 나서 스와미는 짤막하고도 띄엄띄엄 이어지는 문장으로 다음과 같이 따밀어로 말했다.

"நான் நான் என்பது எங்கேயிருந்து புறப்படுகிறதோ அதை கவனித்தால் மனம் அங்கே லீனமாகும். அதுவே தபஸ்."

"만약 '나'란 이 생각이 일어나는 근원을 바라본다면, 마음은 그 근원과 하나가 됩니다. 그것이 따빠스입니다."

"ஒரு மந்திரத்தை ஜபம் பண்ணினால் அந்த மந்திரத்வனி சப்தம் எங்கிருந்து புறப்படுகிறது என்று கவனித்தால் மனம் அங்கே லீனமாகிறது. அது தான் தபஸ்."

"만뜨라 암송을 반복할 때 그 만뜨라 소리가 나오는 근원에 집중을 하면,[13] 마음은 그 근원과 하나가 됩니다. 그것이 따빠스입니다."

---

13 만뜨라 소리가 나오는 근원은 목구멍뿐만 아니라, 더 나아가 마음속에 있는 소리의 개념, 즉 마음과 호흡, 다시 말해, 자율신경의 활동과 두뇌의 활동이 일어나는 중심적인 힘인 참나이기도 하다.

이 가르침을 받고 나서 샤스뜨리의 가슴은 기쁨으로 넘쳐났다. 그는 몇 시간 동안 머물면서, 돌보는 사람인 빨라니스와미로부터 스와미의 이름이 '벤까따라만 아이어'임을 확인했다. 샤스뜨리는 즉시 스와미를 찬양하는 5개의 연으로 구성된 시를 지었는데, 여기에서 그는 스와미의 이름을 '라마나'로 줄여서 사용하였고, 그것이 그 이후로 스와미에게 늘 사용되었다. 다음날 샤스뜨리는 친척들과 제자들에게 보낸 편지에서 '산에 있는 브람마나 스와미'로 알려진 스와미로부터 그가 받은 우빠데사(가르침)에 대해 언급하였고, 그의 가르침이 아주 독창적이고, 또 (샤스뜨리가 읽었던) 어떤 책에서도 그와 같은 것을 전혀 발견할 수 없었기 때문에 스와미를 마하리쉬로 불러야 한다고 덧붙였다. 그는 그의 모든 제자들이 브람마나 스와미를 '바가반 마하리쉬Bhagavan Maharshi'[14]

---

14 라마나라는 이름, 더 정확히 말하면 라마니란 이름은 (스와미가 어린 소년이었을 때) 뗄루구어에 능통한 나이 든 친척인 락스마니에르가 스와미에게 지어 준 애칭이었다. 그러나 오래전에 그 이름은 특히 스와미가 띠루쫄리를 떠난 후에 사용되지 않았다. '리쉬'라는 말은 그 정의가 명확히 규정되었다. 그리고 그 이름의 타당성을 입증하기 위하여 그 말의 정의를 아래와 같이 적어 둔다.

१. ऊर्ध्वरेतास्तपस्युग्रो नियताशीच संयमी ।
शापानुग्रयोश्शक्तः सत्यसंधो भवेद्दृषिः ।

२. तपोनिर्धूतपाप्मानः यथातथ्याभिधायिनः
वेदवेदाङ गतत्वज्ञाः ऋषयः परिकीर्तिताः ।।

३. तपश्शौचपरादान्ताः सत्यवाचो बहुश्रुताः ।
वेदवेदाङ गतत्वज्ञाः ऋषयः परिकीर्तिताः ।।

४. ऐश्वर्यस्य समग्रस्य धर्मस्य यशसः श्रियः ।
ज्ञानवैराग्ययोश्चापि षण्णांवर्गो भगोमतः ।।

1. '리쉬'는 성관계를 끊은 사람이며, 음식을 절제하고, 자기 통제력이 있으며, 다른 사람들에게 은총이나 저주를 줄 능력이 있는, 진실한 사람이다.
2. 리쉬라고 불리는 사람들은 고행으로 그들의 죄를 소멸시킨 사람이며, 절대적인 진리를 말하며, 베다와 그 베다의 안가스의 진정한 의미를 이해하고 있는 사람들이다.

라고 부르기를 원했다. 이날 이후로 라마나 마하리쉬라는 이름은 교양 있는 헌신자들 사이에서 널리 유행하게 되었으며, 이 같은 이름을 널리 통용시킨 공로는 샤스뜨리에게 돌아감이 틀림없다. 샤스뜨리는 그가 마하리쉬에게 받은 우빠데사를 어머니 샥띠의 아누그라하anugraha(은총)를 받은 결과라고 생각했기 때문에, 어머니 샥띠를 찬양하는 1,000개의 연으로 된 시를 지어 그것을 「우마사하스라Umasahasra」라고 불렀으며, 3주 만에 그 시를 완성하였다. 마지막 날 밤, 그는 네 명의 필사생과 함께 '망고나무 동굴'에 단정히 앉아서 그들에게 시를 불러 주며 거의 동시에 받아 적게 하였다. 2백 개 이상의 시행으로 되어 있는 이러한 즉흥시가 한 자리에서 강렬한 시적 영감을 받은 그에 의해 대략 네 시간 만에, 즉 저녁 8시에서 자정 사이에 이와 같이 만들어진 것이다. 그 당시 그는, 동굴 안에서, 라마나 마하리쉬의 현존에 영감을 받았던 것이다.

1908년 1월, 2월, 3월에, 마하리쉬와 가나빠띠 샤스뜨리는 많은 다른 사람들과 함께 빠찌암만 꼬일에서 세 달을 보냈다. 방문객들도 많았다. G. 세샤야와 다른 이들은 일행 전부를 위해 요리를 했다. 스와미의 헌신자들 중 한 사람인 랑가스와미 아이엔가르는 경비의 대부분을 감당했다. 샤스뜨리는 「우마사하스라」를 계속 고쳐 나갔으며, 마하리쉬의 지도에 따라 그의 디야나dhyana를 발전시켜 나갔다. 물론 그의 인생의 주요 목표도 포기하지 않았다. 그는 여전히 공자와 마찬가지

3. 리쉬들은 항상 고행을 하고 청정하며, 그들의 말은 오직 실재만을 나타내며, 그리고 그들은 매우 박학한 사람들이다.
4. '바가'는 (1) 만능의 힘, (2) 다르마(법), (3) 명성 (4) 번영, (5) 참 지식, 그리고 (6) 무집착으로 구성되어 있는 일단의 특성을 의미한다.

로 자신에게는 삶의 고상한 사명이 있으며, 그 사명을 이행할 충분한 힘도 있다고 믿었다. 인도 사회는 아직 소생되지 않았으며, 베다 시대의 낡았지만 빛나는 사상들도 부활되지 않고 있었다. 공동 생활을 방해하는 새롭고 해로운 성장은 없어져야만 했다. 그리고 샤스뜨리 자신과, 주로 만뜨라 자빠(성스러운 암송)를 통해 샥띠를 개발하기 위해 상가Sangha(공동체)를 결성했던 그의 동료와 제자들도 장대하게 진용을 갖추고 있는 천상의 군대(샥띠) 전부를 아직도 끌어내리지 못했다. 샤스뜨리는 1908년 3월 이후 띠루반나말라이를 떠날 때 마하리쉬의 허락을 구했다. 그 당시 그는 마하리쉬에게 "'나'란 생각의 근원을 찾는 것이 저의 모든 목적을 성취하는 데 충분한 것입니까, 아니면 만뜨라 디야나mantra dhyana가 필요합니까?"라고 물었다. 마하리쉬는 "앞의 것만으로도 충분합니다."라고 답했다. 그리고 목적에 대해 질문을 받고서는, "그대는 신(이슈와라)에 대한 모든 짐을 버리는 게 더 낫습니다. 신이 모든 짐을 질 것이니, 그대는 그 짐을 덜 것입니다. 신은 자신의 의무를 할 것입니다."라고 덧붙였다.

까비야 깐따 G. 샤스뜨리는 그 후 몇 년간 띠루반나말라이와 마하리쉬를 자주 방문하였다. 그는 산스끄리뜨에 대한 빈틈없는 전문적 지식과 쉽고 탁월한 그의 산스끄리뜨 시들을 통해 어느 정도 마하리쉬에게 영향을 끼쳤음에 틀림없다. 마하리쉬는 항상 거의 무의식적으로 사람들과 책으로부터 언어와 사상을 받아들이고 있었다. 따밀어 번역본과 함께 『비베까쭈다마니Vivekachudamani』를 정독하여 산스끄리뜨를 배우기 시작한 스와미는 매우 빠른 진척을 보여, 1915년에는 시의 한 연을, 1917년에는 「아루나짤라 빤짜까Arunachala Panchaka」를, 그리고 1927년에는 「우빠데사사라Upadesasara」를 지을 수 있었다. 샤스뜨리와의 접촉은 아마도 마하리쉬의 산스끄리뜨 구사 능력을 높이는 데 기여했던 요인들 가운데 하나였을 것이다.

샤스뜨리가 라마나 마하리쉬와의 관계에서 크게 기여한 역할은 (그의 친구들을 통해서나 혹은 직접적으로) 영성을 개발하는 과정에서 끊임없이 일어나는 사회적, 종교적 질문에 대한 마하리쉬의 답변을 이끌어 냈다는 데 있다. 그 첫 번째 질문은 1913년 12월에 있었으며, 다른 질문들은 1917년 7월과 8월에 있었다. 그는 이들 질문에 대한 답들을 18장으로 구성된 시로 표현했는데, 그는 그 시를 「라마나 기따Ramana Gita」라고 불렀다.

샤스뜨리는 산스끄리뜨에 조예가 깊은 학자일 뿐만 아니라, 특히 산스끄리뜨 작품의 연대와 분명한 출처에 대하여 대담하게 비판한 비평가였다. 까스뜨 제도와 기타 사회 관습, 결혼 연령, 천민 등의 문제에 대하여 그는 아주 현대적인 사고를 가지고 있었다. 그는 항상 '능수능란'하여, 그와 가까이 지냈던 사람들에게 그 자신의 사상과 태도로 깊은 인상을 심어 주지 못하는 일이 거의 없었다. 1922년에서 29년까지 7년 넘게 그는 대부분 가족과 함께 띠루반나말라이에서 살았다. 그는 언제나 중요한 문제, 특히 아쉬람에서의 출판과 다른 활동들에 대하여는 마하리쉬의 의견을 들었다.

라마나 마하리쉬와 관련하여 가나빠띠 샤스뜨리가 본 몇 가지 비전(샤스뜨리는 그의 파란 많은 생애에서 상당히 많은 그러한 경험을 한 것 같다)은 샤스뜨리 자신이 언급한 것이기에 여기서 말해도 좋을 것이다.

샤스뜨리가 1908년 초 빠찌암만 꼬일에서 마하리쉬와 함께 있던 새벽녘에, 어떤 유성 같은 것이 나타나서 마하리쉬의 이마에 닿았다가 물러섰다가 다시 와서 닿기를 무려 여섯 번이나 했다.

같은 해, 샤스뜨리는 따빠스tapas를 하기 위해 마드라스 근처에 있는 띠루보띠유르로 갔다. 거기에는 가네샤 사원이 있었고, 샤스뜨리는 그곳 근처에서 18일 동안 침묵의 서원을 지키면서 따빠스를 행했다. 18일째 날, 샤스뜨리는 누워 있었지만 완전히 깨어 있었는데, 마하리쉬가 들어와서 자기 옆에 앉는 모습을 보았다. 샤스뜨리는 놀라서 일어나 앉았고, 일어서려고 애썼다. 그러나 마하리쉬는 그의 머리를 눌러 그를 앉혔다. 이것은 샤스뜨리에게 전기 충격과 같은 것을 주었으며, 샤스뜨리는 이것을 하스따딕샤hastadiksha, 즉 구루가 손으로 주는 은총이라고 여겼다.

마하리쉬는 띠루반나말라이로 간 이후(1896년 9월 1일)로 그 마을을 떠난 적이 없었으며, 일평생 띠루보띠유르를 본 적도 없었다. 그러나 샤스뜨리가 1929년 10월 17일에 마하리쉬의 앞에서 위의 이야기를 하고 있을 때, 마하리쉬는 다음과 같이 말했다.

"몇 년 전, 어느 날, 저는 누워 있었습니다. 그러나 사마디 상태에 있지는 않았습니다. 저는 갑자기 제 몸이 점점 위로 떠오르는 것을 느끼다가 급기야 모든 대상들이 사라지고 제 주변의 모든 것은 하나의 거대한 백색광 덩어리가 되고 말았습니다. 그리고 나서 갑자기 몸이 내려오고 대상들이 나타나기 시작하였습니다. 저는 이것은 분명히 싯다Siddhas가 나타났다가 사라지는 과정이라고 혼자 중얼거렸습니다. 제가 띠루보띠유르에 있다는 생각이 떠올랐습니다. 저는 한길에 있었고, 그 길을 따라 갔습니다. 그 길에서 약간 떨어진 한쪽 편에는 가나빠띠 사원이 있었습니다. 저는 안으로 들어가서 이야기를 했지만, 제가 무슨 말을 하고 무슨 행동을 했는지는 기억이 나지 않습니다. 갑자기 제가 정신을 차렸을 때 저는 비루빡샤 동굴에 누워 있다는 것을 알았습니다. 저는 즉시 저와 항상 같이 있던 빨라니스와미에게 이 일을 말해 주었습니다."

샤스뜨리는 띠루보띠유르의 그 지역에 대한 마하리쉬의 묘사가 그가 따빠스를 행했던 가네샤 사원과 정확히 일치한다는 것을 알았다. 만약 다음 사실들을 기억한다면 위의 이야기에 대한 이해에 도움이 될지도 모른다.

엄청난 학식과 놀라운 재능과 강력하고도 능수능란한 개성을 지닌 가나빠띠 샤스뜨리가 (자신의 나이 또래의) 젊은 스와미를 찾아왔을 때, 스와미는 산스끄리뜨에 대한 지식이 거의 없었고, 그가 마주치는 책이나 사람들로부터 여러 가지 인상들을 급속도로 이해해 가고 있던 중이었다. 샤스뜨리와 그의 온 가족과 그의 제자들의 무리(왜냐하면 그에게는 항상 조직 결성의 비결이 있었다)는 스와미의 제자가 되었으며, 스와미에게 강한 애착을 가졌다. 반대로 스와미는 샤스뜨리에게 크게 감탄했을 뿐만 아니라, 그의 가족 문제와 마찬가지로 그 자신과 그의 비범한 목표와 포부에 대해서도 깊은 관심을 가졌다. 스와미는 이따금 자신이 지은 산스끄리뜨 시를 샤스뜨리에게 맡겨 문법상의 혹은 관용법상의 잘못을 수정케 하였다. 왜냐하면 스와미는 산스끄리뜨 문법을 공부한 적이 없었고, 단지 책이나 사람들로부터 문장이나 구를 귀동냥으로 익히는 자연스런 방법을 통해 언어를 배웠기 때문이다.

제16장

M.V. 라마스와미 아이어,
에쨤말, 라가바짜리

यत्रोपरमते चित्तं निरुद्धं योगसेवया ।
यत्र चैवात्मनाऽत्मानं पश्यन्नात्मनि तुष्यति ।।
तं विद्यात् ।। etc.

수행을 통하여 마음이 멈추어 그것 자체 안에 기뻐하고, 자기가 참
나를 보면서, 참나 안에서 기뻐하는 그런 요가를 배워라.

—바가바드 기따, 6장

다음으로 살펴볼 제자는 1908년 3월에 띠루반나말라이의 감독관이
었던(D.P.W.) 마나바시 V. 라마스와미 아이어이다. 그는 산에 사는 브
람마나 스와미에 대한 소문을 이미 들었지만, 사람들마다 그에 대한
견해가 다르다는 것을 알았다. 어쨌든 그는 스와미를 방문하고 싶었
고, 그래서 바이올린 연주자인 친구와 함께 갔다가 돌아왔다. 돌아오
는 길에 바이올린 연주자는 그 방문이 시간 낭비였다고 말하였다. 한
달 뒤에 그는 더 큰 믿음을 가지고 산으로 갔고, 이번에는 현명하게도
어떤 친구도 대동하지 않았다. 스와미는 역시 비루빡샤 동굴에 혼자
앉아 있었다. 라마스와미 아이어는 이때의 방문 이야기를 일기에 다음
과 같이 적고 있다.

"나의 영혼은 꿈틀거렸다. 나는 그분에게 호소했다. '스승이시여, 예수님과 다른 위대한 영혼들이 죄인들을 구원하기 위해 세상에 오셨습니다. 저에게 희망은 없습니까?' 스와미는 갑자기 움직였는데, 앉아 있던 자리에서 일어서면서 (영어로) 말했다.

'희망이 있습니다. 예, 희망이 있습니다.'

이것이 바로 내가 들었던 말이다. 마지못해 나는 산을 내려왔고, 제1번 곡(노래)이 탄생했다."

எதுகுலகாம்போதி
பல்லவி
திக்கு வேறில்லே - நீயேகதி - ஐயா, மெய்யா, தூயா, உணவிட
(திக்கு)

அனுபல்லவி
மொய்க்குமடியவர் வண்டினமாகியே கண்டு சுவைத்திடும்
செண்டு மணப்பூவே
(திக்கு)

(이 곡은 "당신은 저의 유일한 귀의처이며, 그 밖에 제가 의지할 것은 아무것도 없습니다."라는 의미를 담고 있다.)

"그날로부터 나는 그(즉, 그의 아쉬람)를 자주 방문하기 시작하였다. 나는 어느 날 밤 다시 한 번 그와 함께 있었다. 왜냐하면 내가 본부에 있을 때는 밤마다 거기서 잠자는 것이 습관이 되었기 때문이다. 그는 고요히 앉아 있었는데, 반시간 정도 지나서 그가 나를 보았을 때 그에게서 '뜨거운 전류'가 내 몸 속으로 흘러 들어왔다."

"이 일이 있기 이전에(아니면 그 이후인지는 기억나지 않지만) 따마린드 나무 아래에 앉아 있을 때, 무언가가 내 몸 안으로 들어왔다. 그리고 그 당시 나는 그것을 설명할 수가 없었다."

"여러 해가 지난 후에, 마음이 안으로[15] 들어왔음을 알게 되었다. 그때 나는 다른 무언가가 내 몸 안으로 들어왔다는 것을 느꼈는데, 아주 기분이 좋았다."

"나는 항상 소화불량 상태였다. 그래서 음식도 소화하지 못했고, 또한 정상적으로 잠을 자지도 못했다. 나는 걱정이 되었다. 그러자 그(스와미)는 그 문제에 대해 물었다. 나는 그에게 나의 건강 상태를 말해 주었다. 내 머리는 뜨거웠다. 일 분쯤 지나자, 나의 뇌 전체가 시원해지는 느낌이 들었다. 마침 그날이 우연히도 따밀 달력으로 소우미야 해의 아디야 달의 18일이었다. 이날의 축제를 위해 한 숙녀(헌신자)가 케이크와 음식을 가지고 왔다. 나는 깐지Kanji (오트밀 죽)를 먹으며 지내고 있었다. 많은 사람들이 나에게 음식을 먹으라고 권했지만, '저는 소화시킬 수 없습니다.'라고 말하며 거절했다. 그러나 그는 나에게 먹을 것을 강요하였고, 나는 매우 딱딱하고 기름진 진수성찬을 실컷 먹었다. 너무도 이상한 일이었지만, 그날 밤 나는 잠을 푹 잤다. 이것은 내가 더욱더 그에게 의존하도록 하는 큰 자극이 되었다. 내가 스와미에게 가는 것을 싫어했던 가족들도 나의 치료됨을 보면서 나의 음식을 그에게 보내기 시작했다. 아! 내가 좀 더 일찍 그분을 알았더라면! 나는 그때까지 약을 사는 데 많은 돈을 써 버렸으니 말이다! 그래서 이러한 상황에서 제2곡이 탄생했다."

காம்போதி
பல்லவி

---

15 그의 마음이 그 자체 내부로 흡수되었다는 것을 의미하는 것 같다.

பேருதவியை என்னென்று சொல்லலாகும், ஐயநினருள்
தரு
அனுப்ல்லவி   (பேரு)

ஆரும் அளி கிளி அணில்மயில் குரங்கிற்கும்
அழையாமலே யிரங்கும் விழைமன நிறைவே நின்
(பேரு)

(이 노래의 의미는 다음과 같다. "당신이 저에게 자비롭게 베풀어 주신 크나큰
도움에 대하여 무어라고 말할 수 있겠습니까? 심지어 벌, 앵무새, 다람쥐, 공작새,
원숭이들에게도 당신은 요청받지 않았음에도 자비를 듬뿍 쏟아 주셨습니다.")

"스와미는 이들 동물들에게 아주 상냥하게 대해 주었으며, 따라서
그들은 그와 아주 자유롭게 지냈다. 스와미지는 자주 우리들에게 『리
부 기따Ribhu Gita』를 읽으라고 했다. 그리고 종종 '그가 단순히 바라보는
것만으로도' 영혼은 자극을 받았다. 나는 구루가 제자의 머리 위에 손
바닥이나 발을 올려놓음으로써 축복을 준다는 말을 들었지만, 이것[16]
은 더욱 강력하다."

스와미지의 가르침

"모든 것은 자신의 참나를 잊지 않는 데 있으며[17], 모든 불행은 자신
의 참나를 잊기 때문이다. 나는 나 자신의 참나를 잊을 때 추락하게 되

---

16 '이것'은 분명히 『리부 기따』를 언급하는 것이 아니라, 스와미가 제자를 '바라보는 것'
인 드리쉬띠 딕샤(즉 바라봄에 의한 은총)를 가리킨다.

17 아마도 이 장의 맨 앞에 있는 시구가 이 가르침을 더 정확하게 표현해 주는 것이 될 것
이다.

며 그럴 때는 짐승과 다름 없다는 결론에 이르렀다. 그러나 내가 맑아졌을 때, '나는 존재하며,' 거기엔 나쁜 성품도 없다."

"일단 '나는 누구인가?'라는 질문을 던지고, 뇌로 흘러 들어가는 또 하나의 흐름을 느낄 때 나는 얼마나 행복감에 젖는가! 질문을 던지는 행위 자체는 의지를 사용하는 것이다. 그래서 그 의지력이 적으면 적을수록 행복도 더 적어지고, 반대로 의지력이 크면 클수록 행복도 더 커진다. 나는 이제 이것을 확신하게 되었다."

또 다른 날짜의 일기에서 그는 스와미가 가르쳐 준 이러한 참나 깨달음의 과정을 어떻게 이해하고 있는지를 다음과 같이 적고 있다.

"두뇌를 향상시키는 가장 중요한 방법은 생각[18]을 멈추는 것이다. 생각하고 또 생각하는 것은 뇌를 가열시키는 원인이 된다. 깊은 생각에 잠겨 있거나 생각하는 행위가 완전히 사라질 때 나는 행복하다. 그때의 감정 상태를 묘사하는 것은 애매할 것이다. 왜냐하면 나는 '나' 즉 '참나'를 느끼지만, 생각이 시작되는 순간 그것은 사라지기 때문이다."

이러한 일기에서 이렇게 긴 장문의 발췌문을 여기에서 소개한 것은 독자로 하여금 스와미의 우빠데사upadesa(가르침)가 다양한 사람들에게 영적인 분야뿐만 아니라, 단순한 신체적 건강 문제에 대해서도 어떻게 작용하는지 독자 자신의 의견을 가질 수 있도록 하기 위함이다. 위에서처럼 의지력 또는 '나'란 흐름(이 제자는 흔히 이렇게 말함)을 사용하여 신경성 불면증이나 소화불량을 치료한 것은 어떤 부인이 정신 치유자의 충고를 따름으로써 매우 유사한 환경에서 동일한 질병을 치료했던 사례와 너무나 유사하다. 그 정신 치료자는 그녀에게 오직 영혼 혹은

---

18 '생각', 즉 개념적 사고

마음만이 존재할 뿐이며, 몸은 가공물이거나 아니면 적어도 마음이 만들어 낸 작품이며, 그녀는 어떤 질병에도 걸리지 않는 영혼이나 마음이라는 것을 기억함으로써 즉시 신체적 고통에서 벗어날 것이라고 말해 주었다. W. 제임스는 그의 『다양한 종교적 체험』이라는 책에서 그녀의 치료를 다음과 같이 묘사하고 있다.

"나는 어린 시절부터 40세까지 질병에 시달려 왔다. 나는 전지 요양으로 몸이 좋아지기를 바라면서 수개월간 버몬트에 있었지만, 계속 몸이 약해져 가고 있었다. 그러던 10월 하순의 어느 날 오후에 휴식을 취하고 있던 중, 나는 갑자기 말하자면 다음과 같은 말을 들었다. '당신은 치유될 것이고, 당신이 결코 꿈꾸지 못한 일을 하게 될 것이다.' 이러한 말은 너무나 강력한 힘으로 나의 마음에 각인되었기 때문에, 나는 즉시 그렇게 할 수 있는 분은 오직 신뿐이라고 말했다. 나는 고통과 허약함에도 불구하고 나 자신도 모르게 그 말을 믿었다. 그러한 고통스러운 상태는 내가 보스턴으로 돌아온 날인 크리스마스 때까지 계속되었다. 이틀 이내에 한 젊은 친구가 나를 정신 치유자에게 데려가겠다고 제안했다. 1881년 1월 7일이었다. 그 치유자는 말했다. '오직 마음만 있을 뿐입니다. 우리는 그 한 마음의 표현에 불과합니다. 몸은 오직 마음의 믿음일 뿐입니다. 사람이 생각하는 대로, 사람은 그렇게 존재합니다.' 나는 그녀가 말한 모든 것을 받아들일 수는 없었지만, 나를 위한 그 모든 것을 다음과 같이 해석했다. '단지 신만이 있을 따름이다. 나는 그에 의하여 창조되었고, 절대적으로 그에게 의존해 있다. 마음은 사용하도록 나에게 주어졌고, 내가 마음을 이용하여 몸의 바른 행동을 생각함에 따라 그만큼 나는 나의 무지와 두려움과 과거의 경험에 대한 속박에서 벗어날 것이다. 따라서 그날 나는 '위를 창조한 그 힘이 내가 먹은 음식을 틀림없이 돌볼 거야.'라고 끊임없이 나 자신에게 말하면서, 가족들에게 제공되는 모든 음식을 조금씩 먹기 시작했다. 그날 저녁 내내 암시를 걸며 침대로 갔고, 다음과 같이 말하면서 잠에 빠졌다. '나는 영혼이고, 영이며, 나에 대한 신의 생각과 바로 하나이다.' 나는 여러 해 동안 처음으로 한 번도 깨어나지 않고 밤새도록 잠들었다. (고통은 보통 새벽 2시경에 재발되었다.) 나는 다음 날 탈출한 죄수와 같은 느낌이 들었고, 곧 나에게 완전한 건강을 줄 그 비밀을 알아냈다고 믿었다. 열흘 만에 다른 사람들에게 제공되는 음식들도 모두 먹을 수 있었고, 2주 뒤에는 마치 징검다리와 같았던 진리에 대한 나 자신의 긍정적인 정신적 암시들을 가지기 시작했다. 나는 그것들 중 몇 가지를 언급하고자 한다. 그것들은 대략 2주의 시간을 두고 나타났다. (1)나는 영혼이며, 고로 그것은 건강하다. (2)나는 영혼이며, 고로 나는 건강하다. (3)나 자신에 대한 일종의 내적인 비전이 나타났는데, 그것은 나 자신을 나의 얼굴과 함께 내가 고통을 받고 있는 내 몸의 모든 부위에 돌기가 나 있는 네 발 달린 짐승으로 인정해 달라고 간청하는 것이었다. 나는 단호하게 나의 주의를 건강한 상태에 집중하면서, 이러한 형태로 나타난 나의 옛날의 자기를 보는 것조차 거절했다. (4)또다시 짐승이 약한 목소리를 내며 배경 저 멀리 사라지는 비전이 나타났고, 또다시 나는 그것을 나 자신으로 인정하기를 거절했다. (5)다시 한 번 그 비전이 나타났지만, 나의 두 눈은 오직 갈망하는 눈빛으로 바라볼 뿐, 또다시 거절했다. 그 다음 나는 아주 건강하고 항상 건강했다는 확신, 즉 내면의 의식이 나타났다. 왜냐하면 나는 영혼이며, 신의 완벽한 생각의 표현이었기 때문이다. 그것은 나에게 실제적인 나 자신과 외양적인 나 자신 사이의 완벽하고도 완전한 분리였다. 그 이후에, 나는 이 진리를 끊임없이 확인함으로써 나의 참 존재를 한 번도 시야에서 놓친 적이 없으며, 점차적으로 (비록 그 상태에 도달하기 위해 2년간에 걸친 고된 노력이 필요했지만), '나는 나의 전신을 통하여 계속 건강을 표현했다.' 그 다음 19년간에 걸친 나의 경험을 통하여, 비록 내가 무지하여 흔히 이러한 진리를 적용하지 못한 적은 있었지만, 그것을 적용했을 때는 그것이 실패한 적을 본 적이 없었다. 그러나 실패를 통하여 나는 어린아이의 단순함과 신뢰를 배웠다."

위에서 이야기한 것과 같은 현상들은 스와미의 앞에서 혹은 스와미와 관련하여 아주 흔히 일어났다. 번쩍이는 빛, 비전, 출현 그리고 정신적 치유는 이따금 제자들이 스와미에게 보고한 내용들이었다. 스와미는 주로 침묵을 지키고 있거나, 아니면 간단하고도 자연스러운 설명을 해주면서, 추가로 제자들이 그러한 경험으로 지나치게 우쭐대거나 그러한 경험에 열중하지 않도록 충고나 경고도 해주었다. 왜냐하면 결국, 인생의 큰 목적은 그와 다른 어떤 것, 즉 참나이기 때문이다.

라마나스라맘에서 에짬말로 알려져 있는, 만다꼬라뚜르 출신의 락슈미암말은 스와미의 가장 오래된 헌신자들 중의 한 사람이다. 그녀는 아주 젊었을 때 인생의 쓰라린 슬픔을 다 맛보았다. 그녀는 십대가 다 가기 전에 남편을 잃었고, 다음에는 외동아들을 잃었으며, 마지막으로 외동딸을 잇달아 빨리 잃었다. 삶은 견딜 수 없게 되었고, "그토록 갑작스럽게 닥친 충격은 '그녀'를 혼란에 빠뜨렸고," "그녀를 놀라게 하여 그녀는 생각할 힘과 자기에 대한 모든 지식을 잃어버렸다." 한때 너무나 행복한 연상들로 가득 찼던 그녀의 고향 마을은 그러한 이유로 참으로 음침한 소굴이 되어 그녀가 어느 쪽으로 돌아서든지, 그녀가 무슨 일을 하거나 무엇을 보든지 간에, 그녀에게 상처를 주었다. 이제 "모든 곳은 어두웠으며," 그리고 "모든 방에는 기쁨이 사라져 버렸다. 왜냐하면 그녀의 자식들이 저 세상으로 떠났기 때문이다." 그들이 없는 곳은 온통 어두울 뿐이었다. 예를 들면, 그녀는 잠시라도 창문을 열 수가 없었다. 창문을 열면, 당장 딸이 행복한 학창 시절을 보냈던 학교가 눈에 들어올 것이기 때문이다. 어떠한 위로의 말도 소용이 없었다. 아버지의 허락으로 그녀는 봄베이 관구의 고까르남으로 가서 그곳의 거룩한 성자들에게 봉사하였다. 그렇게 하면 필시 그들의 은총을 받아 슬픔이 완화될지도 모를 일이었다. 북부 지역에서도 거룩한 성자들을 만났지만, 그녀에게서 슬픔의 짐을 덜어 줄 사람은 아무도 없었다.

그래서 1906년에 여전히 아픈 가슴을 안고 그녀는 고향 마을로 돌아왔다. 그 후 그녀가 위대한 성자들의 은총을 얻고 싶다는 것을 알게 된 몇몇 친구들과 친척들은 그녀에게 띠루반나말라이 언덕 위에 젊지만 성스러운 성자가 있는데, 그는 침묵을 지키며 그에게 믿음을 가지고 다가온 많은 사람들을 이롭게 한다고 말하며, 단지 그를 보기만 해도 그녀는 결코 돌아가지 않을 거라고 말해 주었다. 에짬말은 즉시 띠루반나말라이로 출발했으며, 그곳에 도착하자마자 친척들을 피했다. 친척들을 보면 죽은 자식들에 대한 통렬한 슬픔이 되살아날 것이기 때문이었다. 그래서 그녀는 한 친구와 함께 산에 올라가서 스와미를 보았다. 스와미는 조용히 앉아 아무 말도 하지 않았다. 그녀는 그의 앞으로 가서 한 시간 동안 서서 아무 말도 하지 않았다. 그러나 어떤 대화도 오가지 않았지만, 정말 놀랍고도 놀라운 일이다! 그녀는 그 자리에 못 박힌 듯 꼼짝할 수 없다는 느낌이 들었고, 아쉬람을 떠난다는 생각도 전혀 할 수 없었다. 결국 그녀는 어찌된 일인지 뒤로 물러나 산기슭에 있는 친구 집으로 돌아가서, 그 친구에게 어쨌든 그 스와미의 은총으로 가슴을 짓누르던 슬픔의 악몽이 사라졌다고 말했다.

그녀는 매일 아쉬람을 방문하였고, 며칠 후에는 눈물에 압도당하지 않고, 마음속에 쓰라린 고통조차 없이 죽은 아이들에 대해 말하고 그들과 관련된 사실들을 회상할 수 있었다. 어떻게 이러한 슬픔의 짙은 구름이, 이러한 비탄의 소용돌이가 사라지고, 대신 그녀의 가슴속에 더 많은 평온함이 자리 잡았는지를 그녀는 이해할 수 없었다. 그것은 모두가 산 위에 있는 스와미의 은총과 자비 때문이었다. 그것이 그녀가 알고 있는 전부였다. 하지만 그는, 즉 "그는 천 가지의 일을 알고 있다."

"그녀의 믿음은 굳건하여 움직일 수 없고,
그녀는 그가 위대하고 현명하다는 것을 막연하게 느꼈다.
그녀는 믿음이 가득한 눈으로 그를 바라본다.
나는 이해할 수 없지만, 나는 사랑한다,"

"나는 이 스와미를 존경하고 경외하며 숭배합니다."라는 말이 그녀가 할 수 있는 전부였다. 그때부터 줄곧 그녀는 스와미와 그의 방문자들을 위해 매일 음식을 준비했고, 그가 가는 곳은 어디든지 음식을 가지고 다녔으며, 그와 방문자들을 배불리 먹인 후에, 경건한 마음으로 남은 음식을 먹었다. 그녀는 구세주를 찾았고, 결코 그를 떠나지 않을 것이라고 결심했으며, 다시는 고향 마을이나 다른 곳으로 돌아가지 않았다. 지난 25년 동안 그녀의 아버지와, 아버지가 돌아가시고 난 뒤에는, 오빠가 그녀에게 보내거나 지불한 모든 돈은 흔쾌히 스와미와 그의 아쉬람에 헌납되었고, 그녀의 집은 스와미에 헌신하는 모든 이들의 은신처가 되었다. 그녀는 대신 깊은 믿음과 정신적 평화로 보상을 받았다. 그녀에게 닥치는 일이 좋든 나쁘든, 그녀는 스와미를 유일한 피난처로 생각하는 다른 헌신자들처럼, 그녀의 헌신을 충분히 이해하고 그녀에게 공감하는 스와미에게 즉시 그것을 알렸다.

스와미의 동의 하에, 에짬말은 쩰람말이라는 소녀를 수양딸로 입양하고 결혼시켰으며, 그녀가 스와미의 이름을 따라 '라마나'라고 이름 붙인 작은 손자가 태어나는 기쁨도 맛보았다. 그러나 신의 섭리는 이러한 헌신자가 즐길 수 있는 가정의 은총을 항상 최소화시켜 왔다. 어느 날, 그녀는 띠루반나말라이에 있는 자신의 집에 앉아 있을 때, 사위로부터 쩰람말이 죽었다는 갑작스런 전보를 받게 되었다. 수양딸이 이전에 어떤 질병을 앓았다는 말을 전해 들은 적이 없었기 때문에, 이러한 갑작스런 아픔에 그녀는 놀란 나머지 숨이 막혔고, 슬픈 옛 기억들이 다시금 떠오르는 듯 보였다. 그러나 시대는 변했고, 그녀 가까이에는 구세주가 있었다. 그래서 그녀는 스와미에게 달려가서 그에게 전보를 건네주었다. 스와미는 전보를 읽어 가면서 눈물을 흘렸다. "눈물 흘리는 사람과 함께 눈물을 흘리고, 기뻐하는 사람과 함께 기뻐하라." 이것은 그가 책으로 배운 지식이 아니었다. 그는 매일 그것을 실천하였고, 자주 헌신자들과 기쁨과 슬픔을 함께 나누었다. 에짬말은 장례식에 참석한 뒤 죽은 딸 쩰람말의 유일한 유족인 '라마나'를 안고 돌아와, 그 소년의 유일한 안식처이자 그녀의 영원한 안식처인 스와미의 팔에 아기를 안겼다. 또다시 스와미는 지난번처럼 에짬말이 뼈아픈 고통을 여전히 느끼고 있다는 것을 깨닫고는 갑자기 눈물을 흘렸다. 슬픔은 나누면 없어진다. 그녀의 소망이 스와미에게 단단히 붙어 있었기 때문에, 첫 번째 소용돌이와 달리 슬픔이 그녀를 갈기갈기 찢어 놓지도 않았으며 그녀의 넋을 잃게 하지도 않았다. 그녀의 믿음에 대한 보답은 그녀가 충격으로부터 쉽게 회복했다는 것과, 이미 언급한 것처럼 깊은 마음의 평화이다.

그녀의 영적인 발전에 대해 말하자면, 그녀는 구원의 유일한 수단으로서 사심 없는 봉사를 굳건하게 믿는 사람이었다. 그녀는 이전에 북부 지방의 스승으로부터 요가의 한 부문인 생각을 집중시키는 기술을 전수받았다. 그녀는 심지어 자신의 코에 주의력을 집중시켜 그녀가 비전을 보기 이전에 나타난 더없이 행복한 빛을 며칠 동안이나 명상할 수 있을 정도로 발전했다. 계속해서 24시간 동안 혹은 그 이상 동안 그녀는 자신의 몸을 망각한 채, 전혀 미동도 없이 명상에 잠겨 있곤 하였다. 이러한 이야기가 스와미에게 전해지자, 그는 아무 말도 하지 않았다. 마침내, 그녀가 직접 그에게 그 일을 털어놓자, 그는 더 이상 그 수행을 계속하지 않도록 권유했다. "그대가 보는 그러한 객관적인 빛은 그대의 진정한 목표가 아닙니다. 그대의 목표는 그대의 참나를 깨닫는 데 있어야지 그 외의 어떤 것에도 있어서는 안 됩니다." 스와미의 뜻을 존중하여, 그녀는 점차적으로 희열의 요가 수행을 중단해 갔고, 비록 그녀의 목표에 즉시 도달하지는 못했지만, 그녀를 구원해 줄 스와미의 힘을 무한히 신뢰하고 항상 그를 생각하였다. 스와미에 대한 그러한 끊임없는 생각은 특별한 영적인 경험으로 이어지는데, 그 경험 가운데 하나를 소개한다.

북부 지방에서 온 샤스뜨리가 스와미를 만나기 위해 띠루반나말라이로 왔다. 그가 비루빡샤 동굴에서 스와미와 이야기하고 있을 때, 에짬말이 여느 때처럼 음식을 가지고 왔다. 하지만 그녀의 얼굴은 흥분된 기색이 역력했고, 그녀는 온몸을 떨고 있었다. 무슨 일이냐고 질문을 받자, 그녀는 그때 일어난 일을 이야기해 주었다. 그녀가 음식을 가지고 산을 올라오고 있을 때, 그녀는 삿구루스와미 동굴을 지나쳐야 했다. 그녀가 그곳을 지나면서, 아래쪽을 바라보고 올라오고 있을 때, 두 사람이 그녀의 길 가까운 곳에 서 있는 것 같았다. 그들 중 한 명은 라마나 마하리쉬인 것 같았고, 다른 한 사람은 그녀가 모르는 어떤 사람이었다. 그녀는 계속 산을 올라갔다. 몇 걸음 더 위로 올라갔을 때 그녀는 "இங்கே இருக்கும் போது மேலே என்னத்துக்குப் போகிறது?"라고 말하는 음성을 들었는데 그 의미는 "여기에 있는데(즉 내가 있는데) 왜 더 올라가는가?"이다. 그러자, 그녀는 두 사람이 서 있던 곳으로 시선을 돌렸다. 그러나 거기엔 혹은 그 근처 어디에도 아무도 없었다. 이 때문에 그녀는 놀랐고, 온몸을 떨고 땀을 흘리면서 스와미의 아쉬람까지 올라왔다. 그녀가 왜 흥분했는지 질문을 받자, 에짬말은 이러한 설명을 했고, 샤스뜨리는 그녀를 부러워했다. 샤스뜨리는 "아, 스와미시여, 당신은 여기에서 저와 이야기하겠다고 하면서, 당신의 형상을 이 여인이 오는 길에 보여 주셨군요. 저에게, 당신은 그와 유사한 어떠한 은총의 표시도 보여 주시지 않았습니다."라고 말했다. 이렇게 불공평한 처사로 비판을 받자, 스와미는 자신을 변호해야만 했다. 그래서 그는 에짬말이 본 비전은 그녀가 그를 항상 생각하고 있기 때문이라고 설명했다.

람나드의 산땀말은 나이 지긋한 과부로, 몇 년 전에 마하리쉬에 관해 듣고, 그의 생활에 대한 글을 읽고, 큰 믿음을 가지고 그의 사진을 숭배하기 시작했다. 그녀는 깨어 있는 순간에 끊임없이 그를 생각했으며, 꿈속에서도 그를 보았다. 그녀는 띠루반나말라이에 있는 아쉬람으로 가서 그녀의 구루(마하리쉬)에게 아침, 점심, 저녁 식사를 요리함으로써 봉사하고 싶었다. 그녀는 눈을 뜨고 있든 감고 있든 눈앞에서 섬광을 보기 시작했고, 그녀가 띠루반나말라이에서 멀리 떨어져 있을 때조차 마하리쉬의 모습이 밝은 백색광으로 바뀌어 그녀에게 나타났다. 그녀는 모든 이러한 현상을 마하리쉬에게 말하였고, 그는 즉각 이러한 비전들이 그녀의 주된 목적, 즉 참나의 깨달음에 방해되지 않도록 하라고 말했다. 이러한 종류의 경험들은 보통 자신의 마음을 스와미에게 집중시키는 헌신자들 사이에서는 결코 드문 일이 아니다. 그리고 스와미는 이와 똑같은 모든 경고나 설명 혹은 충고를 해준다. 몇몇 사례에서, 헌신자들의 비전은 특별한 의미를 가졌다. 이들 중 몇몇은 이 장과 뒷장에서 언급될 것이다.

라가바짜리아르는 1910년부터 띠루반나말라이에서 T.R.S.의 감독관이었다. 그는 이따금씩 스와미를 만나고 있었다. 그러나 그가 방문할 때마다 스와미는 많은 사람들과 함께 있어서, 그는 그들 앞에서 스와미에게 말을 걸고 싶은 마음이 들지 않았다. 어느 날, 그는 스와미에게 세 가지 질문 또는 요청을 하리라 결심하고 찾아갔다. 그 질문들과 그 다음의 내용은 라가바짜리아르 자신의 말로 가장 잘 전달되고 있다.

"질문은 다음과 같다.

1. 다른 사람들이 참석하지 않은 상태에서 사적인 이야기를 할 수 있도록 잠시 시간을 내주시겠습니까?

2. 제가 회원으로 가입해 있는 신지학 협회에 대한 의견을 듣고 싶습니다.

3. 당신의 진정한 형상을 볼 수 있는 자격이 저에게 있다면 볼 수 있도록 해주시겠습니까?

내가 가서 절을 하고 앉았을 때는 30명의 사람들이 있었지만, 그들은 즉시 방을 나갔다. 그래서 나는 그와 단둘이 있게 되었고, 이렇게 하여 내 첫 번째 질문은 묻기도 전에 답을 얻었다. 그것은 나에게 주목할 만한 인상을 주었다.

그 다음 그는 나에게 자발적으로 내 손에 있는 책이 『기따』인지, 그리고 내가 신지학 협회의 회원인지를 물었고, 내가 물음에 대답하기도 전에 그는 '그 협회는 좋은 일을 하고 있습니다.'라고 말하였다. 나는 그의 질문에 '예' 하고 대답했다.

이와 같이 나의 두 번째 질문 또한 예상보다 빨리 나타났으므로, 나는 간절한 마음으로 세 번째 질문을 기다렸다. 반시간이 지난 후에, 나는 입을 열어 말했다. '아르주나가 슈리 크리슈나의 형상을 보고 싶어서 달산darsan[19]을 요구했듯이, 저에게 자격이 있다면 당신의 진정한 형상을 친견하고 싶습니다.' 그때 그는 삐알pial 위에 앉아 있었는데, 그가 앉아 있는 옆 벽에는 닥쉬나무르띠의 사진이 걸려 있었다. 그는 평소와 같이 조용히 응시했고, 나는 그의 눈을 응시했다. 그러자 그의 몸과 닥쉬나무르띠의 사진이 내 시야에서 사라졌다. 내 눈앞에는 벽도, 아무것도 없는 텅 빈 공간만이 있었다. 뒤이어 내 눈앞에 형성된 마하리쉬와 닥쉬나무르띠의 윤곽 속에 흰 구름이 나타났다. 점차적으로 이 두 사람의 (은빛 선을 가진) 윤곽이 나타났고, 그 다음 눈, 코 등 기타 세부 부위의 윤곽이 은빛 선처럼 순식간에 나타났다. 이들은 점점 확대되어 마침내 스와미와 닥쉬나무르띠의 전체 모습이 매우 강하고 견딜 수 없는 빛으로 휩싸였다. 그 때문에 나는 두 눈을 감았다. 나는 몇 분을 기다렸고, 그 다음 평상시 모습을 하고 있는 그와 닥쉬나무르띠를 보았다. 나는 엎드려 절을 하고 그곳을 떠났다. 그 후 한 달 동안은 감히 그에게 가까이 갈 수가 없었다. 위의 경험이 너무도 큰 감명을 주었던 것이다. 한 달 뒤에, 나는 산으로 올라가 그가 스깐다쉬람 앞에 서 있는 것을 보았다. 나는 그에게 질문했다. 위의 경험을 그에게 들려주면서, '저는 한 달 전에 당신에게 질문을 했고, 저는 이러한 경험을 했습니다.' 나는 그에게 그 경험에 대해 설명해 줄 것을 요청했다. 그러자 잠시 멈춘 뒤에, 그는 '그대는 내 형상을 보고 싶어 했고, 내가 사라지는 것을 보았습니다. 나는 아무런 형태도 없습니다. 그러므로 그 경험은 참된 진실일지도 모릅니다. 그 이상의 비전들은 『바가바드 기따』를

19　즉, 슈리 크리슈나의 대우주적 혹은 보편적 형상을 친견하기. 『바가바드 기따』의 11장을 참조하라.

공부한 데서 비롯된 그대 자신의 생각에 따라 나타날 수도 있습니다. 하지만 가나빠띠 샤스뜨리도 그대와 유사한 경험을 했으므로 그와 상의해 봐도 좋습니다.' 나는 실제로 샤스뜨리와 상의해 보지는 않았다. 이 일이 있은 후에, 마하리쉬는 나에게 '나'가 누구인지를, 즉 보는 자 혹은 생각하는 자가 누구인지를, 그리고 그의 위치를 찾아보라고 말해 주었다."

제17장

F. H. 험프리즈와 스와미

सर्वभूतस्थमात्मानं सर्वभूतानि चात्मनि ।
ईक्षते योगयुक्तात्मा सर्वत्रसमदर्शनः ॥

　요가 수행자들은 흔히 마음을 집중시키는 수행을 함으로써 모든
존재 속에서 신(참나)을 보고, 신 속에서 모든 존재를 보게 되며, 따
라서 만물에 대하여 동일한 태도 혹은 타당하고도 적절한 태도를 가
지게 된다.

-바가바드 기따, 6장 29절

　F. H. 험프리즈는 부치안감으로서 경찰청에 부임하기 위해 1911년
1월에 처음으로 인도로 가게 되었다. 봄베이에 도착하였을 때, 그는 너
무 아파서 움직일 수가 없었고, 약 두 달 동안 병원에 입원해 있었다.
회복하자마자 그는 교육을 받기 위해 벨로르로 출발했고, 1911년 3월
18일에 그 마을에 도착했다. 뗄루구어 어학 교사인 S. 나라심하야는 그
에게 뗄루구어를 가르치도록 위촉을 받아, 바로 그날 알파벳부터 시작
했다. 하지만 그 학생은 깊이 있는 심오한 것들에 관심을 보였고, 점성
학에 대한 책을 달라고 부탁하였다. 다음 날에는 그의 선생에게 "당신
이 알고 계시는 성인이 여기 계십니까?"라고 물었다. 사람들은 그들이
존경하는 사람들에 대해 다소 말을 삼가는 편이었고, 나라심하야의 대

제17장

F. H. 험프리즈와 스와미

सर्वभूतस्थमात्मानं सर्वभूतानि चात्मनि ।
ईक्षते योगयुक्तात्मा सर्वत्रसमदर्शनः ॥

　요가 수행자들은 흔히 마음을 집중시키는 수행을 함으로써 모든 존재 속에서 신(참나)을 보고, 신 속에서 모든 존재를 보게 되며, 따라서 만물에 대하여 동일한 태도 혹은 타당하고도 적절한 태도를 가지게 된다.

-바가바드 기따, 6장 29절

　F. H. 험프리즈는 부치안감으로서 경찰청에 부임하기 위해 1911년 1월에 처음으로 인도로 가게 되었다. 봄베이에 도착하였을 때, 그는 너무 아파서 움직일 수가 없었고, 약 두 달 동안 병원에 입원해 있었다. 회복하자마자 그는 교육을 받기 위해 벨로르로 출발했고, 1911년 3월 18일에 그 마을에 도착했다. 뗄루구어 어학 교사인 S. 나라심하야는 그에게 뗄루구어를 가르치도록 위촉을 받아, 바로 그날 알파벳부터 시작했다. 하지만 그 학생은 깊이 있는 심오한 것들에 관심을 보였고, 점성학에 대한 책을 달라고 부탁하였다. 다음 날에는 그의 선생에게 "당신이 알고 계시는 성인이 여기 계십니까?"라고 물었다. 사람들은 그들이 존경하는 사람들에 대해 다소 말을 삼가는 편이었고, 나라심하야의 대

● 143

답 또한 부정적이었다. 그 다음 날 아침, 학생은 어학 교사를 만나 이야기했다. "선생님, 당신은 어제 알고 계시는 마하뜨마Mahatma가 없다고 말했습니다. 나는 오늘 아침 잠결에 당신의 스승을 보았습니다. 그는 내 옆에 앉아 있었지요. 내가 봄베이에서 만난 첫 번째 벨로르 사람은 바로 당신이었습니다." 선생은 자신이 결코 봄베이를 방문한 적이 없다고 항변했다. 그러나 학생은 자신이 봄베이 병원에 머무르는 동안 마음을 벨로르로 돌렸고, 자신의 아스트랄체를 통하여 선생의 모습을 보았다고 설명했다. 그러자 선생은 많은 성인(마하뜨마)들의 사진을 그의 제자 앞에 제시했다. 그러자 제자는 까비야 깐따 가나빠띠 샤스뜨리의 사진을 집어 들고 선생에게 말했다. "당신의 스승과 많이 닮았습니다. 그는 당신의 스승이 아닙니까? 말해 주십시오." 선생은 그 사실을 인정했다. 제자(험프리즈)는 2주가 채 지나지 않아 다시 아프게 되었고, 건강상의 이유로 오따까문드로 떠났다. 그리고 거기서 빛나는 눈과 헝클어진 머리와 긴 턱수염을 가진 이상한 사람(아마도 어떤 싯다)을 보았으며 호흡 조절(하따 요가Hata Yoga)을 배우고 싶다는 내용의 편지를 써 보냈다. 그 뒤, 그는 육식을 금하는 것이 얼마나 명상에 도움이 되는 것인지, 그리고 어떤 성인(싯다Siddha)들과 이야기할 수 있는 특권을 가진 어떤 신비주의적 단체에 가입할 수 있는지를 고려하고 있었다. 험프리즈는 자신이 전생에 그 신비주의적 단체의 회원이었다고 덧붙여 말했다.

오따까문드에서 돌아온 후, 그는 큰 존경심을 느끼고 있던 K. K. 가나빠띠 샤스뜨리를 소개받았고, 1911년 11월에는 샤스뜨리를 따라 띠루반나말라이에 있는 라마나 마하리쉬를 만나러 갔다. 그때 거기에서는 신지학 협의회가 열리고 있었다. 이때 그는 K. K. 가나빠띠 샤스뜨리와 어학 선생인 S. 나라심하야의 도움을 받아, 서툰 영어를 사용하는 마하리쉬와 대화를 나누었다. 이 영국인이 던진 첫 번째 질문은 청년다운 패기와 이타주의를 특징적으로 보여 주었다.

험프리즈 스승님, 제가 세상에 도움이 될까요?

마하리쉬 당신 스스로를 도우십시오, 그러면 세상을 돕게 됩니다.

험프리즈 세상을 돕고 싶습니다. 제가 도움이 될 수 없을까요?

마하리쉬 물론 도움이 될 수 있습니다! 당신 스스로를 돕는 것이 세상을 돕는 것입니다. 당신은 이 세상에 있고, 당신이 바로 세상입니다. 당신은 세상과 다르지 않습니다. 이 세상도 당신과 다르지 않습니다.

잠시 후,

험프리즈 스승님, 슈리 크리슈나와 예수가 그러했듯이 제가 기적을 행할 수 있을까요?

마하리쉬 그들이 기적을 행하던 당시에, 그들은 자신이 기적을 행하는 사람이며, 자신이 자연의 법칙과 일치하지 않는 무언가를 행하고 있다고 느꼈을까요?

험프리즈 (잠시 후) 아닙니다, 스승님.

스승은 그의 성향을 알아차리고, 그가 겉치레뿐인 마술(싯디siddhi)의 매력에 굴복할까 염려한 나머지, 중요한 것은 절대적인 자기의 복종(쁘라빠띠prapathi)을 통하여 최고의 상태, 즉 참나에 도달하기 위해 노력을 계속 경주해야 하는 것이라고 알려 주었다. 다음과 같이 외치는 정신으로 말이다.

"우리의 의지는 우리의 것이지만 우리는 그 까닭을 모릅니다.
우리 의지의 자유는 당신의 의지에 맞도록 하기 위해서입니다."

제자(험프리즈)는 마하리쉬의 자석처럼 끄는 힘을 느끼고, 두 번 더 그를 찾아갔다. 이 두 번째 방문 때, 그는 뜨거운 햇볕을 받으며 벨로르에서 출발하여 60마일에 걸친 먼지투성이의 도로 전 구간을 자전거를 타고 갔다. P.W. 감독관인 라가바짜르는 그를 마하리쉬의 동굴까지 데려다 주었다. 이때 우연히 함께 있던, 지금은 고인이 된 A. S. 크리슈나 스와미 아이어(당시 그 지방의 사법관)가 통역관의 역을 맡았다. 험프리즈는 그의 공적인 의무와 영적인 수행 사이의 갈등을 걱정하였고, 이에 대해 마하리쉬에게 물었다.

험프리즈 스승님, 저에게 주셨던 가르침들은 제 기억에서 빨리 사라지고, 마지막 말씀만 생각납니다. 어떻게 해야 되겠습니까?
마하리쉬 그대는 의무와 명상을 다 할 수 있습니다.

험프리즈는 곧바로 이어진 세 번째 방문에 대해서는 어떠한 설명도 하지 않았지만 아마도 다음 장에서 소개되는, 그가 마하리쉬로부터 얻은 가르침에는 세 번에 걸친 방문 동안에 들었던 내용이 포함되어 있을 것이다.

험프리즈는 영국에 있는 한 여성에게 자신의 방문과 그 가르침의 이야기를 글로 써 보냈고, 그 여성은 국제 사이킥 관보에 그 글을 실었다.

몇 년 뒤에 험프리즈는 공직에서 은퇴하여 로마 가톨릭 수도사가 되었다.

제18장

F. H. 험프리즈에게 준 가르침

विश्वंदर्पणदृश्यमाननगरीतुल्यं निजान्तर्गतं
पश्यन्नात्मनि माययया बहिरिवोद्भूतं यथा निद्रया ।
यस्साक्षात्कुरूते प्रबोधसमये स्वात्मानमेवाद्वयं
तस्मै श्रीगुरु मूर्तये नम इदं श्रीदक्षिणामूर्तये ।।

　　자신의 내면에서 온 우주를 보는 슈리 닥쉬나무르띠 스승의 발아래
에 경배를 드립니다. 그 우주는 거울에 비친 도시의 이미지를 닮았으
며, 마치 꿈속에서 보이는 대상들이 꿈꾸는 사람의 바깥에 있듯이 그
자신의 밖에 있는 것처럼 보이지만, 깨달음의 상태에서는 그 자신과
하나가 됩니다. 왜냐하면 그땐 마치 꿈에서 깨어난 사람이 그가 꿈꾸
었던 대상을 보는 것이 아니라 그 자신을 보는 것처럼 참나만을 보기
때문입니다.

—샹까라, 『닥쉬나무르띠 스또뜨라』

　　스승이란 오로지 신에 대해서만 명상하며, 자신의 모든 개성을 신의
바다에 던져, 단순히 신의 도구가 될 때까지 그 개성을 익사시켜 잊어
버린 사람입니다. 그래서 그가 입을 열면, 그는 노력이나 사전 숙고도
없이 신의 말씀을 전합니다. 그리고 그가 손을 들면, 신은 다시 그 손을
통해 흘러 들어와 기적을 일으킵니다.

　　사이킥 현상과 같은 것들을 지나치게 생각하지 마십시오. 그것들의
수는 아주 많아서 완전히 무한합니다. 일단 사이킥 현상에 대한 믿음
이 구도자의 마음에 자리를 잡으면, 그러한 현상은 그 효력을 발휘한

것입니다. 천리안이나 천이통과 같은 초능력을 가지고 있을 때보다 그 것들을 가지고 있지 않을 때 훨씬 더 큰 깨달음과 평화를 얻을 수 있다 면, 구태여 그러한 것을 소유할 가치는 없습니다. 스승은 자기희생의 한 형태로서 이러한 특별한 능력을 얻기 시작합니다.

스승이 오랜 수행과 기도 혹은 그 밖의 어떤 것을 통하여 육안으로 보이지 않는 다양한 감각을 통제할 수 있는 능력을 얻은 자에 불과하 다는 생각은 아주 잘못된 것입니다. 지금까지 어떤 스승도 신비스러운 초능력에 관한 잡담에 관심을 둔 적이 없습니다. 왜냐하면 그의 일상 생활에서 그러한 능력이 전혀 필요하지 않기 때문입니다.

우리가 보는 현상들은 이상하고 놀라운 것이지만, 그 모든 것 가운 데서 가장 놀라운 것은 우리가 그것을 깨닫지 못하고 있다는 것이고, 그것은 오직 하나의 무한한 힘이

a) 우리가 보는 모든 현상과

b) 그 현상들을 보는 행위의 원인이 되고 있다는 것입니다.

삶과 죽음과 제반 현상들과 같은 이 모든 변화하는 것들에 주의를 집중하지 마십시오. 그런 것들을 보거나 지각하는 실제의 행위조차도 생각하지 말고, 오로지 이 모든 것을 지켜보는 그것, 다시 말해, 그 모 든 것의 원인이 되고 있는 그것을 생각하십시오. 이것은 처음에는 거 의 불가능해 보이겠지만, 점점 그 결과가 느껴질 것입니다. 거기에는 수년에 걸친 끊임없는 일상적인 수행이 필요하지만, 그것이 바로 스승 이 되는 길입니다. 하루에 15분의 시간을 내십시오. 지켜보는 그것에 마음을 흔들리지 않게 집중하도록 노력하십시오. 그것은 그대 내면에 있습니다. '그것'이 쉽게 마음을 집중시킬 수 있는 한정된 어떤 대상일

것이라고 기대하지 마십시오. 그것은 그렇지 않을 것입니다. 비록 '그것'을 찾는 데 수년이 걸리더라도, 이러한 집중의 결과는 4, 5년이 지나면 모든 형태의 무의식적인 투시력(천리안)이나 마음의 평화, 문제들을 다루는 능력, 사방에 있는 힘, 혹은 항상 무의식적인 힘으로 곧 나타날 것입니다.

나는 스승이 다른 친밀한 제자들에게 전수하는 것과 꼭 같은 말로 여러분에게 이 가르침을 알려 주었습니다. 지금부터 여러분은 명상할 때 여러분의 모든 생각을 보는 행위나 보는 대상에 집중시키지 말고, 지켜보는 그것에 확고하게 집중하십시오.

성취

사람은 성취에 대한 어떤 보상도 받지 않습니다. 그러면 사람은 보상을 원치 않는다는 견해를 이해하게 됩니다. 크리슈나가 말하듯이, "그대는 일할 권리가 있지만, 그 결과를 받을 권리는 없습니다." 완전한 성취는 단지 숭배에 지나지 않으며, 숭배가 곧 성취입니다.

만약 당신이 자리에 앉아서, 하나의 생명 덕분에 생각할 수 있다는 것과, 하나의 생명에 의해 생각하도록 움직인 마음이 신이라는 전체의 일부라는 것을 깨닫는다면, 당신은 마음이 별개의 실체로서 존재하지 않는다고 말할 것입니다. 그리고 그 결과, 마음과 몸은 물리적으로는 (말하자면) 사라집니다. 그리고 남아 있는 것은 오직 '참 존재'뿐이며, 참 존재는 존재인 동시에 비존재이며, 말이나 관념으로 설명할 수 없는 것입니다.

스승은 영구히 이러한 상태에 있을 수밖에 없습니다. 우리와 다른 유일한 차이점이 있다면, 우리가 다소 이해할 수 없는 식으로 그는 별개의 의식이 있다는 망상에 다시 빠지지 않고 마음과 몸과 지성을 사용할 수 있다는 것입니다.

종교

깊이 생각하는 것은, 다시 말해, 정신적인 혹은 지적인 이해를 하려고 애쓰고 그 이해에서 출발하는 것은 아무 소용이 없습니다. 그것은 종교에 불과하며, 아이들과 사회생활을 위한 규범이며, 우리가 충격을 피하도록 도와주는 지침서입니다. 그 결과 내면의 불은 우리의 터무니없는 생각을 태워 없애고 좀 더 빨리 우리에게 상식을, 즉 분리의 망상에 대한 지식을 가르쳐 줄지도 모릅니다.

기독교든 불교든 힌두교든 신지학이든, 혹은 다른 어떤 종류의 "종교"나 "학파"나 체계이든, 참 종교란 모든 종교들이 만나 더 이상 갈 곳이 없는 그 한 지점으로 오직 우리를 데려갈 수 있을 뿐입니다.

신

모든 종교가 만나는 그 하나의 지점은 신비적인 의미에서가 아니라,

가장 세상적이고 일상적인 의미에서, '신이 모든 것이며 그리고 모든 것이 신이다.'라는 사실의 깨달음이며, 그 의미가 더 세상적이고 일상적이고 실용적일수록 더 낫습니다.

　이러한 관점에서 이러한 정신적 이해를 실천하는 수행이 시작되며, 그것이 도달하고자 하는 것은 오로지 습관의 파괴입니다. 우리는 사물들을 '사물들'이라고 부르지 말고, 그것들을 신이라고 불러야 합니다. 그리고 그것들을 사물이라고 생각하지 말고, 신이라는 것을 반드시 알아야만 합니다. '존재'를 있을 법한 유일한 것이라고 상상하지 말고, 이러한(현상적) 존재는 오직 마음의 창조물이며, 만약 당신이 '존재'를 가정한다면, '비존재'도 필연적인 것임을 깨달아야만 합니다.

　사물들에 대한 지식은 단지 인식하는 기관이 존재한다는 것을 보여줄 뿐입니다. 귀머거리에게는 소리가 없고, 맹인에게는 보이는 것이 없으며, 마음은 단지 생각하는 기관 또는 신의 어떤 측면들을 인식하는 기관에 불과합니다.

　신은 무한하며, 따라서 존재와 비존재는 구성 요소에 불과합니다. 나는 신이 명확한 구성 요소들로 이루어져 있다고 말하고자 함은 아닙니다. 신에 대해 이야기할 때 모든 것을 포괄하기는 어렵습니다. 빨리 이해하는 것은 어려운 일입니다. 진정한 지식은 외부에서 오는 것이 아니라 내부에서 오는 것입니다. 그리고 진정한 지식은 '아는 것'이 아니라 '보는 것'입니다.

깨달음

깨달음은 실제로 신을 보는 것 이외의 아무것도 아닙니다. 우리의 가장 큰 실수는 우리가 실제적이고도 있는 그대로가 아닌 상징적이고도 우의적으로 작용하는 신을 생각하고 있다는 것입니다.

유리 조각을 들고, 그 위에 여러 색깔과 모양을 칠한 뒤, 그것을 환등기에 넣고, 작은 불을 켜 보십시오. 그러면 그 유리 위에 칠해진 색깔과 모양들이 스크린에 재생됩니다. 만약 그 불이 켜지지 않았다면, 당신은 그 스크린에 나타난 슬라이드의 색깔들을 볼 수 없을 것입니다.

여러 색깔은 어떻게 형성됩니까? 다면의 프리즘으로 백색광을 분산함으로써 가능합니다. 사람의 성격도 마찬가지입니다. 그것은 생명의 빛(신)이 그것을 통해, 다시 말해, 사람의 행동을 통해 빛날 때 보입니다. 만약 사람이 잠을 자거나 죽었다면, 당신은 이러한 성격을 보지 못합니다. 오직 생명의 빛이 그 사람에게 생기를 불어넣고, 이렇게 다면화된 세상과의 접촉에 대한 반응으로 그 사람이 수많은 다양한 방식으로 행동하도록 할 때에만, 당신은 그 사람의 성격을 인식할 수 있습니다. 만약 백색광이 분산되어 환등기 슬라이드에 여러 가지 형상과 모양으로 바뀌지 않았다면, 우리는 결코 환등기의 불 앞에 유리 조각이 있다는 사실을 알지 못했을 것입니다. 왜냐하면 그 빛은 그 유리 조각을 통하여 분명히 비쳤을 것이기 때문입니다. 어떤 점에서, 그 백색광은 손상을 입었으며, 그리고 유리 위의 여러 색깔들을 통해 비쳐야 했으므로 그 투명함의 일부를 잃게 되었습니다.

보통 사람에게도 그것은 마찬가지입니다. 그의 마음은 스크린과 같습니다. 그 위에서 빛은 흐릿하게 변화된 상태로 비칩니다. 왜냐하면 그는 다면화된 세계가 생명의 빛(신)을 방해하여 그 빛을 분산하도록 허용했기 때문입니다. 그는 생명의 빛(신) 그 자체를 보지 않고, 생명의 빛(신)의 효과만을 보게 됩니다. 그래서 마치 스크린이 유리 위의 색깔들을 반사시키듯이, 그의 마음은 그가 보는 효과를 반사시킵니다. 프리즘을 빼내면, 여러 색깔은 사라집니다. 왜냐하면 그것들은 그것들이 생겨났던 그 백색광으로 다시 흡수되어 버리기 때문입니다. 슬라이드에서 여러 색깔을 없애 버리면, 빛은 밝게 빛납니다. 우리의 시야에서 우리가 보는 효과의 세계를 제거해 버리고, 오직 원인을 바라보면, 우리는 생명의 빛(신)을 보게 될 것입니다.

명상에 잠겨 있는 스승은 비록 눈과 귀는 열려 있지만, "지켜보는 그것"에 주의력을 너무나 단단히 집중하고 있기 때문에, 그는 보지도 듣지도 못하며, 또한 어떠한 신체적 의식도 갖고 있지 않으며, 이지적이지도 않고, 오로지 영적일 뿐입니다.

우리는 우리의 의심을 야기하고, 우리의 마음을 미혹하게 하는 세상을 없애야 합니다. 그러면 신의 빛이 밝게 빛날 것입니다. 어떻게 세상은 없어집니까? 예컨대, 당신이 보는 사람을 보지 말고, "이분은 몸에 생명을 불어넣는 신이다."라고 말할 때입니다. 왜냐하면 마치 배가 자기를 조종하는 키에 거의 완벽하게 응하듯이, 몸은 거의 완벽하게 신의 지시에 응하고 있기 때문입니다.

죄

죄란 무엇입니까? 예를 들면 인간은 왜 술을 너무 많이 마십니까? 왜냐하면 그는 속박되어 있다는 생각, 즉 원하는 만큼 마실 수 없다는 것에 속박되어 있다는 생각을 싫어하기 때문입니다. 그는 그가 저지르는 모든 죄에서 벗어나 자유를 얻기 위해 노력하고 있습니다. 이러한 자유를 향한 노력은 인간의 마음속에 있는 신의 최초의 본능적인 행동입니다. 왜냐하면 신은 자신이 속박되어 있지 않다는 것을 알고 있기 때문입니다. 너무 지나친 음주는 인간에게 자유를 주지 않지만, 그렇다고 인간은 자신이 실제로 자유를 추구하고 있다는 것을 알지 못합니다. 그가 그것을 깨달을 때, 그는 자유를 얻기 위한 최선의 방법을 찾기 시작합니다.

그러나 그는 자신이 결코 속박되어 있지 않다는 것을 깨달을 때에만 그러한 자유를 얻습니다. 그토록 속박되어 있다고 느끼는 여러 명의 '나'가 실제로는 '무한한 영'입니다. 나는 오감 중 하나로 지각하지 못하는 것을 전혀 모르기 때문에 속박되어 있습니다. 반면에 나는 항상 모든 몸으로, 모든 마음으로 지각하는 그것입니다. 이러한 몸과 마음은 '무한한 영'인 "나"의 도구에 지나지 않습니다.

마치 여러 색깔이 '백색광'이듯이, 여러 도구들 그 자체인 내가 그 도구들을 가지고 무엇을 원합니까?

인간인 예수가 기적을 일으키고 놀라운 말을 했을 때, 그는 완전히 무의식적인[20] 상태였습니다. 그것은 완벽한 협력 속에 행동하는 원인

---

20 즉, 독립된 유한의 인격체라는 것을 '깨닫지 못한'.

과 결과인 '백색광', 즉 '참 생명'이었습니다. "나의 아버지와 나는 하나이다." "나"와 "나의 것"이라는 생각을 포기하십시오. 몸이 어떤 것을 소유할 수 있습니까? 마음이 어떤 것을 소유할 수 있습니까? 만약 신의 빛이 빛을 발하지 않으면 몸과 마음은 모두 생명 없는 도구입니다. 우리가 보고 지각하는 이런 것들은 '하나의 무한한 영'의 분리된 색깔들에 불과합니다.

숭배

어떻게 우리는 가장 잘 신을 숭배할 수 있습니까? 물론, 그것은 신을 숭배하려고 노력하지 않고, 당신의 모든 참나를 신에게 맡기고, 또 모든 생각, 모든 행동이 오직 한 생명(신)의 작용임을 보여 줌으로써 가능합니다. 이때 그러한 신의 작용은 그것이 무의식적이든 의식적이든 거의 완벽합니다.

제19장

'사두들'에게 받은 성가심

건축자들이 버린 돌이 모퉁이의 머릿돌이 되었느니라.

그 돌 위에 떨어지는 자는 누구든지 깨어지겠고,

그 돌이 사람 위에 떨어지면 그를 가루로 만들어 버리리라.

누가복음 20장 17-18절

நோயெல்லாம் நோய் செய்தார் மேலவாம் நோய் செய்யார்
நோயின்மை வேண்டுபவர்.　　　　　(குறள்)

나쁜 일을 꾀하는 자에게 나쁜 일이 일어난다.

　

"브람마나 스와미"는 도착한 뒤로 신앙심이 깊은 사람들에게 높은 깨달음을 얻은 사람이라는 인상을 주었다. '지반묵따'를 묘사한 「까이발야 나바니땀Kaivalya Navanitham」의 95연에서 98연에 이르는 다음의 시는 잘 알려져 있다.

தீராராய்ப்பிரமவித்தாய்த் தெளிந்தவர் தெளியுமுன்னம்
வாரமாயிருந்த தங்கள் வருணமாச்சிரமஞ்சொன்ன
பாரகாரியமானுலும் பலர்க்குபகாரமாக
நேரதாச்செய்வர்தீர்ந்த நிீலவிடாச்சீவன்முத்தர்.　(கூ௫)

காமமாதிகள் வந்தாலுங் கணத்திற்போ மனத்திற்பற்றூ்
தாமரையிீலத் தண்ணீர்போற் சகத்தொடுங் கூடிவாழ்வார்
பாமரரெனக்காண்பிப்பார் பண்டிதத்திறமைகாட்டார்
ஊமருமாவாருள்ளத் துவகையாஞ் சீவன்முத்தர்.　(கூகூ)

பேதகர்மத்தால்வந்த பிரராத்வநாநாவாகும்
ஆதலால்விவகாரங்களவரவர்க்கானவாகும்
மாதவஞ்செயினுஞ்செய்வர் வாணிபஞ்செயினுஞ்செய்வர்
பூதலம்புரப்பரையம் புகுந்துண்பர்சீவன்முத்தர்.   (கூஎ,

சென்றது கருதார்நாளைச் சேர்வது நினையார்கண்முன்
நின்றதுபுசிப்பார்வெய்யி நிலவாய்விண்விழுது வீழ்ந்தும்
பொன்றினசவம் வாழ்ந்தாலும் புதுமையாயொன்றும்
                                                        பாரார்
நன்றுதிதென்ஞாசாட்சி நடுவான சீவன்முத்தர்.   (கூஅ)

위의 연에서 두드러지게 언급되고 있는 것은 그들의 확신, 만물에 대한 그들의 이타주의나 자비, 청렴, 그리고 사랑, 증오 및 시기 등과 같은 열정으로부터의 해방, 초연함, 깊은 지혜에도 불구하고 겸손함, 신분이 은둔자이든 상인이든 통치자이든 거지이든 그 어떤 신분에서든 기꺼이 어떤 의무를 행하려는 자세, 그리고 과거에 일어난 일과 미래에 일어날 일에 대한 혹은 식사로 어떤 음식이 나올지에 대한 철저한 무관심, 심지어 편안함과 불편함에 대한 무관심, 하늘이 무너지거나 태양빛이 희미해지거나, 또는 죽은 사람이 무덤에서 일어난다 해도 유지되는 평정심, 그리고 일어나는 모든 것을 공평하고도 태연하게 목격하는 것이다.

그 결과 스와미를 숭배하고 존경하는 사람들의 수가 늘어났다는 것은 이미 언급하였다. 모우니mouni가 사마디에 잠겨 다른 사람들과 사교적 활동이 없을 때에는 이것이 타인들에게 어떤 시기심도 일으키지 않았다. 하지만 그가 산에 올라온 뒤로 질문에 답변을 하기 시작하고, 그를 따르는 지지자들 가운데는 교육을 받은 사람이나 받지 않은 사람들, 직책이 있는 사람이나 없는 사람들을 다 망라하자, 질투라는 감정이 특히 산에 살고 있던 몇몇 "사두들"의 마음을 침범했다. 만약 그들이 만나거나 상대하는 모든 '사두들'이 그들과 같았다면, 즉 그들의 실제 인품과 거의 어울리지 않는 미덕과 영성을 말로만 공언하고 다녔다면, 자기만족을 유지할 수도 있었을 것이다. 그러나 그들의 방법을 뒤엎어 버린 사람을 만나는 것은, 다시 말해, 아무 말도 공언하지 않고, 수행자들을 위해 경전에 규정된 완벽한 행동 방침에 따라서 감히 실제로 살아가는 사람을 만난다는 것은 아주 분통터지는 일이었다. 게다가 또 하나의, 그리고 그들의 시각에서 볼 때는 더욱 심각한 불만이 그들의 가슴에 맺혀 있었다. 새로 온 스와미는 그들이 일반 헌신자들로부터 받고 있던 수입과 존경심을 자신도 모르게 박탈하고 있었다. 무욕이라는 새로운 태양이 지평선 위로 떠오를 때, 잠시 동안 하늘에 여전히 머물고 있는 희미한 달을 보려고 하는 사람은 거의 없다. 이전에 산위의 다른 사두들에게 선물을 쏟아 부었던 사람들은 다시 그들을 찾아가려고 하지 않았다. 마을의 새로운 방문자들 중 대부분은 봉헌물을 가지고 브람마나 스와미에게로 갔다. 그들이 더 끊임없이 그를 찾아간 이유는 그가 어떤 봉헌물도 바라지 않았기 때문이다. 지금은 고인이 된 그러한 "사두들" 가운데 두 명은 그들의 질투가 일으킨 심각한 보복 때문에 여기서 먼저 소개하고자 한다. 하지만 그들의 결점이 무엇이든 간에, 우리는 죽은 사람을 험담해서는 안 되며, 또한 그 문제로 산 사람을 험담해서도 안 된다. 그러므로 그들의 이름은 여기에서 거명하지 않겠다. 대신에 그들은 이 책에서 참조를 목적으로 어떤 문자로만 언급될 것이다. 이들 둘은 브람마나 스와미가 구루무르땀에 있을 때 그를 매우 존경하였고, 또 그들 중 한 명은 오래전에 스와미를 돌보는 사람에게 브람마나 스와미를 산 위로 데려오라고 말하였다. 그것은 그의 발이 정식으로 엄숙하게 씻기고 경배받기 위해서였다(즉, 그의 빠다뿌자 의식을 거행할 때). 그때만 해도 스와미는 산에 있지 않았고, 따라서 어떠한 수입의 손실도 일어나거나 염려되지 않았다. 우리는 이제 M.J.P라는 이름을 부여한 그 사두부터 살펴보기로 한다.

　M.J.P는 최초에는 산에서 엄격한 따빠스 수행을 하고 매우 적게 먹으면서 엄격하게 브람마짜리아_{Brahmacharya}(금욕)를 충실히 지키고 있었다. 브람마나 스와미가 산으로 올라갔을 때, 그는 종종 M.J.P.를 방문했고, 그와 자리에 앉아 이따금씩 침묵의 도움을 주기도 했다. 그러나 브람마나 스와미를 따르는 사람들이 점점 늘어나고 M.J.P.를 따르는 자들이 점점 줄어들자, M.J.P는 새로 온 사람이 멀리 가 버리기를 희망했다. 그는 이전에 "돌을 굴리는 방법"으로 겁을 주어 몇몇 사두들을 쫓아낸 적이 있었는데, 그는 이 방법을 브람마나 스와미에게도 써먹었다. 브람마나 스와미가 황혼 무렵이나 밤에 혼자 앉아 있을 때, M.J.P는 몰래 위로 올라가서 돌을 아래로 굴려 보내곤 했다. 그러한 돌 하나가 브람마나 스와미 가까이까지 굴러갔다. 그는 두려워하지 않았다. 그는 조용히 이러한 계략을 지켜보다가 한 번은 재빨리 위로 올라가 바로 현장에서 M.J.P.를 붙잡았다. 늙은이는 얼굴도 붉히지 않고 태연하게 그 짓을 장난으로 웃어넘기려 하였다. 브람마나 스와미는 그에게 어떤 악의도 품지 않았다. 그러나 M.J.P.는 이러한 장난을 멈추지 않았다. 그는 다음에 소개할 사두인 그의 친구와 함께 이 젊은 스와미를 띠루반나말라이에서 몰아낼 작전을 진지하게 세웠다. 이 작전의 세부 내용과 그 실패는 이야기의 목적상 우리가 "M.B"라고 이름 붙인

다음에 소개할 사두, 즉 스와미의 영웅적 성취의 일부분으로 곧 묘사될 것이다.

M.B.는 상당히 훌륭한 교육을 받았고, 베다, 기따, 브람마 수뜨라도 어느 정도 잘 알고, 영어, 불어, 마라띠어, 힌두스따니어, 산스끄리뜨, 따밀어, 말라얄람어, 그리고 기타 언어들을 어느 정도 구사할 수 있는 브람민 태생의 흥미롭고 특출한 인물이었다. 바로 첫 만남에서 그는 대부분의 사람들에게 좋은 인상을 심어 줄 수 있었는데, 이때 그는 그의 둥그스름한 얼굴 윤곽과 밝은 피부색의 도움을 크게 받았다. 그는 왕자든 농부든, 교양인이든 비교양인이든, 젊은이든 늙은이든, 신중한 사람이든 잘 속는 사람이든 그들을 자기 마음대로 다루는 법을 알고 있었다. 그가 구루무르땀에 있는 브람마나 스와미를 찾아왔을 때, 브람마나 스와미는 대부분 눈을 감고 시간을 보내고 있었기 때문에, M.B.는 그와 어떠한 관계도 맺지 못했다. 그러나 모두들 산에 있는 젊은 스와미 곁으로 모여들자, M.B.는 사람들에게 무시당하고 거의 잊혀졌다. 하지만 그는 발버둥치지도 않고 그냥 주저앉을 그런 사람이 아니었다. 그는 자신의 많은 지략과 세속적인 지혜를 알고 있었으며, 그의 "상대"에게는 이 두 가지의 자질이 없다는 것도 알고 있었다. 그래서 아주 뻔뻔스럽게 "사기 수법"을 쓰기 시작했다. M.B.는 젊은 스와미의 숙소에 자주 들어가서 그의 스승 행세를 했다. 새로 온 방문객들이 들어오면 M.B.는 그들에게 "그래, 그 아이에게 사탕을 주어라."고 말했으며, 침묵을 하는 젊은 스와미에게는 "아이야, 사탕을 받아라."고 말하곤 했다. 그는 또한 먹을 것을 사서, "아이야, 여기에 너에게 줄 사탕이 있단다."라고 말하며 그에게 선사함으로써 체면을 유지하곤 했

다. 그는 또한 방문자들에게 "이 젊은 스와미는 내 제자이자 피보호자이다. 그에게 경의를 표해라."고 말하기도 했다. 젊은 스와미는 처음부터 이 술책을 꿰뚫어 보고 있었다. 그러나 "악에 저항하지 말라."는 것이 그의 생활 지침이었다. 게다가 그는 M.B.가 희생을 감수해 가면서까지 얻으려고 하는 부와 존경을 경멸하고 있었다. 가끔 M.B.는 "나는 방문자들에게 네가 나의 제자라고 말하여 돈을 좀 벌려고 한다. 그렇다고 너에게 손해는 전혀 없어. 그러니 내 말에 반대하지 마라."고 부드럽게 그에게 말했다. 모우니는 어떤 경우에도 침묵을 지키는 규율 때문에 입을 열지 않았다. 젊은 스와미의 제자들과 숭배자들은(이 사건이 일어난 1908년 무렵, 스와미에게는 다수의 제자들과 숭배자들이 있었다) M.B.의 이러한 행동에 대하여 스와미와 같은 태도를 유지하지 않았다. 그들은 처음에는 조용히 분개하고 있었지만, 나중에는 매우 노골적으로 불쾌감을 드러냈다. M.B.는 여러 가지 우스꽝스러운 방법들을 동원하여 자신의 우월성을 과시했다. 어느 날, 그는 젊은 스와미의 동굴에 들어가 그곳에 있던 누군가에게 소리쳤다. "이봐, 내 옷과 코트에서 돈을 좀 꺼내 줘. 나는 손으로 직접 은화를 잡을 수 없어. 누군가가 나에게 100루삐를 주었단 말이야." 그는 자기가 받은 돈을 함부로 써 버리곤 했으며, 만나는 사람들에게 온갖 종류의 희망을 불어넣음으로써 더 많은 돈을 벌려고 애썼다. 그는 이렇게 말하곤 했다. "오, 당신은 관직을 잃어버렸군요. 틀림없이 다시 찾을 겁니다." "오, 당신에게 말해 주지만, 이러이러한 달의 세 번째 주가 되면 매우 만족스러운 어떤 일이 기대됩니다." 이러한 후한 허풍스러운 약속의 대가로, 그는 속기 쉬운 사람들로부터 상당한 돈, 음식, 옷 등을 얻곤 했다. 그는 수

많은 역할을 해내는 법을 알았으며, 스와미에게 가서 그의 공적에 대해 자랑을 늘어놓았다. 어느 날 그는 비루빡샤 동굴에 나타나서 말하기를, "너는 내가 어떤 행동을 했는지 아느냐? 나는 최근에 (전라로) 아바두따Avadhuta로 지냈다. 부유한 집을 찾아다니면서, 새로 태어난 아기와 같이 앉아서 온갖 장난을 치며, 거실 중앙에 배변을 하여 마루를 더럽히기도 했어. 그러면 부유한 여성들이 시중을 들며 나를 돌보아 주었지." M.B.에게는 불행한 일이지만, 그는 이러한 유치한 장난들을 멈추지 않고 잘 속아 넘어가는 사람들에게 계속하였다. 그는 같은 날 밤 비루빡샤 동굴의 베란다를 더럽히기로 결심했다. 이른 아침, M.B.가 그의 옷을 동굴 속에 놓아둔 채 그곳을 떠났을 때, 스와미는 잠에서 깨어나 악취를 알아채고는 그것이 M.B.의 소행임을 추론했지만, 침묵을 지켰다. 그의 제자인 빨라니스와미는 이 일을 알아차렸을 때 다른 감정이 들었다. 어쨌든, 그는 물을 가져와서 그곳을 청소했다. 그는 스승이 M.B.의 품행을 좋아하지 않는다는 것을 이미 알고 있었다. 그는 스승과 함께 먼 저수지로 가기 위해 출발할 때, M.B.의 옷을 동굴에서 꺼내 밖으로 던져 버린 뒤 동굴 문을 잠그고는 스승과 함께 떠나 버렸다. M.B.는 얼마 후 돌아와서 자기의 옷이 실크와 레이스로 테를 두른 고급 옷인데, 그런 옷을 누군가가 밖으로 아무렇게나 던져 버렸다는 것을 알게 되었다. 이러한 광경에 크게 분노한 그는 사납게 날뛰며 격노하였다. 그는 이것이 빨라니스와미의 소행임에 틀림없다고 확신했다. 말라얄람어를 사용하는 빨라니스와미가 돌아오자마자, 그는 그를 때리며 화풀이를 했으며, 젊은 스와미를 그의 헌신자들과 떼어 놓고 스와미를 자신의 뜻과 의향에 따르게 하고, (만약 그가 그런 방침을 싫어할 경우에는) 젊은 스와미가 띠루반나말라이를 떠나도록 하기 위한 이중 책략을 생각해 냈다. 그래서 권위 있는 어조로 브람마나 스와미에게 "빨라니스와미를 내보내라."고 말했다. "그가 내 옷을 내버리다니! 그는 한 순간도 여기에 머물러 있어서는 안 된다." 빨라니스와미는 움직이지 않았고, 브람마나 스와미도 침묵을 지켰다. 그러자 홧김에 M.B.는 브람마나 스와미에게 침을 뱉었다. 진정한 인내심인 띠띡샤Titiksha를 가지고 브람마나 스와미는 그것을 견뎌 내며 침묵을 지켰다. 그때 거기에 있던 M.B.의 제자들은 스승의 품행에 격분하지 않았다. 그렇지만 젊은 스와미에게는 더 많은 숭배자들이 있었고, 이러한 소식이 그들에게 전해지자 그들은 스와미와 똑같은 평정심을 보여 주지 않았다. 바로 아래 동굴에 있던 한 무두스와미가 올라와서 M.B.에게 다가가, "당신! 당신이 감히 우리 스와미에게 침을 뱉다니! 내가 당신에게 내 손맛을 보여 주겠다."라고 소리치면서, 그 나이 든 사람(당시 마흔 살이 넘은)에게 분명히 어떤 체벌을 가하려고 했다. 그러나 다른 사람들의 중재로 M.B.는 너무도 당연히 받아야 할 체벌을 모면했다. M.B가 산에 더 머문다 한들 그는 젊은 스와미의 공격적인 숭배자들과 더 많이 조우할 위험에 노출되어 있었고, 따라서 그는 분별을 지키는 것이 용기의 좋은 부분이라는 것을 알았기 때문에 슬쩍 떠났다. 그는 떠나가면서 그 산이 "적당한 수행처"가 아니라고 말했다. 그리고 기차역으로 가서 (차표도 없이) 한 젊은 신사와 젊은 여성이 앉아 있는 이등실 칸막이방으로 들어갔다. 그곳에서 그는 젊은 남자를 괴롭히기 시작했고, 그에게 이것저것 하도록 시켰다. 젊은 남자는 이러한 무례함을 알아채지 못했다. 그런 다음 M.B.는 다음과 같은 말로 젊은 남자를 비난함으로써 무모함의 절정에 이르렀다. "너는 내 말을 듣지 않는구나! 네가 나에게 존경심을 보이지 않는 것은 네가 이 아가씨에게 빠졌기 때문이 아닌 가?" 젊은 남자는 즉시 한쪽 신발을 잡고 손윗사람인 M.B.에게 사용 함으로써 그에게 합당한 존경심을 표시했다. M.B.는 1, 2년 후에 다시 띠루반나말라이로 돌아와, 망고나무 동굴 근처의 빌바(벨)나무 밑으로 가서, 브람마나 스와미를 데려오도록 사람을 보냈다. 브람마나 스와미 는 아마도 M.B.가 개과천선 했으리라 생각했기 때문에 그를 만나러 갔다. 그곳에는 다른 사람들이 아무도 없었으므로, M.B.는 젊은 스와 미에게 물었다. "너는 기차역에서 나에게 일어난 일을 알고 있느냐?"

브람마나 스와미 예.
M.B. 알다시피 그 모든 경험은 필요한 것이었다.

그리고 M.B.는 그만의 기묘한 방식으로 '공식적인 사과'를 하겠다고 말했다. 그는 "알다시피, 내가 너에게 침을 뱉은 것은 잘못했다. 나는 홧김에 그렇게 했다. 이제 내가 여기 왔으니 원하는 만큼 나에게 침을 뱉어라."고 말했다. 물론, 젊은 스와미는 그에게 침을 뱉지 않았다. 왜 나하면 그는 복수에 대한 어떠한 욕망도 품고 있지 않았으며, 누군가 에게 침을 뱉는 것은 그에게 어떠한 즐거움도 주지 않기 때문이다. 젊은 스와미는 분명 M.B.가 회개하고 변하였다고 생각했을 것이다. 그러나 만약 그가 그렇게 생각했다면, M.B.는 곧 그에게 그러한 생각 이 틀렸음을 깨닫게 해주었다. 그는 다시 한 번 젊은 스와미의 동굴로 찾아가, 그의 모든 제자들과 숭배자들에게, 심지어 학자인 바수데바 샤스뜨리나 조카인 G. 세샤야, Best & Co.의 대리인인 랑가스와미 아이얀가르와 같은 학식 있고 교양 있는 사람들에게조차 계속 이래라저래라 관여하곤 했다. 비록 젊은 스와미는 대체로 M.B.의 건방진 주인 행세를 받아들였지만, 이들은 그렇지 않았다. 어느 날 아침 M.B.는 망고나무 동굴로 가서 젊은 스와미에게 "이봐, 너에게 니르비깔빠 사마디에 드는 비법을 전수해 주겠다."라고 말한 뒤, 그의 손을 잡고는 그를 베란다 위에 자신과 나란히 앉히고는 자신(M.B.)의 눈을 응시하도록 하였다. 바수데바 샤스뜨리와 그 밖의 사람들에 대해서는, M.B.는 그들을 바라보며, "너희들, 너희들은 더 이상 여기에 있을 권리가 없다. '위대한 영혼들'(M.B.는 이 말로 오직 자기 자신만을 의미했다)이 있는 여기에서 너희들은 할 일이 없다. 그러니 너희들은 모두 떠나거라."고 말했다. 그런 다음 브람마나 스와미에게 자기의 눈을 바라보게 하며, 애써 호흡하지 않도록 말해 주었다. 그는 종종 "자, 자, 숨을 멈추고 있네. 왜 그렇게 하지? 그렇게 하지 말라니까."라고 말하곤 했다. 스와미를 제외하고는 아무도 그에게 복종하지 않았다. M.B.는 반시간 동안 스와미를 붙들고 있다가 스스로 잠들어 버렸다. 그러자 젊은 스와미와 그의 제자들은 비루빡샤 동굴로 가서, 당분간 보기 싫은 M.B.를 안 보게 되어 속이 시원하다고 생각했다.

하지만 M.B.는 젊은 스와미의 제자들과 후원자들에게 건방지고 무례하며 참을 수 없는 행동을 함으로써 스와미를 계속 괴롭혔다. 그래서 젊은 스와미는 그의 제자들을 마을로 보내고 자신도 근처에 있는 보안림으로 가야겠다고 결심하게 되었다. 왜냐하면 다른 질투심이 강한 '사두들'도 "도대체 브람마나 스와미가 산에 살 권리가 있는

가? 그가 갸니가 맞나?"라고 말하고 있었기 때문이다. 전망이 너무 어두워 보였을 때, 매우 고령의 정말 훌륭한 스와미인 요가난다스와미 (M.J.P.의 스승)가 갑작스레 나타났다. 그는 브람마나 스와미를 아주 존경하고 있어서, 그에게 M.J.P.의 거처로 가자고 청했다. 요가난다와 같은 뛰어난 인물의 지원을 얻었고, 또한 M.J.P.와 M.B.가 감히 요가난다의 요청에 반대하지 못했기 때문에, 젊은 브람마나 스와미는 신이 그에게 구원의 손길을 보냈음을 느끼고, 동굴을 떠나 숲으로 가겠다는 생각을 포기하였다. 하지만 M.B.는 여전히 젊은 스와미와 그의 제자들을 괴롭힐 수 있는지를 한 번 더 타진해 보려고 애를 썼다. 그는 랑가스와미 아이얀가르에게 칫솔 대용으로 사용할 작은 막대기를 좀 찾아오라고 말했다. 랑가스와미는 그에게 큰 나뭇가지를 가져와서는 "당신은 큰 사람이라서 칫솔 대용으로 이 큰 막대기를 가져왔습니다."라고 말했다. M.B.는 한때 담배를 피웠는데, 스와미의 다른 제자에게 담뱃불을 가져다 달라고 했다. 그 제자는 불타고 있는 커다란 장작을 그의 얼굴 가까이에 가져가며, "이것으로 어디다 불을 붙일까요?"라고 물었다. 브람마나 스와미의 제자들에게서 '무저항주의'가 눈에 띄게 줄어들고 자기 권리의 주장이 증가하는 것을 보고, 그는 산이 그가 머물기에 더 이상 적합한 장소가 아니라고 말했다. 그러나 산을 떠나 평지로 내려가기 전에 그는 브람마나 스와미를 저주하고, 사람들에게 존경심을 불러일으켰던 그의 특별한 능력과 샥띠를 브람마나 스와미로부터 박탈해 간다고 주장했으며, 젊은 스와미는 더 이상 사람들로부터 존경을 받지 못할 것이라고 선언하였다. 하지만 스와미의 평정심은 전혀 영향을 받지 않았다. M.B가 마을에 있는 사탕가게에 가서 그 저주에 대해 떠벌리자, 젊은 스와미를 몹시 존경하고 있던 그 가게 주인은 M.B.를 거칠게 대했고, 결과적으로 M.B.는 다시 한 번 띠루반나말라이를 떠나게 되었다. M.B.는 로버트 브루스나 가즈니의 무함마드와 똑같이 지칠 줄 모르는 사람이었고, 그 이상의 원정 여행을 꾀하고 있었다. 그는 얼마 후에 또다시 돌아와, 젊은 스와미의 앞에서 불손하게 행동했으며, 스와미와 함께 있던 무따야스와미에게 굴욕감을 주었다. 그곳에 있던 다른 사람들이 아무리 분개하고 있어도, 젊은 스와미는 침착하고도 냉정한 상태를 유지했다. 이러한 영웅적인 행동을 보고, M.B.는 띠루반나말라이를 떠났고, 그 후 다시는 모습이 보이거나 그에 대한 소문이 들리지 않았다.

브람마나 스와미에 대한 행동이 만족스럽지 못했던 또 다른 '사두'는 너무 긴 이름을 가지고 있어, 쉽게 쓰거나 발음할 수 없었다. 그리고 누군가를 비웃거나 자극하지 않는 것이 우리의 바람이기 때문에 어떤 이름도 밝히지 않겠다. 여기에서는 그를 간단하게 S.S.로 명명하겠다. 그는 만뜨라자빠 훈련을 혹독하게 했으며, 일부 우빠니샤드 학문을 좀 알고 있었고, 음악에 훨씬 더 재능을 가지고 있었다. 그는 젊은 브람마나 스와미를 탐탁찮게 여기고 있었다. 왜냐하면 그가 보기에, 스와미는 분명히 만뜨라나 음악을 알지 못했지만 어떤 요행수와 보통 사람들의 무지로 인하여, 충분한 기금을 모을, 다시 말해 여러 가지 칭찬할 만한 목적을 달성할 수 있는 그런 기금을 모을 기회를 활용하는 방법도 이해하지 못하고 있으면서 많은 헌신자들을 끌어들였기 때문이다. 한번은 깔라하스띠에서 띠루반나말라이로 돌아온 뒤, 그는 브람마나 스와미에게 "나는 당신이 어떻게 지내는지를 보기 위하여 이 먼 길을 왔습니다. 당신에게 '닷따뜨레야 만뜨라'를 가르쳐 주겠습니다."라고 말했다.

브람마나 스와미는 그 제의를 받아들이지 않았다. 그는 오히려 그것에 대해 아주 냉소적인 것 같아 보였고, 아무런 대답도 하지 않았다. 그러자 S.S.는 그에게 말했다. "신은 나의 꿈속에 나타나서 당신에게 우빠데사ᵤₚₐ𝒹ₑₛₐ를 주라고 했습니다." "그렇다면, 신이 나에게도 나타나서 우빠데사를 받으라고 하시고, 나에게 그렇게 하고 싶은 마음을 주라고 하십시오. 그러면 나는 그것을 받을 것입니다."라고 스와미는 대답했다. "아니오, 그것은 매우 짧습니다. 몇 글자밖에 되지 않아요. 시작합시다."라고 S.S.는 주장했다. "내가 자빠를 계속하지 않는다면 당신의 우빠데사가 나에게 무슨 소용이 있겠습니까? 나는 지금 그것을 받을 의사가 없습니다."라고 브람마나 스와미가 답했다. 이러한 계획의 실패에 분통함을 느낀 S.S.는 그를 떠났지만, 그는 그 자신과 브람마나 스와미를 찾아오는 사람들에게 브람마나 스와미를 방문할 가치가 없으며 배울 것도 없다는 것을, 예를 들면 S.S.가 했던 것처럼 사람을 모든 천국으로 오르게 하여 최고의 신들이 누리는 영광을 볼 수 있도록 하는 그런 능력이 스와미에게 전혀 없다는 것을 각인시켜 줄 기회를 놓치지 않았다. 브람마나 스와미는 이러한 공격에 대해 알고 있었지만, 그 공격에 대해서도, 혹은 그러한 영광을 보도록 해줄 수 있는 만뜨라를 얻을 특권에 대해서도 신경 쓰지 않았다. 얼마 후, S.S.가 아루나짤라의 사원에 있는 바자이 또땀에서 명상에 잠겨 있을 때, 갑자기 브람마나 스와미의 모습이 그의 앞에 나타나, "속지 말라."고 말한 뒤 사라졌다. 이는 S.S.에게 상당한 마음의 동요를 일으켰다. 그는 자신이 무례하게 대했던 스와미가 고도의 불가사의한 힘(싯디)을 가지고 있으며, 그를 하찮게 봐서는 안 된다는 생각이 강하게 들었다. 그래서 브람마나 스와미에게 달려가 위의 사실을 이야기하며, 용서와 망령에서 벗어나기를 간절히 원했다. 스와미는 기적을 일으키는 어떠한 능력도 부인했지만, 그의 마음속에는 S.S.에 대한 어떤 억울한 마음이나 불만이 없다는 것을 분명히 보여 주었다.

S.S.는 가끔씩 우체통에서 '언덕 위의 브람마나 스와미'에게 보내는 편지들을 꺼내어, 비록 그가 그때까지 발송자와 아무런 관련도 없었지만, 그 발송자에게 답장을 보내곤 하였다. "그(S.S.)도 산에 사는 브람민이나 스와미아르가 아니었단 말인가?"라는 이유로 말이다. 이러한 사소하지만 신경 쓰이는 것들에도 젊은 스와미는 개의치 않았다. 그의 마음은 세상적인 대상에 있지 않았다.

15년 전쯤, 몇몇 술 취한 빤다람pandaram 둘이 스와미를 띠루반나말라이에서 쫓아내려고 했다. 그들은 어느 날 비루빡샤 동굴에 들러 근엄하게 스와미에게 통고했다. "우리는 고대 아가스띠야 리쉬가 수천 년 동안 따빠스 수행을 해왔듯이 아직도 따빠스 수행을 하고 있는 신성한 산인 뽀디가이 산에서 온 사두들입니다. 그 성자는 우리에게 고차원적인 능력을 얻는 데 방해가 되는 그런 소금을 그대 몸에서 추출한 뒤에, 우선 당신을 슈리랑감에서 열리는 싯다들의 회의에 데려가고, 그 다음 뽀디가이로 데려가서 정기적인 딕샤diksha(입문)를 주라고 하셨습니다."

상황은 분명히 심각했다. 스와미는 평정심의 규율에 따라 침묵을 지키면서 사태의 추이를 기다렸다. 그러는 동안, 힘세고 기지가 풍부한 스와미 제자 뻬루말스와미가 묘안을 떠올렸다. 새로 온 방문자들에게 다가가서, 뻬루말스와미는 "우리는 당신들이 방문한다는 통지를 받았으며, 당신들의 몸을 도가니에 넣고 불을 지피라는 사명을 받았습니다. 어떻게 생각하십니까?"라고 말하고는 동료 제자인 마스딴에게 "자, 어서 깊은 구덩이를 파서 저 자들을 위해 불을 준비하게."라고 말했다. 이렇게 뻬루말스와미가 포악한 점에서 헤롯왕을 능가하자, 방문자들은 말문을 잃고는 황급히 물러났다.

제20장

다시 친척들과 함께

का ते कान्ता कस्ते पुत्रः
संसारोऽयमतीव विचित्रः ।
कस्य त्वं कः कुत आयातः
तत्त्वं चिंतय यदिदं भ्रान्तः ॥

그대에게 아내나 혹은 아들은 누구인가? 이 세상(삼사라)은 대단히
기묘하다. 그대는 누구의 것(누구의 아들 등)인가? 그대는 누구이며,
어디서 왔는가? 이 모든 것에 들어 있는 진리나 실재를 잘 생각해 보라.

―슈리 샹까라짜리야, 모하무드가라

पतिसुतान्वयभ्रातृबान्धवा-
नतिविलङ्घ्य तेऽन्त्यच्युतागताः
गतिविदस्तवोद्गीतमोहिताः
कितव योषितः कस्त्यजेन्निशि

오, 크리슈나시여, 우리(고삐의 헌신자들)는 남편과 자식들, 형제자
매들, 그 밖의 친척들을 버리고 당신을 찾아왔습니다. 왜냐하면 우리
는 당신의 길을 알았으며, 당신의 빼어난 노래에 매혹되었기 때문입니
다. 매혹시키시는 분이시여, 누가 어둠 속에 있는 여인들을 버리시겠
습니까?

―고삐까 기따, 슈리마드 바가바땀

　　가족과 사회적 유대의 공허함을 선언하는 위와 같은 금욕주의적인
정서는 특히 인도의 종교 서적과 철학 서적에서 많이 찾아볼 수 있다.
어떤 이는 또한 사회적, 개인적 발전을 위한 사랑과 여타의 이타주의

정서의 중요성, 그리고 의무의 측면에 대한 언급을 또한 발견한다. 이러한 가르침들은 서로 상충되는 것인가, 아니면 그것들을 화해시키는 어떤 방법이 있는가? 고대의 붓다와 슈리 크리슈나 짜이딴야(가우랑가 Gauranga)와 같은 위대한 영혼들의 삶이나 오늘날의 슈리 라마나 마하리쉬를 비롯한 성인들의 삶은 이 모든 가르침이 진리이며, 각각의 가르침은 특별히 기억하고 있다가 적절한 단계에서 적용해야 한다는 것을 보여 준다. 어린 식물이 씨앗에서 막 싹트거나 아직 약하고 부드러울 때, 그것은 격리와 함께 가축들이 들어오지 못하게 강한 가시 울타리의 보호를 필요로 한다. 그렇지 않으면 가축들은 그 식물을 뜯어먹거나 짓밟거나 파괴할지도 모르기 때문이다. 그러나 같은 새싹이라 하더라도 상당한 크기의 나무로 자라나면, 그러한 보호가 필요 없게 되며, 자신에게 어떤 손상을 주지 않고서도 가축이나 사람들에게 그늘과 먹을 것과 보호를 제공해 준다. 종종 큰 뜻을 품은 젊은이가 종신토록 그의 친척이나 오랜 친구들과 머물 수밖에 없다면 그는 조금도 진보하지 못하는 경우를 볼 수 있다. 왜냐하면 그들은 어쨌든 영성을 조롱하고, 그들의 영향력이 그의 포부를 완전히 식히고 꺾어 버리기 때문이다. 그러면 그는 이전 관계에서 벗어나 영적 성장에 도움이 될 만한 환경을 찾아야 한다. 예를 들면, 성스러운 사람들과 어울리거나, 신성한 종단에 가입하거나, 옛날에 자주 가던 곳에서 멀리 떨어진 영감을 주는 장소에 거주하거나, 우리의 정신을 고양시키고 비세상적인 그런 시각과 방식과 습관을 가진 사람들 속에 들어가야 하는 것이다. 그가 충분히 초연함(바이라기야vairagya)을 발달시켰거나, 보이지 않는 것에 대한 그의 믿음이 세상과의 접촉에서 오는 충격을 견뎌 낼 만큼 충분히 강해졌거나, 그의 사고와 행동의 습관이 성숙하고 견고해졌을 때, 그는 비로소 옛날의 동료들과 안전하게 다닐 수 있고, 예전에 자주 가던 곳으로도 돌아갈 수 있다. 그 단계가 바로 그의 본성이 사랑과 사회적 의무의 길을 따라 아무 방해를 받지 않고 자연스럽게 나아갈 수 있거나 나아가게 될 것이며, 특히 깨달은 사람(갸니jnani)을 특징짓는 표시가 된다고 하는 평등, 보편적인 자비, 정신적 균형의 미덕을 보여 줄 수 있는 단계일 것이다.

　나가스와미는 1900년도에 띠루반나말라이에서 돌아온 직후에 사망했다. 1902년경에 스와미의 남동생인 나가순다람은 그를 만나러 산으로 올라갔다. 그때 스와미는 여전히 침묵의 규칙을 지키면서 삿구루스와미 동굴이라 불리는 아래쪽 동굴에 기거하고 있었다. 나가순다람은 집이나 친척들과 멀리 떨어진 산에서 옷이나 가정의 편의 시설도 없이 생활하는 것이 불행한 삶이라고 생각하고 형제로서 불쌍한 마음이 들어 스와미를 끌어안고 큰 소리로 울었다. 스와미는 즉각 그 상황을 이해하고는 내내 미소를 지었다. 그 다음 나가순다람은 스와미와 함께 머물겠다고 제안을 했다. 왜냐하면 그는 분명히 그가 그렇게 함으로써 스와미가 큰 도움을 받을 것이라고 생각했기 때문이다. 하지만 스와미는 그 제안을 고맙게 여기지 않았고, 나가순다람은 다시 고향으로 돌아갔다.

　그 후 여러 해에 걸쳐서, 스와미의 어머니인 알라감말과 다른 친척들이 이따금씩 스와미를 방문했다. 한번은 그녀가 바라나시로 성지 순례를 하고 있을 때 그녀의 아들을 방문했다. 1914년 초에 한 번 더 (띠루빠디에 있는) 벤까따라마나스와미의 성소를 찾아갔고, 돌아가는 길에 띠루반나말라이에 잠시 들러서 비루빡샤 동굴에서 스와미와 얼마 동안 머물렀다. 여기서 그녀는 (아마도 장티푸스로) 앓아 누웠고, 2, 3주 동안 큰 고통을 받았다. 스와미는 자신의 병에는 조금도 개의치 않았지만, 제자들과 방문자들이 겪는 모든 고통에는 항상 주의를 기울이며 친절하게 돌보아 주었다. 어머니의 경우에, 그는 갚아야 할 빚이 두 개나 있었다. 즉 그가 사회의 일원으로서 모두에게 지고 있는 빚과, 어렸을 때 그를 보살펴 준 어머니의 모든 친절함에 대해 보답할 의무가 그것이다. 그는 모범적인 인내와 부지런함으로 그녀를 보살폈다. 열병을 겪고 있는 동안에 새로운 증상이 걱정을 더하자, 그는 따밀의 시신(뮤즈)으로 돌아가 다음과 같은 시를 지었다.

1. *அருளியா வருபிறவி யத்தீனயு மாற்ற*
   மீலயா யெழுந்த மருந்தே - தீலவானின்
   ருள்கதியாய் வாழுமென் ருய்தாப மாற்றியே
   யாள்வதுவு முன்கடனே யாம்.

2. *காலகா லாவுன் கமல பதஞ்சார்ந்த*
   பால நெனேயின்ருள் பாலந்தக் - காலன்ருன்
   வாரா வகையுன்கால் வாரிசமே காட்டுவா
   யாராயிற் காலனுமே யார்.

3. *ஞானுங்கி யாயோங்கு நல்லருண வோங்கலே*
   ஞானுங்கி யாலன்னீ நல்லுடலீ - ஞானுங்க
   மாகச்செய் துன்பதத்தி ஈலக்கியமாக் கிக்கொள்வாய்
   சாகத்தீ மூட்டுவதேன் சாற்று.

4. *மாயா மயக்கமதை மாற்றருண மாமீலயென்*
   ருயார் மயக்ககற்றத் தாமதமேன் — ருயாகித்
   தன்னயடைந் தார்வினேயின் ருக்கறுத்தாள் வாருலகி
   * லுண்ணீயலா லுண்டோ வுரை.*

그것의 의미는

1. 계속 반복되는 생사의 불행을 치유해 주시는 저의 피난처인 산이시여! 오, 신이시여! 당신만이 제 어머니의 열병을 치유하시나이다.

2. 오, 죽음의 신마저도 쳐부수는 신이시여! 저의 유일한 피난처시여! 당신의 은총을 제 어머니에게 내려 주시고, 죽음의 신으로부터 그녀를 지켜 주소서. 자세히 바라본다면, 죽음의 신이란 도대체 누구입니까?

3. 아루나짤라여, 지혜의 불타는 횃불이신 당신이시여! 당신의 빛으로 저의 어머니를 감싸 주시고, 당신과 하나 되게 하소서. 그렇다면 화장을 할 필요가 어디에 있겠습니까?

4. 환영(마야)을 내쫓는 아루나짤라여! 어찌하여 제 어머니의 망상을 떨쳐 버리는 일에 지체하십니까! 어머니와 같은 염려로 애원하는 영혼

을 보호하며, 운명의 여신이 주는 불행을 막아 줄 분이 당신 이외에 어디에 있겠습니까?

　알라감말은 적절한 때가 되어 열병에서 회복하여, 띠루반나말라이를 떠나 마나마두라이로 향했다. 그곳에서 그녀의 가정적인 환경은 만족스럽지 못했다. 띠루쭐리에 있던 가족의 집은 빚과 필요한 경비를 충당하기 위해 이미 처분한 상태였다. 그녀의 시동생인 넬리압뻬에르 또한 대가족을 결코 유복하지 못한 상태로 남겨 두고 사망하였다. 1915년경에 나가순다람의 아내는 어린 아들을 두고 죽었다. 이제 꽤 늙고 힘없는 노인이 된 알라감말은 둘째 아들인 스와미와 함께 있는 것이 더 나을 것이라고 생각했다. 그의 명성은 확고했고, 수많은 숭배자들은 그의 많은 식솔들이 먹고 살 만큼의 봉헌물을 가져다주었다. 1916년 초에, 알라감말은 띠루반나말라이로 가서 며칠 동안 에짬말과 함께 살았다. 그녀는 아들의 아쉬람을 그녀의 거처로 삼고 싶어 했다. 하지만 그녀는 처음에는 반대에 좀 부딪혔다. 스와미의 헌신자들 중 일부는 스와미가 1896년에 그랬던 것처럼 마을에 가까운 친척이 있으면 그가 그들을 피해 멀리 도망칠까 두려워하였다. 아쉬람 관리자인 G. 세샤야는 그러한 두려움이 들어 노부인에게 사정을 얘기했고, 그러자 노부인은 크게 동요했다. 하지만 그는 1916년은 1896이 아니라는 것을 잊고 있었다. 그 20년 사이에 스와미의 위치와 상황은 완전히 바뀌었다. 그리고 늙고 힘없는 어머니를 부양하는 것은 은둔자에게도 맡겨지는 의무일지도 모른다. 그러한 생각에 힘을 얻은 알라감말은 마을에 계속 머물렀고, 얼마 지나지 않아 곧 비루빡샤와 스깐다스라맘을 그녀가 늘 거주하는 곳으로 삼았다. 당시 스와미는 어머니가 마을에 도착한 직후에 스깐다스라맘으로 이사를 한 상태였다.

스와미의 남동생 나가순다람 아이어도 어머니를 좇아 곧 도착했다. 돌보아야 할 어린 아들이 있고 수입도 부족한 홀아비의 생활은 띠루반나말라이에서 어머니와 형과 함께 지내는 생활만큼 매력적이지 않았다. 그래서 그는 형의 아쉬람으로 가서 합류했다. 처음에 그는 마을로 가서 음식을 탁발했다. 그러나 아쉬람에서 음식의 조달이 풍부해지자 그의 탁발도 필요 없게 되었다. 그는 형의 제자들 중 한 사람이 되었고, 이내 니란자나난다 스와미라는 이름으로 산야사 종단에 가입했다. 알라감말은 아쉬람에 도착한 직후 매일 아들과 방문자들에게 음식을 만들어 주었으며, 그때 아쉬람에서 시작되었던 음식을 요리하던 이러한 관행은 오늘날까지 계속되고 있다. 부엌을 두는 것은 의심할 여지 없이 리쉬의 생활과 일치하는 것이지만, 남부 지방에서 리쉬의 그런 생활방식은 잊혀진 지 오래된지라, 이러한 관행은 더 빈번하게 가족 생활(그리하스따스라맘Grihastasramam)과 동일시되었다. 언젠가 세샤드리 스와미는 그를 떠나 라마나 스와미를 보러 간다는 사람에게 가벼운 유머로 이렇게 말했다. "그래, 가 봐라. 그곳에 가면, 가장(그리하스따)이 있고, 설탕과자(랏두laddu)도 얻어먹을 수 있을 것이다." 그 유머의 핵심은 스와미가 실제로 집이 있고, 친척이 있고, 일상적으로 요리 등을 하는 정확히 그리하스따grihasta와 같은 처지에 있다는 사실에 있다. 그러나 이 모든 것은 외양에 불과할 뿐이다. 마하리쉬는 그들이 가까이 있는 것이 아무리 힘들었을지 몰라도, 실제로 거의 이러한 외적인 대상에 집착하지 않았다. 진정으로 강한 사람에게는, 각각의 새로운 장애물은 오직 그것을 극복할 새로운 기회를 제공해 줄 뿐이며, 그의 저항력을 강화시켜 준다. 알라감말은 여전히 그녀가 아들에게 특별한 애착을 가지고 있으며, 그가 그녀의 특별한 애착에 보답할 것이라고 생각하는 경향이 있었다. 모든 마음에서 이러한 생각을 쫓아 버리기 위해서, 그는 처음에 어떤 특별한 조처를 강구했다. 예를 들면, 스와미는 에짬말과 다른 사람들에게는 말을 했지만, 알라감말이 말을 걸어오면 대답을 하지 않았다. 알라감말은 이러한 대우에 대해 불평하였다. 그러자 마하리쉬는 그녀만이 아닌 모든 여성이 그에게는 어머니라고 말하였다. 알라감말은 한동안 이러한 태도가 옳다는 것을 알지 못했다. 사실, 마하리쉬는 어머니에게서 세상적인 망상을 없애고 공명정대함과 초연함 등, 한마디로 영성을 가르치는 매우 어렵지만 중요한 임무를 행하고 있었다. 스와미의 어머니는 어느 정도 종교의 기본 원리를 알고 있었고, 바라나시나 그 밖의 성지로 순례를 간 적도 있고, 아주 힘들게 닥쉬나무르띠 아슈따깜, 산스끄리뜨 슬로까들과 몇 편의 따밀어로 된 베단따 시를 암기하고 있었다. 실제로, 이것이 그녀의 모든 종교적 교육이었다. 하지만 아들과 시간을 함께 보낸 6년(1916-1922) 동안, 그녀는 (스와미를 비롯하여 아쉬람을 방문하는 다른 사람들과 계속 교제하거나, 스와미의 대화를 귀담아 듣거나, 그의 행동을 지켜봄으로써) 마하리쉬가 일반적으로 그의 헌신자들이 구원에 이를 수 있도록 알려 주는 모든 중요한 진리를 얻게 되었다. 이리하여 그녀는 새로운 시각으로 사물을 보기 시작했다. 그녀는 까샤야kashaya(황토색) 의복을 입고 집착 없는 마음으로 아쉬람에서 접대의 의식을 올리고 있었다. 선한 일들이 점점 쌓여 감으로써, 오래된 경향성(바사나vasana)들은 차츰 떨어져 나갔다. 그 후 사망하기까지 2~3년 동안 그녀는 여러 차례 병에 걸렸는데, 그것 또한 그녀에게 마음의 힘을 강하게 해주었고, 편안히 임종을 맞이할 수 있도록 그녀를 준비시켰다. 스와미는 그녀가 죽는 순간까지 놀라운 헌신으로 끊임없이 그녀를 보살폈는데, 밤에도 잠을 자지 못하거나 편안히 쉬지 못할 때가 많았다.

1922년 5월에 해당하는 점성학의 둔두비의 비까시 달에 알라감말의 병은 심각해졌다. 약물을 투여했고 병간호도 계속되었다. 스와미는 변함없이 그녀의 머리맡에서 시중을 들었다. 힌두 음력으로 나바미일 (日) 비사까-바훌라 시(時)에, 죽음은 가까이 다가오는 것 같았다. 스와미와 그의 제자들이 할 수 있는 일은 모두 다 한 상태였다. 이제 자연의 여신이 자신의 생각대로 행하고 있었다. 인간의 노력으로는 더 이상 할 일이 없었다. 그래서 수동적인 인내의 달인인 마하리쉬는 자연에 순종하는 스토아 철학자처럼 까르마의 교리[21]에 의지한 채, 어떠한 것도 운명의 여신이 정해 놓은 수명을 다 채운 생명을 구할 수 없다는 것을 충분히 이해하면서, 여전히 그의 마지막 임무를 수행하고 있었다. 이제 그의 유일한 일은 어머니의 가슴을 진정시키고, 그녀의 무의식적인 마지막 시간이 그녀에게 받아들이도록 허락할 도움을 그녀에게 주는 것이었다. 그의 오른손은 헐떡거리며 융기하는 그녀의 가슴 (생명이 다했음을 보여 주는 거친 헐떡거림인, 우르드바 스바사Urdhva Svasa로 가슴이 부풀림) 위에 있었고, 왼손은 그녀의 머리 위에 놓여 있었다. 제자들은 그녀의 생각에 적절한 변화를 주기 위하여 큰 소리로 라마나마 자빠Ramanama Japa를 했다. 다시 말해, 그녀가 죽기 전에 몇 시간 동안 일단의 제자들

---

21   62, 63쪽 참조. 거기서 그는 그의 어머니에게 운명의 여신에게 맡기라고 설법했다.

은 계속 신의 이름을 암송하고 있었다. 어떤 이들은 베다의 일부를 암송하기도 했다. 그러한 성스러운 암송이 이루어지는 중에, 알라감말은 힌두교 달력으로 나바미Navami 일(1922년 5월 19일) 오후 8시경에 숨을 거두었다.

임종이 다가오고 있던 낮 동안에, 마하리쉬와 몇몇 사람들은 식사도 하려고 하지 않았다. 저녁의 어둠이 내리기 시작할 때 식사가 준비되었고, 스와미는 식사의 권유를 받았지만 식사를 하지 않았고 다른 사람들에게는 식사를 하라고 했다. 밤에 어머니가 숨을 거두자, 스와미는 자리에서 일어나 아무 고통이 없는 목소리로, "자, 이제는 식사할 수 있습니다. 아무 불결함도 없습니다."라고 말하고는 다른 몇몇 사람들과 함께 식사를 했다.

스와미는 어머니의 죽음에 전혀 고통을 느끼지 않는 것처럼 보였다. 다른 한편으로, 그의 감정은 일종의 안도의 감정 같아 보였다. 다음은 제자인 마나바시 라마사미에르가 그의 일기에 적어 놓은 내용이다.

"스와미는 이제 아주 즐거워했다. 그리고 밤새도록 형제들은 노래(성가)를 부르고 있었다. 아마도 어머니를 간호하는 것이 무거운 굴레였을 것이고, 그녀가 죽자 그는 더 자유로움을 느끼는 것 같았다. 고정된 장소에 머물러야 할 필요도 없고, 다른 사람들의 도움을 받을 필요도 없고, 근심도 없다. 마치 새장에서 벗어난 새와 같이 자유로운 것이다. 내가 틀렸을지도 모른다. 그러나 나는 상황이 그러하다고 느꼈다."

이러한 이유 때문에 어머니의 죽음을 기뻐한다는 것은 몇몇 민감한 사람에게는 불쾌감을 줄지도 모른다. 그래서 죽음에 대한 슬픔과 죽음에 대한 두려움은 항상 공존하며, 이 둘은 사람이 죽음의 세계로, 다시 말해, 시인(셰익스피어)이 묘사한 "어떠한 여행자도 목적지에서 다시 돌아오지 못하는 그 미지의 나라"로 들어갈 때 해를 끼칠지도 모른다는 막연한 판단에 똑같이 기반을 두고 있다는 것을 말해 두는 것이 필요하다. 따라서 죽음에 대한 슬픔이나 두려움이 죽음의 세계로 들어갈 때 해가 되기 때문에, "죽어 가는 사람은 어떤 경건한 묘비명을 필요로 하게 된다."

시인들은 종종 우리를 속박하는 사슬에 금박을 입혀 시상의 모든 힘으로 그 사슬을 우리에게 고정시킬 때 우리에게 해를 끼친다. 우리의 일상적인 망상과 죽음에 대한 근거 없는 두려움은 우리의 열정과 결점을 움직이고, 그와 함께 "뛰어난 시"를 만들어 내는 훌륭한 소재로 이용된다. 영적인 구도자는 그러한 모든 시나 드라마, 소설 및 기타 유사한 문학을 없애 버리는 것이 더 나을 것이다. 왜냐하면 그들은 사람을 데하뜨마붓디dehatmabuddhi, 즉 몸이 사람이라는 생각에 기초한 일반적인 망상 속으로 더욱 깊이 빠뜨리는 경향이 있기 때문이다.

그러나 다른 한편으로 죽음, 슬픔, 두려움의 신들이 다가올 때, 우리는 그것들이 어른들을 놀라게 하는 것이 아니라 아이들을 놀라게 할 수 있는 단순한 가면이라는 것을 즉시 간파해서 다음과 같은 말을 하면서 그들을 물리쳐야만 한다.

"내가 너무도 맹목적으로 해석하여
그녀[22]를 나의 타고난 미덕으로 안아 줄까,
아니면 마음의 문턱에서

---

22   즉, 슬픔. 테니슨의 『인 메모리엄』 3장 (iv)

피와 같은 악덕처럼 아예 뭉개어 버릴까?"

일단 일반 사람들이나 특히 영적인 구도자들이 사물을 있는 그대로 보고 말하는 습관을 몸에 붙이게 되면, 진리의 관점에서 보면 그들에게는 그만큼 더 좋다. 그들은 수년 동안 스스로 망상에 흠뻑 젖어 있었고, 오직 외양으로만 판단해 왔다. 그들은 지체 없이 그릇된 외양의 가면을 벗어 던지고, 있는 그대로의 진리를 정면으로 대면하는 새로운 습관을 갖기 시작해야 한다.

마하리쉬는 오래전에, 즉 35년 전에 사물을 있는 그대로 바라보는 습관을 갖기 시작했다. 그에게 죽음은 단지 하찮은 것이 되었고, 단지 (**वाचारंभणं नामधेयं**), 즉 이름이나 형상의 문제에 지나지 않았다. 죽음이란 형상이 변화하여 새로운 이름이 필요한 것이 아니고 무엇이겠는가? 하지만 그 본질에 대해 말하자면, 그것은 변화하는가?

오! 나는 죽는가? 아니, 절대로. 내가 어떻게 죽겠는가?
죽음은 거짓말이다. 존재가 어떻게 죽을 수 있는가?

अच्छेद्योऽहमदाह्योऽहमक्लेद्योऽशोष्य एव च ।
नित्यससर्वगतः स्थाणुरचलोऽहं सनातनः ।।

나는 베일 수도 없고, 또한 불타거나 젖거나 마를 수도 없다.
나는 만물 속에서 영원하고 견고하며 흔들리지 않는다.

(바가바드 기따 2장을 각색)

심지어 이렇게 높은 수준까지는 이르지 못하였지만, W.T. 스테드의 『사후의 삶, 혹은 줄리아의 편지』에서나 혹은 엘사 바커의 『산송장의 편지』(또는 그 주제에 관하여 지난 30년간 출간된 수많은 작품)에 나타난 아스트랄의 몸, 즉 인간의 '숙슈마사리라sookshmasarira'의 진행 과정에 관한 이야기를 공부해 온 사람들이라면 그들은 개인의 삶이 사후에도 계속되며, 죽음은 사소한 형상의 변화에 지나지 않으며, 그리고 그 죽음의 실제 진실은 『가레더와 리네트』(『왕의 전원시』)에 나타난 우화에서 표현된 것과 같다는 확고한 확신을 얻을 것이다. 죽음이란 멋진 가면과 같아서 만약 대담하게 그 가면을 찢어 내면, 그 아래에는 살아 있는 젊은이의 웃는 얼굴이 드러날 것이다. 사실, "죽음과 삶은 동일한 한 사건의 다른 두 양상이며" 변화이다. 이 모든 변화를 초월해 있는 그것이 바로 실재이다. 삶의 한 형태의 죽음은 다른 형태의 삶이 되거나 다른 형태의 삶으로 이어지기 때문에 죽음과 삶은 상대적이다. 실재는 모든 이러한 것들을 초월해 있는 절대적인 상태이다. 마하리쉬는 오래전에 이 절대성을 깨달았고, 이러한 유한한 존재물을 초월해 있었다. 그는 원숭이나 개가 아쉬람에서 죽을 때 슬퍼하거나 울지 않았다. 그러니 알라감말이 죽었을 때도 왜 슬픔을 보이겠는가?

하지만 이 문제에는 또 하나의 측면이 있는데, 그것은 셰익스피어의 『십이야』에 등장하는 어릿광대에 의해 훌륭하게 표현되고 있다.

광대 아름다운 마돈나여, 나에게 당신이 바보임을 입증하도록 허락하소서.

올리비아 네가 그렇게 할 수 있니?

광대 물론이죠, 아름다운 마돈나여.

올리비아 증거를 대 보아라.

광대 마돈나여. 그러기 위해서는 당신에게 문답식으로 물어보아야 합니다. 자, 제 선한 생쥐가 대답할 것입니다.

올리비아 음, 이봐, 난 아무런 이유가 없으므로, 너의 증명을 기다릴 거야.

광대 아름다운 마돈나여, 왜 통곡하십니까?

올리비아 착한 바보여, 내 오빠의 죽음 때문이다.

광대 제 생각에 그의 영혼은 지옥에 있을 것 같습니다, 마돈나여.

올리비아 내 생각에 그의 영혼은 천국에 있을 거야, 바보여.

광대 마돈나여, 천국에 있는 오빠의 영혼에 슬퍼하는 것은 더 어리석은 일입니다.

알라감말이 죽은 후에, 그녀에게는 어떤 일이 일어났는가? 이 몸이라는 새장을 떠난 후 사람에게는 무슨 일이 일어나는가? 이것은 나찌께따스가 (『까또빠니샤드』에서) 죽음의 신에게, 자라뜨까라바 아르따바가가 (『브리하다란야까 우빠니샤드』 3장 2(13)에서) 자나까의 희생 의식에 참석한 야그나발끼야에게 던진 질문이다. 그 질문에 대한 답은 두 가지다. 즉시, 즉 비야바하라vyavahara의 관점에서 보면, 그 답[23]은 영혼이 다른 몸으로 이동해 간다는 것이다. 좋은 영혼은 인간보다 더 높은 세계로 가고, 중간 영혼은 다시 인간 사회로 돌아가며, 악한 영혼은 잔인한 짐승과 같은 더 낮은 형태의 존재로 가거나, 심지어 그보다 훨씬 더 낮은 고통의 세계로 가게 된다. 두 번째 답은, 즉 빠라마르띠까

Paramarthika(궁극적인) 관점에서 보면, 죽음은 미띠야갸나mithyajnana(환영)의 결과이며, 차이나 다원성(**나나뜨밤**)만을 지각하여 그 결과로 하나의 실재를 보지 못한 결과라는 것이다. 그래서 사람이 그러한 차이나 다원성을 버리게 되면, 죽음 그 자체는 자취를 감추고, 실재가 실현된다.

어느 쪽의 관점에서 보든지, 알라감말의 경우에는 그것이 성공했음에 틀림없다. 그녀는 훌륭한 일을 했으며 그 결과로 공덕(뿐야punya)을 쌓으면서 말년을 보냈다. 그 때문에 그녀의 뿌리 깊은 오점(바사나vasana)들을 제거하였다. 게다가 『바가바드 기따』 8장 6절은 다음과 같이 말하고 있다.

यं यं वापि स्मरन्भावं त्यजत्यन्ते कलेबरम् ।
तं तमेवैति कौन्तेय सदा तद्भावभावितः ॥

그것의 의미는

---

23 हन्तत इदं प्रवक्ष्यामि गुह्यं ब्रह्म सनातनं
यथा च मरणं प्राप्य आत्मा भवति गौतम ॥।
योनिमन्ये प्रपद्यन्ते शरीरत्वाय देहिनः
स्थाणुमन्ये प्रपद्यन्ते यथाकर्म यथाश्रुतं ॥
इह चेदशकद्बोद्धुं प्राक् शरीरस्य विस्रसः

참조. 까또빠니샤드 ii(v)6-7(v)4.

याज्ञवल्क्येति हो वाच यत्रायं पुरुषो म्रियते किमेनं जहातीति नामेत्यनन्तं वैनामानन्ता
विश्वेदेवा अनन्तमेव स तेन लोकं जयति॥९२॥ याज्ञवल्क्येति होवाच यत्रास्य पुरुषस्य
मृतस्याग्निं वागप्येति वातं प्राणश्चक्षु रादित्यं मनश्चन्द्रं दिशः श्रोत्रं पृथिवीं
शरीरमाकाशमात्मौषधीर्लोमानि वनस्पतीन्केशा अप्सु लोहितं च रेश्च निधीयते क्वायं तदा
पुरुषो भवतीत्याहरेसोम्य हस्तमार्तभागावामे वेतस्य वेदिष्यावो न नावेतत् सजन इति तौ
होत्रस्य मन्त्रयांचक्राते तौह यदूचतुः कर्महैव तदूचतुर्य यत्रप्रशशंसतुः कर्महैव तत्प्रशशंसतुः
पुण्यो वै कर्मणा भवति पापः पापेन.......

브리하다란야까 우빠니샤드 3장, 2.13.

"떠나는 영혼이 이 몸을 떠날 때에 끊임없이 생각하고 있던 것이 무엇이든 간에, 생각했던 것과 똑같은 형태로 그 영혼은 다음 생에 태어난다."

그녀가 임종을 맞이했을 때 스와미의 동생과 다른 사람들은 그녀가 슈리 라마의 형상을 통해 지고자를 생각할 수 있도록 하기 위하여, 큰 소리로 '라마 자빼Rama japa'(라마의 성스러운 이름을 암송)를 했으며, 또 신성한 시구들도 암송했다. 이러한 의식은 죽어 가는 사람들의 안녕에 관심이 많은 모든 경건한 사람들이 본받아야 할 것이다. 그녀의 숨이 끊어진 이후에도 (심지어 과학자나 의사들도 죽음이라고 부를 수 있는 정확한 시점을 정할 수 없고, 또 숨이 끊어진 후에도 얼마 동안 영혼이 시신 근처를 배회한다고 하기 때문에) 그들은 계속 신을 찬양하는 따밀의 찬송가인 '떼바람Tevaram'을 암송했다. 그래서 아마도 그녀는 천국에 대한 생각을 하면서 몸을 떠났을 것이고, 틀림없이 천국으로 갔을 것이다. 만약 그녀가 참나를 깨달을 만큼 충분히 앞서 있었다면, 그녀는 아마도 가장 높은 곳에 닿았을지도 모른다. 어쨌든, 그녀에 대한 슬픔은 불필요했다.

이어지는 장례 의식에서, 스와미는 대부분 침묵을 지키는 방관자로 있었던 것 같다. K.K. 가나빠띠 샤스뜨리는 망고나무 동굴에서 동트기 바로 전에 언덕으로 올라갔다. 시신을 어떻게 처리(화장이나 매장?) 해야 하는지의 문제는 이미 그날 밤 상정되고 논의되었다. 1917년(K.K. 가나빠띠 샤스뜨리의 아내인 비사락쉬가 여성 성자의 유해를 어떻게 처리해야 하는가의 일반적인 문제를 제기했을 때)에 마하리쉬의 대답은 매장을 찬성했다. 그래서 알라감말의 시신도 매장하기로 결정되었다. 전날 저녁, 친척들은 전보를 받았고, 다음 날 아침 일부 친척들은 모습을 드러냈다. 그동안 운구자로 나선 마하리쉬의 일부 제자들은 언덕 너머의 '빨라꼬 뚜' 숲 근처에 있는 빨리띠르땀으로 곧장 시신을 운구하여, 신성한 무화과나무인 아스와따 아래에 안치했다. 아쉬람에서 생활하는 사람들이 떠들지 않고 조용히 장례를 치르려고 아무리 노력했지만, 그 소문은 밖으로 퍼져 나갔다. 많은 군중이 '브람마나 스와미'를 낳은 어머니의 유해에 경의를 표하기 위해 몰려들었다. 정식으로 땅을 파고, 빼루말스와미와 다른 제자들이 적절한 절차에 따라 유해를 그 안에 안치하였다. 많은 성스러운 재와, 소금, 장뇌, 향 등이 뿌려져 유해를 덮었다. 그 다음 그 위에 석조 공사를 하고, 원뿔 모양의 석조 위로 링가Linga를 세웠다. 그때부터 알라감말의 신성화[24]는 완성되었다. 쉬바 신이나 "마뜨르부떼스와라Matrbhuteswara"와 동일시되고 있는 링가 속에 깃들어 있는 그녀의 영은 아비쉐깜abishekam(즉 목욕), 나이베디야naivedya(즉 음식), 장뇌, 아쉬또따라나마발리ashtotharanamavali(즉 108 이름의 암송) 등 정해진 절차에 따라 아직도 매일 숭배받고 있다.

마하리쉬가 인간의 모든 감정을 극복했을 만큼 깊이 철학에, 특히 까르마의 철학에 물들어 있다고 생각해서는 안 된다. 사실은 그 정반대이다. 본디 천성적으로 그는 동정심이 많은 사람이다. 하지만 그가 일반적으로 모든 감정과 그것의 표현 즉 드러냄을 억누르고 있지만, 그는 그의 전반적인 삶의 계획에 해가 되지 않는 한, 조심스럽게 자연

---

24 어떤 산야시나 노인이 죽을 때에도 만약 필요한 재산이 있고, 고인에게 경의를 표하고 "불후의 명성을 주고" 싶은 마음이 있는 제자들이나 친척들이 있는 경우에는 비슷한 장례 의식이 거행된다는 것을 알 수 있다.

의 섭리에 순응한다. 그의 동정심을 보여 주는 많은 예들이 지금까지 주목을 받아 왔다. 마나바시 라마스와미아이어는 마하리쉬가 그의 딸 라잠의 결혼식의 날짜와 시간, 즉 무후르땀을 정하는 데에도 즐거워했 다고 그의 일기에 적고 있다. 에짬말의 큰 불행에 대한 그의 동정심도 기록으로 남아 있다.

최근, 밀라뽀르에서 교사로 있는 K.S. 세샤기리 아이어는 아내와 자 식들을 데리고 와서 며칠 동안 마하리쉬와 머물면서 체류를 즐겼다. 왜냐하면 그들은 마하리쉬를 깊이 사랑하고 있기 때문이다. 젊은 부인 은 밀라뽀르로 가기 위해 작별을 고하려 했을 때 눈물에 목이 메어 아 무 말도 못한 채 흐느껴 울 수밖에 없었다. 마하리쉬도 똑같이 감동을 받고 눈물을 흘렸다. 그러나 곧 자세를 가다듬고는 "아루나짤람으로 간다고 생각하세요."라고 말했다.

제21장

라마나 마하리쉬와 세샤드리스와미

विद्वानेव विजानाति विद्वज्जनपरिश्रममम्

현자만이 현자의 노고에 대한 가치를 알 수 있다.

제19장의 내용을 판단 근거로 삼아, 띠루반나말라이의 사두들이 혹은 심지어 그들 중 상당수가 '브람마나 스와미'에게 반대하는 사람들이라고 추측해서는 안 된다. 그곳에 있던 수천 명의 사두들 중 소수만이 그에게 적의를 가지고 있었다. 그들 가운데 상당한 수는 스와미를 크게 존경하였다. 일부는 스와미와 아주 친하게 지냈다. 사람들은 띠루반나말라이에는 두 개의 눈, 즉 세샤드리스와미와 라마나 마하리쉬가 있고, 그들이 있음으로 인해 그 마을이 신성화되었다고 흔히 말했다. 세샤드리스와미는 1929년 1월 14일 그의 몸을 떠났다. 그리고 그의 평판이나 영향력의 정도는 그의 유해를 추모하러 온 수천 명의 군중이 자연스럽게 운집한 것만 봐도 알 수 있었다. 생존해 있는 스와미(마하리쉬)도 특히 까르띠까이 축제와 같은 행사 때에는 마찬가지로 존경을 받았다. 이 두 사람이 접촉한 시점과, 그들의 태도나 행동에 있어

190 ●

까비아 칸따 가나빠띠 샤스뜨리

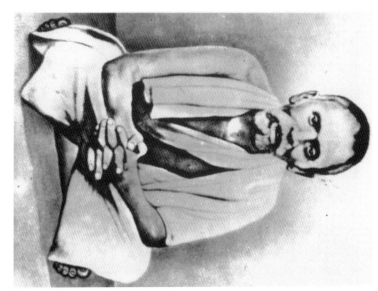

쎄샤드리 스와미

춘장기의 슈퍼 라마나스람

서 몇 가지 두드러진 유사점과 차이점을 언급하는 것이 매우 적절할 것이다.

세샤드리스와미는 1870년 바주르Vazhur(북 아르꼬뜨 지역의 완디와쉬 자치구)에서 태어난 아슈따사하스람 브람민 출신으로, 경건하고 학식 있는 학자이며 이야기꾼인 외삼촌 까마꼬띠 사스뜨리아르에 의해 양육되었고, 외삼촌(주로 외할머니 마라까땀말을 통하여)을 통해 성악과 뿌라나 경전, 특히 『라마야나』와 『마하바라따』의 내용에 능통하게 되었고 또 좋아하게 되었다. 그는 유연한 기억력을 가진 사람인 에까산따그라히 ekasantagrahi였다. 14세의 어린 나이에 그는 산스끄리뜨 문학의 주요 책들을 충분히 습득했고, 산스끄리뜨로 쉽게 그의 생각을 표현할 수도 있었다. 그는 항상 진지했고, 고향인 꼰제바람에서 아버지와 함께 조상으로부터 물려받은 집에서 살았다. 그는 여신 까막쉬에게 열심히 헌신하였다. 그리고 무까빤짜사띠Mukapanchasati를 암송하면서 까막쉬의 성소를 밤낮으로 돌았다. 17세가 될 무렵에는 샥띠Shakti(즉 발라Bala) 만뜨라를 전수받고, 한밤중에 혼자 마을에서 떨어진 강 근처의 공동묘지나, 가족의 수호신인 뻬리안다바르를 모신 성소에 가서 영적인 수행을 계속했다. 그는 샥띠의 비전을 보고 그 때문에 큰 변화를 겪은 것 같다. 그는 곧 집안 문제나 공부와의 모든 접촉을 끊어 버리고, 떠돌아다니면서 강한 집중력으로 많은 만뜨라의 자빠 수행에 몰두했다. 종종 밤을 지새며 명상을 하기도 하였다. 그러나 그는 주변의 모든 사람들로부터 홀대를 받았다. 그래서 때때로 그곳을 떠나 마만두르, 뻬룩깔라낫땀, 띤디바남, 띠루반나말라이 혹은 빠다베두 등과 같은 장소로 가서 그곳이 그에게 어울리는지를 알아봤다. 그러나 이러한 장소들 가운데 띠루반나말라이만이 가장 적합한 곳임을 알고, 1890년경에 그곳으로 갔다. 친척들은 그를 고향인 꼰제바람으로 데려가기 위해 띠루반나말라이로 찾아왔지만 헛수고였다. 그는 약 39년 동안 띠루반나말라이를 떠난 적이 없었다. 최초에는 분명히 목적 없이 떠돌다가 그곳으로 왔지만, 그동안 줄곧 그는 바이라기야_{vairagya}(무집착)와 만뜨라자빠_{mantrajapa}를 완성하겠다는 목표를 가지고 있었다. 이러한 따빠스는 대략 10년의 세월이 흐르면서 완성되었고, 그는 이따금씩 사람의 생각을 읽고 멀리서 사물을 보거나 먼 미래의 것을 정확하게 예언하는 증거를 보여 주고 있었다.

에픽테투스는 "덕이 있는 자만이 우정, 즉 영원한 우정을 가질 자격이 있다."고 말했다. 세상의 재산에 집착하는 자들은 그들의 친구로부터 점점 멀어진다. 때때로 증오는 사랑을 대신한다. 라마나 마하리쉬와 세샤드리스와미처럼 집착이 전혀 없는 이 두 사람은 당연히 서로 친구가, 영원한 친구가 될 수 있을 것이다. 이러한 기대는 여러 가지 사실들에 의해 충분히 증명되고 있다.

그들은 많은 공통점을 가지고 있다. 두 사람 모두 무집착(바이라기야_{vairagya})을 성취한 브람민 출신의 독신자들이었고, 17살 또는 19살(발달의 위기 단계)에 집을 떠났다. 각자 이른 나이에 아버지를 여의었다. 둘다 아주 총명했고 기억력이 좋았다. 두 사람 다 아루나짤라에서 멀리떨어진 곳의 토박이였지만, 어릴 때부터 둘은 아루나짤라에 깊이 헌신하고 있었다. 둘 다 고향을 떠날 때까지 전통적인 관습을 따랐지만, 띠루반나말라이에 도착한 직후에는 둘 다 음식 등과 같은 문제에 있어서 까스뜨 제도의 편견을 버렸다. 사실상 두 사람 모두 브람민 출신이 먹지 않는 음식을 먹으며 살았다. 그 둘은 죽을 때까지 띠루반나말라이를 떠나지 않겠다는 결심을 하고 그곳을 떠나지 않았다.

세샤드리는 마하리쉬보다 일찍 도착했다. 1890년경 띠루반나말라이에 왔을 때 그는 매우 박학한 사람이었다. 그는 산스끄리뜨 시를 짓고, 베다, 빤짜 까비야Pancha Kavya 등과, 산스끄리뜨 문법, 작시법, 점성학 책들에 능통했으며, 음악 이론에 조예가 깊은 뛰어난 가수였다. 이 모든 것에서 라마나 마하리쉬는 세샤드리와 정반대였다. 세샤드리는 약간 "본정신에서 벗어난" 사람으로 대우를 받고 있었는데, 아마도 어떤 이유가 있을 것이다. 사실상, 18세부터 그는 어디에 있든지, 다시 말해, 그가 꼰제바람에 있든, 까베리빡깜에 있든, 띠루빳뚜르 혹은 띠루반나말라이에 있든, 많은 사람들에게 약간 미친 사람으로 간주되었다. 그리고 많은 사람들이 몰려들어 부탁하는 것을 피하고 싶을 때는 종종 미친 척하였다. 브람마나 스와미는 결코 정신 이상의 어떠한 기미도 보이지 않았고, 미친 척도 하지 않았다. 대신 그는 침묵(모우남mownam)의 규율을 채택했고, 그 침묵이 마찬가지로 호기심을 가지고 찾아오는 사람들과 북적대는 성가신 사람들을 피하는 데 도움을 주었다.

세샤드리스와미는 새로 도착한 사람인 브람마나 스와미가 이미 감각적인 매력을 초월했고, 외부의 대상으로부터 감각과 마음을 거두어 들였으며, 참나를 명상하며 끊임없이 사마디에 들어 있는 아주 보기 드문 훌륭한 사람이라는 것을 알아보았다. 그래서 자신이 줄 수 있는 모든 도움을 그 아우에게 주려고 했다. 그는 브람마나 스와미에게 돌을 던지고 그릇 조각을 던지던 성가신 아이들로부터 그를 구해 주려고 노력했다. 그는 대략 1899년과 1900년 사이에 빠발라꾼루에서 다시 아우를 만났고, 여기서 대부분의 사람들, 예를 들면 아루무가 스와미(산기슭에 그의 종단을 소유하고 있음)와 라자마닉깜말과 같은 방문객들은 이들에게 뿐만 아니라 다른 사두들에게도 마찬가지로 환대를 해주었다. 브람마나 스와미가 아루나짤라 산으로 올라갔을 때, 세샤드리스와미는 그를 만나기 위하여 그의 동굴로 올라갔으며, 가끔씩 그와 함께 식사도 하였다. 세샤드리스와미는 대부분의 그의 행동에서 주제넘지 않게 하려고 노력했고, 그의 목적은 설령 있다 하더라도 대부분 겉으로 드러나지 않았다. 그러나 어떤 경우에는 그의 목적이 명백하거나 분명했다. 천성적으로 감사하는 마음이 아주 강했으므로 세샤드리스와미는 그의 은인들에게, 다시 말해, 그에게 음식과 거주지를 제공해 준 사람들에게 혜택을 주려고 노력했다. 띠루발루르 출신의 수브람만야 무달리라는 사람은 (그의 어머니와 아내인) 알란까랏땀말과 까맛찌 암말과 함께 1908년과 1909년 이래 주로 사두들을 부양하는 데 그들의 시간과 관심과 재산을 쓰고 있었다. 그들은 20년 넘게 브람마나 스와미와 딸린 식솔들을 부양하기 위하여 스와미에게 식사를 제공했으며, 세샤드리스와미가 있을 때면 그에게도 음식을 주었다. 자신의 직무에 충실한 세샤드리스와미는 수브람만야 무달리가 세상적인 활동에서 손을 떼고, 그의 내면으로 그리고 신을 향해 방향을 돌리도록 노력했다. 그래서 무달리가 브람마나 스와미와 함께 머물고 있던 1900년 경에 세샤드리스와미는 망고나무 동굴로 올라가서 무달리에게 이렇게 말했다. "이보게, (나의) 아우는 봉급이 만 루삐이고, 내 봉급은 천 루삐 일세. 당신은 적어도 100루삐의 봉급을 벌려고 노력해야 하지 않겠는가?" 무달리는 세샤드리가 봉급이라고 말할 때 그것은 영적인 성취도를 가리키고, "아우"라는 말은 브람마나 스와미를 가리키고 있다는 것을 깨달았다. 하지만 그는 토지 소송과 재산 취득의 전망과 재산 증가에 너무 깊이 개입해 있었다. 그래서 "스와미, 시간이 없습니다. 소송 건을 비롯해 제가 신경 써야 할 문제들이 많습니다."라고 대답하였다. 세샤드리는 거듭 그를 조르며, 참나의 학문은 배우기가 매우 쉽고, 그렇게 배우지 않으면 무달리는 브람마나를 죽이는 죄인 "브람마 하띠야Brahma Hatya"를 초래할 것이라고 지적하면서, "매번 어리석은 미룸을 꾸짖었다." 무달리는 놀란 나머지, 그가 더욱 신뢰하고 있던 브람마나 스와미를 찾아가 이 말을 전했다. 그러자 스와미는 "그렇습니다. 그대가 브람만이라는 사실을 알지 못함으로써 브람만을 죽인다고 할 수 있습니다."라고 대답했다.

세샤드리스와미는 보통 대부분의 사람들이 그에게 접근하지 못하게 했다. 하지만 어떤 사람이라도 라마나 스와미의 헌신자로 알려지면, 즉시 그의 생각을 읽음으로써 그 사실을 알아내어 그들에게 알맞은 답이나 치료법을 주었다.

1906년 이래로 매일 라마나스라맘에서 라마나 마하리쉬와 그의 방문객들에게 음식을 주었던 에짬말은 세샤드리스와미가 그녀의 집에 들를 때마다 종종 그에게도 음식을 드렸다. 세샤드리스와미는 산에서, 즉 라마나 마하리쉬의 아쉬라마에서 돌아오는 그녀를 만날 때마다, "그녀가 라마나 스와미에게 음식을 드렸는지를" 물어보며, 해질 무렵에는 그녀를 집까지 바래다주곤 했다. 그는 대체로 영적인 문제에 관하여 충고해 주는 것을 아주 꺼려했다. 그러나 위의 무달리의 경우처럼 라마나의 제자인 경우에는 특별 취급을 했다. 그녀가 "마하바끼야

Mahavakya(위대한 말씀)들은 무엇이며, 그 말씀의 취지는 무엇입니까?"라고 묻자, 그는 그 주제에 관하여 (어떤 책도 참고하지 않고) 몇 시간 동안이나 강의했다. 그의 학식과 영적인 통찰력의 깊이를 보고 에짬말의 집에 모인 사람들은 놀라움을 금치 못했다. 또 어느 날 그는 그녀의 집에 잠깐 들렀을 때 그녀가 숭배의식을 올리고 있는 것을 보고, 그녀에게 무엇을 숭배하고 있는지를 물었다. "오직 당신의 초상화와 라마나 스와미의 초상화"가 그녀의 대답이었다. 세샤드리 스와미는 "왜 당신은 디야나dhyana (명상) 수행을 하지 않습니까?"라고 물어보았다. 에짬말은 이미 어떤 구루로부터 명상을 배워, 의식이 완전히 사라진 황홀한 무아지경에서 하루 이틀을 보낼 정도의 경지에 도달해 있었지만, 이토록 저명한 세샤드리스와미로부터 가르침을 좀 받고 싶어서, 디야나 (명상)를 어떻게 하는지를 물어보았다. 즉시 세샤드리스와미는 그녀의 작은 방 한가운데서 가부좌를 틀고 바른 자세로 앉아, 흔들림 없는 시선을 유지하며 사마디(황홀한 무아지경)에 들고, 네댓 시간 이상 그렇게 사마디에 있다가, 마지막에는 사마디에서 깨어나며, "에짬말, 알겠지요?"라고 말했다. 그는 그녀에게 많은 진리를 가르쳐 주었으며, 그녀가 하나밖에 없는 (양녀) 딸 쩰람말을 잃었을 때는 그녀를 위로하며 그녀의 마음을 강하게 해주었다.

세샤드리는 항상 사람들에게 그들이 선택한 영적 발달의 특별한 수행법을 고수하라고 충고해 주었다. 그는 '만뜨라 경전'의 달인이었으며, 필요한 조건을 적절하게 지켜 가면서 끊임없이 만뜨라를 암송함으로써 자신이 가장 많이 기도하는 신(이슈따데바따Ishtadevata인 까막쉬나 샥띠, 즉 발라 신에 대한 비전(달샨darsan)을 이미 얻었다. 그는 다른 수많은 만뜨라 수행도 하여, 만뜨라 입문을 하기 위해 그를 찾아오는 특정한 사람의 목소리 떨림만 보고도 그에게 적합한 특정한 만뜨라를 끄집어내곤 했다. 세샤드리는 자기를 찾아온 사람들이 이미 라마나 스와미에 대한 믿음을 가지고 있다는 것을 알았을 때는 그들에게 마지막까지 라마나 스와미에게 헌신하라고 말하곤 했다. 그러한 경우에 가끔 그는 자기 자신을 라마나 스와미와 동일시하거나, 아니면 두 사람 가운데 어느 누구를 섬겨도 실제로 전혀 차이가 없다고 지적해 주었다.

(띠루쭐리 출신의) 락슈미암말은 약 12년 전에 처음 띠루반나말라이를 방문하여 에짬말과 함께 머물렀고, 라마나 마하리쉬를 섬기면서 한 주를 모두 보냈다. 그리고 그 주의 마지막 날에는 에짬말에게 "여기 일주일을 머물렀지만 아직 세샤드리스와미를 보지 못했어요."라고 말하였다. 그 다음 날 그녀가 산에 있는 라마나 마하리쉬의 아쉬람으로 가는 길에 사원을 통과하여 지나갈 때, 그녀는 그 사원에서 세샤드리스와미(자기 주변이나 혹은 멀리 있는 사람들의 생각을 읽고, 적절하다고 생각되는 때에 그들을 피하거나 그들 앞에 나타나는 것은 그에게는 아주 쉬운 일이었다)를 보고 그에게 절을 하면서, 마음속으로 자신은 이 세샤드리스와미를 섬길 만큼의 은총을 받지 못했다고 생각했다. 말로 표현하지 않은 그녀의 생각에 대한 대답으로, 세샤드리스와미는 *"இங்கே என்ருல் என்ன அங்கே என்ருல் என்ன?"* "여기에 있든지(나를 섬기든), 저기에 있든지(즉, 라마나 스와미와 함께 지내면서 섬기든지) 아무 상관이 없습니다."라고 말했다. 그는 음식을 가져다주는 사람들을 자주 피했지만, 가끔씩 라마나 마하리쉬의 제자들이 살고 있는 아루나짤라 대사원의 북동쪽 물라이만따빰에 들러서 음식을 청하곤 했

다. 그리고 "여기엔 다른 사람들은 없는 것 같아요."(즉 라마나 마하리쉬의 제자들 이외의 사람들)라고 말한 뒤, 접시 앞에 앉아 음식을 먹기 시작하곤 하였다. 다른 곳에서는 자기 접시의 음식을 여기저기 뿌리면서 결코 자기 음식을 전부 먹은 적이 없었다. 그러나 이때 음식을 접대하는 사람들이 "스와미, 이것은 빅샨나bhikshanna(탁발한 음식)입니다. 그래서 어떤 음식도 버려서는 안 됩니다."라고 말하면, 그는 "예, 나는 음식을 버리는 게 아닙니다."라고 대답하곤 하였다. 한번은 1914년경에 약 한 달 동안 정기적으로 비루빡샤 동굴을 방문하여 라마나 마하리쉬와 함께 식사를 하였다. 그러나 어느 날, 라마나 마하리쉬를 돌보고 있던 깐다스와미는 세샤드리스와미가 음식을 버리는 것을 보고 그를 나무라면서, "계속 이렇게 하시면, 더 이상 음식을 안 주겠습니다."라고 말하였다. 이러한 문제에 매우 민감했던 세샤드리는 다시는 산으로 올라가 마하리쉬와 함께 음식을 먹지 않았다. 빨라니스와미도 이전에 이런 것을 보고 아주 속상한 나머지, "허! 세샤드리는 현명한 사람이 아니야, 갸니도 아니야. 그는 음식을 여기저기 뿌렸고, 우리는 그를 비난했어. 그러자 그는 다시는 아쉬람에 음식을 먹으러 올라오지 않았지."라고 말하였다.

세샤드리는 자신에 대한 이야기가 좋든 싫든 전혀 신경 쓰지 않았다. 그러나 빨라니스와미의 말이 세샤드리에게 전해지자, 그것은 라마나스람에 대한 그의 행동과 관련되어 있었기 때문에, 세샤드리는 음식을 뿌린 자신의 행동을 변호하기 위하여, 사람은 자기 주변에 다른 (아마도 굶주린) 동물들이 있을 때는 자기 앞에 놓인 음식을 모두 먹어서는 안 된다고 말하며, '스라다sradha'와 다른 '만뜨라'를 인용하여 4원소들,

영들, 약샤들Yakshas, 락샤사들Rakshasas 등이 어디에나 다 있다는 것을 보여 주었다.

अपगच्छन्तु ते भूता ये भूता भुवि संस्थिताः
आगमार्थंतु देवानां गमनार्थ तु रक्षसाम् ।

라마나 마하리쉬의 제자인 소마순다라스와미는 한동안 잠시 마하리쉬의 아쉬람을 떠났으며, 누구를 찾아가 더 안내받아야 할지를 몰라 마음이 동요되고 있었다. 그래서 어느 날 밤 그는 아루나짤레스와라 사원 내의 동쪽 큰 탑 가까이에 있는 깜바띨라야나르 사원으로 가서 세샤드리스와미를 기다렸다. 왜냐하면 세샤드리스와미가 자주 거기에서 밤을 보내고 있었기 때문이다. 세샤드리스와미는 도착하자마자 소마순다라스와미를 보고 그의 마음을 읽었으며, 그래서 그에게 "라마나에게 가세요."라고 권하였다. 소마순다라가 여전히 주저하며 기다리자, 세샤드리는 더욱 강한 어조로 "가세요. 라마나에게 가세요. 여기에 머물지 마세요!"라고 말하였다. 그래서 소마순다라는 곧장 마하리쉬에게 갔으며, 그때 시각이 새벽 한 시였다.

종종 라마나 마하리쉬를 방문하여 아쉬람에서 봉사를 하던 찌담바람 출신의 C.K. 수브람만야 샤스뜨리는 어느 날 밤 앞서 언급한 깜바띨라야나르 사원에 있게 되었다. 자신의 영적인 성장을 돕기 위해 그는 이따금 마약인 마리화나(까나비스 인디까canabis indica 식물)의 도움에 의존했는데, 그 마약은 뿌르나띨레히얌Purnathilehyam이라고 하는 과자 속에 들어 있었다. 불행히도 이번에는 사용된 마약이 분명히 정제되지 않던 모양이다. 그래서 가련한 샤스뜨리는 그 과자가 자신을 영적으로 만들어 주기는커녕 더욱 육욕적으로 만들어 준 것을 알고 괴로웠다. 왜냐하면 육욕적인 생각들이 그의 머릿속에 물밀듯이 일어났기 때문이다. 어찌할 바를 몰라 그는 세샤드리스와미를 찾아가 그의 앞에 엎드렸다. 세샤드리스와미는 곧바로 어떤 상황인지를 알고는, "나는 이미 당신에게 이 마약을 사용하지 말라고 했지만, 당신은 지금까지 그 마약을 사용했군요."라고 말하였다. 사실, 세샤드리는 이전에 그와 같은 충고를 그에게 한 적이 없었다. 그러나 라마나 마하리쉬는 그런 충고를 해주었다. 그래서 샤스뜨리는 세샤드리스와미가 자기 자신을 라마나 마하리쉬와 동일시하고 있다는 것을 알게 되었다.

청부업자인 A. 벤까따라마 아이어가 세샤드리스와미 앞에 서서 라마나 마하리쉬를 생각하자, 세샤드리스와미는 "இது என்ன நினைக்கிறதோ பரமபாவனம்" "마하리쉬를 찾아가 보면 마음의 죄가 깨끗이 없어질 겁니다."라고 말해 주며 그를 격려해 주었다.

1908년에 마하리쉬의 제자인 바수데바 샤스뜨리는 이 두 영적인 거장(라마나 마하리쉬와 세샤드리스와미) 사이의 매우 재미있는 장면을 목격했다. 세샤드리스와미는 마하리쉬가 있는 망고나무 동굴로 올라가 그의 앞에 앉아서 그를 응시했다. 그는 일반적으로 2, 3분이면 충분히 어떤 사람이라도 그의 생각과 성격을 읽을 수 있었다. 하지만 한참 동안 마하리쉬를 응시한 뒤에, 세샤드리스와미는 마하리쉬를 향해 갑자기 "இது என்ன நினைக்கிறதோ தெரியவில்லையே," "이 사람이 생각하는 것은 잘 모르겠어."라고 말하였다.

그러나 마하리쉬는 침묵으로 일관하였다. 그러자 세샤드리가 말했다.

세샤드리 "아루나짤레스와라를 숭배하면, 그분이 구원해 줄 것이다."

마하리쉬 "숭배하는 자는 누구이고, 숭배를 받는 자는 누구입니까?"

세샤드리 "분명하지 않은 점이 바로 그것이네."

그러고는 큰 소리로 껄껄 웃었다.

그러자 마하리쉬는 약 한 시간 동안 일원성에 대한 참된 아드바이따의 깨달음을 설명하였다. 세샤드리스와미는 조용히 인내심을 가지고 귀를 기울여 들은 뒤 일어나서는 "나는 모르겠네. 이 모든 것은 나에게 분명하지 않다네. 나는 여하튼 숭배를 할 뿐이라네."라고 말하였다. 그렇게 말한 뒤, 아루나짤라 산에 엎드려 10번이나 15번 정도 경배를 드린 후 산을 내려갔다.

그러나 세샤드리스와미가 아드바이따(비이원)의 깨달음에 결코 관심을 가지고 있지 않았다고 가정하는 것은 옳지 않을 것이다. 그는 다른 한편으로 라마나의 헌신자들에게 여러 차례 그 상태를 간결하게 표현한 적이 있다. 한때 에짬말은 그녀의 집에서 한 박학한 학자인 샤스뜨리가 해석해 주는 『바가바드 기따』를 듣고 있었다. 그때 세샤드리스와미가 그녀 집에 잠깐 들렀다. 학문에 대한 자부심으로 우쭐해진 그 학자는 세샤드리스와미를 쳐다보며, 지식과 참나 깨달음 사이의 차이에 관하여, "이 사람을 보세요. 그는 앞으로 일곱 세대 이상을 거쳐도 갸나jnana를 성취할 수 없습니다."라고 언급했다. 세샤드리는 이 무례함과 모욕을 참으며 잠시 머물다가, 떠나면서 "사람이 음식을 맛볼 때, 그 맛보는 자가 누구인지를 그대가 안다면, 그대는 그분을, 즉 브람만을 알게 된 셈이라네."라고 말하였다.

한번은 문학사인 발라바누르 C. 나라야나스와미가 아그라하람에 있는 아이어의 집 근처에서 물소를 쳐다보고 있는 세샤드리스와미를 보았다. 아이어는 스와미에게 "스와미께서는 무엇을 보고 계십니까?"라고 물어보았다. 세샤드리는 "나는 이것을 보고 있네."라고 대답했다. 그러자 아이어는 "스와미께서 보고 계신 것이 물소입니까?"라고 물었다. 그러자 세샤드리는 C.N.(나라야나스와미)을 향하여 (물소를 가리키며) "이것이 무엇인지를 말해 보게나."라고 물었다. C.N.은 "물소입니다." 라고 대답하였다.

"எருமையா? எருமையா? எருமை! பிரமம் என்று சொல்."

"물소라고? 물소? 물소 좋아하시네! 브람만이라고 좀 하시오."

이것이 바로 세샤드리가 그곳을 즉시 떠나면서 던진 말이었다.

나따나난다스와미가 마하리쉬를 찾아가 보려고 할 때, 세샤드리스와미가 그에게 던진 충고는 뒷장에서 소개하겠다.

세샤드리스와미가 라마나 마하리쉬에게 품고 있던 높은 존경심과 그가 이따금 자기 자신을 마하리쉬와 동일시하던 일은, 세샤드리가 자치국 위원회 서기인 T.V. 수브람만야 아이어에게 언젠가 던졌던 묘한 말을 설명해 준다. 그는 세샤드리에게 깊은 애정을 가지고 있었고, 세샤드리 또한 그에게 많은 관심을 가지고 있었다. 언젠가 아이어가 세샤드리스와미와 단 둘이 있을 때, 세샤드리스와미는 분명히 영적인 발달에 아주 필수적인 구루에 대한 믿음(구루박띠gurubhakti)을 더욱 성장시켜 주기 위하여 그에게 "여기에는(즉 띠루반나말라이에는) 신의 세 가지 링가(화신 혹은 눈에 보이는 표시)가 있다는 것을 알고 계십니까?"라고 물었다.

아이어 세 가지 있다는 것은 모릅니다. 하나의 링가는 산, 즉 죠띠르 링가입니다. 그것밖에 모릅니다.

세샤드리 아니요. 아니요. 당신은 셋 다 알고 있어요.

아이어 스와미. 아닙니다. 다른 두 개가 뭔지를 알려 주세요.

세샤드리 아니. 알고 계신다니까.

아이어 아닙니다. 스와미.

세샤드리 하나는 라마나 스와미라고 하지요.

아이어 예, 스와미. 이제 두 번째 것을 알겠습니다. 세 번째 것은 무엇입니까?

세샤드리 당신은 그것도 알고 있어요.

아이어 아니요. 스와미. 모릅니다.

세샤드리 세 번째 링가는 세샤드리라고 하지.

아이어 그게 바로 스와미 당신이 아닙니까, 그렇죠?

세샤드리 알고 있으면서.

아이어 모릅니다.

세샤드리 그렇습니다. 바로 나입니다.

이 이야기를 끝맺기 전에, 꿈 하나를 들려주면 두 스와미가 얼마나 우호적인 관계를 유지하고 있었는지를 잘 알 수 있을 것이다. 정신분석을 공부하는 학생들이라면 사람의 가장 내면에 있던 생각들이 흔히 꿈을 통하여 표면으로 올라온다는 것을 잘 알 것이다. 마하리쉬는 1930년 3월에 제자들에게, 그가 며칠 전에 꿈에서 세샤드리스와미를 만났나고 이야기하였다. (꿈속에서) 세샤드리는 면도를 하고 있었다. 마하리쉬는 그에게 다가가, 그의 등을 두드리며, "이봐요."라고 말하였다. 세샤드리는 올려다보며 그의 등을 두드린 사람이 마하리쉬인 것을 알고서, 일어나 수분 동안 그를 꽉 껴안았다.

세샤드리의 장례식 때, 마하리쉬는 산으로 올라가 수천 명의 사람들 속에서 성자를 매장하는 정식 절차를 지켜보면서 약 한 시간 동안 있었는데, 그의 참석으로 그는 장례 행사의 장엄함과 성스러움을 한층 더 고조시켜 주었다.

제22장

아쉬람에서 일어난 강도 사건

악한 자를 대적하지 말라. 누구든지 네 오른뺨을 치면, 왼뺨도 돌려 대라.

-마태복음 5장 39절

아버지시여, 저들을 용서하여 주옵소서. 자신들이 하는 일을 알지 못하기 때문입니다.

-누가복음 23장 34절

진정한 금욕주의와 이타심의 건전성을 시험하는 가장 좋은 방법 가운데 하나는 부와 그 문제를 직시하는 방법이다. 부는 육신의 모든 편안함과 영혼의 허영을 나타낸다. 왜냐하면 감각적 쾌락에서부터 "뮤즈신의 불길에 불붙은 향"에 이르는 거의 모든 것이 돈을 주면 즉시 혹은 적당한 때가 지나서 혹은 적절한 조처를 취할 때면 다 가질 수 있기 때문이다. 금욕주의와 이타주의는 필연적으로 허영심과 쾌락에 대한 의도적인 거부를 수반한다. 그러므로 이들은 부를 피하고 "청빈"을 최고의 목표로 소중히 여기는 방향으로 나아간다. 이들보다 더 낮은 단계에서조차 부의 유혹을 순간적으로나마 무시하는 극기는 높은 인격을 강화하고 입증해 주며, 찬가 작가나 예언자, 시인, 철학자 등에 의해서 노래로 예찬되거나 찬양되었다. 알렉산더가 국왕이나 황제로서 누렸던 지고한 영광 따위는 조금도 개의치 않고 욕조에서 살았던 디오게네스는 스토아 철학의 이상이다. 번즈와 같은 시인들은 다음과 같은 시구로 청빈을 자랑하고 있다.

겁쟁이와 같은 노예, 우리는 그의 옆을 지나쳐 간다.
그럼에도 불구하고 우리는 가난하기를 자처한다.
....
정직한 사람은 비록 가난하지만,
그럼에도 불구하고 그는 인간의 왕이다.
....
자유로운 마음을 가진 사람은
그 모든 것을 보며 웃는다.

예언자들은 전혀 지칠 줄 모르게 부에 대한 탐욕이 모든 악의 근원이라고 맹렬히 규탄하며, 부자들에게는 다음과 같이 여러 말을 인용하며 경고하고 있다. "부자가 신의 왕국에 들어가기보다 낙타가 바늘구멍을 통과하는 것이 더 쉽다." 그들은 자유로이 받았으므로 자유로이 베풀어야 한다. 그들은 "좀이나 녹도 슬지 않고, 도적이 침입하여 훔치지도 않는 천국에" 보물을 쌓아 두어야 한다. 그들은 하나님과 부의 신을 동시에 섬길 수가 없다. 그리고 찬송가 작가는 "볼지어다. 이들은 신을 섬기지 않는다. 왜냐하면 그들은 세상에서 성공하고 그들의 부는 늘어 나기 때문이다. 확실히 주께서 그들을 미끄러운 곳에 두시며, 그들을 파멸에 던지시니."라고 외치면서 부자들을 다른 누구보다 더 통렬히 비난한다.

이보다 훨씬 더 어조가 강한 것은 『까따 우빠니샤드』이다. 왜냐하면 거기서 죽음의 신인 야마는 이렇게 말하고 있기 때문이다.

न सांपरायः प्रतिभाति बालं प्रमाद्यन्तं वित्तमोहेन मूढम्।
अयंलोको नास्ति पर इति मानी पुनः पुनर्वशमापद्यते मे।।

"어리석은 자는 현재도 그렇듯이 부에 완전히 속아 사후세계에 대하여 생각하지 않는다. '지금 이 세계 이외에는 아무것도 없다.'는 말에 너무도 설득된 나머지, 그는 거듭 나의 그물에 걸려든다."[25]

그러나 맹렬히 규탄하거나 비난하거나 칭찬하거나 설교하기는 쉽지만, 이들의 타당한 근본 원리를 정확히 어느 정도로 실생활에서 실천할 수 있는지를 알아내는 것은 정말로 가장 어려운 묘기이다. "청빈"을 지키겠다고 맹세한 한 탁발수도사는 가끔 너무 무리하게 자신의 계율을 따르다가 몸과 마음을 망쳐 버리며, 때로는 위선자로 드러난다. 특히 숲이나 바다에 들어가는 것이 제한되던 그 당시에는 한 개인(그리고 심지어 한 집단)이 세상의 부의 경쟁에 뛰어들지 않고 생활필수품을 얻기란 거의 불가능한 일이다. 심지어 거지 사회 속에서도 경쟁은 있으며, 그래서 거지 사회에는 영혼과 몸을 해칠 수 있는 위험이 따라다닌다.

마하리쉬는 처음부터 아주 순수하고 무집착의 생활을 영위해 왔기 때문에 빈곤 속에 버려진 적이 결코 없었다. 음식이 그가 원한 전부였으며, 신은 그에게 남아 돌아갈 만큼의 많은 것을 주었다. 그러나 그에

---

25 『바가바드 기따』 16장 10~20절도 참조하라.

게 딸린 식솔들과 방문객들이 그들에게 필요한 것들을 그와 그의 아쉬람이 해결해 주리라고 기대하기 시작하면서부터 사회적 혹은 경제적인 문제가 나타났다. 그 문제는 때에 따라 정도의 차이는 있지만 성공적으로 해결되었다. 식솔들은 자신과 스와미의 음식을 탁발했기 때문에 스와미에게는 어떤 문제도 일으키지 않았다. 그러나 '바이라기야 vairagya'(즉, 부에 대한 초연함)와 금욕에 관한 그의 명성이 점점 널리 퍼져감에 따라, 먹을 양식과 심지어 사치품들이 그에게 쏟아져 들어왔다. 운명의 여신이란 바로 이러한 것으로, 자기를 걷어차는 자의 뒤를 바싹 따라다니기 때문이다. 그러자 이러한 부의 유입을 어떻게 처리해야 할 것인가 하는 문제가 대두하였다. 스와미는 자기 자신에 대하여 조금도 주저함이 없었다. 구루무르땀에서 젊은 스와미를 숭배하는 사람들이 오후나 저녁에 갖가지 먹을 것을 가지고 왔을 때, 그들은 한쪽 구석 의자에 앉아 눈을 감고 있는 그를 발견했다. 그리고 그들은 곧바로 (당시 스와미를 돌보고 있던) 빨라니스와미에게서, 다음 날 정오까지 스와미께서 눈도 뜨지 않을 것이며, 더군다나 아무것도 드시지 않을 것이라는 말을 들었다. 그래서 방문객들은 가져온 음식을 그곳에 있는 사람들에게 직접 나누어 주고 떠나야만 했다. 그러나 스와미가 산에 있으면서 사람들과 더욱 어울리는 생활을 했을 때도 봉헌물이 많이 들어왔는데, 이때 그는 그 봉헌물을 어떻게 처리했을까? 그는 '평등하게 나눈다.'라는 황금률을 적용하는 데 결코 주저하지 않았다. 그는 그곳에 있는 사람들이 같이 나눌 수 없는 물건이면 결코 받으려고 하지 않았다. 먹을 것이 들어오면, 그는 접시에서 조금 집어 들었고, 나머지는 즉시 거기 있는 사람들 사이에 분배되게 하였다. 선물로 가져온 물건이 설령 값비싼 사과와 같은 진기한 물건이라 해도 똑같은 규율이 적용되었다. 아주 깊은 애착을 가진 숭배자가 10루삐나 20루삐의 가치가 있는 애정 어린 선물들을 가져오면, 그 모든 것은 몇 분 안에 그곳에 있는 모든 사람들, 다시 말해, 어린 남녀, 성인 남녀, 부자 빈자 가릴 것 없이 모든 사람의 입 속으로 사라질 것이다. 대체로 어떤 물건도 다른 때를 위하여 혹은 스와미만을 위하여 따로 떼어 놓지는 않았다. 그리하여 이러한 문제의 해결은 모든 사람들 사이에서 마하리쉬의 인기를 높여 주었고, 그의 평등과 부에 대한 무관심의 명성을 널리 퍼지게 했다. 그리고 그것으로 말미암아 선물의 유입은 다시 늘어났지만, 실제로 아쉬람은 계속 가난한 상태였다. 마하리쉬는 그가 띠루반나말라이에 도착했을 때 갖고 있던 3루삐 반을 버린 이후로 돈을 전혀 만지지 않았다. 혹자는 마하리쉬가 어쨌든 그를 돌보는 사람들과 아쉬람을 찾아오는 방문객들 속에서도 부와 가난의 문제를 성공적으로 처리했다고 생각할 것이다. 그러나 이 세상에 완벽한 것이란 아무것도 없다. 그래서 아쉬람에서 보여 준 가난의 일반적인 성공은 그 예외를 가지게 되었는데, 다음에서 그것을 설명하겠다.

스와미가 거절했던 웃단디 나이나르의 백 루삐의 재산이 스와미가 사용하도록 혹은 스와미가 승인하는 그런 용도에 사용하도록 G. 세쉬에르에게 맡겨졌다. 이런 식으로 재산은 이따금 스와미와 그의 아쉬람에 붙어 다녔다. 스와미의 어머니가 돌아가셨을 때는 아주 많은 돈과 물품이 들어왔으며, 천 명이 넘는 사람들에게 음식이 주어졌다. 스와미가 거주지를 스깐다쉬람에서 빨리띠르땀 근처의 작은 집으로 옮겼을 때, 그녀의 무덤(사마디samadhi) 주변과 또 인접해 있는 저수지 주변의 땅은 외관을 좋게 보이도록 꾸며야 했으며, 그리고 '난다바남nandavanam' 즉 화원의 목적으로 이용되어야만 했다. 그리고 좋은 건물 하나가, 즉 스와미와 그를 따르는 사람들을 위한 아쉬람이 필요했다. 그러자 수천 루삐가 모금되어 자유로이 사용되었고, 여러 채의 초가집이 지어졌다. 이는 부동산의 소유를 의미했고, 이러한 부동산은 항상 걱정거리와 골 칫거리를 몰고 온다. 마하리쉬의 해결법은 엉킨 매듭을 단칼에 잘라 해결한 알렉산더 대왕의 방식과 같은 것이었다. 그가 망고나무 동굴 을 사용하고 있을 때, 수백 루삐의 기부금이 건물 개량 사업에 지출되 었다. 그리고 마하리쉬는 이러한 개량 사업이 끝난 직후에는 그 동굴 을 떠나 다른 동굴, 즉 스깐다스람으로 옮겨갔다. 거기에서 또다시 자 유로이 모금을 하여 깔끔한 석조 건물을 짓고 거기에 좋은 정원을 마 련하는 데 그 돈이 지출되었다. 그런 다음 권리의 문제와 사유재산권 의 주장이 몇몇 돌보는 사람들(물론 마하리쉬 자신은 결코 아님) 사이에서 일어났다. 그 결과 불행한 분열의 조짐이 나타났으며, 그것은 그때 이 후로 그의 돌보는 사람들 사이에서 아쉬람의 일치된 생활을 망가뜨리 게 되었다. 1922년 11월에 그가 그 아쉬람을 떠나 빨리띠르땀으로 갔 을 때 재산이 들어왔고, (이미 언급했던 것과 같은) 식물들로 무성한 정원 과 훌륭한 작은 건물들이 무덤 곁에 세워졌다. 스와미는 결코 이러한 것을 좋아하지 않았고 어떠한 소유도 원치 않았다. 그러나 세계는, 특 히 가난, 빈곤, 범죄의 세계는 이러한 귀중한 재산의 소유권을 항상 마 하리쉬와 연관시켰다. 다양한 행사 때마다 헌신자들이 돈이나 먹을거 리를 아낌없이 기부했고, 많은 일반 사람들은 변함없이 거기에서 음식 을 먹었으며, 일반적으로 아쉬람에서 음식을 먹는 사람의 수는 평일에

만도 50명이나 그 이상에 달했다. 갑자기 여섯 명이나 심지어 열두 명이 밀어닥쳐도 전혀 어려운 문제가 아니었고 지금도 어려운 문제는 아니다. 그리고 음식은 그들 모두에게 제공되었고 지금도 제공되고 있다. 왜냐하면 어쨌든 필요에 따라 돈이든 아니면 물품이든 항상 들어왔고 또 들어오고 있기 때문이다. 대체로 소비를 하고 난 뒤에 남는 것은 거의 없었으며, 예비로 따로 보관되는 것도 거의 없다. 하지만 거지들이나 범죄자들, 무지한 외부 사람들은 아쉬람이 부유한 기관이라는 인상을 받았고 또 받고 있다. 많은 사람들이 근사한 저녁 식사를 하기 위해 거기로 갔다. 왜냐하면 스와미와 함께 앉아 정식 요리를 제공받지 않고 쫓겨난 사람은 아무도 없기 때문이며, 아니면 적어도 스와미가 식사를 들기 전에, 식당 밖에서 음식을 가난한 사람들에게 분배해 주었기 때문이다. 많은 사람들은 아쉬람을 그 흘러넘치는 자선에 의해 그들이 확보할 수 있는 것을 얻기 위한 "좋은 대상"이라고 생각했다. 그러나 가끔 몇몇 대담한 사람들은 산으로 올라와 도덕적 혹은 신체적 압력을 이용하여 스와미나 아쉬람으로부터 재산을 탈취하려고 했다.

약 일 년 전에 뚱뚱하고 살찐 한 젊은이가 아쉬람에 들렀다. 아무도 제지당하지 않았고, 모든 방문자들은 들어가겠다고 알리거나 허락을 받을 필요도 없이 어떤 시간에도 스와미를 만날 수 있기 때문에, 이 젊은이도 바로 스와미에게 다가가서 절을 하고 그의 앞에 앉았다. 그는 스와미에게 단도직입적으로 (영어로) "당신은 신을 깨달으셨겠지요?"라는 질문으로 포문을 열었다. 그 상황에서 그런 질문을 던진다는 것은 영국의 예의범절(새 방문자는 분명히 영어와 영국의 에티켓을 알고 있다고 주장했다)로 보나, 스와미에 대한 인도의 행동 규범으로 보나 타당한 것으로 보기 어려웠다. 스와미는 침묵을 지켰다. 방문객은 삼시 기다렸다가, 그의 첫 번째 시도가 실패한 것을 알고도 얼굴을 붉히지도 않은 채, 스와미가 앉아 있는 호랑이 가죽(그 비싼 가격 등에도 불구하고 아마도 스와미는 그것을 제자로부터 사랑의 선물로 받았을 것이다. 경전에서는 그것을 요가의 좋은 보조 기구라고 규정하고 있다)에 눈길을 던지면서 두 번째 풍자적 공격을 시도했다. "스와미지, 호랑이를 죽이는 것은 죄입니까?" 이것은 마찬가지로 예의범절이나 영문법에 상관없이 새로 온 방문자가 던진 질문이었다. 이 두 번째 노력도 실패로 드러났다. 스와미는 즉시 그 방문객이 그를 논쟁으로 끌어들여 그를 진퇴양난에 빠뜨려 꼼짝 못하게 하고 싶어 한다는 것을 알아차리고 침묵을 지켰다. 그 방문객은 분명히 스와미로 하여금 동물을 죽이는 것은 죄가 아니라고 말하게 하거나, 혹은 그 행위의 선동자임을 시인하게 하려고 시도했다. 거기에 있던 누군가가 공허한 일반적인 교리는 아무 도움이 되지 않을 것이며, 답변도 특수 상황에 달려 있는 것이라고 방문객에게 설명해 주려고 애썼다. 하지만 설명을 다 하기도 전에 방문객은 건방지게 "나는 당신에게 질문하지 않았소. 오직 스와미의 답변만을 듣고 싶소."라고 말하였다. 그래서 10분 또는 15분 동안 완전한 침묵이 흘렀고, 방문객은 스와미가 앉아 있던 홀을 떠났다.

아쉬람에 거주하고 있던 한 사람이 그 방문객에게 어떻게 생활하고 있는지 묻자, 그는 솔직하게 부유한 종단(뭇뜨)들의 재원을 가끔씩 뜯어먹으면서 산다고 말했다. 방문객은 다음으로 "이곳 스와미지는 부자 스와미입니까?"라고 물었다. 이 방문객이 마하리쉬에게 빌붙어, 불살생(아힘사ahimsa)의 원칙을 지키지 않은 것이나 아마도 말로 표현할 수 없는 참나 깨달음의 내용에 대하여 교묘한 질문을 던짐으로써 특히 그를 궁지에 몰아넣은 뒤에 돈을 좀 우려내려고 시도한 것은 여기에 무성하고 넓은 정원과 훌륭한 명상 홀이 있었기 때문이기도 하다. 돈을 갈취하려던 그의 시도가 실패로 돌아가고, 또한 그가 우연히도 부를 잘못 보았으며 실제로 가난한 스와미를 만나게 되었다는 것을 알고서, 그 방문객은 아쉬람에서 한두 끼의 식사만 한 뒤에 그곳을 떠났다.

만약 이 방문객이 '점잖은 갈취'라고 할 수 있는 방법을 통해 스와미나 아쉬람에 폐를 끼쳐 가면서까지 재산을 우려내려고 시도했다면, 마찬가지로 마하리쉬가 '부자 스와미'라고 착각을 했던 다른 사람들도 점잖은 수법을 이용하는 일을 멈추지 않았다. 1924년 여름철 몇 달 동안에 두 번이나 도둑들이 야간에 아쉬람에 들어와서 가져갈 만한 물건은 다 가져갔다. 첫 번째 경우에는 벽에 구멍을 뚫고 사원이나 스와미 어머니의 '사마디'로 들어와 눈에 띄지 않게 몇 가지 물건을 가져갔다. 일주일 후에는 몇 명의 강도들이 더 대담한 강도 행각을 벌였다. 그 사건에 대한 이야기를 간략하게 하면, 겉으로 부유해 보이는 것조차 얼마나 화근을 포함하고 있으며, 얼마나 완벽하게 마하리쉬가 부와 심지어 자신의 몸에 대하여 철저하게 무관심했으며, 심지어 가장 어려운 상황 속에서도 그가 얼마나 침착하고 냉정하고 신중하며 이타적인가를 보여 주는 데 도움이 될 것이다.

1924년 6월 26일, 어느 깜깜한 여름날 밤 11시 30분경이었다. 마하리쉬는 평소와 같은 시각에 평소와 같은 장소인 어머니의 사마디 앞에 있는 길쭉한 홀의 상단으로 이미 물러나 휴식을 취하고 있었다. 네 명의 제자들 역시 홀 안의 각기 다른 창문 근처에서 휴식을 취하고 있었

나. 사정이 넘어서 그들 가운데 두 사람인 꾼주스와미와 마스딴은 밖에서 어떤 사람들, 즉 도둑들이 "안에 여섯 명이 누워 있어."라고 큰 소리로 말하는 것을 들었다. 마스딴은 "누구시오?" 하고 물었다. 도둑들은 두 명의 제자가 누워 있던 근처의 유리 창문을 깨는 것으로 대답을 대신하였다. 처음부터 끝까지 안에 있는 사람들의 마음에 공포심을 조성하는 것이 그들의 명백한 의도였다. 꾼주와 마스딴은 창문 근처에 있던 침상을 떠나서, 보다 안전한 장소인 마하리쉬가 있던 홀의 상단 근처로 물러났다. 그러자 도둑들은 마하리쉬 근처의 창문 쪽으로 달려가 그곳의 유리창도 깼다. 마하리쉬는 조용히 앉아서 움직이지 않았다. 그러자 꾼주는 홀의 북쪽 문을 열고, 도움을 청하러 인접해 있던 오두막으로 가서 (또 다른 제자인) 라마크리슈나를 데려왔다. 그 사이 열린 문을 통하여 아쉬람에 있던 개 두 마리, 즉 까루빤과 잭이 밖으로 나갔고, 도둑들은 무자비하게 그 개들을 때렸다. 아픈 까루빤은 즉시 안으로 달려 들어왔지만, 잭은 멀리 도망갔다. 꾼주가 다시 홀 안으로 돌아왔을 때, 꾼주와 마하리쉬는 도둑들에게 가져갈 만한 물건이 거의 없지만, 어서 들어와서 원하는 대로 가져가라고 말했다. 여전히 도둑들은 그들의 말에 귀를 기울이지 않고 계속 벽을 파며 창틀을 빼내려 했다. 그러자 젊은 청년인 꾼주가 위협을 가하기 시작하면서, 만약 그들이 계속 위해를 가한다면 몽둥이로 실컷 때려 줄 것이라고 말했다. 그리고 남쪽 문 밖으로 나가 도둑들과 대항하려고 했다. 마하리쉬는 밖으로 나가지 못하게 그를 막았다. "이들(도둑들)이 그들의 역할(다르마 dharma)을 하도록 그냥 놔두십시오. 우리는 우리의 역할에 충실합시다. 그들이 하고 싶은 대로 하도록 놔두십시오. 참고 억제하는 것이 우리

의 할 일입니다. 그들을 방해하지 마십시오." 마하리쉬와 또 마하리쉬의 지시를 따른 꾼주가 보여 준 냉정한 자제(띠띡샤hitiksha)의 이러한 표시에도 불구하고, 도둑들의 엄포와 횡포는 도를 더했다. 그들은 창문 쪽으로 폭죽도 던졌고, 이것으로 그들이 화기를 휴대하고 있다는 인상을 불러일으키도록 하는 데 성공했다. 또다시 그들은 꾼주의 위협에 신경 쓰지 말고 들어와서 원하는 물건을 모두 가져가라는 말을 들었다. 그때 꾼주는 북쪽으로 난 문을 통해 집을 떠났고, 사람들의 도움을 청해 마하리쉬가 안전할 수 있도록 조처하기 위해 들판을 가로질러 마을로 갔다.

그 사이에 라마크리슈나는 또다시 도적들에게 말을 걸어, 불필요한 소란을 피우지 말고, 원하는 대로 가져가고 하고 싶은 대로 하라고 요청했다. 도둑들은 초가 지붕을 태워 버리겠다고 협박했다. 마하리쉬는 그들에게 그렇게 하지 말라고 말하며, 안에 있는 다른 사람들과 함께 홀을 떠나 멀리 가겠다고 제안했다. 이것은 바로 도둑들이 원한 바여서, 그들은 동의했다. 마하리쉬는 제일 먼저 아픈 개 까루빤을 안전한 장소로 옮기고 싶었고, 그래서 라마크리슈나에게 도둑들이 까루빤을 때려죽이지 못하도록 개를 옮겨 달라고 요청하였다. 라마크리슈나는 까루빤을 밖으로 데려나가서 북쪽 헛간에 두었다. 그가 돌아오기 전에, 마하리쉬는 다른 제자들, 즉 딴가벨루 삘라이, 마스딴 그리고 무니사미에르와 함께 북쪽 문 밖으로 나왔다. 도둑들은 밖으로 나온 그들을 분명히 무력화시킬 목적으로 한 사람씩 무자비하게 막대기로 때렸다. 마하리쉬는 왼쪽 넓적다리 위를 한 대 맞자, 즉시 그들에게 "아직 속이 차지 않으면, 오른쪽 다리도 때리세요."라고 말하였다. 그러나

악한의 마음은 그가 스와미의 말대로 하도록 허용하지 않았을 것이다. 아니면 아마도 라마크리슈나가 때마침 다가와서 스와미의 머리 위로 두 손을 뻗어 도둑이 내리치는 타격을 막으면서 마하리쉬를 북쪽으로 데려갔을 것이다. 곧 구타당한 일행은 북쪽 헛간의 빤달_{pandal}(가네샤 신을 숭배하기 위해 세워진 임시 혹은 상설 건축물)에 도착하여 거기에 앉았다. 도둑들은 그들에게 거기 있으라고 지시하면서, "조금이라도 여기서 움직이면, 너희 머리를 박살내 주겠다."라고 덧붙여 말했다. 마하리쉬는 도둑들에게 "홀 전체가 당신들 차지니, 하고 싶은 대로 하시오."라고 말했다. 그리고 나서 도둑 한 명이 돌아와서는 유리 갓을 두른 램프가 필요하다고 말했다. 마하리쉬는 그것을 그에게 주라고 지시했고, 라마크리슈나는 그에게 불이 켜진 램프를 주었다. 또다시 도둑 한 명이 돌아와서는 서랍의 열쇠를 달라고 했다. 하지만 이것은 꾼주가 가지고 가 버렸기 때문에 없었다. 그래서 그 사실을 도둑에게 알려 주었다. 도둑들은 찬장을 부수어 열고는 면도기 하나와 가나빠띠(가네샤) 신상, 그리고 (세 줄의 신성한 재를 상징하는) 사마디 위의 링가(쉬바를 상징) 상에 각각 부착되어 있던 은제 금속판, 약간의 쌀과 몇 개의 망고를 가지고 갔다. 도난당한 아쉬람 재산의 총 가치는 10루삐였다. 방문객인 땅가벨라의 현금 6루삐도 도난당했다. 엄청나게 실망한 도둑 한 명이 몽둥이를 치켜들고 와서는, "돈은 어디 있지? 돈을 어디다 둔 거야?"라고 재촉했다. 마하리쉬는 그 도둑에게 아쉬람 사람들은 헌금으로 받아 가며 살아가는 가난한 사두_{sadhu}들이라서 돈이 하나도 없다고 말해 주었다. 그 도둑은 거듭 돈이 있는 곳을 추궁했으나, 똑같은 대답을 듣고는 다시 홀로 돌아갔다.

그 도둑이 돌아간 뒤에, 마하리쉬는 몽둥이를 여러 대 맞은 라마크리슈나에게 통증을 완화시키도록 암리딴잔을 좀 바르라고 말해 주었다. 마하리쉬는 다른 제자에게도 똑같이 하라고 했다. 이 사건에 대한 라마크리슈나의 질문에 대하여, 마하리쉬는 자신과 더불어 아쉬람에 있던 모든 사람들이 적절한 뿌자pooja를 받았다는 대답을 해주었다. 뿌자는 글자 그대로 숭배를 의미하지만, 여기서는 몽둥이찜질을 의미했다. 그리고 나서 라마크리슈나는 마하리쉬의 왼쪽 넓적다리 위쪽이 맞아서 부어오른 자국을 보았다. 그는 가까이에 있는 철제 도구를 집어 들고 홀 안으로 들어가고 싶어했다. 그래서 마하리쉬에게 도둑들이 무엇을 하는지 보러 가게 해 달라고 했다. 마하리쉬는 순식간에 그의 마음을 읽어 내고는 폭력을 사용하지 못하게 막았다. "우리는 사두들이므로 사두의 다르마Dharma를 포기해서는 안 됩니다. 그대가 가서 그들에게 타격을 가하면 살인 사건이 생길지도 모릅니다. 그렇게 되면 세상 사람들은 당연히 우리를 비난하지, 그 도둑들을 비난하지 않을 것입니다. 이들은 미혹된 사람들입니다. 그들은 무지에 눈이 멀어 있습니다. 하지만 우리는 무엇이 옳은지를 보고 그것을 지키도록 합시다."라고 그는 말했다. "가끔씩 우리의 이빨은 갑자기 우리 자신의 혀를 깨물어 버립니다. 그렇다고 해서 그대는 그 이빨을 뽑아 내겠습니까?"

이렇게 하여 마하리쉬는 라마크리슈나가 자신의 구루를 다치게 한 자들에게 느꼈던 복수욕을 진정시켰다.

새벽 2시쯤 도둑들이 떠났다. 나중에 꾼주가 관리자인 라마크리슈니에르와 두 명의 경찰을 데리고 왔다. 마하리쉬는 아직도 북쪽의 오두막에 조용히 차분한 상태로 앉아서 여느 때와 다름없이 영적인 문제에

내하여 제사들과 이야기를 나누고 있었다. 경찰들은 마하리쉬에게 무슨 일이 일어났는지를 물어보았다. 그는 감정에 사로잡히지 않고 차분하게 어떤 바보들이 아쉬람에서 강도질을 하고는 그들의 수고에 상응하는 것이 하나도 없다는 것을 알고는 실망한 채 가 버렸다고 말했다. 경찰들은 이러한 사실을 기재한 뒤에 관리자와 함께 떠났다. 그러자 무누사미에르(아쉬람에서 뿌자 의식을 행하는 어린 소년)가 관리자를 쫓아가 마하리쉬와 다른 사람들이 도둑들에게 구타를 당했다고 말하였다. 그러자 관리자는 돌아가서 경찰서에 제반 사실을 보고했다. 아침에 경감과 부경감 그리고 순경장이 아쉬람으로 왔다. 이들을 뒤따라 곧 부감독관이 왔다. 마하리쉬는 그의 부상에 대하여 이들 누구에게도 말하지 않았다.

그날과 그 다음 며칠이 지나면서도 마하리쉬는 그 도둑들에 대하여 분노나 원망의 말을 결코 하지 않았다. 실제로 그는 그 사건에 대하여 거의 언급을 하지 않았다. 며칠 뒤, 즉 1924년 7월 2일에 도둑들은 구속되었고 아쉬람의 재산 일부는 그들로부터 되찾았다. 도둑들은 깔라꾸리찌 자치구 출신의 세 명의 이룰라르 인으로, 그들은 바로 재판에 회부되어 다음 달에 지역 치안판사로부터 유죄 판결을 받고, 각기 다른 형기의 징역형에 처해졌다.

많은 사람들은 만약에 어느 누군가가 당신의 오른쪽 뺨을 때린다면 다른 왼쪽도 그 때리는 자에게 내주어야 한다고, 그리고 증오는 증오로 대하지 말고 사랑으로 대하라고 말하거나 글을 쓴다. 그러나 그것을 실천하는 이는 거의 없다. 극심한 신체적 고통을 침착하게 견디면서, 모두가 위험이나 고통에 처해 있음에도 불구하고 아픈 개의 안전과 제자들의 고통을 덜어 주는 문제를 먼저 생각할 수 있는 사람은 더더욱 없다. 이 강도 사건은 실제로 젊은 스와미가 빠딸라링가, 일룹빠이 나무 아래, 그리고 구루무르땀에 머물렀을 때 그를 특징지어 주었던 자기정복, 자기소멸, 마음의 평정(사마뜨바samatva), 무집착(바이라기야 vairagya), 용서, 그리고 자선이, 숭배자들과 제자들로부터 충분한 안락과 관심, 지나친 찬사와 숭배를 받아 오던 26년 동안 전혀 사라지지 않고 오히려 더 성숙했다는 것을 입증해 주는 시금석으로 다가왔다.

제 23 장

동물 친구들

영웅이 사라지거나 참새가 죽어가는 것을
누가 만물의 신처럼 평등한 눈으로 보겠는가?
……
그에게는 높고 낮음도, 위대하고 하찮음도 없다.

-알렉산더 포프

크고 작은 모든 것을 가장 사랑하는 이가 기도를 가장 잘 한다.

-사무엘 테일러 코울리지

아쉬람을 처음 찾아오는 모든 사람들에게 감명을 주는 라마나 마하리쉬의 한 가지 특징은 그가 동물을, 특히 아쉬람에서 살아가는 동물들을 다루는 방식이다. 그는 창문 밖을 내다보며 "락슈미가 왔군요. 그녀에게 즉시 쌀밥을 좀 주세요."라고 말한다. 새로 온 사람 같으면 어떤 어린 소녀가 식사를 하겠거니 생각한다. 그러나 곧 "락슈미"란 이름을 듣고 암소 한 마리가 안으로 들어온다. 그는 또다시 "그 애들은 음식을 받아먹었습니까?"라고 묻는다. 아마도 혹자는 여기서 키우거나 혹은 구경하러 온 어린 소년들이 있을 거라고 생각한다. 그러나 곧 두 마리의 개가 휘파람 소리를 듣고 나오더니, 각자 한 접시 가득한 쌀밥을 받아먹는다. 마하리쉬는 그 중 한 마리를 가리키며 "그는 물을 먹고 싶어 하는군요."라고 말한다. 그는 어린 고양이에게 "로즈"라고 이름을 부르며, "여기로 좀 오렴. 음식이 나올 때까지 잠시 여기 누워서 기다리려무나."라고 말한다. 우리가 며칠, 몇 달, 몇 년 동안 스와미를 지켜보더라도, 그가 이 동물을 "그것"이라고 부르거나 혹은 사람보다 낮게 대우하는 것을 결코 보지 못한다.

마하리쉬가 아쉬람의 안팎에 있는 동물들을 대하는 방식에 대한 해답은 곧 알게 된다. 우선 세상적인(비야바하리까vyavaharika) 관점에서 볼 때, 그는 그들을 영혼으로 간주한다. 아마도 그들은 전생에서 인간이었을지도 모르지만, 어쨌든 그 영혼들은 여러 전생을 거치면서 쌓은 행동(까르마karma)의 결과를 받아야 하며, 그래서 그들은 지금 아쉬람에서 그 까르마를 받기 위해 시련을 겪고 있는 것이다.

> "우리와 더불어 떠오르는 영혼, 즉 우리 생명의 별은
>
> 다른 곳에서 졌다가,
>
> 멀리서 온다네."

그래서 그 동물들의 성격이나 영혼은 절대로 무시되어서는 안 되며, 아쉬람에 있는 그 누구도 서로 다른 어떤 가설에 입각하여 그 동물들에게 차별 대우를 해도 안 된다.

두 번째로 그의 삶에 대한 관점은 좀처럼 비야바하리까vyavaharika, 즉 세상적인 유형에 속하지 않기 때문에, 그는 영적인 비행에서 점점 더 높이 날아오른다. 그래서 이슈와라(신)처럼, 그 높은 곳에서 보면, 이 세상의 생물(과 동물들)은 한 덩어리가 되어, 인간과 짐승은 차이가 없게 된다. 그래서 그의 관점에서 보면, 포프Pope가 아주 적절하게 표현하

고 있듯이,

"만물은 하나의 거대한 전체의 부분들일 뿐이며
그 전체의 몸은 대자연이요, 그 영혼은 신이다.
그것은 만물을 통하여 변했지만, 만물 안에서 동일하다.
천상의 세계에서처럼, 지상에서도 위대하고,
태양 속에서 따뜻하고, 산들바람 속에서 상쾌하며,
별들 속에서 빛나고, 나무 속에서 꽃을 피우고,
모든 생명을 통하여 살아가며, 전 범위에 뻗어 있고,
분리되지 않은 채로 퍼져 있으며, 소모되지 않는 채로 작용한다.
우리의 영혼 속에서 숨을 쉬며, 우리의 유한한 몸 속에 충만해 있고,
한 올의 머리카락 속에서도 심장만큼 충만하고 완벽하며,
슬퍼하는 타락한 사람 속에서도, 신을 찬미하다 불타 죽은
황홀한 천사만큼 충만하고 완벽하다.
그에게는 높고 낮음도, 위대하고 하찮음도 없다.
그는 모든 것을 채우고 구속하며 연결하고 같게 한다.
아무것도 이질적이지 않으며, 부분은 전체와 관련되어 있다.
만물로 뻗어 가고 만물을 보존하고 있는 하나의 영혼은
가장 크고 가장 작은 개개의 존재를 서로 연결시켜 준다.
짐승은 인간의 도움으로 만들어지고
인간은 짐승의 도움으로 만들어진다.
만물이 서로 도움을 주고 도움을 받는다.
홀로 서 있는 것은 아무것도 없다.

존재의 사슬은 계속 지속되며,

그것이 어디에서 끝나는지는 아무도 모른다."

스와미는 항상 존재의 하나임을 깨닫고 있어서,

"이 세상에 홀로 존재하는 것은 아무것도 없다.

모든 것은 신의 법칙에 의해,

서로의 존재 속에 섞여 있다."

는 것을 알고 있다.

개

스와미가 아루나짤라 산으로 온 이래로 30년 이상 동안 개는 그의 친구로서 아쉬람에서의 생활을 함께하였다. 그는 자기의 족보만큼이나 그들의 혈통에 대해서도 잘 알고 있다. "이 까말라는 나이 많은 귀부인입니다. 저 '닐라'와 '잭'은 그녀의 자식이고, '로즈'와 이 어린 꼬마들은 그녀의 손녀지요."라고 그는 아쉬람을 처음 찾는 사람에게 말하곤 한다. 그는 까말라가 누워서 죽어 갈 때 새끼 강아지들에게 말을 걸면서, "아가들아, 너희 할머니에게 가 보렴. 곧 너희들을 떠날 거니까."라고 말했으며, 까말라가 죽은 후에는 마치 자기를 찾아온 어떤 제자가 죽어 그에게 조의를 표하듯 로즈에게 이렇게 말했다. "로즈야,

너는 할머니 까말라를 잃었구나." 그는 아쉬람에서 살았던 일련의 개들을 기억한다. 그들은 죽은 선조들을 추모하는 뜻으로 같은 이름을 부여받았지만, 그들을 서로 구별하기 위하여 여기서는 그들을 각각 1세, 2세 등으로 부른다. 잭 1세가 이 계열의 첫 번째였다. 그 다음 잭 2세가 그의 뒤를 이었다. 이 책의 목적은 그들의 전기를 쓰는 것이 아니라 오로지 스와미에 대하여 글을 쓰는 것이기 때문에, 아쉬람에서 살던 개들에 대한 몇 가지 사실만을 여기서 언급하며, 스와미가 이들 친구들이나 제자들에 대하여 어떤 태도를 취하고 그들을 어떻게 대우해 주었는지를 보여 줄 것이다. "제자"나 "친구"란 말이 (많은 사람들에게 믿을 수 없는 것처럼 보일지도 모르지만) 이러한 개들에게 도덕적 목적과 영적인 원칙이 있고 또 영적으로도 발전할 수 있다는 것을 암시하고 있기 때문에, 독자에게 웃음을 불러일으킬 필요는 없다. 이들 여러 마리 개들에 대한 스와미의 이야기를 들어 보면 쉽사리 믿지 않는 독자들의 의심은 없어질 것이다. 이러한 개들 중 어떤 개라도 무작위로 골라 살펴보자. 다음은 스와미께서 몇 달 전에 이 글의 필자에게 들려준 이야기다.

"찐나 까루빤은 온 몸이 완전히 검은색이었습니다. 그래서 그런 이름을 얻게 되었지요. 그는 지조가 고결한 사람이었습니다. 우리가 비루빡샤 동굴에 있을 때 어떤 검은 개가 우리에게 가까이 다가오지 않고 그냥 지나쳐 가곤 했습니다. 우리는 가끔 그가 수풀 위로 머리를 내밀고 엿보는 것을 볼 수 있었지요. 그의 바이라기야_vairagya (즉 무집착)는 매우 강한 것 같았습니다. 그는 어느 누구와도 사귀지 않았으며, 실제로 교제를 피하는 것 같았습니다. 우리는 그의 독립심과 무집착을 존중하였고, 그가 있는 곳 부근에 음식을 갖다 놓고 돌아오곤 했습니다. 어느 날, 우리가 올라가고 있을 때 까루빤은 갑자기 우리의 길로 뛰어들어 두 앞발을 내 몸에 올려놓은 채 꼬리를 흔들며 아주 기뻐하였습니다. 그가 애정을 과시하기 위하여 여러 사람들 가운데 어떻게 나를 골라내었는지는 불가사의한 일이었습니다. 그 이후에 그는 아쉬람에 거주하는 한 사람으로 우리와 함께 지냈습니다. 그는 매우 총명하고 유용한 녀석이었습니다. 그리고 그는 얼마나 숭고한 영혼을 가졌던지요! 그는 이전에 보여 준 냉담한 태도를 몽땅 떨쳐 버리고 자신이 얼마나 애정이 많은지를 보여 주었습니다. 우주적 형제애가 그의 좌우명이었지요. 그는 모든 방문자나 아쉬람 거주자들과 친하게 지내며, 그들의 무릎에 올라오거나 그들 가까이에 앉아 있곤 했습니다. 대개는 그의 친근한 접근이 잘 받아들여졌지만, 일부는 그를 피하려고 했습니다. 하지만 그는 끈질기게 노력했으며, 어떠한 거절도 최종적인 것으로 받아들이지 않았습니다. 그러나 그만 하라는 명령을 받으면, 그는 복종의 규율을 지키는 수도승처럼 순종하였습니다. 언젠가 그는 비루빡샤 동굴 근처의 빌바bilwa 나무 밑에서 만뜨라 뿌라슈짜라나Mantra Purashcharana를 암송하고 있던 정통파(즉 비데끼 vydeeki) 브람민에게 가까이 다가갔습니다. 비데끼는 개를 불결한 것으로 여겨 개와의 접촉을 피하려고 했습니다. 그러나 찐나 까루빤은 (분명히 평등(사마뜨밤samatvam)이란 자연법을 이해하고 지키고 있었고) 계속적으로 그의 옆으로 다가갔습니다. 그때 아쉬람에 거주하던 에스와라스와미는 막대기를 집어 들고 그를 때렸지만 아주 강하게 때리지는 않았습니다. 찐나 까루빤은 울부짖으며 도망갔습니다. 그때 아쉬람을 떠났던 까루빤은 어디에서도 다시 볼 수가 없었습니다. 그는 한 번이라도 학대를 받았던 곳으로는 접근하려 하지 않았습니다. 그만큼이나 그는 예민했던 것입니다! 사실상 에스와라스와미는 분명히 이 개의 곧은 지조와 예민한 감수성을 올바르게 평가하지 못했기 때문에, 이전에도 경고를 받았음에도 불구하고 또 이 같은 실수를 저질렀던 것입니다. 그와 모든 이에게 준 경고는 이런 식이었습니다. 예전에 한번은 빨라니스와미가 찐나 까루빤에게 거친 말과 행동으로 대한 적이 있었습니다. 비가 내리는 추운 밤이었는데도 불구하고 찐나 까루빤은 경내를 떠나 아쉬람에서 좀 떨어진 야외의 목탄 자루 위에 누워 있었습니다. 그리하여 그 다음 날 아침이 되어서야 비로소 그를 데려오게 되었습니다. 빨라니스와미는 몇 년 전에 비루빡샤 동굴에서 우리와 함께 있던 작은 강아지를 꾸짖은 적이 있었습니다. 그 강아지는 즉시 샹까 띠르땀 저수지로 달려가 물속으로 뛰어들었고 5분 후에 그의 시체가 물 위로 떠올랐습니다." 빨라니스와미와 모든 사람들은 즉시 아쉬람에 있는 개와 기타 동물들에게도 그들 나름의 지성과 지조가 있고, 따라서 그들을 거칠게 다루어서는 안 된다는 이야기를 들었다. 마하리쉬는 "우리는 어떤 영혼이 이들 동물들의 몸을 빌려 살고 있는지 모르고, 그들이 다 마치지 못한 까르마 중 어떤 부분을 끝내기 위하여 우리와 함께 지내려고 하는지 모릅니다."라고 말하였다. 다른 개들에 대하여, 그들과 마하리쉬의 관계나 그들의 행동에 대하여는 들려줄 흥미로운 이야기가 많이 있지만, 허용된 지면 관계상 여기서는 단지 몇 가지 기록만 더 소개한다.

아쉬람에는 대단한 지능을 보여 주는, 비록 세인트버나드 구조견보다 낫지는 않더라도 처음 오는 사람들에게 그만큼 길을 잘 안내해 주는 개들이 여러 마리 있었다. 세갑빤, 까말라 그리고 다른 여러 개들은 처음 온 사람들을 여러 곳으로 안내할 수 있었다. "까말라, 이분을 데리고 구경 좀 시켜 주거라."라고 바가반이 말하기만 하면 그녀는 그를 데리고 링가linga와 띠르따tirtha(저수지)와 동굴로 산을 한 바퀴 돌아, 다시 그를 데리고 돌아오곤 하였다. 잭 1세는 엄격한 복종과 지성, 감수성을 겸비하고 있었다. 한번은 마하리쉬와 다른 이들이 기리쁘라닥쉬나 giripradakshina(즉, 산의 일주순례)를 하기 위하여 비루빡샤 동굴을 떠나 산을 가로질러 숲 속으로 상당히 멀리 걸어 들어간 적이 있었다. 마하리쉬는 출발하면서 동굴에 누워 있던 잭에게, "자, 우리는 기리쁘라닥쉬나를 하러 갈 거야. 너는 산 아래로 내려가는 게 좋겠다."라고 말했다. 그들은 출발하여 산을 가로질러 남쪽으로 걸어갔고, 1마일 이상 갔다. 계속 걸어가던 그들은 잭이 산을 내려와 띠루반나말라이로, 즉 그가 받은 명령에 순종하여 동쪽을 향해 달려가는 것을 보았다. 얼마 후 잭은 시야에서 사라졌다. 그들이 자신들의 방향을 따라 숲 속으로 일 마일 이상 걸어 들어간 뒤에, 그들은 잭이 산기슭으로 내려갔다가 다시 산을 올라와, 그들이 선택한 길에서 그들을 기다리고 있는 것을 알았다. 그때 마하리쉬는 잭에게, "너는 우리와 같이 안 가고 아쉬람으로 돌아가는 게 낫겠다."라고 말해 주었다. 그러자 그는 (아마도 주인과 헤어지는 것이 가슴 아팠겠지만) 그래도 복종을 큰 미덕으로 높이 평가하고 있었기 때문에 가 버렸다. 그러나 이것이 그의 유일한 미덕만은 아니었다. 그는 위대한 '따빠스비tapasvi'인 자기를 억제하는 고행자였고, 평화와 고요를 사랑하는 자였다. 그는 아침에 춤추는 소녀의 집에서 아루나짤라 신에게 바쳐졌던 음식, 즉 쁘라사담prasadam으로 음식을 먹고, 그 다음 사제를 따라 산 위에 있는 구하나마쉬바야르 사원까지 올라가며, 거기에서 사제를 뒤에 두고 더 높이, 즉 비루빡샤 동굴까지 올라가서 마하리쉬를 만나며, 그 다음 인접해 있는 개집과 같은 동굴로 가서 웅크리고 앉아서, 거기서 침묵과 평화에 잠겨 있곤 했다. 그는 다른 개들과 어울리지도 않았고 옥신각신 다투는 싸움에도 관여하지 않았다. 오전 9시나 9시 반에는 산 아래로 내려가서, 시간에 꼭 맞게 구하나마쉬바야르 사원을 들러 사원에 바쳐진 음식인 나이베디아naivedya 즉 발리bali를 받아먹고는 다시 개집 동굴로 달려오곤 하였다. 그는 아쉬람에서 주는 음식(만약 있다면)을 받아먹었으며 다른 때에는 먹을 것을 원하거나 암캐들을 찾아 돌아다니지도 않았다. 그리고 저녁에는 산을 내려가 다시 춤추는 소녀의 집으로 찾아가서 저녁을 먹고 사제와 함께 '세니야르마땀'에서 잠을 잤다. 그의 삶은 단지 아루나짤라 산기슭에서 생애를 마감하려고 하는 고요한 은둔자(샷뜨빅 비라기satvic vyragi)의 삶이었다. 어느 날 아침, 치타가 그를 공격하여 그의 목에 상처를 냈고, 그는 큰 소리로 짖어댔는데, 그 소리는 구하나마쉬바야르 사원까지 들렸다. 사원의 사제는 고함을 질렀고, 치타는 그를 두고 도망을 쳤다. 그때 치타로부터 절박한 위기 상황을 모면하게 된 잭은 하지만 나중에, 다시 말해, 역병이 띠루반나말라이에 5, 6개월 동안 창궐하여 마을 사람들이 모두 집을 비웠던 1905과 1906년 사이에 희생이 되었던 것 같다. 그때 잭은 어쨌든 스와미를 따라 빠찌암만 꼬일로 가지 못하고, 사제와 함께 산 위의 구하나마쉬바야르의 사원에 머물고 있었다. 그 몇 달 동안 치타는 부근의 보안림 구역을 벗어나 심지어 낮에도 인적 없는 거리를 공공연히 다니고 있었다. 잭은 이들 치타들에게 산에서 쉽게 먹이가 되었음에 틀림없다. 왜냐하면 역병이 창궐할 때 산에도 대부분 사람의 왕래가 없었기 때문이다.

이미 언급한 대로, 마하리쉬는 개를 대할 때 (다른 동물에 대해서도 역시) 경멸할 만한 동물이거나 주변을 더럽히는 동물로서가 아니라, 그들의 까르마를 해결하기 위하여 그의 주변에 다가온 동료 고행자로서 대해 주었다. 그는 그들에게 말을 걸고 몇 가지 간단한 지시를 내렸는데, 그들은 대부분 그 지시를 이해하고 복종했다. 그는 그들의 안락과 청결, 목욕, 잠자리 등을 매우 주의 깊게 보살폈고, 아쉬람에서 그들을 부를 때도 애정이 넘치게 *"பையன்கள்"* "소년들아" 혹은 "아이들아"라고 불렀다. 아이들이 음식을 제일 먼저 받아먹는 것처럼, 이들 개들도 고양이, 소 등과 마찬가지로, 제일 먼저 식사나 사탕을 받아먹었다. 그 다음 식당 밖에서 기다리고 있는 **"दरिद्रनारायण"** 즉 '가난한 자의 모습을 한 신'인 거지 손님들이 음식을 받아먹었고, 마지막으로 마하리쉬와 다른 손님과 아쉬람의 거주자들이 자리에 앉아 남은 음식을 나누어 먹었다. 커피든 사탕이든, 과자이든 다른 요리된 음식이든 간에, 이들 "아이들"이 제일 먼저 그들의 몫을 차지했다.

개나 원숭이 등에 대한 마하리쉬의 대접은 이렇게 주의를 기울이는 것으로 멈추지 않았다. 그는 이번 생에 태어나 결혼도 하지 않았고 자식들도 없다. 하지만 그가 낳은 자식은 아니지만, 그에게 "아이들" 가족을 준 것은 신의 뜻이었다. 그러한 차이가 있다고 해서 그들을 대접할 때 어떠한 차별을 해서도 안 되며 차별을 하지도 않았다. 예를 들어, 까말라가 새끼 때 스깐다스람에 들어오자, 거주자들은 까말라가 해마다 새끼를 낳아 아쉬람을 어지럽힐까 봐 쫓아내고 싶었다. 어린 까말라는 자신을 거칠게 대하는 모든 모욕을 견디며 그곳을 떠나지 않았다. 아쉬람은 불가피한 것을 받아들였다. 그래서 까말라는 성장하여 해마다 아쉬람에서 새끼를 낳았으며, 그녀가 낳은 새끼들은 아쉬람을 방해하는 대가족(삼사라samsara)이 되었다. 그러나 마하리쉬는 자신의 사마붓디samabuddhi, 즉 인간과 짐승을 똑같이 대접하는 원칙을 벗어나지 않았다. 까말라가 처음 출산을 했을 때, 그녀에게 목욕을 시켜 주고, 강황으로 화장도 해주었으며, 이마에는 주황색 점을 찍어 장식해 주었고, 아쉬람에 깨끗한 장소를 마련해 준 뒤, 열흘 동안 새끼들과 함께 있게 하였다. 10일째 되는 날에는 뿐야바짜남Punyavachanam 즉 정화 의식이 거행되었는데, 목욕만 시켜 주는 것이 아니라 통상적인 축연도 베풀어 빠야삼payasam이라는 달콤한 쌀죽과 사탕 과자도 주었다. 이러한 동료 동물들이 임종을 맞이할 때에는, 마하리쉬가 어머니의 임종 시에 어머니를 보살펴 드린 것과 꼭 같이, 일반적으로 그들의 곁에서 마지막 순간까지 그들을 보살펴 주었다. 그들이 마지막 숨을 거두면, 아쉬람의 다른 어떤 사람과 마찬가지로, 아쉬람 안이나 부근에 엄숙하고도 버젓한 무덤을 만들어 주고, 그 무덤 위에 비석도 세워 주었다. 마하리쉬가 이들 아쉬람에서 그의 친구였던 수많은 개들을 어떻게 대해 주었는지를 다 이야기하려면 책 한 권도 다 채울 것이다. 우리는 지금까지 비교적 간단하게 소개한 이러한 언급으로 여기서 만족하고, 또 만약 누군가가 『바가바드 기따』에서

विद्याविनयसंपन्ने ब्राह्मणे गवि हस्तिनि
शुनिचैव श्वपाके च पण्डितास्समदर्शिनः ॥

"현자는 박학하지만 겸손한 브람민 출신의 사람과, 소와 코끼리와 개, 그리고 개고기를 먹고 살아가는 하층민을 평등한 눈으로 바라본다."라고 말한 그런 이상에 따라 살아간 사람이 있다면, 그는 바로 마

하리쉬라고 단언하는 것으로 만족할 수 있다. 사실상 저명한 학자들 (사스뜨리sastri)과 아쉬람의 개들은 마하리쉬 앞에서는 똑같이 같은 마루 위에 앉아 있었으며, 마찬가지로 그의 앞에서는 동등한 보살핌을 받았다. 음식이나 잠자리 문제 혹은 질병이나 부상 등에 대한 보살핌이나 치료에 대해서 마하리쉬는 어느 한쪽을 다른 한쪽보다 더 잘 대해 주지 않았다.

소

스와미가 개를 대접해 주는 방식은 개 애호가들, 특히 유럽인들 사이에서는 전혀 특별한 것이 아닌 것처럼 보일 수도 있다. 다음에는 다른 동물을 대하는 그의 태도를 언급할 것이다. 몇 년 전 빨리띠르땀에 있는 아쉬람에서 잠시 소 한 마리를 키웠다. 치타의 공격으로부터 소를 보호하기에는 어려움이 있었다. 어느 날 그 소는 새끼를 낳았고 그 송아지가 락슈미였다. 그러나 락슈미가 아주 어렸을 때, 락슈미와 그 어미는 (지속적인 보살핌을 필요로 했지만 아쉬람에서 그렇게 해줄 수 없어서) 마을에 사는 어떤 사람에게 주게 되었다. 2년 전 어느 축제일에, 이 두 마리의 소는 아쉬람으로 다시 오게 되었다. 그때 이후로 락슈미는 매일 아침 아쉬람으로 올라와서 아쉬람의 전 목초지를 독차지했다. 락슈미가 그것만으로 만족하지 못한 것은 확실하다. 그 암소는 식사 시간과 점심 시간을 알고 있어서, 그때마다 아쉬람의 홀 안으로 걸어 들어와서는, 자기의 머리를 마하리쉬에게 내밀었고, 그러면 그는 그 소를 사랑스럽게 쓰다듬어 주며, 부엌에 있는 사람들을 불러 소에게 음식을 갖다 주라고 했다.

그 암소는 때때로 누군가가 가져온 8개 혹은 10개의 열매가 달려 있는 바나나 송이를 몽땅 탈취하거나, 혹은 배설물로 홀을 더럽히기도 한다. 아마도 스와미를 돌보고 있던 제자는 소를 때리려고 위협할 것이다. 그러면 스와미는 즉시 암소를 대신하여 참견한다. 설령 암소가 작은 채소밭에 들어간다 하더라도, 암소를 나무라거나 거칠게 다루는 것을 스와미는 반대한다. 그는 "밭에 울타리를 더 잘 만들어 놓아야 합니다. 잘못은 거기에 있지, 락슈미에게 있는 것이 아닙니다."라고 말한다. 축제 때는 목욕을 하고 강황으로 만든 연고를 바르고, 주홍색의 작은 점을 이마에 찍고, 목에는 한 개 이상의 화환을 두른다. 그녀는 매일 저녁 아쉬람을 떠나 마을로 내려가기 전에 스와미에게로 가서 작별 인사를 하며, 만약 선물이라도 있다면 "작별의 선물"도 받는다. 락슈미는 이제 아쉬람에서 진짜 사꾼딸라와 같은 존재이다. 마하리쉬는 가끔 참석한 사람들에게 락슈미의 지난 일들을 들려주며, 그의 박따bhakta(헌신자)들 가운데 일부가 제의한, 락슈미가 바로 "푸른 산나물을 뜯던 노부인"의 화신이라는 설을 명백히 받아들이면서 인용한다. 스와미가 1900년에 산에 올라왔을 때, 푸른 산나물과 기타 식용 나무줄기를 채취하거나 또 잡다한 물건들을 구걸하면서 돌아다니곤 했던 노부인이 있었다. 그녀는 산 위의 구하나마쉬바야 사원에 있는 그녀 자신만의 어느 구석진 은신처에서 이들을 요리하여 그 상당 부분을 젊은 스와미가 있는 곳으로 가져가서, "야채를 아주 조금만 가져왔어요. 드세요."라고 말하곤 하였다. 하지만 가져온 야채의 양은 종종 상당히 많았다. 스와미는 그것을 얻어먹곤 하였다. 그는 종종 그녀의 거주지로 내려가 야채를 자르기도 하고 식물의 수염뿌리를 떼 내기도 하며, 그녀의 요리를 도와주기도 하였다. 어머니와 같은 사랑으로 마하리쉬를 사랑해 준 그 늙은 부인은 몇 해 전에 이 세상을 떠났으며, 현재의 아쉬람 근처에 묻히게 되었다. 저기에 있는 생기를 잃은 흙 덩어리가 그녀가 남긴 전부인가? 아니다. "그녀의 사랑은 더 고상한 사랑으로 지속되고 있다." 그녀의 가슴속에서 빛나던 신성한 광휘는 그 젊은 스와미의 가슴속에서 흐르던 개울물을 확실히 불려 놓았음에 틀림없다. 왜냐하면 스와미는 애정을 가지고 무리 지어 그를 찾아와서 그에게서 충분한 사랑의 보상을 받아가는 수백, 수천의 생명체들에게 자양분을 주어 먹여 살리고 있기 때문이다. 이들 수천의 생명체들 가운데 지금까지 언급한 것 못지않게 마찬가지로 중요한 존재는 자신의 주인을 사랑하고 또 주인에게 사랑을 받고 있는 락슈미다. "야채 부인"의 영혼 속에 나타나 있는 똑같은 사랑의 금실은 락슈미에게서도 분명히 볼 수 있지 않을까?

원숭이

1900년에 스와미가 아루나짤라 산에 올라간 이후로부터 현재의 아쉬람으로 내려온 1922년 11월까지 그는 원숭이들과 매우 가깝게 지내며 그들의 울음소리와 행동들을 이해했고, 그들 중 여러 마리의 과거 내력까지도 이해했다. 그는 지금까지 그들을 지켜보면서 그들에게도 도덕규범이나 통치 체제의 원리, 또는 전쟁 선포를 하기 전이나 우호 관계를 결정하기 전에 한 진영의 전권 대사를 다른 진영의 전권대사와 만나도록 보내는 체계가 있으며, 그리고 인간과 공통되는 많은 원칙들과 감정들도 있다는 것을 알게 되었다. 그는 그들의 수영과 다이빙, 그리고 다른 놀이들을 지켜보며, 아쉬람에서 어린 시절을 보낸 이래로 논디라고 알려진 그들의 왕, 즉 우두머리 가운데 한 마리를 간호해 준 적도 있다. 비록 요기가 자신의 사마디나 주의력을 주의 깊게 "단어, 의미 그리고 지식"에 집중함으로써 모든 동물의 울음소리를 이해한다고 쓰여 있는 빠딴잘리의 『요가 수뜨라』 3장 17절에 언급된 그 특별한 종류의 요가싯디yogasiddhi를 익히지는 않았지만, 그는 동물들에 대하여 갖고 있는 강렬하고도 진지한 동정심 때문에 어느 정도 그들의 감정과 태도와 심지어 울음소리까지도 이해할 수 있다. 그는 흔히 질문자에게, 원숭이들이 그를 자기들의 집단에 속하는 사람으로 간주하곤 했다고 말해 준다. "원숭이들은 대체로 자기 집단 소속의 원숭이가 인간의 보살핌을 받았다고 하면 그를 추방할 것입니다. 하지만 그들은 이 아쉬람의 경우에는 예외를 허락했습니다." 그는 계속 말했다. "같은 조직 내부에서 다툼과 오해가 있을 때, 양쪽 무리가 나에게로 왔고, 그러면 나는 그들을 갈라서 양편을 떼어 놓고 더 이상의 싸움을 하지 못하게 함으로써 그들을 화해시켜 주곤 했습니다. 한 어린 원숭이가 자기 집단의 연장자에게 물려서 아쉬람 근처에 무력한 상태로 버려져 있었습니다. 이 어린 녀석은 다리를 절면서 비루빡샤 동굴에 있는 아쉬람으로 걸어왔습니다. 그리하여 그에게 논디(절름발이)라는 이름을 붙여 주었습니다. 5일 후에 그의 집단이 아쉬람으로 들어와서 그가 간호 받고 있는 것을 보았지만, 그를 다시 그들 집단 속으로 데려갔습니다."
그때 이후부터 그들 모두는 아쉬람으로 와서, 아쉬람의 바깥에서 그들에게 나누어 줄 수 있는 작은 물건들을 모두 얻어 가곤 하였다. 그러나 논디는 스와미의 오른쪽 무릎까지 다가오곤 하였다. 논디는 매우 꼼꼼하게 음식을 깨끗하게 먹었다. 그의 앞에 밥이 담긴 접시가 놓여 있다면 그는 한 톨의 밥알도 접시 밖으로 흘러내리지 못하게 하였다. 만약 흘린 밥알이 있으면 그것을 집어먹고, 그 다음 남은 음식을 먹는다. 하지만 그는 감수성이 매우 예민했다. 어느 날 어떤 이유에서인지 논디는 음식을 좀 버렸다. 스와미는 그에게 "무슨 짓이야! 왜 음식을 버리지?"라고 말하며 꾸짖었다. 그는 곧바로 스와미의 눈 위를 쳐서 약간의 상처를 입혔다. 그 벌로 그는 며칠 동안 스와미에게 다가가서 무릎 위에 앉을 수 없었다. 그러나 이 어린 녀석은 민망해하며 너무도 열심히 용서를 빌었기 때문에, 스와미는 곧 마음을 누그러뜨리고, 자신의 무릎 위에 앉을 권리를 그에게 주었다. 이것은 그의 두 번째 공격이었다. 첫 번째 경우는 논디에게 줄 뜨거운 우유를 식혀 주기 위하여 스와미가 우유 잔을 입술 가까이 가져갔는데, 이를 본 논디가 화가 나서 스와미의 눈 위를 공격했을 때이다. 그러나 심한 상처가 없었고, 또 논디가 즉시 다정스럽게 스와미의 무릎 위로 올라가, "잊어버리고 용서해 주세요. 지난 일은 잊어버리세요."라고 말하려는 것처럼 민망해했기 때문에, 그는 용서 받았다.

스와미가 원숭이를 대하는 방식은 그가 개를 대하는 방식과 유사했다. 그리고 세부 사항들을 자세히 다루기 위하여 많은 공간을 할애할 필요도 없다. 하지만 다른 동물들에 대한 이야기로 넘어가기 전에 하나의 사건은 언급할 만한 가치가 있다. 차기 우두머리 자리에 오를 수 있는 자신의 강력한 지지자 두 명을 추방했거나 제명시켰던 왕, 즉 우두머리가 매우 쇠약해져 가고 있었는데, 어느 날 그 무리가 평원의 숙소로 돌아가고 있었지만, 그는 홀로 떨어져서 아쉬람 근처에 남았다. 이른 아침에 원숭이 한 마리가 죽어 가고 있다는 보고가 들어왔다. 마하리쉬는 밖으로 나가서 그가 아주 위중한 상태에 있다는 것을 알고, 그를 아쉬람으로 데리고 왔다. 왕이 죽어 가는 그 시각에, 추방당했던 두 우두머리가 올라와서 인근 나무에 앉아 있었다. 왕은 스와미의 몸에 기댄 채 죽어 갔다. 한 차례 스와미가 자신의 체중을 조금 옮기자, 이 왕은 본능적으로 스와미를 물었다. 다리에 물린 상처 자국을 가리키면서 스와미는 빙그레 웃으며, "나에겐 이러한 원숭이 왕이나 우두머리들로부터 받은 총애의 자국이 네 개나 있습니다."라고 말한다. 왕은 이상한 신음 소리를 내며 죽었다. 그러자 그 소리를 듣고 두 마리 원숭이는 그들의 울음소리가 입증해 주듯이 고통과 슬픔으로 날뛰었다. 스와미는 그 왕에게 세상을 떠난 수도승이나 산야시에게 당연히 치러 주는 그런 모든 의식을 치러 주었다. 시신은 우유로 목욕시키고 다시 물로 씻겨 냈다. 그리고 많은 성스러운 재가 그의 몸에 뿌려졌다. 새로운 천, 즉 수의가 얼굴만 제외하고 몸을 덮었다. 임종하는 혹은 죽은 은둔자 앞에서 하는 것처럼, 그의 앞에도 장뇌로 불을 밝혔다. 죽은 왕의 얼굴은 경건한 은둔자의 얼굴처럼 빛났고, 그는 가까운 곳에 묻혔다. 그리고 그 무덤 위에는 "이러한 뼈들이라도 모욕에서 보호하기 위해."라고 적혀 있는 비석 하나가 세워졌다.

까마귀와 다람쥐

　동료 동물들에 대한 이 이야기를 짧게 줄이기 위해, 스와미의 동정심이 어떻게 까마귀와 다람쥐 등의 신뢰를 얻게 되었는지를 언급하는 것으로 족하다. 그들은 어린 새끼들까지 데려와 스와미의 손바닥에서 먹을 것을 집어물고는 새끼 입에다 음식 조각을 넣어 주었다.

　심지어 뱀도 언젠가 스깐다스람에서 비슷한 신뢰를 보여 주었다. 다수의 이런 동굴 속에서 살고 있는 뱀들은 스와미에게는 동료 동숙인이었다. "우리가 그들의 주거지로 들어왔으므로, 우리에게는 그들을 방해하거나 폐를 끼칠 권리가 없습니다. 그들은 우리를 괴롭히지 않습니다."라고 그는 말하곤 하였다. 한번은 스깐다스람에서, 그의 어머니가 코브라가 다가오는 것을 보고 놀랐다. 하지만 스와미가 코브라 가까이 다가가자, 그 뱀은 밖으로 나갔다. 스와미는 그 뱀을 따라 나갔고, 뱀은 두 개의 바위 사이로 들어갔다. 그런데 갑자기 코브라는 머리를 돌려, 똬리를 튼 채 마하리쉬를 응시했다. 마하리쉬도 선 채 그 뱀을 응시했다. 이처럼 서로가 노려보는 행위는 수분 동안 계속되었다. 그 다음 뱀은 스와미에게 신뢰를 얻었으므로, 그를 향해 조용히 기어갔다. 스와미는 그 뱀이 자기 발 근처에 올 때까지 기다리다가, 그의 발을 뒤로 뺐다. 그리고 나서 코브라는 그곳을 떠났다. 스와미는 전갈에게 세 번이나 물렸지만, 전혀 통증을 느끼지 못했고(그를 비롯한 다른 많은 사람들이 갖고 있는 특수 체질 때문에), 독성이 있는 이들 이웃들을 절대로 죽이지 않았다. 그는 전갈과 같은 것들을 잡아서, 아쉬람에서 멀리 떨어진 안전한 곳에 갖다 두었는데, 그것이 전부였다.

이 장을 끝내기 전에, 스와미의 삶에서 그의 인내력뿐만 아니라, 동물들에게도 그 자신에게 대항할 수 있는 권리를 쉽사리 인정해 주는 그의 자세를 보여 주는 한 사건을 이야기하겠다. 약 20년 전에 마하리쉬는 비루빡샤 동굴에서 출발하여 산 아래로 걸어갔고, 그리고 자주 다니지 않는 길을 통해 산으로 올라왔다. 이때 그는 말벌의 집이 있던 관목을 지나치게 되었다. 피곤한 나머지 그는 벌집을 보지 못하였고, 부주의하게 그 벌집을 지나치면서 아무것도 가리지도 않은 그의 왼쪽 넓적다리가 벌집에 부딪치고 말았다. 몇 발자국 가기도 전에, 말벌들이 윙윙거리며 그를 향해 날아와서는, 너무도 무례하게 그들을 치고 간 바로 그 왼쪽 넓적다리에 내려앉았다. 그들은 그의 살 속으로 열심히 파고들었다. "그래. 그래. 바로 이 다리가 죄인이야. 고통 받아야 해."라고 스와미는 말하였다. 그는 그들을 억지로 떼어 놓지도 않았고, 자신도 말벌들이 스스로 떠날 때까지 그곳에서 움직이지 않았다. 그는 참기 어려운 그 고통을 까르마의 작용이라고 여기면서 견뎌 냈다. 그 벌들은 단지 그들의 권리에 따라, 그들 자신만이 갖는 복수의 법, 즉 "눈에는 눈, 이에는 이."라는 그들의 모세 율법을 집행하고 있었을 뿐이었다. 이제 침묵 속에서 그 고통을 참아야 하는 것은 그의 차례였다. 그가 어머니에게 했던 대답(89쪽 참조)은 성가신 요구를 막기 위해 임시로 고안된 영리한 철학이 아니라, 그가 항상 의지하여 행하였던 삶의 규율이었다. "당신이 고칠 수 있는 능력 밖의 문제에 대하여는, 인내심을 발휘하라. '인내하라! 더 인내하라!! 그 위에 또 인내하라!!!'이것이 평정심을 확보해 주고, 외부와의 접촉에 대한 완전한 망각을 수반하는 사마디(황홀한 경지)를 위한 마음을 강화해 주는 최고의 법칙이다." 그래서 용감하게 고통을 견디면서 그는 산을 올라가 몇 시간 뒤에 동굴에 도착했고, 넓적다리에는 수많은 붉은 반점들로 말벌의 정의의 인장이 찍혀 있었다.

제24장
기리쁘라닥쉬남, 성산 일주순례

이곳은 신이 거하시려는 산이니라.
진실로, 신께서 그곳에 영원히 거하실 것이니라.
주께서 사로잡은 이들을 이끌고 높은 산으로 오르시었습니다.

-시편, 68장 16, 18절

젊은 브람마나 스와미가 띠루반나말라이에 도착했던 거의 그때부터 4년 전까지, 스와미는 해마다 여러 차례 아루나짤라 산의 쁘라닥쉬남 pradakshinam을 해 왔다. 사람들은 이것을 하는 것이 무엇을 의미하며, 스와미가 왜 그토록 변함없이 그것에 몰두하는지를 알고 싶을 것이다.

산기슭 둘레에, 쇄석이 깔린 좋은 길 하나가 약 8마일이나 뻗어 있고, 길 양편에는 멋진 그늘을 드리운 나무들과 수많은 저수지, 만따빰 mantapam, 즉 사원들이 있다. 이것이 바로 "쁘라닥쉬남의 길"이며, 그 길을 따라 평일이면 언제든지(특히 화요일 아침마다) 신앙심이 깊은 사람들이 무리를 지어 이동하는 것을 볼 수 있다. 그들은 우선 성스러운 저수지에서 목욕을 한 뒤, 순수하고 깨끗한 옷을 입고, 이마(와 몸)에 성스러운 재를 바르고, (쉬바 신을 상징하는) 루드락샤 염주를 걸치고, 경건한 일주순례 길에 오른다. 비록 여러 면에서 혼자 순례를 떠나는 것이 가장 좋은 결과를 얻는 데 필요하지만, 혼자 출발하는 사람은 거의 없다. 순례 도중에, 그들은 많은 성자들이나 사원 혹은 신상들을 보게 되고 또 그 주위를 돌게 된다. 어떤 사람들은 도중에 지나치는 대부분의 저수지에 있는 성수를 몇 방울씩 계속하여 그들의 머리에 뿌린다. 소수의 사람들은 신성한 일주순례를 갈 때마다 이들 몇 군데의 저수지에서 계속 목욕을 한다. 어떤 사람은 그들의 몸을 도로 노면을 다지는 로드 롤러처럼 사용하여 8마일의 전 코스를 계속 굴러가며(앙가 쁘라닥쉬남 anga pradakshinam), 이것을 하는 데는 여러 날이 걸린다. 또 어떤 이들은 기리쁘라닥쉬남giripradakshinam과 아뜨마 쁘라닥쉬남atma pradakshinam을 결합하여, 도로상에서 다붓다붓 빙빙 돌면서 간다. 많은 사람들은 일정한 간격을 두고 (어떤 이들은 매 걸음마다) 아루나짤라 산의 쉬바 신을 향해 가던 걸음을 멈추고 절하거나 혹은 오체투지를 한다. 사람들이 산에 대한 헌신을 표현하는 방식은 다양하다. 그러나 허식과 극단적인 행위를 피하는 대부분의 사람들은 아루나짤라에 마음을 집중한 채, 단지 산을 따라 천천히 도는 데 만족한다.

마하리쉬가 일주순례를 떠나면, 모든 사람이 그러한 경우에 그와 함께 가기를 열망하기 때문에, 아쉬람에 있는 모든 사람들은 그와 함께 출발한다. 그들은 가끔 해질 무렵에 식사를 한 후에 출발하여, 정확히 새벽에 아쉬람으로 돌아온다. 때로는 낮에 출발하여, 아쉬람으로 돌아오는 데 하루 이틀이 걸리기도 한다. 혹자는 모든 경우에서 세 시간이면 끝낼 수 있는 8마일의 거리를 걷는 데 왜 그렇게 많은 시간이나 날들이 필요한지 의아해할 수도 있다. 그러나 마하리쉬가 이러한 일주순례를 떠나는 것은 주로 남에게 본을 보이고 그들에게 혜택을 주기 위해서이며, 『아루나짤라 뿌라나』에는 일주순례자는 모름지기 임신 10개월의 임산부가 걷는 것만큼 천천히 걸어야 하고, 걸을 때는 발자국 소리가 들려서는 안 된다고 쓰여 있다. 게다가, 마하리쉬는 종종 사마디samadhi의 상태로 계속 움직인다. 이러한 강렬한 황홀 상태는 호흡이 느리고 고르다는 것과, 짜증이나 혹은 어떤 근육이나 신경에 대한 눈에 뜨이는 노력도 없다는 것을 의미한다. 그래서 그는 시속 1마일의 속도로 이동하며, 1마일을 갈 때마다 15분 정도 휴식을 취한다. 1마일과 반마일 지점마다 적절한 휴식처가 있다. 이러한 일주순례를 하고 있는 동안에, 그는 아뜨만의 더없는 행복을 즐기고 있지, 사방에서 혹은 중심에서 들려오는 소리나 광경에는 전혀 신경을 쓰지 않는다. 그는 우주적 중심, 유일한 실재, 존재들 중의 존재 안에 있다.

몇 년 전에 이러한 행사가 거행되었을 때, 마하리쉬는 그의 「악샤라 마나말라이」를 지었다. 이는 108개의 연으로 된 따밀어 시이며, 각 문장에서 첫 단어의 알파벳순에 따라 아루나짤라에 대한 생각들을 정리했다. 나중에 그는 「아루나짤라 아슈따깜Arunachala Ashtakam」을 지었다. 이 여덟 개의 연에는 더 많은 일련의 사상이 들어 있기 때문에, 스와미가 그런 일주순례를 하는 동안 독자가 그의 생각들을 더듬어 볼 수 있도록 여기에서 그 시에 대한 요지를 소개하겠다.

소년인 나는 당신의 정체도 모른 채,
당신에게 왔습니다.
나는 여기에 와서 보고,

당신이 산임을 알았습니다.

하지만 그때 '보는 자'는 누구입니까?

나는 그것을 깊이 탐구해 보았습니다.

그러자 어떤 보는 자도 남아 있지 않았습니다.

내가 이것을 보았다고 말하거나,

혹은 심지어 내가 보지 않았다고 말할

어떠한 마음도 남아 있지 않았습니다.

한때 닥쉬나무르띠처럼,

당신은 침묵을 통해 진리를 가르쳐 주셨습니다.

그대 말없이 서 있는 산이시여!

당신은 지금도 똑같이 하고 계십니다.

당신이 말하지 않으신다면

그 밖에 누가 당신의 진리를 말할 수 있겠습니까?

어떤 이는 당신이 형상으로 보인다고

당신에 대하여 당연히 말할 수 있습니다.

하지만 진실로 그는 당신이 무형의 보이지 않는

존재라고 말할 수 있습니다.

아! 누가 당신의 본성을 알 수 있으며

어느 누가 당신의 깊이를 측량할 수 있겠습니까?

줄자를 손에 들고

바다의 깊이를 측량하기 위하여

언젠가 설탕 인형은 바다에 뛰어들고는
영원히 그 자신을 잃어버렸습니다.
그러므로 당신을 알려고 할 때
우리는 당신 자신이 되어야만 합니다.

오, 당신은 그것That 자체입니다.
존재하는 유일한 그것입니다.
그러나 사람들은 많은 신들을 찾아
여기저기 뛰어다닙니다!
그러나 탐구의 횃불을 높이 들고서
신들에 대한 진리를 추구하십시오.
그러면 이들 신들은 마치 어둠이 빛에서
사라지듯이 날아가 버립니다.
그리고 당신 안에 남아 있는 것,
그것은 각 교리에다 그 종교의 신을 주었습니다.
당신의 빛은 태양의 빛과 같습니다.
당신을 보지 못하는 자는 장님과 같습니다.
오, 당신의 빛을 비춰 주십시오,
저의 가슴속에 영원히!

심지어 당신이 움직이거나 살아 있는
모든 것을 부양하고 있지만,
당신은 지상의 종교 교리를 유지시키는

중심 끈이십니다.

마음이 그 자신을 태워 없애,

내적인 비전을 얻고,

더 깊이 몰입하게 되면,

아아! 그 순간 당신의 빛이 보입니다.

일단 당신의 빛을 보게 되면,

물러가라! 지상의 모든 두려움들아.

모든 대상들과 구경거리는 떠나갑니다.

마음은 감광판입니다.

브람만의 태양광선이

한 번 그 감광판에 닿으면

그것은 더 이상 민감하지 않습니다.

거기에서 세상의 대상들은

더 이상 인상을 남기지 못합니다.

그리고 당신의 영광스러운 참나 외에

실로 해야 할 일이 있습니까?

당신은 유일한 실재이시며,

중심의 빛이시며, 가슴이십니다.

당신의 힘은 놀랄 만한 것이며

그 힘은 당신과 떨어져 존재하지 않습니다.

그 힘은 마음의 미묘한 필름 통을

당신의 순수한 백색광 앞에서

빙글빙글 돕니다.

그리하여 다채로운 형상들이

마음의 렌즈를 가로질러

마치 영화에서처럼

외관상의 스크린인 당신 위로

쏟아져 흘러내립니다.

많은 것이 변하고 흘러갑니다.

절대자이신 당신만이 남아 있습니다.

여러 생각들 가운데 '나'가 가장 먼저 떠오르고,

오직 그 다음으로,

'너,' '그,' '그녀,' '그것,' '그들,' '이것들'

그리고 다른 생각들이 나타납니다.

그러나 이런 생각들이 일어나면

그 생각을 따라가서는 안 됩니다.

그가 오직 생각해야 할 것은

"이 생각들이 누구에게 일어나는 것인가?"입니다.

그러면 "이런 생각들은 나에게서 일어난다."는

답이 명확하게 나옵니다.

그 다음 그는 "이 '나'는 누구이고 어디서 왔지?"라는

질문을 반드시 던져야 합니다.

이렇게 '나'란 생각이 일어난 근원,

다시 말해, 가슴이라고 하는 근원을

찾게 해야 합니다.

그리고 가슴에 도달하면

스와라지야$_{Swarajya}$가 틀림없이 얻어지고,

거기에서는 자기와 비자기의

미덕과 악덕의,

슬픔과 기쁨의,

차이가 사라집니다.

거기에는 죽음도 없고, 태어남도 없으며,

어둠도 빛조차도 없습니다.

당신의 영광스러운 빛나는 불꽃 앞에서

이 모든 환영들은 순식간에 사라집니다.

바닷물은

태양과 바람에 의해 상승하게 되고

구름과 비가 되어

산과 경사면을 따라 내려와 개울이 되며

다시 그것들의 근원인 바다에 이르러 쉬게 됩니다.

잎이 우거진 지상의 서식지를 떠난 새들은

끊임없이 날아서

사방팔방으로 멀리 떠돌아다니지만

결국 그 안식처를 찾아

그 출발지로 다시 돌아옵니다.

오, 위대한 아루나짤라시여!

바로 당신의 지혜의 바다로부터
지바들이 옛날에 흘러나왔습니다.
바로 당신의 생명의 나무로부터
이 새들은 공중을 날아다녔습니다.
이제 그들은 안식을 갈망하고 있기 때문에
"그들의 근원이 무엇인가?"라는 물음을 던지며
그들은 당신에게로 흘러가거나 날아가서
당신의 나무나 바다와 하나가 됩니다.

이러한 성산 일주순례 동안에 마하리쉬의 마음을 차지하고 있는 내용에 대하여는 더 이상 이야기할 것이 없다. 그래서 이 장의 나머지는 그의 순례에 따라나선 사람들의 행동 양식과 그들이 얻어 가는 이익을 다룰 것이다. 마하리쉬의 명성은 너무도 대단하고, 또 그에게 봉헌을 드리는 공덕도 너무나 높이 평가받고 있기 때문에, 사람들은 마하리쉬가 순례를 떠난다는 소문을 듣자마자 다양한 음식을 장만하여 길가의 여러 곳에서 기다리고 있다가, 마하리쉬와 그의 순례단에게 잠시 걸음을 멈추고 그들이 가져온 음식들을 먹고 가라고 청한다. 가끔 그들은 현지에서 요리를 하여(특히 순례가 낮에 있을 경우) 아쉬람의 모든 사람들뿐만 아니라 그들과 함께 가는 다른 많은 사람들에게도 음식물을 준다. 예상대로, 이들 대부분은 이 일주순례의 종교적인 미덕과 마하리쉬와 함께한다는 기쁨에 매료되었다. 소수의 사람들은 항상 "현세의 이득"과 "밥그릇"에 마음을 빼앗겼고, 또 일부는 새로운 것을 좋아하는 것에 끌렸다. 하지만 이보다 더 천한 목적을 기대하며 참가한 어리석은 사람들이라도 마하리쉬와 그의 주요 추종자들의 영감을 불어넣는 고귀한 행동을 관찰함으로써 모종의 영적인 이익을 얻게 된다. 그리고 일주순례의 여러 인상들은 남몰래 그들의 잠재의식 속으로 들어가, 싹을 틔우고 자라나 몇 년 뒤에 깨달음이 올 때 열매를 맺는다.

이러한 일주순례가 있는 날에 스와미의 주요 추종자들은 어떤 일을 하고 무슨 생각을 하는지를 알아보자. 사람들은 그들의 자질과 태도 등이 다르기 때문에 똑같은 대상이라도 다르게 본다고 하는 것은 진부한 말이다. 스와미의 진영에 속한 일부 사람들은 언제나 아주 평범하고 사무적인 사람들이었다. 그래서 그들에 대해서 다음과 같이 말하는 것은 옳은 이야기일 것이다.

"강가에 피어난 앵초는
그에게 한낱 노란색 앵초였고
그 이상 아무것도 아니었다."

반면에, 다른 사람들은 진실로 다음과 같이 말할지도 모른다.

"나에게는, 바람에 날리는 가장 하찮은 꽃이라도 종종
깊은 곳에 있는 생각들을 불러일으켜 눈물짓게 할 수 있다."

우리는 후자의 부류를 상대로, 그들이 천천히 걸어 돌아다니는 이 신성한 일주순례를 어떻게 보고 있으며, 또 거기서 그들이 어떤 이익을 얻는지를 살펴보자.

우선 산 그 자체를 보자. 산은 경건하고 세련된 헌신자들에게는 그 물질적인 본성을 떨쳐 버리고 영적인 본성을 띤다. 그것은 더 이상 진흙이나 돌로서 기억되지 않는다. 헌신이라는 마술의 손이 닿으면, 그 산은 빛으로 가득 차기 시작하고, 우주의 최고의 신을 나타내는 상징으로서, 아니 바로 신 그 자체로 우뚝 나타난다. 산의 물질적인 특성들은 신의 속성으로 두드러지게 나타나며, 가장 깊고 가장 고상한 정서를 불러일으킨다. 흔들림이 없는 그 힘과 자비심은 얼마나 큰 자신감을 그들의 가슴속에 불어넣어 주는가! 그들이 "별을 가리키고 있는" 그 산의 고봉을 바라보고 있노라면, 얼마나 마음이 고요하고, 얼마나 사욕이 없어지고, 그리고 얼마나 고결한 열망을 느끼겠는가! 그 산의 고봉은 하늘의 축복 받은 물을 사방으로 흘려 보내 평원에 자양분을 공급하여 평원을 기름지게 만들고, 인간과 동물들에게는 똑같이 그들의 음식과 마실 물을 제공하지 않았던가!

그들은 치타와 소, 코브라와 동굴 거주자들이 이 산의 품 안에서 오랫동안 서로 나란히 번성해 가는 것을 지켜보고 있노라면, 모든 이들을 향한 지속적이고 한결같으며 그리고 모든 것을 포용하는 엄청난 사랑이 그들의 가슴속으로 스며들어 그들을 변화시키지 않았던가! 그리고 차이가 없고 특징이 없는 황홀경의 높은 경지까지 올라갈 수 있는 엄선된 바로 그 소수의 사람들에게는, 산의 견고함과, 그리고 다양성으로 구성된 그 통일성이 다음 사실을 깨달을 때에 얼마나 많은 도움이 되겠는가!

"하나의 분리된 전체처럼 보이는 각 개인은

자신의 구역을 돌아다니다, 다시
개별적인 자기의 모든 변두리를 녹인 뒤,
보편적인 영혼 속으로 다시 합쳐져야 한다."

이들 소수의 사람들에 대해서는 다음과 같이 당연히 말할 수 있다.

"그들의 영혼은 모든 사람에게 평온하다."
"그들의 침묵은 가슴의 침묵이며,
마음은 차분하고 공평하며,
기억은 구름 한 점 없는 공기와 같으며,
의식은 움직이지 않는 바다와 같다."

그들이 아루나짤라 산으로 주의를 돌리면 돌릴수록, 그 산은 점점
더 그들을 그 자신에게로 빨아들인다. 산의 외형에 대하여 조금만 생
각하여도, 아 어찌된 일인가! 그들은 점점 내면으로 깊이 빠져 들어간
다. 그 다음엔 어떤 일이 일어날까? 각자 나름대로 다음과 같이 진실을
말할 수 있을 것이다.

"살아 있는 영혼이 나에게 문득 떠올랐다.
그리고 나의 영혼은 여기에 휩싸여,
생각의 높은 천상계 주변을 맴돌며,
존재의 그것을 만났고, 그리고
세상의 심오한 진동 소리인,

시간의 발걸음── 우연의 충격──

즉 "죽음의 불행"을 분배해 주는

영원한 음악 소리를 알아들었다."

"자기라는 인간의 한계가 끝이나, 마치 구름이 하늘 속으로

서서히 사라지듯이, 이름 없는 것으로 변해 버렸다.

나는 나의 팔다리를 만졌고, 팔다리는 낯설었고,

나의 것이 아니었다. 하지만 전혀 조그마한 의혹도 없었다.

그러나 너무도 맑은 정신과, 그리고 자기의 죽음을 통해

우리의 생명과 어울리는 그런 큰 생명을 얻은 것은

비록 말이 그림자 세계의 그림자에 지나지 않지만,

말로는 어둡게 할 수 없는, 빛나는 태양과 같았다."

이토록 아주 높은 천상의 선율이 오래 지속되지 않는다는 것은 놀라운 일이 아니다. 그들의 성품이 아직까지 완전히 정제되지 않았기 때문에, 그들은 감각의 대상들이 곧바로 그들의 권리를 주장하는, 생각의 보다 낮은 단계로 내려와야만 한다. 하지만 이러한 단계에서도 그들은 세상의 먼지와 소음보다 훨씬 더 높은 단계에 있다. 형상과 이름이 지금도 많이 있을 수 있지만, 그것들은 순수하게 빛나는 형상이며, 황홀하고도 성스러운 이름이다. 다시 말해, 다른 모든 형상과 이름들을 없애 주는 그런 형상과 이름이다. 이제 그들은 아루나짤라 신에게 말을 걸며, 그들의 다양한 기분에 따라서 찬미하며 춤을 추거나 혹은 기도하며 눈물을 흘린다. 스와미와 몇 달 동안 함께 지낸 가자나나

라는 사람은 슈리 하리에 대한 열렬한 신앙으로 가득 차 있었다. 그는 끊임없이 『슈리마드 바가바땀Srimad Bhagavatam』의 시를 노래했으며, 아루나짤라 산을 일주하는 대부분의 길에서 환희 속에서 춤을 추곤 했다.[26] 다른 사람들은 쉬바난달라하리Sivanandalahari와 같은 언어로 그들의 영혼을 쉴 새 없이 토해 냈다.

헌신자들이 성악에 반주를 하기 위하여 심벌즈와 뗌부라, 북(므리당감mridangam) 그리고 현악기와 같은 것을 가지고 흔히 순례를 하면서 부르는 노래의 대부분은 쉬바 신에 대한 칭송이거나 혹은 쉬바 신에 대한 간청이다. 아루나기리(이 지역 태생의 따밀 시인)의 『띠룹뿌가르Tiruppugazh』나 또는 『떼바람Tevaram』에 수록된 노래를 부르는 것이 가장 유행했다. 슈리 라마나 마하리쉬의 「악샤라마나말라이Aksharamanamalai」와 기타 시들도 아쉬람에 있을 때처럼 성스러운 일주순례를 하면서 그의 추종자들이 불렀다. 때때로 일부 추종자들은 잡다한 종교적인 주제에 관하여 나머지 사람들에게 강의를 했다. 그러나 대체로 그들은 아주 즐겁게 마하리쉬에 대한 무한한 찬미를 쏟아 냈다. 헌신자들이 마하리쉬에게 유리하도록 그를 찌담바람과 띠루반나말라이에 있는 쉬바 신

---

26 그가 이곳 쉬박쉐뜨람Sivakshetram에서, 그리고 쉬바 신을 돌면서 슈리 마하비슈누 Mahavishnu를 칭송하는 것을 보고 놀랄 필요는 없다. 비록 슈리 바이슈나파Sri Vaishnavites 가 아주 작은 소수 집단이기 때문에 거대한 쉬바파에 가리어 제 목소리를 내지 못하고 있지만, 여기에서 쉬바 신과 비슈누 신을 숭배하는 두 집단 사이에는 서로를 허용하지 못하는 편협성이나 명확한 차이가 전혀 없다. 이곳 사원과 산은 원래 마하 비슈누를 모시는 곳이었다. 지금도 슈리 바이슈나파는 이 산을 신의 손에 쥐어져 있는 신성한 바퀴(아마도 시간의 바퀴)인 수다르사나Sudarsana라고 여긴다. 그리고 큰 사원에 있는 쉬바 신상 바로 뒤에는, 슈리 베누고빨라Sri Venugopala(슈리 마하비슈누의 형상)의 신상이 있으며, 사원 부지는 아직도 그의 이름으로 등록되어 있다.

과 비교하면서, 그를 아주 지나치게 칭찬하자, 그의 겸손과 침착함은 이따금 심한 시련을 받곤 하였다. 많은 제자들은 이런 문제에 대해 어느 정도 선까지가 적당한지를 알지 못했다. 그리고 그들이 그들의 감정에 대한 위안을 찾고 있었으므로, 마하리쉬는 결코 항의의 말 한마디도 하지 않고, 조용히 그 모든 것을 참아 냈다.

마지막으로 앞서 언급한 것 못지않게 이 순례에서 중요한 것은 자신의 내면에서 사랑하는 신의 이름(혹은 빤짜끄샤리Panchakshari 같은 상징)을 조용히 계속 암송하고, 그리고 명상에 의해 그들의 "생각"의 대상이 되어 버린 사람들이다. 그러면 정말로, 생각은 존재하지 않는다. 기쁨 속에서 순례는 끝난다.

슈리 바가반, 스칸다스람에서 헌신자들과
(나란자난다 스와미와 어머니가 바가반의 발치에 앉아 있다.)

슈리 바가반, 어쉬람에서 헌신자들과 함께
(저자는 바가반의 왼쪽에 서 있고, 카비야 깐따와 나젠자나난다 스와미는
각각 바가반의 왼쪽과 오른쪽에 앉아 있다.)

제25장

스와미와 함께하는 아쉬람의 하루

शान्तिमिदमाश्रमपदं
엄숙한 고요가 은둔자들의 이 거처에 가득했다.

विश्वासोपगमादभिन्नगतयश्शब्दं सहन्ते मृगाः
자신감으로 대담해진, 이곳의 동물들은
변경되지 않는 속도로 (인간의) 소리를 듣는다.

—깔리다사, 사꾼딸라

라마나 마하리쉬가 있는 아쉬람의 일상생활을 지켜보기 위하여 그
곳을 살짝 들여다보자. 까르띠까이Karthikai 축제, 마하리쉬의 생일인 자
얀띠Jayanti, 그리고 그의 어머니가 돌아가신 날과 같은 특별한 날에는
아주 많은 사람들이 몰려들기 때문에 아쉬람은 대단히 분주하다. 마하
리쉬의 생일과 어머니의 마하 사마디의 기념일에는 천 명이 넘는 사람
들에게 음식을 주어야 하고, 다름 아닌 그 성녀의 무덤인 마뜨루부떼
스와라 사원에서는 특별하고도 오래 계속되는 뿌자 의식이 있으며, 일
반적으로 피리 연주자의 나가스와람이나 다른 음악이 연주된다. 마하
리쉬의 생일날에는 그곳에 거주하거나 거주하지 않는 많은 제자들이
그를 방문한다. 그는 잘 꾸며진 홀 안의 상단에서 수많은 화환과 꽃 줄
장식으로 둘러싸인 가운데 앉아 있고, 사랑하는 제자들은 그의 발아

● 255

래로 모여들어, 여러 시간을 그와 함께 보낸다. 모든 사람들에게 이 위대하고 자비심이 많으며 깨달음을 얻은 영혼을 이 세상으로 안내해 준 축복받은 날이라는 것을 생각나도록 해주는 그런 고급의 맛있는 진미와 기타 많은 요리를 곁들인 축연이 벌어진다.

이런 특별한 날에 마하리쉬의 행동에 대해 언급할 몇 가지가 있다. 수천 명의 사람들이 음식을 먹게 되는 날이면, 마하리쉬는 좋은 음식이 장만되는지, 장만된 모든 요리가 식사를 하기 위해 앉아 있는 첫 번째나 두 번째 무리의 사람들에게만 제공되고, 마지막 무리의 사람들은 아무것도 받아먹지 못하거나, 아니면 약간의 묽은 소스와 소량의 음식밖에 먹지나 않을지 걱정한다. 한번에 4, 5백 명 이상은 수용할 수 없으며, 가끔 식사를 하는 사람들의 전체 수가 2천 명 이상에 이른다. 그래서 그는 마지막 사람들이 음식을 받아먹기까지는 식사를 거부한다. 아쉬람에서 장만한 어떤 음식이 있거나, 아니면 어떤 숭배자들이 그의 미각을 돋우기 위하여 가져온 음식이 있을 때 그의 변하지 않는 원칙은, 만약 모두에게 돌아갈, 다시 말해, 적어도 그 자신과 동일한 몫을 경내의 모든 사람들에게 제공할 만큼의 충분한 양이 없다면, 어떤 음식에도 절대 손을 대지 않는 것이다. 어떤 이는 가끔 아주 좋은 "터키 커피" 한 잔이나 약간의 '할와Halwa'를 가져와서, 스와미에게 "이것은 아주 맛있습니다. 그러니 스와미께서 드셔야 합니다."라고 말한다. 스와미는 즉시 "난 필요 없어요. 먹지 않아도 아주 행복하니까요. 내가 먹으려고 하면, 다른 사람들 모두가 먹어야 됩니다."라고 대답하며, 받은 음식은 맛도 보지 않고 돌려주거나, 아니면 그곳에 있는 개나 다른 동물들에게 준다. 스와미는 음식이 풍성하게 차려진 연회석에서도 절대로 우쭐해하지 않았으며, 또한 아주 간소한 음식 앞에서도 우울해하지 않았다. 사실 식사 때 그가 지키는 맹세 가운데 하나 때문에 음식이 풍성하게 나오는 연회석은 오히려 그에게는 견디기 힘든 일이다. 그는 (아마도 어릴 때부터) 자기 접시에 받은 음식이 무엇이든지 절대로 버리지 않고, 인내심을 가지고 남김없이 다 먹는다는 규칙을 지키고 있다. 만약 그가 그 규칙을 뒤집어 꼭 필요한 것만 먹고 그 나머지를 모두 물리쳤다면, 그는 확실히 더 나았을 것이다. 그러나 그것은 스와미의 맹세의 밑바닥에 깔려 있는 정서를 무시하는 문외한의 의학적인 충고다. 스와미가 축연이나 만찬자리에서 보여 주는 또 하나의 주목할 만한 특징은 그가 식사를 시작하기 전에 참석한 모든 사람들의, 심지어 가장 가난한 사람과 가장 초라한 (인간 사이에 초라함이 그의 앞에서 존재할 수 있다면) 사람들의 음식까지 공평하게 분배되었는지를 알아보고 살핀다는 것이다. 만약 누군가가 식사를 하지 않으려고 한다면, 그는 그 사람에게는 과일이나 혹은 그가 먹을 수 있는 다른 음식을 준다.

이런 특별한 날에 대하여 한 가지 더 언급할 사실이 있다. 스와미는 그 자신과 직접 관련하여 준비하는 모든 성대하고 화려한 계획들은 피한다. 사실, 1912년에, 그의 생일을 축하하는 첫 축전이 그의 헌신자들에 의해 준비되고 있었을 때, 그는 반대하면서, 당시 따밀어로 지은 두 개의 연으로 된 시를 통하여 그 반대 이유를 밝혔다.

1. பிறந்தநா ளேதோ பெருவிழாச் செய்வீர்
    பிறந்ததெவ ஞமென்று பேணிப் — பிறந்திறத்
    லின்றென்று மொன்று யிலகுபொரு வீற்பிறந்த
    வன்றே பிறந்தநா ளாம்.

2. பிறந்தநா ளேனும் பிறப்புக் கழாது
பிறந்தநா ளுற்சவமே பேண — லிறந்த
பிணத்திற் கலங்கரிக்கும் பெட்பென்றே தன்கீ
யுணர்ந்தொடுங்க மூனே யுணர்வு.

1. 생일을 축하하고 싶어 하는 그대들이여, 우선 그대들이 어디서 태어났는지를 탐구하십시오. 태어남과 죽음을 초월하는 그곳, 즉 영원한 존재에 들어가는 그것이 진정 생일입니다.

2. 적어도 혹자는 자신의 생일날에, 자신이 이 세상(삼사라samsara)에 들어온 것을 슬퍼할지도 모릅니다. 이에 반하여, 생일을 찬양하고 축하하는 것은 시신을 장식하는 일을 아주 즐기는 것과 같습니다. 자신의 자기를 탐구하여 참나와 합일하는 것, 그것이 지혜입니다.

헌신자들이 마하리쉬의 생일을 축하할 필요가 있는 것은 그들의 욕구를 충족시키는 데 있고, 또 마하리쉬가 그것에 관심을 가지고 있지 않을 수도 있다는 주장이 우세했다. 그래서 그때부터 매년 자얀띠Jayanti 축하 행사가 거행되어 왔다. 마찬가지로 뻬루말스와미와 다른 몇몇 사람들이 실물 크기의 스와미 동상을 세우고 싶다고 했을 때도, 비록 동상을 세우는 것을 좋아하지는 않았지만, 그는 그러한 헌신의 보조물을 만드는 일에 이러쿵저러쿵 하지 않았다. 결국 큰 비용을 들여 동상 하나가 예술가 나갑빠에 의해 만들어졌고, 최근에 띠루반나말라이에 설치되었다. 다른 몇몇 스와미들은 정기적으로 아비쉐깜abhisekam과 뿌자pooja 의식을 열었다. 다시 말해, 그들은 신성한 신상 위로 물, 우유, 응유, 기름, 꿀, 백단향 반죽 등을 붓거나 바르듯이, 스와미의 동상 위에도 그러한 것들을 부었다. 스와미는 결코 이런 것들을 허용하지 않았다. 심지어 신상들 앞에서 하는 것처럼 그의 앞에서 장뇌 불을 밝히거나 코코넛을 깨뜨리는 행위도 허용하지 않았다. 하지만 그는 항상 자신의 의견을 타인이 존중하도록 할 수만은 없었다. 이곳을 처음 찾는 사람들이나 지나치게 열심인 숭배자들은 앞에서 말한 규칙의 이유를 알지 못하기 때문에, 종종 그 규칙을 위반했다. 그들은 그들의 집에서 매일 장뇌에 불을 붙이고 코코넛을 깨고, 그리고 의식용 그의 사진을 앞에 두고 (어떤 신을 찬양할 때처럼) 108개의 수식어구나 이름으로 그를 찬양했다. 그들이 아쉬람에 있는 사진의 실물을 찾아갈 때도, 집에서와 똑같은 방식으로 왜 그 실물을 숭배해서는 안 되는지를 알지 못했다. 그러나 흔히 스와미를 수행하던 어떤 제자가 그러한 열성적인 숭배자를 설득해서 못하게 하여, 대개는 스와미를 시련으로부터 구해 주었다.

'빠다세바padaseva'에 대해 말하자면, 즉 스와미의 발을 실제로 만지고 그 먼지나 그 발을 씻은 물을 헌신자의 머리로 가져가며, 그가 전지전능하고 어디에나 존재한다고 하면서 그를 지나치게 찬양하는 행위에 대해서 말하자면, 스와미는 이 모든 것을 감수한다. 그것은 "세상의 유익함"을 위해 그가 해야만 하는 희생이다. 『바가바드 기따』 3장에는 세상 사람들의 욕구와 이상에 자기 자신을 맞추어야 한다는 "로까상그라하Lokasangraha"가 기록되어 있다. 만약 헌신자가 자신의 구루를 이상화하고, 신체적인 구루를 고차원적인 어떤 것, 즉 신으로 바꾸지 않는다면, 그는 영적으로 높이 비상할 수 없다. 『스웨따스와따라 우빠니샤드』의 마지막 문장은 다음과 같다.

यस्य देवे परा भक्तिः यथा देवे तथा गुरौ।
तस्यैते कथिता ह्यर्थाः प्रकाशन्ते महात्मनः।

그것의 의미는

"(우빠니샤드의) 이러한 가르침들은 이슈와라Iswara 신에게 믿음을
가지고 있고, 신에 대한 믿음과 같은 믿음을 그의
스승에게 가지고 있는 이에게 빛을 발할 것입니다(즉 쉽게
이해되고 깨달아질 것이다)."

깨달음을 얻으려는 구도자에게 스승이란 존재는 신이나 브람만과
동일하다는 것을 분명히 말해 주고 있다(깨달음을 얻은 제자, 즉 갸니에게
는 그 자신과 신과 구루의 구별이 모두 사라지고 없지만). 그러므로 스와미는
열성적인 숭배자의 영적 발달에 필수적이라고 느껴지는 모든 문제에
서 그의 용기를 꺾지 않았다. 그러나 점차적으로 서서히 모든 숭배자
는 또한 구루의 관점도 알게 되었다.
　스와미는 그의 먹는 문제에서 뿐만 아니라 기타 너무도 많은 문제에
서 모든 사람들에게 모범을 보여 준다. 『바가바드 기따』 제5장에는

न प्रहृष्येत्प्रियं प्राप्य नोद्विजेत् प्राप्यचाप्रियं

라는 말이 있다. "자신이 원했던 물건이나 혹은 갖고 싶은 물건을 얻
었을 때 우쭐해하지 마라. 또한 그 반대의 경우를 당했을 때도 괴로워

하지 마라."는 뜻이다. 이와 같이 스와미는 어떤 일이 일어나더라도 그 때문에 어떤 불안이나 침울함, 또는 우쭐함을 결코 밖으로 드러내지 않는다. 살아가는 매 순간 이러한 원칙에 따라 행동하는 스와미는 이런 특별한 모임들에서도 평정심을 가장 잘 보여 준다. 어떤 "유명 인사"(예컨대 판사나 라자)가 아쉬람을 방문하기도 한다. 그렇다고 하여 스와미는 다른 사람들에게 주지 않는 어떤 특별한 배려를 그 유명 인사에게 주지 않는다. 그리고 스와미는 그러한 유명 인사가 도착하거나 떠난다고 하여 가슴이 벅차거나 혹은 당황해하지도 않는다. 람나드시를 관할하던 고인이 된 시장(라자)이 스와미를 찾아와 그에게 경의를 표한 뒤에 잠시 서 있었다. 말할 필요도 없이 스와미의 앞에서 계속 서 있는 그 모든 사람들에게 그는 자리에 앉으라고 말한다. 그래서 스와미는 라자에게 앉으라고 했다. 그러나 스와미를 크게 존경하는 마음에서 라자는 아쉬람에 머물고 있던 내내, 다시 말해, 15분 동안 계속 서 있다가 떠나갔다. 고인이 된 M.C.T. 무띠아 쩻띠아르 경이 왔을 때, 그와 함께 왔던 낫뚜고따이 쩨띠아르는 그를 *காண்டு காத்தான்*의 큰 부자(*முதலாளி*)라고 전해 주었다. 두 사람 모두 스와미의 앞에서 15분 동안 앉아 있었다. 그런데 스와미는 한마디도 하지 않았다. 그들이 떠난 뒤에, 스와미는 참석했던 어떤 사람으로부터 그 방문객이 기사 작위를 가진 사람이며, 그 지방 입법부의 의원이자, 남인도에서 가장 부유한 은행가 중 한 사람이라고 들었다. 스와미는 마치 봄베이의 주식 시장의 시세가 약간 하락했다거나 혹은 구리 값은 안정적이라는 것을 들을 때 기울이는 만큼의 관심을 갖고서 그 정보를 받아들였다. 낫뚜꼬따이 쩨띠아르의 대리인은 스와미가 받겠다고 동의만 했다면, 그의 사장께서 소 두 마리뿐만 아니라, 덤으로 소와 소를 키우는 사람을 부양해 줄 많은 자금을 제공해 주었을 것이라고 말했다. 스와미는 냉담하게 아쉬람에는 소가 필요 없으며, 소가 있다 하여도, 종종 아쉬람으로 내려오는 치타의 손쉬운 먹잇감이 될 것이라고 말하였다. 아쉬람에서 자얀띠를 위한 준비가 진행되고 있을 무렵에 그 지역 경찰 감독관(라자의 동생)이 찾아와서, 자얀띠에 필요한 물건(만약 있다면)을 보내 주겠다고 제안하며, 스와미에게 어떤 물건을 보내 줄 것인지 물었다. 그는 곧바로 아무것도 필요 없다는 대답을 들었다. 어떤 물건을 산으로 올려 보냈다 하더라도 그것은 아쉬람을 찾는 모든 사람들에게 골고루 나누어지고 있었다.

매우 흥미로운 주목할 만한 점은 스와미가 음악을 들을 때 어떻게 행동하느냐이다. 갑자기, 어떤 헌신자는 세상에 처음 데뷔하려는 그의 제자 여가수가 마하리쉬 앞에서 공연을 시작하면 상서로울 것이라 생각하고, 산으로 올라오면서 부수적으로 그가 그것으로 스와미를 기쁘게 해드릴 것이라고 생각한다. 마하리쉬는 음악을 좀 감상하지만, 음악을 좋아하지는 않는다(세샤드리스와미가 그랬던 것처럼). 그는 음악공연 내내 동상처럼 움직이지 않고 앉아 있지만, 감탄을 표현하기 위하여 결코 머리를 흔들지도 않으며, 또한 박자를 맞추기 위해 손가락을 움직이지도 않으며, 괜찮다고 말하거나 흠을 찾거나 혹은 어떤 특별한 음이나 곡을 요청하기 위하여 입을 여는 법도 없다. 그 음악이 끝나면, 그는 그 음악 공연을 주선한 책임자에게 미소를 짓거나 혹은 (그러한 사람이 없으면) 음악가에게 미소를 짓는다. 이때 그의 미소는 "감사합니다."를 의미하는 것으로 여겨진다. 최근에 무달리아르 계층에 속하는 한 부유한 사람이 레이스가 달린 비단 옷을 입은 젊고 예쁜 무희를 데려와서 마하리쉬 앞에서 그녀 생애 처음으로 여러 사람들 앞에서 노래를 부르게 하였다. 공연이 끝나고, 마하리쉬가 무달리아르에게 "감사"의 미소를 보낸 뒤에, 그 젊은 여자는 자리에서 일어나 미소 짓고, 능글맞은 웃음을 띠며 (세상적인 의미로) 자의식으로 충만하여 여러 가지 자세를 취하고, 마치 관객의 마음을 호리어 사로잡고 싶은 것처럼 우아한 동작으로 손발을 움직이면서 주변을 돌아다녔다. 하지만 마하리쉬에 관한 한, 그는 전혀 감동이나 영향을 받지 않았다. 왜냐하면 그는 그것을 단지 살로 덮여 있는 해골이나 또는 농간을 부리는 움직이는 시체로 취급했기 때문이다. 마하리쉬는 지난해 몇몇 제자들에게 세상적인 대상들을 어떻게 대면해야 하고, 그리고 구도자가 심지어 헌신을 할 때에도 다양한 장면들이 그의 감각과 마음에 나타나지만 어떻게 하나의 일관된 명상이 가능한지를 설명해 주는 자리에서, 음악에 대한 그의 태도의 비밀도 설명했다. 마하리쉬는, "다양한 음이 연주되거나, 다양한 곡이 음악가에 의해 불릴 때, 만약 당신이 계속적으로 스루띠, 다시 말해, 장단을 맞추며 단조롭게 반복되는 탬버린이나 오르간 반주에 주의를 기울인다면, 당신의 주의는 다양한 음이나 선율에 의해 흩뜨려지지 않습니다. 마찬가지로 여러 가지 풍경과 소리로 가득 차 있는 이 세상에서도, 베다에서 말하는 하나의 실재인 스루띠에 계속 주의를 기울이십시오. 그러면 당신의 집중력은 전혀 방해받지 않습니다."라고 말하였다. 집중력을 얻으려고 애쓰는 사람에게는, 이 충고가 실용적이지 않은 것처럼 보일 것이다. 그 말의 진짜 요지는 주의산만에서 벗어나는 길은 집중을 하기 위해 선택한 그 주제에 대한 관심의 강도와 그 문제에 대한 자신의 의지력에 달려 있다는 것이다. 그리고 의지력을 강화하는 가장 분명한 길은 그 의지력의 강화를 바라는 것이라는 것이다. 그러나 그 요지가 무엇이든지 간에, 그 충고는 부수적으로 마하리쉬가 어떻게 무관심한 상태를 유지하고 있는지를 보여 준다.

> 여러 차례 굽이치며 서로 이어지는
> 달콤한 선율을 길게 늘어뜨리며,
> 변덕스러울 정도로 주의 깊고 어지러울 정도로 교묘하게
> 애수를 자아내는 목소리가 미로를 통해 흘러나오며,
> 조화의 숨겨진 영혼을 묶어 놓은
> 모든 사슬들을 풀어 놓네.

그는 단지 변화하지 않는 스루띠, 즉 하나의 소리에만 주의를 기울이면서, "변화하여 사라지는" 많은 것들의 속박을 벗어난다.

특별한 행사도 없고, 많은 사람들이 밀려들지도 않는 평일 날의 아쉬람을 살펴보자. 마하리쉬는 자신의 거의 모든 시간을 북쪽의 홀에서 소파에 앉아 있거나 잠을 자면서 시간을 보낸다. 모든 방문자들은 밤낮 언제든지 거기에 가면 그를 볼 수 있다. 아무도 그를 만나기 위하여 미리 알리거나 허가를 받을 필요가 없다. 누구나 두려움을 가질 필요 없이 찾아가서 절하고 어디에나 앉아서 자신을 괴롭히는 모든 문제에 대하여 어떤 질문도 다 할 수 있다. 사람들은 흔히 안으로 들어가서 그를 찬양하고, 그 다음 그들의 고민을 털어놓는다(말이 나온 김에 덧붙여 말하면, 직접 그에게 전달되는 모든 문제들은 그가 종종 받는 다양한 종류의 편지

에서도 마찬가지로 볼 수 있다). 어떤 이는 그를 찾아와서는 산스끄리뜨 시로 그를 신격화하고, 두 번째 사람은 평범한 따밀어 산문으로, 세 번째 사람은 뗄루구어나 혹은 말라얄람어로 된 노래나 '끼르딴'을 부르며 각각 그를 신격화한다. 많은 사람들이 가슴 아픈 문제로 그를 찾아간다. 어떤 이는 "하나뿐인 자식을 잃어버렸습니다. 제가 어떤 위로를 받을 수 있을까요? 제가 어떻게 지내야 할까요?"라고 말한다. 또 다른 사람은 사업에 실패하여 파산에 직면했고, 세 번째 사람은 재산권을 빼앗겨, 스와미의 은총을 받아서 재판에서 승소하기를 바란다. 네 번째 (이런 유형의 사람이 많이 온다)는 아이를 가지지 못하는 여성으로 매일 찾아와서 마음속으로 스와미에게 "불임 귀신"을 쫓아내 달라고 간청한다. 다섯 번째는 질병, 흔히 불치병에 걸린 사람으로, 병을 낫게 해 달라고 마음속으로든 아니면 소리 내어 기도를 한다. 여섯 번째는 까닭을 알 수 없는 두려움에 시달리는 신경과민증 환자로, 이러한 두려움을 몰아낼 수 있는 비결이나 은총을 바란다. 어떤 때는 히스테리와 강박 관념에 시달리는 환자들이 오기도 한다. 그들은 울기 시작하며 가끔 그들의 머리를 흔들기도 한다. 대체로 모두가 떠나갈 때는 위안을 받았거나 아니면 적어도 어느 정도 힘을 얻어 간다. 심지어 종교적인 경향을 가진 사람들 가운데서도 호기심이 많은 그런 사람들이 똑같이 몸소 아니면 편지에 의해서 모습을 드러낸다. 한 사람은 멀리 북부 지역(쩨데드 지구)에서 자신을 구원해 줄 스와미의 힘을 확신하고 있다고 편지를 보내 왔으며, 또한 스와미가 마술적이거나 신비적 힘으로 그 편지에서 정한 날짜에 글쓴이의 마을에서 그에게 달샨darsan(그 자신을 봄)을 확실히 주어야 한다고 했다. 또 다른 이는 그의 슬픔이 너무나 커서 스와미가 어떻게든 그 슬픔을 없애 주어야 한다고 말한다. 스와미를 친견하러 오는 사람들 가운데 자기분석에 관심이 있는 사람은 거의 없으며, 심지어 그들을 괴롭히는 문제들을 다루고 있는 종교나 철학의 가장 초보적인 책조차 특별히 공부한 사람도 거의 없다. 진지한 헌신이나 '비짜라vichara'나 요가 수행에 대한 어떤 명확한 방침을 가지고 있는 사람도 거의 없다. 대부분은 무욕과 평등이나 평정심(समत्व)으로 유명한 브람마나 스와미를 막연히 만나고 싶은 바람을 가지고 나타난다. 그들은 몇 가지 피상적인 질문을 던지고 몇 가지 간단한 대답을 듣고는 쉽게 만족하여 심각한 생각 없이 떠나 버린다. 가끔 몇몇 진지한 영혼들은 조금의 격려의 말이나, 또는 문제점을 밝혀 주거나 혹은 아직까지 이해하기 어려운 경험들을 설명해 줄 단지 몇 마디의 말을 듣고 싶어서 나타난다. 이런 것들에 대한 마하리쉬의 대답은 일반적으로 아주 적절하고 어울리며, 그리고 너무 고차원적으로 들어가서 듣는 사람들이 그 이야기를 이해하지 못하기도 한다. 나따나난다스와미에 대한 이야기(제27장 참조)가 그 좋은 예이다. 이런 대화들이 조금이라도 전해지거나 보존된 일은 거의 없었다. 소수의 헌신자들은 마하리쉬의 사이킥력, 즉 어떤 경우에는 아마도 무의식으로 발휘될지도 모르는 그런 마하리쉬의 능력을 일깨울 수 있는 특별한 소질을 가진 것 같다. 이것을 예증하기 위하여 꿀루마니 나라야나 샤스뜨리를 그 예로 인용해 보겠다. 그는 마하리쉬와 세샤드리스와미 이 두 분의 독실한 박따bhakta(즉 제자)로서, 세샤드리스와미의 손을 통해 눈에 띄는 은총의 표시와 상당한 관심을 받아 결국 무집착(바이라기야vairagya)과 깨달음(갸나jnana)의 단계로 발전해 갔다. 세샤드리스와미에게 그토록 대단한 존중을 받은 인

266 •

물이라면 신뢰하지 않을 수가 없다. 심지어 그것을 차치하더라도, 그는 지금도 우리들과 같이 지내며, 성자다운 헌신적인 삶을 살고 있다. 그래서 그의 말에는 상당한 무게가 실려 있다.

약 18년 전에 K.N. 샤스뜨리는 마하리쉬를 보기 위해 산으로 갔다. 그는 바나나 한 다발을 가져갔는데, 우선 아루나짤레스와라 신에게 그것을 바치기 위해 아루나짤레스와라 사원으로 갔다. 그러나 그 사원에 도착하여 그것을 그 신에게 바치기 전, 도중에 그는 사원 앞에 서 있는 거대한 가나빠띠 신상을 보고, 마음속으로 그 열매 가운데 하나를 다발에서 떼지도 않고 가나빠띠 신에게 바쳤다. 마침내 그가 그것을 마하리쉬에게 바치자, 그는 그 다발을 받았다. 한 제자가 그 다발을 가지고 동굴 안으로 막 들어가려고 했을 때, 마하리쉬는 그를 멈춰 세우고는, "잠깐, 가나빠띠 신에게 바친 그 과일을 먹읍시다."라고 말했다. K.N. 샤스뜨리는 이러한 놀라운 독심술을 보고 깜짝 놀랐다. 그는 마하리쉬에게는 빠딴잘리의 『요가 수뜨라』 1장 35절에 चित्तसंवित्, 즉 독심술(찟따 삼비뜨chitta samvit)로 기술된 특별한 능력이 있다고 결론을 내렸다. 그는 최근에 산스끄리뜨로 썼지만 아직 전혀 알려지지도 않은 『발미끼 라마야나Valmiki Ramayana』의 산문 요약본을 가져왔고, 그래서 어느 누구에게도 그것에 대하여 알리지 않고, 마하리쉬에게 (산스끄리뜨 말로) "찟따 삼비뜨chitta samvit, 즉 독심술과 같은 능력을 가진 당신에게 제 방문 목적을 말한다는 것은 불필요한 반복이 되겠지요."라는 말을 마음속으로 했다. 즉시 마하리쉬는 (그의 목적을 언급하면서), "ராமாயணத்தை வாசிக்கிறது தானே.", "(당신이 가져온) 『라마야나Ramayana』를 꺼내 읽어 보시지 않겠어요?"라고 말했다. 그의 목적은 마하리쉬 앞에서 공개적으로 그의 작품을 처음 소개하고 낭독하는 것이었는데, 그는 그의 목적이 달성되고, 또 마하리쉬의 특별한 능력이 현시되는 것을 보고 기뻐하였다.

마하리쉬는 또한 그에게 까마귀나 다람쥐도 그 자신과 얼마나 친숙하게 지내는지를 보여 주었다. 마하리쉬는 어린 새끼를 데리고 온 까마귀를 불렀다. 그러자 까마귀는 날아와 그의 손바닥에서 먹이를 집어 새끼에게 주었다. 마하리쉬는 남아 있는 것을 가까이 있는 나무로 가져갔고, 거기서 다람쥐가 그의 손에서 그 먹이를 갉아먹었다.

그밖의 여러 박따bhakta(헌신자)들도 사전에 자신의 의견을 표현하지도 않았지만, 마하리쉬는 그들이 도움을 구하는 바로 그 문제에 대하여 그들에게 말을 걸어온다고 끊임없이 언급해 왔다. 마하리쉬 그 자신도 종종 누군가가 그에게 물건을 가져오고 있을 때 그 동일한 물건의 확보에 대해 말을 하고 있던 중이라고 언급했다. 이와 같은 것들은 아마도 어떤 사람들은 마하리쉬의 다양한 초능력들을 불러내는 독특한 능력을 가지고 있다는 것을 보여 줄지도 모른다. 몇몇 박따(헌신자)들만이 그런 일을 경험했다는 이유 때문에 이와 같은 것을 믿지 못하는 것은 확실히 그 때문에 마하리쉬에게 편애가 있다고 생각하는 것만큼이나 이치에 맞지 않는다. 또한 "우연"도 그토록 많은 사례에 대한 설명이 되지 않는다.

가끔씩 소수의 가벼운 영혼들은 마치 마하리쉬가 지적인 혹은 영적인 마상 창시합 대회에 참가한 모든 사람들을 상대로 싸워 이긴 우승자나, 아니면 그들을 상대로 싸울 준비가 되어 있는 무장한 기사처럼 마하리쉬의 학식과 변증법의 기량을 시험하기 위하여 들렀다. 비록 마

268 ●

하리쉬는 산스끄리뜨, 따밀어, 말라얄람어 등의 언어로 기록된 수백 권의 중요한 종교 서적들(우빠니샤드Upanishad, v. 쭈다마니Chudamani 등과 같은)을 통달하고 있지만, 결코 자신의 학식을 과시하고자 하지 않는다. 이들 허세꾼들이 오면 그는 사마디samadhi에 잠겨 조용히 있다. 그리고 종종 평화의 기운이 그들 속으로 파고들어 그들이 돌아갈 때는 슬픈 경험으로 많은 것을 깨달아 간다. 소수의 사람들은 다음과 같은 쓸데없는 질문을 던졌다. "허버트 스펜서와 오로빈도 고세는 진화의 진행 과정에서 균일성의 원리(자연의 작용은 비약하지 않는다)에 의해 암시된 어떤 형태나 고리는 대자연에 의해 없어질 수 있는지의 문제에 대하여 서로 의견이 다릅니다. 스와미지께서는 진화가 이러한 차이점을 뛰어넘을 수 있다고 생각하십니까?" 마하리쉬는 모든 수수께끼를 풀기 위하여 생물학이나 자연과학 교수로서 아쉬람에 앉아 있는 것이 아니다. 그러한 경우에 그는 침묵을 지킨다. 그렇게 함으로써 그러한 질문, 특히 질문자의 종교적인 발전이나 행복의 실현에 영향을 미치지 않는 그런 질문을 하는 것이 적절하지 않음을 지적해 준다. 그러나 그는 전혀 악의를 품고 있는 것이 아니며 어떤 혐오감도 보여 주지 않는다. 앞에서 마하리쉬에게 신을 본 적이 있는지, 그리고 (마하리쉬가 깔고 앉아 있는 호랑이 가죽을 보고) 호랑이를 죽이는 것이 죄인지를 물어본 사람에 대해 언급하였다. 그러나 질문이 어떤 목적에 유용하다면 (비록 질문자의 태도가 공손하기보다는 더 비판적이라 해도) 마하리쉬는 친절하게도 대답을 해준다. 운명과 자유의지에 관한 질문들, 씨앗이 나무보다 먼저냐 아니면 나무가 씨앗보다 먼저인가와 같은 창조의 순서에 관한 질문들, 그리고 그와 유사한 질문들이 던져진다. 마하리쉬에게는 그런 질문을 다루는 그 자신만의 특유한 방식이 있다. 전자(운명과 자유의지)의 질문이 제기되었을 때, 그는 자신의 시, 「울라뚜 나르빠뚜Ullathu Narpathu」— "실재 40"에 있는 이런 시구를 지었다.

விதிமதி மூல விவேக மிலார்க்கே
விதிமதி வெல்லும் விவாதம்—விதிமதிகட்
கோர்முதலாந் தன்னே யுணர்ந்தா ரவைதணந்தார்
சார்வரோ பின்னுமவை சாற்று.

그것의 의미는

"운명과 자유의지 (등과 같은) 문제에서 어느 것이 우월한

것인지에 대한 이러한 논쟁들은 그 둘의 근원을 조사해 보지

않은 이들에게만 일어납니다. 하지만 그 둘의 근원이며 원인인

참나를 알고 있는 이라면, 그는 그 둘을 초월해 있으며,

다시는 결코 그 어느 한 생각도 품지 않을 것입니다."

다시 말해, 마하리쉬는 질문자에게 그 문제는 현상계에서만 일어나며, 참나를 깨달은 사람에게는 어떤 괴로움도 줄 수도 없다고 지적해 줌으로써, 그의 생각의 허를 찔렀다. 마하리쉬의 앞에 앉아서 스와미 비베까난다의 삶과 말을 따밀어로 번역하고 있는 이 책의 필자는 예컨대 마하리쉬와 같은 어떤 사람이 만물은 실제로 하나의 본질로 구성되어 있다는 특별한 느낌이나 지각을 과연 그(필자)에게도 줄 수 있는지를 생각해 봤다. 왜냐하면 비베까난다는 슈리 라마크리슈나 빠라마함사를 단 한 번 만져 보고 그러한 특별한 느낌이나 지각을 얻었기 때문이다. 그리고 필자는 과연 그러한 싯디siddhi(기적을 일으키는 힘)는 소유

할 가치가 없는지도 생각해 보았다. 에짬말은 동시에 우리도 과연 그러한 싯디(마술)를 행사할 수 있는지를 단도직입적으로 마하리쉬에게 물었다. 그러자 마하리쉬는 대답의 형태로 같은 시에 있는 또 하나의 시구(연)를 지었다.

சித்தமாயுள் பொருளைத் தேர்ந்திருந்தல் சித்திபிற
சித்தியெலாஞ் சொப்பனமார் சித்திகளே—நித்திரைவிட்
டோர்ந்தா லவைமெய் யோ வுண்மைநிலே நின்று
                                        பொய்ம்மை
தீர்ந்தார் தியங்குவரோ தேர்.

그것의 의미는

"싯디 즉 영적 성취라는 이름을 받을 가치가 있는 것은, 늘 존재하고 있는 것(말하자면, 늘 이미 주어진 것)에 대한 깨달음과 고수입니다. 마술의 다른 신통력들(싯디siddhi)은 꿈속에서 볼 수 있는 신통력과 같습니다. 잠에서 깨어나면, 실제로 이러한 싯디, 즉 마력이 그대로 있습니까? 비실제적인 것을 떨쳐 버리고 참 실재에 굳건히 자리를 잡은 사람들이 이러한 것들의 유혹을 받겠습니까?"

이러한 방식으로 마하리쉬는 우리가 참나를 깨달아야만 하고, 또 그것만이 행복이며 또한 성취해야 할 일이라는, 핵심적이고 기본적인 진리로 모든 사람들을 다시 끌어들인다. 덧붙여 말하자면, 다른 문제들이라 하더라도 그들이 심지어 근소하게나마 중요한 문제와 관련이 되어 있다면 그는 그 문제들을 해결할 준비가 되어 있고 실제로 그들을 해결해 주고 있다. 마두라이의 변호사인 N.N. 씨는 다양한 신들과 악마, 그리고 귀신들이 정말로 존재하는지를 알고 싶었다. 그러자 마하리쉬는 그에게 다음과 같이 대답했다. "그렇습니다. 그러나 그것은 그대 자신의 존재처럼 현상적인 존재인 비야바하리까 사띠야Vyavaharika Satya에 불과합니다."

N.N. 그렇다면 쉬바는 '토끼의 뿔'처럼 단지 허구에 지나지 않습니까?

마하리쉬 아닙니다.

N.N. 그들이 우리와 같은 존재라면 그들도 틀림없이 소멸(쁘랄라야)되지요?

마하리쉬 아닙니다. 그대가 갸니jnani나 묵따mukta 그리고 불멸의 브람만이 될 수 있다면, 그대보다 무한히 더 지혜로운 쉬바와 같은 신들도 그러한 갸나jnana를 가지고 있고, 또 불멸의 브람만이라고 가정하는 것이 합리적이지 않을까요?

암리따나따는 싯다siddha들이 지금 존재하고 있는지, 싯다의 세계가 존재하는지, 그리고 그렇다면 그들은 어떤 특별한 능력을 행사하는지를 물어보았다. 마하리쉬는 지금도 마헤슈와라와 동등한 힘을 행사하고 있는 싯다들이 있다고 대답하였다.

마하리쉬가 그의 수많은 질문자들에게 말했던 모든 내용을 좁은 지면에 언급하는 것이 불가능하기 때문에, 또 보즈웰 같은 전기 작가라 하더라도 결코 그들을 다 기록할 수 없기 때문에, 그리고 마하리쉬와의 문답 전집이 자매편으로 한 권을 족히 채우고도 남기 때문에, 지금으로서는 이걸로 충분할 것이다. 이제 아쉬람에서 매일 그와 제자들은 무엇을 하는지를 알아보도록 하자.

　마하리쉬는 새벽 3시와 4시 사이에 일어나는데, 그것은 다른 사람들 (제자들)도 대부분 그 시각에 일어난다는 것을 의미한다. 목욕을 한 뒤에 마하리쉬는 소파에 앉아 있고, 일부 제자들은 그를 찬미하는 노래를 하거나, **திருப்பள்ளியெழுச்சி, திருவெம்பாவை** 즉 수브람만야 아이어가 마하리쉬에 대하여 지은 1,500연이 넘는 장시의 일부를 노래하거나, 혹은 **பாரத்வாஜி முகவை**, 즉 마하리쉬가 아루나짤라를 찬미하기 위하여 지은 따밀 시를 노래하면서 하루를 시작한다. 새벽 5시나 6시 무렵에는 통상적으로 외부 방문객들이 계속 찾아오는데, 특히 인근의 우물과 빨리띠르땀, 아가스띠야 띠르땀, 그리고 아그니띠르땀으로 물을 뜨러 오는 사람들은 스와미를 찾아가서 그의 앞에서 큰절을 하고 떠난다. 그 다음에는 흔히 식당으로 자리를 옮겨, 가벼운 아침 커피와 함께 쌀과 검은 녹두 요리인 이들리idli나 우뿌마부Upumavu를 먹거나 혹은 남인도에서 나는 고유의 세몰리나semolina(거친 밀가루) 푸딩을 먹는다. 그러고 나서 마하리쉬는 그의 자리로 돌아간다. 다시 방문객들이 몰려든다. 제자들 사이에는 대체로 노동의 분담이 이루어지고 있다. 일부는 꽃을 골라 모아서 화환을 만들고, 또 일부는 물을 길어 와서 뿌자용 나이베디아naivedya(즉, 음식 봉헌)를 준비하고 있다. 일부는 마뜨루부떼스와라 성소(즉, 마하리쉬 어머니의 사마디)에서 뿌자pooja 의식을 행하며, 거기에서는 그녀의 사마디 위에 있는 링가와 슈리짜끄람, 그리고 라마나 마하리쉬의 초상화와 함께 가나빠띠와 수브람만야의 신상들이 아슈똣따라나마발리Ashtottaranamavali(즉, 108개의 이름)와 함께, 그리고 특별한 날에는 사하스라나마sahasranama(즉, 1천 개의 이름)와 함께 숭배 받고 있다.

또 일부는 마하리쉬의 작품이나 마하리쉬에 관한 작품, 그리고 드물게 다른 성자들과 성인들의 작품이나 그들에 관한 작품을 집필, 교정, 번역, 그리고 편집하는 그런 문학적인 작업에 종사하고 있다. 요리를 하기 위하여 야채와 다른 물품을 가져와서 준비하는 것은 몇몇 제자들에 의해 이루어지고 있다. 그 감독은 "쩐나스와미", 즉 스와미의 동생인 스와미 니란자난다가 맡고 있다. 스와미도 이러한 작업뿐만 아니라 요리에도 가담을 하며, 그럼으로써 그의 손발에 약간의 운동을 확보하고, 근면과 겸손의 좋은 모범을 보여 주기도 한다. 모든 사람들이 마하리쉬가 야채를 썰고, 수염뿌리를 없애고, 다양한 음식 재료의 적절한 혼합 비율을 보살피는 것을 볼 때 노동의 존엄성은 그들에게 분명히 이해된다. 그는 그것으로 멈추지 않는다. 방문객이 없거나 문학적인 작업이나 다른 일이 없을 때는, 마하리쉬는 지팡이를 자르고 까만달라스_{kamandalas}(물 그릇)를 닦아 윤을 내고, 나뭇잎을 꿰매어 접시를 만들고, 인쇄물처럼 명확한 활자로 작품을 베껴 쓰고, 책과 공책을 제본하며, 그리고 다른 유용한 일들을 한다.

그러고 나서 지금까지 충분히 설명이 된 아침 식사가 11시와 12시 사이에 이어진다. 그 다음 평소와 같이 일을 하고 쉰다. 그리고 오후 3시경에 점심이 나온다. 그때부터(그리고 가끔은 아침에도) 방문객들은 설탕절인 과자, 과일, 사탕들을 가지고 온다. 그리고 스와미가 한 조각 먹은 후, 이 모든 것들은 곧바로 그곳에 있는 모든 사람들에게 쁘라사다 prasada(축복의 선물)로서 나누어 준다. 아쉬람을 처음 찾아오는 많은 방문객들은 항상 나누어 주는 이런 사탕 맛과, 그리고 이러한 선물의 성격을 나타내는 철저한 평등과 따뜻한 우정을 보고 놀라워하며 기뻐한다.

274 ●

이때 이러한 선물들을 바친 사람들은 자신이 더 우월하고 그 선물을 받는 자가 자기보다 못하다는 그런 생각을 하지 않는다(그리고 그런 생각을 한다는 것을 암시해 주는 행동도 하지 않는다). 이것이 모두에게 골고루 돌아가는 쁘라사다이다. 그리고 여기에 관여한 모든 사람들은 쁘라산나 마나스prasanna manas, 즉 행복하고 만족한 마음 상태를 갖게 된다. 선물을 받는 사람들에게서도 전혀 열등의식을 찾아볼 수 없다. 새로 온 많은 사람들은 어떻게 스와미가 영원히 그들에게 좋은 먹을 것을 주고, 본받아야 할 좋은 모범을 보여 주며, 또 그들이 이해하고 자기 것으로 만들어 건강과 행복과 지혜를 증진시킬 수 있는 좋은 철학 내지 철학적 설명을 해주는 것이 가능한가 하고 생각한다. 정통파 힌두교도는 "나누어 주는 사람에게 축복을 주라."는 경전의 규정을 준수하도록 가르침을 받고 있고, 또 흔히 그것을 준수하고 있다. 예를 들면, 음식을 받았을 때는 진심으로 **अन्नदाता सुखी भव**, 즉 "음식을 나누어 주는 그대에게 행복한 일이 일어나소서."라고 말하도록 규정되어 있다. 그렇게 행복을 비는 마음을 가진 수천 명의 사람들이 쏟아져 들어온다. 가끔 사람들은 마하리쉬뿐만 아니라, 그러한 선물을 가지고 와서 그에게 봉헌한 사람들도 찬미하며, 그리고 마하리쉬가 이 성스러운 산기슭에서 자비의 광명과 영향력을 널리 펼칠 수 있도록 만수무강하길 기도하며, 아울러 봉헌한 사람들에게도 그들이 바라는 모든 합법적인 목적들이 성취되기를 기도한다. 마하리쉬가 자기에게 들어오는 모든 좋은 것들을 골고루 분배해 주는 것은 그러한 감사의 말이나 행복을 비는 말들을 듣기 위해서가 아니다. 태양이 사방으로부터 물의 증기를 흡수하여 몬순 바람(계절풍)을 일으켜 그 구름을 어디로든지 날려 보내, 그 결과 비가 내려 만물에게 다 같이 은총을 내리는 것은 어떤 보상을 받거나 남이 알아주기를 원해서일까?

하루가 끝날 무렵에, "명상 시간"이 있고, 그 명상 시간은 저녁 식사(와 가끔은 제자들의 암송)에 의해 일시 중단되기도 하지만, 저녁 9시나 혹은 취침 시간까지 연장되기도 한다. 이 명상의 주제는 중요하므로 별도의 한 장이 필요하다.

제26장

아쉬람에서의 명상

아, 이렇게 믿음으로, 어둠이 끝날 때까지,

우리는 우리의 가장 소중한 벗인 구루와 함께 걸어서,

마침내 광명의 들판에 들어서네,

그곳엔 믿음이 사라지고 완전히 빛만 보이도다.

나는 부자들의 기쁨을 부러워하지 않노라.

소함—함사[27]

나는 지상의 화려한 장난감들을 탐내지 않노라.

소함—함사

지상은 영원한 행복을 줄 수 없어라.

지상의 만물에는 "쇠퇴"의 인장이 새겨져 있네.

나의 기쁨은 어떠한 끝도 알 수 없는 기쁨이라네.

함사—소함

—상께이에서 번안

प्रणवो धनुः शरोह्यात्मा ब्रह्म तल्लक्ष्यमुच्यते।
अप्रमत्तेन वेद्धव्यं शरवत्तन्मयो भवेत् ॥
यस्मिन् द्यौः पृथिवीचान्तरिक्षमोतं मनः सह प्राणैश्व सर्वैः।
तमेवैकं जानथ आत्मान मन्यावाचो विमुञ्चथामृतस्यैष सेतुः॥
ओमित्येवं ध्यायत आत्मानं स्वस्तिवः पाराय तमसः परस्तात् ॥

(मुण्डकोपनिषत् II 2 1)

쁘라나바(옴)는 활이요, 화살은 (그대의) 자기이며,

표적은 (지고의) 브람만이네. 꾸준히, 신중하게

조준하여, 적중시켜라. 화살이 표적에 꽂혀 그 속에서 사라지듯이,

---

27 소함Soham은 "그는 나이다."를, 함사Hamsa는 "나는 그이다."를 의미한다.

바로 '그것'이 되어라.

그(쁘라나바) 안에는, 땅과 하늘, 그 사이의 공간, 마음
그리고 모든 생명력이 뒤섞여 있다. 그것이 하나인 참나이다.
그 참나를 깨달아라. 다른 이야기는 그만 하라.
이것이 영생불멸로 통하는 교량이니라.

"옴"과 같은 참나에 대하여 명상하라. 그리하여
어둠의 세계를 안전하게 건너가라.

―문다까 우빠니샤드, 제2장 2절

마하리쉬와 함께 가까이 움직이면서 그의 현존과 그와의 교제를 최
대한 활용했던 사람들은 앞 장에서 다룬 내용들을 쓸데없는 것이라고
간주하다가, 위의 첫머리 인용문을 읽고 나서는 안도의 한숨을 내쉬었
을지도 모른다. 결국, 그들은 이 글의 저자가 이제야 주제의 가장 중요
한 부분인 핵심을 다루는 것인가 하고 생각할지도 모른다. 그러나 이
러한 희망마저도 이 장이 그 주제를 다루는 다소 피상적인 방식 때문
에 급속히 사라질지도 모른다. 그래서 필자는 그들에게 너무 큰 희망
이나 기대를 갖지 말라고 말하고 싶다. 고령이 된 필자의 뮤즈가 자신
의 능력 범위 밖에 있는 주제를 다루는 것에 대해 잘못을 빌어야 할 필
요가 있고, 그 주제를 공정하게 다루려는 의지가 실제의 공정한 평가
로 생각될 수 있기를 꼭 요청하고 싶다.
　마하리쉬는 많은 사람들에 의해 불가해한 사람으로 간주되고 있다.

그는 말을 거의 하지 않았으며 오로지 질문받은 것에 대해서만 말하였다. 그는 대부분 침묵하였다. 그의 작품들은 신비하여 다양하게 해석될 수 있다. 샥띠파들은 그를 만나고는 그가 샥띠파라고 생각했으며, 쉬바파들은 그를 쉬바파라고 생각했다. 비슈누파들은 그에게서 그들의 비슈누파적인 이상과 일치하지 않는 것을 하나도 발견하지 못했다. 회교도들과 기독교인들은 그에게서 그들의 "참된 신앙"의 요소들을 발견하였다. 마하리쉬의 믿음이 과연 어떤 것인지를 말할 수 있는 사람이 있겠는가? 있다면 그들은 오직 가장 중요한 궁극의 문제에 대한 그의 태도와 깨달음을 분석하여 이해했던 사람들뿐이다. 그를 찾아오는 사람들 가운데 이런 부류에 속하는 사람들이 과연 몇 명이나 되겠는가! 20년 전으로 거슬러 올라가면, 놀라운 무집착(바이라기야vairagya)과 고도의 영적인 수양으로 단련된 위대한 따빠스비tapaswi(고행자)인 슈리 세샤드리스와미는 이 스와미(마하리쉬)의 마음을 꿰뚫어 보려고 했지만 실패하였다. 특별한 훈련과 명민함과 마음을 읽을 수 있는 특별한 능력을 가진 이 위대한 세샤드리스와미가 마하리쉬의 "정신 작용"이나 마음 상태를 이해할 수 없었다면, 하잘것없는 영혼들이 어떻게 그것을 이해할 수 있겠는가? 하지만 이미 전기를 집필하기 시작한 이상, 그 과업을 대면하지 않으면 안 된다. आरब्धस्यान्तगमनं, द्वितीयं बुद्धि लक्षणं, 즉 "시작한 것을 마치는 것이 지혜가 있다는 차선의 표시이다."

명상과 참나 깨달음에 대한 이론은 요가나 베단따 서적에서 자주 언급되어 왔으며, 우리가 G. 세쉬에르의 필기장에서 볼 수 있었듯이, 마하리쉬도 적어도 1901년과 1902년 사이에 그것을 분명히 설명하였다. 어쨌든 초기에 사용된 도구들은 안따까라나antakkarana, 즉 마나스manas,

붓디buddhi, 찟따chitta와 아한까라ahankara, 즉 마음, 지성, 욕망과 성격이며, 그것을 통틀어 흔히 마음이라 불렀다. 이 도구는 구조적으로 향상되고 발전되어야 하며, 이 도구가 자기 앞의 과업을 감당하기 위해서는 가장 유리한 조건이 주어져야 한다. 집중에 익숙하지 않은 마음은 집중이 쉽고 자연스러워질 때까지 그 과업에 끊임없이 마음을 기울여야만 한다. 의지력은 다른 어떤 양상, 측면, 기능[28], 혹은 힘과 같이 수행을 통하여 개발되는 것이다. 처음에는 자신에게 혐오감을 준 것이지만 그것에 끊임없이 관심을 갖게 되면, 그 바람직하지 못한 것을 견디거나 대면할 수 있는 힘이 생겨나서, 결국은 그 혐오감을 극복할 수 있게 된다. 다양한 다른 유혹이나 집중을 방해하는 것들이 감각과 마음에 작용할 때, 자신의 마음을 한 특정한 지점에 흔들리지 않게 고정시키는 훈련을 자주 하다 보면, 그는 어시장 한복판에서도 사마디samadhi에 들 수 있게 된다. 초심자들에게 유리한 조건을 준비하는 것이 집중의 성공에 필수적인 일이기 때문에 우선 부지런히 그 준비하는 일에 정성을 기울여야 한다. 나중에, 특히 의지력이 철저하게 강해지고, 집중이 쉽고, 즉각적이고, 흔들림 없이 효과적으로 되고 난 후에는, 이러한 조건들을 준비하는 일에 엄밀하게 정성을 들일 필요가 없게 된다.

이러한 조건들이란 일반적으로는 마음의 작용에 영향을 미치고, 구체적으로는 집중력에 영향을 미치는 모든 것들과 관련이 있다. 첫째로, 장소를 선택할 때에는 조용하고 방해되는 어떤 소음이 들리지 않

---

28 현대 심리학은 마음속에 독립된 기능이 존재한다는 것을 부정한다. 바로 그 때문에 다른 용어들이 사용된다. 실제로는, 비록 그 작업에 정말 관여하는 것은 마음 전체라는 것을 반드시 기억해야 하지만, "기능"이란 용어가 계속 사용될 수 있다.

는 청결한 곳이어야 한다. 그런 이유로 일반적으로 숲이나 산, 강둑, 동굴, 혹은 큰 사원의 구석진 곳이 선택된다. 심지어 자기의 집에 조용한 방이 있다면 그것도 좋을 것이다. 다음으로는, 견고한 자리가 마련되어야 하고, 그 자리는 너무 높아도(떨어질 위험 때문) 너무 낮아도 안 된다. 『바가바드 기따』의 6장 10-15절에 언급된 예를 보면, 풀로 만든 돗자리를 깔거나, 아니면 풀 묶음을 뿌려 놓고 그 위에 사슴가죽과 천을 깔아 놓으면 된다. 이런 자리에서 구도자는 어떤 자세로든 자신에게 편한 자세로 앉으면 된다. 그러나 가능한 한, 몸은 앉은 자세로 곧추 세워야 하며, 시선은 코끝을 향해 똑바로(수평으로) 바라보아야 한다. 마음은 반드시 고요한 상태로 있어야만 한다. 어떠한 공포에도 동요하지 않고 성욕이나 다른 유혹이나 생각들에 의해 방해받아서도 안 된다. 생각은 모두 통제되어야 한다.

집중을 방해하는 모든 생각들을 막아 내는 이러한 소극적인 과제를 돕기 위하여 권장되는 최선의 방법은 마음을 한 가지 일에, 예컨대, 슈리 크리슈나 혹은 슈리 라마의 형상과 같은 헌신의 어떤 대상에 적극적으로 개입시켜 그 한 가지에만 오로지 열심히 집중시키는 것이다. 명상자는 자신의 모든 마음을 어떠한 제한도 없이 남김없이 명상에 쏟아 부어야만 한다. 명상자의 성격은 명상을 위해 선정한 생각(혹은 형상) 속으로 몰입되어, 마치 과녁을 통과한 화살촉처럼 그 속으로 사라져야만 한다. 호흡은 자연스럽게 조절되고, 그럼으로써 고요해진다. 그래서 명상자에게 그러한 진지함이 있다면 호흡에 주의를 기울일 필요는 없다. 하지만 진지함이나 개성의 힘이 부족하여, 상충되는 생각들의 흐름, 특히 **कामिनि, कांचन, यशः, सुखं**, 즉 성욕, 부, 명예, 쾌락

등과 같은 세상적인 유혹에 대한 생각들로 주의력이 많이 흩어지게 되면, 그는 일정 기간 동안 호흡 조절의 힘을 빌릴 수도 있다. 그리고 호흡 조절에 힘을 씀으로써, 특히 정해진 기간 동안 숨을 멈추는 일에 주의를 기울임으로써, 그는 집중을 유지시킬 수 있는 힘을 개발할 수 있다. 그렇게 되면 그의 주름진 마음은 다시 반반하게 펴질 것이다. 그러나 쁘라나야마pranayama는 하나의 큰 목표를 도와주는 한 단계에 지나지 않기 때문에, 마하리쉬는 중요한 목적(락쉬야lakshya)인 참나 실현을 손상시킬 정도로 그것(쁘라나야마)에만 너무 많은 시간과 노력을 낭비하지 말라고 자주 사람들에게 당부한다.

정확히 무엇을 명상할 것인가에 대한 질문은 마하리쉬의 제자들이나 그에게 도움을 청하는 다른 사람들에 의해 자주 제기되었다. 마하리쉬는 그들에게 대개 그들이 이전에 그들의 락쉬야lakshya 즉 명상 대상으로 삼았던 것이면 무엇이든지 그것을 선택하도록 한다. 어떤 것이든 다 좋을 것이다. 어떤 사람이 이미 명상의 대상으로 가나빠띠 신이나 수브람만야, 깔리, 쉬바, 라마, 쁘라나바, 샥띠 비잠bijam, 빤짜끄샤리Panchakshari, 아슈따끄샤리Ashtakshari, 등불의 불꽃, 자신의 어머니나 구루를 선택하여 명상을 시작했다면, 마하리쉬는 그에게 완전한 믿음을 갖고 그 대상을 계속 명상해 가라고 말해 준다. 왜냐하면 그것이 궁극적으로 그를 목적지로 데려가 줄 것이기 때문이다. 하지만 어떤 수행도 해보지 않고, 아주 좋아하는 것도 없이 실제로 마음이 백지인 상태로 찾아오면, 마하리쉬는 자신의 경우에 성공을 거둔 그 방법을 채택할 것을 권고한다. 마하리쉬는 쉬바를 숭배(우빠사나upasana)했고, 쉬바의 은총에 의해 "나는 누구인가?"라는 질문을 탐구하게 되었으며, 그 질문에 대해 깊이 명상함으로써 마음을 참나에 집중시킨 채 사마디samadhi에 들었다. 그래서 그는 사람들에게 "나는 누구인가?"라는 탐구를 열심히 생각하며 따라가라고 말해 준다. 여러분은 앞 장에서 참나 깨달음(설명할 수 없는)으로 이어지는 그 탐구(설명의 여지가 있는)의 몇 단계를 발견할 것이다. 먼저, 그대가 "나" 즉 그대 자신을 어떻게 생각하고 있는지를 질문해 보라. 대부분의 사람들은 자기 자신이 몸과 영혼으로 되어 있다고 평범하게 분석하고 있는 자기관을 채택하고 있다. 이때 몸이란 기관과 감각, 호흡, 그리고 여타의 생명 활동을 포함하고 있다. 그리고 영혼 또는 마음이란 용어는 느낌, 지각, 기억, 판단, 그리고 기타 다양한 정신 작용을 포함하고 있다.

이 문제가 마하리쉬 가르침의 요점이자 핵심이기 때문에 다시 반복하여 말하더라도 사과할 거리는 아니다. 이러한 과정을 아직 이해하지 못했다면 그는 마하리쉬를 이해했다고 할 수 없는 것이고, 따라서 그것은 우리가 내부로의 몰입이나 영혼의 깨달음에서 많은 진보를 할 수 있기 전에 수도 없이 여러 번 귀가 따갑도록 들어야 할 문제이다.

그렇다면 문제는 "내가 과연 이 몸인가, 이 살덩어리 집인가, 이러한 감각들인가?"라는 것이다. 분명히 사람은 이러한 것들이 아니다. 왜냐하면 이런 것들을 하나씩 아니면 통틀어 떼어 준다 하더라도 그는 여전히 자기의 느낌을 가지고 있기 때문이다. 어떤 이는 '어쨌든 죽고 나면 "나"란 존재할 수 없다!' 라고 말할지도 모른다. 그렇다면, "무엇의 죽음인가? 죽는 것이 무엇이란 말인가?" 이러한 질문이 첫 번째로 해결해야 할 역질문이다. 대부분의 사람들은 그들이 죽은 뒤에는 한 몸에서 다른 몸으로 옮겨간다는 것에 동의하고 있다. 어떤 사람들은 이

번 생에서조차 잠을 자다가 몸을 떠나서 먼 곳을 방문하고, 거기서 일어난 일을 보고, 그리고 잠에서 깨어나서는 잠자는 동안 보았던 것이 진실임을 입증하는 경험을 하기도 한다. 다른 사람들은 최면 상태에서 이것을 경험하기도 한다. 이러한 것들과 비슷한 사실들을 보면, 혹자는 비록 자기 자신을 그의 생명과 동일시하는 경향이 있지만(사실 그가 종종 자기 자신을 몸과 잘못 동일시하고 있는 것처럼), 몸이나 호흡, 생명 혹은 생명의 활동들이 자신의 자기가 아니라는 것을 추론할 수 있다. 만일 몸이나 생명이 자신의 자기가 아니라면, 그는 아마도 자신의 마음이나 마음의 양상임에 틀림없다고 결론을 내릴지도 모른다. 어쨌든, 이것은 표적에 더 가까이 다가가고 있다. 하지만 마음이 자기 생각들의 총체를 의미하는 것으로 여기면, 그는 거의 본능적으로 그의 존재가 생각이 아니라는 것을 느낀다. 그는 "나는 생각을 품다가도 그 생각을 밀쳐내기도 하며, 다시 들어올 여지를 내주기도 한다. 나는 다양한 생각들을 내보내고 선택한다."라고 느끼며, 이러한 생각들은 그의 참나를 의미하는 것이 아니라, 참나라는 주체가 가지고 노는 단순한 대상에 불과하다는 결론을 충분히 내릴 수 있다. 그럼에도 불구하고 주체는 생각인 것 같거나 혹은 생각과 불가분 서로 얽혀 있는 것처럼 보이기까지 한다. 그래서 그는 그의 탐구에서 우선 순전히 객관적인 생각들을 없애려고 노력할지도 모른다. 그래서 "나" 이외의 다른 모든 생각들은 객관적인 것으로 간주될 수 있고, 외부의 세계만큼이나 참나의 바깥에 있는 것으로 간주될 수 있다. 그렇다면 문제는 남아 있는 주체, 즉 성격이라고도 부르는 "나"라는 생각의 이 줄기나 뿌리가 무엇인가 하는 것이다. 이미 지성을 이러한 참나의 하위 기관으로서, 다시 말해, 참나와 동일시될 수 없는 것으로 무시해 버렸기 때문에, 과연 그 지성이 이러한 "나"의 본성을 밝혀 줄 것인가 하는 문제에 직면하게 된다. 어느 정도까지는 자성이 참나의 본성을 밝혀 주고 있다. "이것은 단지 하나의 대상이며, 참나의 한 소유물이며, 생겨났다가 사라지는 것이며, 변화하고 없어지고 다시 나타나는 것이며, 그래서 결국은 '나'도 아니며, 참 실재도 아닌 것(즉, नेति, नेति, '이것도 아니요,' '이것도 아닌')"이라고 말하면서 대상을 하나씩 없애 나갈 때, 지성은 그 역할을 담당하며 봉사하고 있다. 이러한 봉사는 대상을 하나씩 없애 가는 부정적인 과정, 다시 말해 이러한 방의 청소 작업(즉 그 정화)으로 철저하게 이루어져, 순수한 참나가 방을 "차지"하거나 방에 "들어올" 수 있도록 방을 준비시켜 준다. 지성의 마지막 봉사는 "나도 주체의 도구일 뿐 주체가 아니야."라고 말하면서 그 자체를 없애는 것이다.

그 순수한 참나는 지성으로 감지되는 것이 아니다. 눈은 참나를 볼 수는 없지만, 참나는 눈을 통해 다른 모든 것을 볼 수 있다. 그러므로 지성이란 단지 외부의 사물만을 볼 수 있는 신체의 눈과 비슷하다. 아주 특이한 몇몇 경우에, 눈은 말하자면 그 자체를 향해 돌아보게 된다. 그것은 『까따 우빠니샤드』 제2장 4절 (1)에서 말한 **आवृत्तचक्षुः**(내면을 향한 눈)이다. 엄밀히 말해, 참나를 보는 것은 눈이나 혹은 (비유를 버리면) 지성이 아니다. 참나 안에 그리고 참나로서 거기에는 그 밖의 어떤 무엇이 있거나, 아니면 참나의 일부분이나 양상, 직관, 참나와 구별할 수 있는 힘은 아니지만, 자기를 지각하거나 자기를 비추는 참나의 힘 등이 있다. 말로 형언할 수 없는 것은 설명하려고 하지 않겠다. 수많은 현자들은 오래전부터 말과 생각으로 참나를 보고 다가가서 붙잡으려고 했지만 실패하고 말았다고 말해 왔다(『따이띠리야 우빠니샤드』 제2장 4절 यतोवाचो निवर्तन्ते अप्राप्य मनसा सह을 참조하라). 그래서 우리는 명상의 예비 단계를 묘사하는 것으로 만족하고, 나머지는 독자가 참나 깨달음에 의해 깨닫도록 남겨 두는 것이다. 다섯 살짜리 꼬마 여자애가 어머니에게 임신을 하여 출산을 할 때의 기쁨과 고통이 어떤 것인지를 물어 오면, 어머니는 미소를 지으며, "기다려 보렴. 직접 경험을 통해 알게 될 거야."라고 말해 준다. 이러한 아뜨만의 "탄생", 혹은 그것이 자신의 자기와 모든 존재 속에서 순수한 희열, 의식, 존재로서 깨달아지는 것은 오로지 실제적인 깨달음을 통해서만 이해될 수 있다.

하지만 여기에서 명상의 외부적 환경은 좀 더 상세히 적어 둘 수 있다. 아쉬람의 실생활을 살펴볼 목적으로 잠시 체류하는 방문객이 그 어떤 것을 관찰하더라도, 정말로 방문할 가치가 있도록 해주는 것, 다시 말해 아쉬람이 존재할 타당한 이유는 좀 더 상세히 여기에서 설명될 수 있을 것이다.

대부분의 방문자들은 마하리쉬가 좀처럼 말을 하지 않는다는 것을 알아차렸을 것이다. 방문객들이 오면 그는 단지 누가 왔는지를 보고, 그의 "명상적" 태도를 계속 유지한다. 그의 시선은 고정되어 있고, 그의 호흡은 고르고 숨소리가 들리지 않으며, 그의 마음은 분명히 사마디에 들어 있다. 특히 방문자가 자신의 생각들을 가라앉혀 자기 자신 속으로 몰입할 때의 문제로 마하리쉬의 도움을 얻기 위해 왔다면, 마하리쉬는 이야기를 멈추고 그에게 필요한 조언이나 도움을 준다. 마하리쉬가 흔히 말했듯이, 위대한 성자들에게 가까이 다가가는 것은 호흡 조절(꿈바까kumbhaka)을 이루기 위한 수단들 중의 하나이다. 위대한 성자들은 평화로운 명상 속에서 조화로운 호흡을 유지한다. 사마디samadhi 상태에 도달할 목적으로 성자들을 열심히 지켜보는 사람들은 그들을 모방하고, 그리고 (자발적이든 비자발적이든) 그들의 호흡과 마음을 성자들의 호흡과 마음에 일치시킨다. 이렇게 하면 이내 방문객들은 모든 걱정과 상념들, 혹은 집중을 방해하는 세력들을 떨쳐 버리고 내면으로 몰입할 수 있는 준비를 하게 된다. 마하리쉬를 따르는 수많은 박따bhakta 들(헌신자들)은 그들 자신의 경험에서 이러한 과정을 묘사해 왔다. 많은 사람들은 가정에서 명상을 하기가 힘들고, 심지어 사원이나 강가나 저수지 등과 같은 곳에서도 쉽지가 않지만, 그들이 홀 안으로 들어와 마하리쉬 앞에 앉아 있으면 모든 근심걱정이 떠나고 주의를 분산시키는 흐름들도 사라진다고 말한다. 그들은 이것이 그들에 대한 마하리쉬의 은총이라고 말한다. 그들 가운데 다수의 사람들이 마하리쉬를 찾아가 그의 앞에 앉으면 몇 분 안에 안따르무까 드리슈띠antarmukha drishti, 즉 내면을 향한 비전을 얻게 된다고 말한다.

　다수의 헌신자들은 대화를 하거나 질문을 하기 위해 마하리쉬를 찾아가지 않으며, 그들은 이미 지적인 준비가 아주 충분히 되어 있기 때문에, 그들이 가장 행복한 때는 방문객들이 이야기를 전혀 하지 않고, 마하리쉬가 조용히 앉은 채로 사마디samadhi에 들어 그들이 사마디에 들 수 있도록 모범을 보여 줄 때라고 거듭 말했다. 이것은 특히 마하리쉬가 추천하고 채택한 노선, 즉 아뜨마 비짜라Atma Vichara("나는 누구인가?"라는 문제를 탐구하는 것)에 따라 수행을 해온 사람들에게 적용되는 경우이다. 언젠가 까빨리 샤스뜨리Kapali Sastri는 마하리쉬에게 어떤 제자가 그의 영적인 발전에 해가 되지 않고 득이 되도록 한 명 이상의 구루를 찾아가도 좋은지를 물어보았다. 마하리쉬는 두 구루의 생각의 흐름이 본질적으로 같아야 한다는 단서를 달고, 그럴 수 있다고 대답했다. 이것은 사마디에 들어가기 위한 준비를 하기 위해 마하리쉬와 같은 길을 추구하는 사람들에게 그의 현존이 왜 그토록 도움이 되는지를 설명해 준다. 사실 마하리쉬가 앉아 있는 홀 안의 분위기 자체는 바로 "나는 누구인가?"라는 탐구로 가득 차 있기 때문이다.

그들 가운데 많은 사람들은 집중을 할 때 무엇을 피해야 하는지에 대하여 조언을 받았다. 그들은 태양이나 달, 전광이나 금빛 원형 등의 다양한 형태와 모양으로 된 빛들을 보는 현상인 "환시"를 경험했는데, 그러한 현상에 주의를 기울여 시간을 낭비해서는 안 된다고 경고를 받았다. 그 단계에서는 아직 참나의 직관적인 느낌에도 도달하지 않았기 때문에, 그들이 해야 할 일은 직관에 의해 참나에 도달할 때까지 이러한 빛들(깔라스kalas, 찟 깔라스chit kalas, 죠띠jyoti 등으로 불림)이나 내부에서 들리는 소리(나다nada)들을 의도적으로 무시하면서 계속 밀고 나가는 것이다. 어떤 때는 이들 빛 대신에 슈리 라마, 슈리 크리슈나, 쉬바, 수브람만야, 어머니 샥띠 등과 같은 신의 형상들이 나타나기도 한다. 이러한 형상들이 나타날 때에도 마하리쉬는 깨달음에 대한 노력이나 은총을 갈망하는 생각을 중단해서는 안 된다고 충고했다. 이러한 형상들은 다른 현상들과 마찬가지로 주관적인 현상들이며, 단지 좀 더 화려할 뿐이다. 그럼에도 불구하고 만일 그 형상들이 구도자의 욕망을 불러일으키거나, 그를 참나의 추구에서 빗나가게 한다면, 그것들은 장애물인 것이다. 그래서 지혜로운 제자는 그런 것들을 무시하고, 어떠한 형상들도 보이지 않고, 어떠한 형태로든 감각 기관의 활

동이 전혀 없거나 불가능한 니르비깔빠 사마디nirvikalpa samadhi 상태에서
참나 깨달음을 얻으려는 자신의 시도를 계속 밀고 나가라는 충고를
잘 받아들였을 것이다.

이러한 충고는 이러한 신의 형상들에 대한 존경심의 부족을 보여 주
는 것으로 오해해서는 안 된다. 마하리쉬는 자신의 형상에 대하여서도
똑같은 충고를 하고 있다. 『스웨따스바따라 우빠니샤드』의 마지막 연
(본서 260쪽에서 인용된 **यस्यदेवेपराभक्ति** 등)은 제자가 신을 크게 숭배하고
있지 않거나 구루(제자에 의해 신과 동일시됨)에 대하여서도 마찬가지의
숭배를 하고 있지 않다면, 우빠니샤드의 가르침들은 거의 결실을 맺지
못할 것이라고 제자에게 경고하고 있다. 따라서 라마나 박따bhakta(헌신
자)들이 주로 선택하는 명상의 대상은 슈리 라마나 마하리쉬 그 자신이
다. 그들은 그러한 목적으로 직접 그를 쳐다보거나 혹은 그의 사진이
나 혹은 많은 그림 가게에서 해마다 판매되는 그의 수많은 그림들 가
운데 하나를 쳐다보든지, 아니면, 단지 마음속으로 그의 모습을 생각
한다. 그 결과 그의 형상은 명상하는 제자에게 나타나는데, 흔히 밝은
빛으로 형상을 바꾸어 나타난다. 그리고 그 제자는 거의 변함없이 이
사실을 마하리쉬에게 보고한다. 그러면 마하리쉬는 제자에게 모든 형
상을 무시하라고 조언해 주며, 눈에 보이는 것은 반드시 사라지고, 그
시작이 있어 반드시 종말을 맞는다는 것을 기억하라고, 그리고 우리가
반드시 붙잡아야만 하는 것은 감각이나 지성이 붙드는 어떠한 것이 아
니라, 나, 즉 참나의 직관적 지각임을 기억하라고 조언해 준다. 마하리
쉬는 육체적 형상에 대한 집중의 가치를 무시하지 않는다. 그것은 매
우 중요한 중간 단계이다. 초심자의 경우에는 장소, 시간, 식이요법, 수

면 조절, 그리고 집중의 방법과 같은 문제들이 강조되듯이, 그것도 반드시 강조되어야 한다. 하지만 이미 그 단계에 도달했다면, 그렇게 높이 올라서도록 도와준 그 사다리를 던져 버리고 더 앞을 내다볼 때이다. 가장 높은 경지는 아직 도달되지 않았다. 필요한 한 가지는 아직 얻지 못했다. 참나는 아직 깨닫지 못한 것이다.

지금까지 마하리쉬가 그를 찾아온 일반적인 헌신자들을 어떻게 도와주는지에 대하여 언급하였다. 더욱 민감하게 조율되고 아마도 더욱 섬세하게 동조된 소수의 사람들은 마하리쉬에 대한 그들의 경험을 언급하고 있다. 그것은 비슷한 혹은 똑같은 경험을 해보지 않은 사람에 의해서나, 그런 사람에게는 충분히 설명될 수 없다. 어떤 이들은 마하리쉬를 쳐다볼 때나 그의 앞에 있을 때(예컨대, 제16장에서 라마스와미 아이어의 일기에 기재된 내용 참조) 어떤 흐름이 그에게서 흘러나와 그들의 영혼으로 들어왔으며, 그것이 그들의 마음과 신체에 큰 도움을 주었다고 말한다. 또 어떤 이들은 마하리쉬가 그들에게 참나의 직관이 실제로 신체에 자리를 잡고 있는 곳이라고 하는 "가슴"의 작용에 대한 가르침을 주기 위하여 그들에게 손이나 손바닥을 마하리쉬의 오른쪽 가슴에 대도록 했다고 한다. 그때 그들은 아주 특이한 심장 박동의 리듬을, 즉 세 차례 날카롭게 심장이 뛰다가 한 차례 길게 정지하는 그런 리듬을 느꼈다고 말한다. 그들 중 일부는 마하리쉬의 몸에 닿는 바로 그 순간에 전기 충격과 같은 어떤 것이 그들의 전신을 통해 흘러가는 것을 느꼈다고 한다. 만약 이러한 현상들 가운데 일부 혹은 전부가 특정한 헌신자들의 주관적인 특이성에 기인하는 것이라면 그것은 논의할 필요가 없다. 왜냐하면 주관적이든 객관적이든, 그 결과는 그들의 영적인 과정에서 그들에게 동일한 가치를 지니기 때문이다. 어떤 제자들은 그들이 깨어 있을 때나 꿈속에서 보는 비전을 통하여 그들 앞에 나타난 마하리쉬가 그들의 신체에 닿기만 해도 똑같은 혜택을 얻었다고 말한다.

마하리쉬가 이따금 그를 찾아오는 사람들에게 이러한 도움을 준다 하면, 아쉬람에서 봉사하는 것이 주요한 기쁨이자 직업인 아쉬람에 거주하는 제자들에게도 최소한 똑같은 도움을 주리라는 것을 쉽게 추측할 수 있을 것이다. 그들의 봉사 자체는 그들에게 큰 도움이 된다. 그들이 요리를 하거나, 정원에 물을 주거나, 야채를 다듬거나, 혹은 이리저리 심부름을 다니는 동안 내내, 비록 그들의 손발이 어떤 일을 하고 있을지라도, 그들은 열심히 마하리쉬를 그들의 유일한 피난처인 그들의 신으로 생각하며, 그에 대한 강한 믿음을 가지고 변함없이 그를 "바가반"이라고 칭하거나 부르고 있다(마치 신을 그렇게 칭하거나 부르는 것과 꼭 같이). 그들은 가끔 잠시 동안 여가 시간을 갖는데, 예를 들면, 마하리쉬가 잠을 자고 있거나 막 잠들려고 할 때이다. 가끔 몇 시간이 되기도 하는 이 시기에, 그들은 마하리쉬의 곁에 앉아서 사마디에 들고자 노력하며 가끔은 그들에게 필요한 지도를 구하기도 한다. 때때로 그들은 『우빠데사 사라Upadesa Sara』, 『울라뚜 나르빠뚜Ullathu Narpathu』, 『아루나짤라 스또뜨라Arunachala Stotra』, 『데비깔롯따라Devikalottara』, 『닥쉬나무르띠 아슈따까Dakshinamurti Ashtaka』 등과 같은 마하리쉬가 쓴 책들의 의미를 배우고, 『라마나 스똣뜨라말라Ramana stottramala』 등에서처럼 그의 가르침과 교묘하게 뒤섞여 있는 마하리쉬에 대한 찬미의 시들과 더불어 낭랑한 따밀어로 그 책들을 마하리쉬 앞에서 암송함으로써 지적인 준비를 하거나 그들의 믿음을 강화하면서 여가 시간을 보낸다. 마하리쉬는 시종일관 정확하게 경청하고, 암송할 때 잘못된 점들을 바로잡아 준다. 이른 새벽에 마하리쉬가 일어나서 몸을 씻은 뒤 자리에 앉으면, 명상이 재개된다. 제자들은 그 시각에 사원에서 부르거나 바잔 때 부르는 신에 대한 찬미의 노래를 모방한, "திருப்பள்ளியெழுச்சி" 즉, "신을 일깨우는" 찬미의 노래로 시작하여, 그 다음 밤에 할 때처럼 영적인 과정, 특히 사마디 상태를 묘사하는 그의 시를 계속 부른다. 이러한 명상이나 영적 교섭이 이루어지는 귀중한 시간인 밤과 아침은 아쉬람에 거주하는 제자들에 의해 아주 높이 평가받고 있으며, 그들은 흔히 마하리쉬가 자거나 외출 중일 때도 그의 자리 곁에 앉아 계속 명상을 한다.

때때로 마하리쉬와 그의 제자들은 특히 저녁 식사 후에 (가끔은 전에도) 바른 자세로 앉아, 『리부 기따Ribbugita』, 『까이발야 나바니따Kaivalya Navaneeta』 같은 책을 읽는데, 각자 돌아가며 차례로 책의 한 장이나 시의 한 연을 읽는다. 읽은 책들은 대체로 이해하기 매우 쉽다. 그리고 군데 군데 마하리쉬는 한두 마디 거들어 그 의미나 적용을 분명하게 밝혀 준다. 낭독은 한 번에 약 두 시간 이상 계속되며, 가끔 이렇게 밤을 꼬박 새우기도 한다. "이렇게 『리부 기따』의 내용을 읽는 것은 사마디만큼이나 좋습니다."라고 마하리쉬는 말한다. (의미를 집중적으로 이해하면서) 이렇게 계속적으로 읽는 것은 분명히 사마디를 유도한다. 실제로 페이지를 넘길 때마다, 아니 『리부 기따』의 한 줄 한 줄을 읽어 나갈 때마다, 참나의 본성이 마음속에 계속 새겨질 뿐이다. 만약 우리가 이렇게 지적인 준비를 하고 필요한 직관을 불러일으키는 것을 사마디라고 할 수 있다면, 이러한 작품들을 끊임없이 공부할 때 마음은 쉽게 사마디의 상태로 들어간다. 공부를 하고 난 뒤 한참 동안 책 속의 말들이 계속 귓가나 가슴속에 울리고 있다. 정확히 그런 이유 때문에 마하리쉬는 아쉬람에 거주하는 제자들에게 자신의 책을 계속해서 암송하라고 권한다. 이렇게 하면 마하리쉬의 말과 경구와 사상은 그들의 마음속으로 스며들고, 그들은 그가 주는 더 많은 암시와 가르침들도 쉽게 이해할 수 있게 된다. 그리고 이 모든 것들은 그들의 잠재의식 속으로 스며들어 거기에서 익고, 결국은 R.M. 버크가 그의 저서 『우주적 의식』에서 언급한 "우주적 의식"이 갑자기 떠오르는 것처럼, 아주 바람직한 결실을 낳게 된다.

지금까지의 명상에 관한 묘사는 니르구나 디야나nirguna dhyana(형상 없는 명상)가 아쉬람에서 얻을 수 있는 유일한 것이라는 인상을 불러일으킬지도 모른다. 그러나 이것은 잘못된 생각이다. 니르구나 브람만과의 동일시가 아쉬람에서 행해지는 모든 노력의 궁극적 목적인 것은 의심할 여지가 없다. 하지만 그를 만나러 오는 수천 명의 사람들에 대한 35년간의 경험을 가진 노련한 마하리쉬는 많은 사람들의 경우에 형상 없는 명상(니르구나 디야나)은 불가능한 일이라는 것을 너무 잘 알고 있다. 그래서 이들은 형상에 대하여 명상(사구나 디야나saguna dhyana)을 하도록 권고 받고 있다. 살렘(남인도 도시) 출신의 일단의 인도인 변호사들과 바낄 구마스따스(동인도 회사에 고용된 인도 대리인) 등이 발리말라이 무루가르Vallimalai Murugar(띠루뿌갈리 스와미)를 따라 1925년 12월경에 마하리쉬를 만나러 갔다. 발리말라이 무루가르 자신은 시인인 아루나기리나따가 지은 『띠룹뿌가르』(수브람만야 신을 찬미한 노래)를 노래하면서 모든 시간을 보낸다. 마하리쉬는 몇 년 전에 그가 그 노래의 의미는 전혀 이해하지 못했지만 아주 뛰어난 음악적 재능으로 매우 인상 깊게 그 시를 암송하는 것을 보았다. 마하리쉬는 인내심을 가지고 앉아서 무루가르에게 『띠룹뿌가르』의 의미를 가르쳤고, 이제 무루가르(이것 이외의 다른 교육은 받지 않음)는 심지어 따밀 대학 졸업자들에게도 『띠룹뿌가르』를 설명하면서 그들의 의심을 해소해 줄 수 있게 되었다. 그가 했던 명상은 사구나 디야나saguna dhyana이며, 마하리쉬의 설명 덕분에 그 명상을 효과적으로 추구할 수 있게 되었다. 1925년 그가 살렘 출신의 사람들과 함께 왔을 때, 마하리쉬는 그들로부터 실제로 그 만뜨라가 해석될 수 있든지 없든지 모든 브람민brahmin이 하루에 세 번 혼자 여러 번 중얼거리며 암송하는 '가야뜨리Gayatri' 만뜨라에서 어떻게 하면 이익을 얻을 수 있는지를 설명해 달라는 요청을 받았다. 마하리쉬는 대답했다. "예, 처음에는 태양과 같은 사비따Savita를 가지고 가야뜨리 디야나Gayatri dhyna를 시작한다면, 해로운 것 없이 아주 좋을 것입니다." 그는 또한 자신을 디야나(명상)로 안내해 줄 일상적인 자빠에서 **नमस्सवित्रेजगदेक चक्षुषे** 등 마무리 만뜨라를 사용하는 데 찬성했다. 태양은 우주의 한쪽 눈이고, 근원이며, 모든 존재의 지지자이며 목적이고, 베다의 영적 지혜가 구현된 형상이며, 모든 속성(구나guna)들의 원천이며, 셋의 신, 즉 우주의 창조자 브람마, 지지자 나라야나 그리고 회수자 샹까라, 즉 쉬바의 영혼으로 간주된다. 디야나(명상)는 황제의 권력을 상징하는 눈부신 왕관을 쓰고(그의 몸 전제도 용해된 황금처럼 빛을 냄), 그의 여러 손바닥에는 웅대한 소라(모든 우주를 나타내는 나선형, 그 우주 속에서 모든 세상들은 항상 나선형으로 움직이고 있다)와 맹렬히 불타고 있는 원반인 짜끄라chakra(시간을 나타내는 수레바퀴, 그 안에서 모든 창조가 유지되고 형성되고 변형된다)와 전능함을 나타내는 무기 가다Gadha(권표)를 들고서, 빛나는 황금 장신구들로 장식된 연꽃 위에 자리 잡은 태양의 중심에 살고 있는 세 개이지만 하나인 그 존재에 속한다. 따라서 신은 전능하고 편재하거나 모든 곳에 충만하며, 무한하고 영원한 존재로서 오로지 집중적인 명상의 대상이 되어야 한다. 그리고 끊임없는 명상에 의해 자신의 개성을 신의 개성 속으로 가라앉혀야 한다. 만약 숭배자가 이것을 진지하게 실천하면, 그는 자기 명상의 형식이 맞는지에 대하여 걱정할 필요가 없다. 그는 자기 자신을 전지전능한 권력자에게 맡겨 버렸기 때문이다. 그 권력자는 그 숭배자에게 무엇이 좋은지를 알고서, 그 좋은 것을 주지 않겠는가? 강력한 헌신은 헌신자가 시작할 때 가지고 있던 유한한 형상을 끝없이 광대한 형상, 다시 말해, 형상이 없는 상태로 바꾸어 준다. 이렇게 하여 사구나saguna는 쉽게 니르구나nirguna로 변해 간다.

"누구나 자기의 취향에 따라"라는 문구가 "해방의 홀"인 라마나스라맘의 모토이다. 그래서 다양한 제자들이 디야나의 목적을 위해 그들이 특별히 선택한 것을 마하리쉬 앞에 내놓는다. 샥따Sakta는 와서 자신의 길에 대한 충고를 원하며, 그것을 얻는다. 비록 이타적이고 매우 야심적인 목적이지만, 세상적인 목적을 성취할 목적으로 만뜨라mantra 수행에 매우 열중해 있는 어떤 사람이 그의 만뜨라 자빠를 계속 수행할 수 있는 방법이나, 만뜨라를 관장하는 힘이 어떻게 자빠까르따Japakarta(자빠를 행하는 사람)를 끌거나 아니면 자빠까르따에 의해 끌리는지, 그런 수행을 통하여 생긴 흐름이 어떻게 작용하는지 등에 대한 조언을 구해 오면, 마하리쉬는 그런 계통의 사상 속으로 들어가서, 그 제자의 관점을 취하고 거기서 생겨나는 해답을 준다. 그리고 그 박따bhakta가 그런 관점에 따라 앉아서 명상을 하면, 마하리쉬도 앉아서 사마디$_{samadhi}$에 들고, 이렇게 함으로써 그를 도와준다.

사람들이 디야나 무르띠$_{Dhyana\ Murti}$, 즉 명상의 대상이나 만뜨라(즉 발음하는 소리)를 선택하는 문제뿐만 아니라, 그러한 디야나가 제시되어 있는 경전의 특별한 구절을 선택할 때 도움을 요청해 오면, 그러한 문제에 대하여 광범위한 지식을 갖고 있는 마하리쉬는 모든 개개인에게 적합한 경전의 특별한 구절을 골라서 그들에게 준다. 베다와 우빠니샤드를 보면, 가슴이 신의 자리이고, 신은 엄지손가락 크기로 보이는 빛의 형상(『뿌루샤 숙따$_{Purusha\ Sukta}$』 참조)으로 그 가슴속에 거주하고 있다고 설명하는 구절들이 많이 있다. 『까따 우빠니샤드』 제2장 4절 (13) अङ्गुष्टमात्रः पुरुषो ज्योतिरिवाधूमकः과 (12) मध्य आत्मनि तिष्ठति.를 참조하라. 신은 다시금 바다, 즉 (우유나 물로 된) 바다 위를 떠다니는 존재로, 산의 형상으로나 혹은 산에서 아래로 흘러내리는 강물(अद्रिज)의 형상으로 나타난다고 설명되고 있다. 그는 우주 전체(विराट्)로 설명되기도 한다. 이미 말했듯이, 마하리쉬는 제자들이 명상을 위해 사용하는 형상, 만뜨라 그리고 경전의 문장을 자유롭게 선택할 수 있도록 하였다.

여러 사람이 다양한 욕구를 극복하여 궁극적으로 참나 깨달음을 위해 준비되도록 이따금 마하리쉬에게 (특히 그들의 명상을 지도해 달라고) 도움을 요청했다. W. 제임스의 『Varieties of Religious Experience』 262쪽을 보면, 가디너 대령을 예로 들어, 성욕의 실제 노예였던 사람이 어떻게 갑자기 자기 자신의 주인이 되어 그 욕망에서 영원히 벗어나게 되었는지를 보여 주고 있으며, 아울러 마찬가지로 음주나 노여움 등을 극복한 다른 사람들의 예들도 제시되고 있다. 마하리쉬의 제자들도 그와 유사한 것들을 극복하기 위하여 마하리쉬에게 조언을 요청하였다. 슈리 상까라의 **भजगोविन्दं** 나 혹은 **मोहमुद्गर** 에는 몇 가지 상세한 항목들이 제시되어 있다. 예를 들면, "이 몸을 더러운 살과 고름 덩어리로 여겨라. 그래서 이 몸에 반하지 말라." "그대가 참지 못하고 나나 다른 이에게 화를 낸다면, 그대는 그대 자신 속에도 있고, 나 자신 속에도 있으며, 그리고 모든 사람들 속에 있는 슈리 마하 비슈누에게 화를 내고 있는 줄로 기억하라." 빳따나뜻뻴라이와 여타 시인들의 시에도 마찬가지로 성욕이나 부에 대하여 혐오감을 느끼게 하는 신랄한 구절들이 있다. 마하리쉬는 일반적으로 이러한 방면에 대하여 조언을 해주지 않는다. 그는 항상 문제의 근원으로 파고들어 간다. "목표를 높이 잡으십시오. 목표를 가장 높이 잡으십시오. 그리하면 그 아래의 모든 목표는 성취됩니다."라는 말은 그의 원칙이다. 만일 누군가가 참나의 본성을 배운다면, 그를 방해하는 정욕과 분노가 어디에 있겠는가? 그러나 어떤 제자들은 자신의 약점을 너무 의식하여 목표를 너무 높게 잡지 못하며, 그들의 문제에 대한 즉각적인 해결책이 필요하다고 느낀다. 마하리쉬는 제자들에게 폭풍이 몰아치는 바다를 건너 참나(자기 자신)를 찾아갈 때 그들에게 그 바다 아래를 내려다보지 말라고 당부를 하지만, 그들은 그의 지시에도 불구하고 아래를 내려다보며, 거의 익사할 지경이 된다. "그대가 바다 속으로 가라앉는 것은 차이라는 폭풍의 바다에서 아래쪽을 내려다보기 때문입니다. 이 폭풍우 치는 바다 너머의 위를 쳐다보며, 하나의 영광스러운 실재를 보십시오. 그러면 당신은 구원을 받습니다." 이것이 그의 충고이다. "신에 대한 믿음과 당신 자신에 대한 믿음을 가지십시오. 그것이 만병을 치료해 줄 것입니다." 이것이 만병을 고쳐 주는 그의 만병통치약이다. 마하리쉬는 말한다. "최상에 대한 희망을 가지십시오. 최상을 기대하십시오. 최상을 위하여 노력하십시오. 그러면 모든 것이 결국에는 좋아질 것입니다." 일부는 위기에 처해 정말로 수완을 발휘하고, 이러한 충고에 따라 행동함으로써 즉시 참나에 대하여 명상을 하며, 그들의 "의심이란 결점과 피의 오점들"을 극복한다. 그러나 다른 이들은 명상의 보다 낮은 형태들을 붙들고 계속 분투하며, 고통스럽게 शमादिषट्कसंपत्ति을 준비하고 있다. 하지만 이러한 사람들은 아쉬람에서 아주 소수이다. 그래서 이 장에서는 더 이상 이러한 명상의 형태에 대해 지면을 할애할 필요는 없을 것이다. 다만 많은 박따(제자)들이 마하리쉬의 அக்ஷரமணமாலை에 나오는 많은 시행들이 적절하다고 알고 있지만, 또 다른 제자들은

> "अन्नपूर्णे सदापूर्णे शंकरप्राणवल्लभे
> ज्ञानवैराग्यसिद्धयर्थं भिक्षांदेहि च पार्वति"
> "सर्वसमत्वं सर्वहितत्वं सत्सङ्गत्वं देहि विभो मे"

와 같은 다른 작품들에 나오는 구절들도 끊임없이 큰 소리로 혹은 마음속으로 암송하고 있다는 것을 언급해 둔다.

이번 장은 일부 박따bhakta들이 사구나saguna 숭배로 선택하는 한 가지 형상, 즉 마하리쉬 자신에 대한 언급으로 마감을 하는 것이 적절할 것이다. 많은 사람들은 마하리쉬의 사진이나 그림을 가지고, 그것을 꽃들로 장식을 하여, 매일 그 앞에서 장뇌와 향을 피우며, 음식이나 기타 먹을 수 있는 것들을 바치면서 그의 이름으로서 그에게 적용될 수 있는 108개의 이름을 암송한다. 그렇지만 이것은 여기서 언급해야 할 디

야나 즉 명상이 아니다. 예를 들면, 소수의 박따들은 슈리 라마를 숭배하고 싶어 하고, 마음속으로 슈리 라마의 모습을 떠올리고자 발미끼의 『라마야나Ramayana』를 읽고, 그의 신성의 두드러진 특징들을 끌어내고자 한다. 이것은 정말로 매우 어려운 시도이다. 바가바따르들이나 혹은 깔락쉐빰kalakshepams(즉 음악 반주에 맞춰 성자의 삶에 나타난 사건들을 들려줌)을 행하는 사람들은 흔히 마음속으로 그러한 모습을 떠올리게 하지 못한다. 예를 들면, 『라마야나』를 공부하는 학생들은 제1장을 선택하고는 슈리 라마를 묘사하거나 그에게 적용될 수 있는 일련의 형용 어구들을 보게 되지만, 그들은 그 신성한 인물에 대한 생생한 모습을 마음속으로 끌어내지는 못한다. 이러한 당혹함 속에서 그가 "마하리쉬"란 이름에 끌리고, 고대의 경전에서 묘사된 것과 같은 마하리쉬와 아쉬람과 같은 것을 보고 싶은 마음에서 슈리 라마나 마하리쉬를 만나러 가면, 그는 (심지어 지독한 이기심이 판치는 이러한 사무적인 시대 속에서도) 이기심이 전혀 없는 일상의 오아시스, 다시 말해, 관능과 투쟁의 거친 불모의 땅에서 조그마한 영성이 있다는 것을 보고 놀라면서도 동시에 기뻐한다. 그는 어쨌든 여기에서 각자의 손이 이웃의 목덜미를 잡고 있지 않고, 각자가 자기만 가장 좋은 것을 얻으려고 상대를 뒤로 밀어제치며 분주하게 앞으로 나아가지 않는 것을 보고 기뻐한다. 다른 한편으로, 모든 이가 여기에 오면, 그가 남자든 여자든 아니면 생물들 가운데 가장 하등의 하찮은 동물이든 상관없이, 누구나 환영을 받고, 신체의 생존을 유지해 줄 무언가를 받으며, 마하리쉬 자신의 손에 의해 많은 사랑과 경의와 배려를 받는다. 그리고 도움이나 영적 지도를 필요로 하는 모든 사람이나 피조물들은 어떠한 경멸이나 비웃음 그리고 군림을 당하지 않고 무제한으로 그것을 받게 된다. 이는 정말로 아쉬람(즉 은신처, 피난처)이라는 이름을 받을 가치가 있다. 그러고 나서 마하리쉬 자신을 직접 바라보면, 그가 『라마야나』에서 찾았던 것이 바로 여기에 있다는 것을 깨닫고는 놀라움과 동시에 기쁨을 감추지 못한다. 예를 들면, 그는 라마에 대하여 **आर्यस्सर्वसमः**, 즉 고도로 진보하였지만, 만물을 평등하게 보며 살아간다고 글을 읽는다. 그러나 그런 것들은 단순히 소리(말, 말, 말)에 지나지 않는다. 하지만 여기에서 마하리쉬를 지켜보면, 그는 마하리쉬의 정체를 알게 된다. 그러면 틀림없이 슈리 라마가 어떤 인물이었는지를 추론할 수 있다. 이렇게 하여 그는 이 살아 있는 마하리쉬를 자신의 구루나 그런 목적의 실례로서 이용하여, 스스로의 힘으로 살아 있는 슈리 라마의 모습을 창조해 낼 수 있게 된다. 이것이 바로 참나 깨달음으로 끝나는 구루 숭배에 포함된 명상의 여러 형태들 가운데 하나이며, 그래서 지면을 좀 더 할애하여 그것을 여기에서 설명할까 한다.

슈리 라마는 『라마야나』의 제1장에서 다른 여러 문구 가운데서도 다음 문구로 묘사되고 있다.

इक्ष्वाकु वंशप्रभवः रामो नाम जनैः श्रुतः
नियतात्मा महावीर्यो द्युतिमान् धृतिमान् वशी
बुद्धिमान् नीतिमान् वाग्मी श्रीमान् शत्रुनिबर्हणः
समः समविभक्तांगः पीनवक्षाः प्रतापवान्
सर्वदाभिगतः सद्भिः समुद्र इव सिंधुभिः

आर्यस्सर्वसमश्चैव सदैक प्रियदर्शनः
धर्मात्मा सत्यसंधश्च प्रजानां च हितेरतः

रक्षिता जीवलोकस्य धर्मस्य परिरक्षिता
रक्षिता स्वस्य धर्मस्य स्वजनस्य च रक्षिता
वेद वेदांगतत्त्वज्ञो.................
सर्वशास्त्रार्थतत्त्वज्ञो स्मृतिमान् प्रतिभानवान्
प्रजापतिसमः श्रीमान् धाता रिपुनिषूदनः
यशस्वी ज्ञानसंपन्नः शुचिर्वश्यस्समाधिमान्
समुद्रइव गाम्भीर्ये धैर्येण हिमवानिव
विष्णुनासदृशो वीर्ये सोमवत्प्रियदर्शनः
कालाग्निसदृशः क्रोधे क्षमया पृथिवी समः
धनदेन समस्त्यागे सत्ये धर्म इवापरः

이러한 형용 어구들을 하나씩(슈리 라마와 같은 끄샤뜨리야 왕에게 국한된 그런 형용 어구만 빼고) 살펴보면, 이들은 분명히 이 라마나 아쉬람의 '라마' 마하리쉬(그의 이름은 실제로 벤까따 라마이다)에게도 적용될 수 있는 것으로 보인다. 이러한 것들을 집중적으로 묵상하는 것이 여기에서 설명된 명상의 한 형태이다.

नियतात्मा 는 '확고한 원칙의'를 의미한다. 마하리쉬는 확고한 원칙주의자이다. 우리는 주어진 환경 속에서 그에게서 어떤 것을 기대할 수 있는지를 알 수 있다. 그는 심지어 강도들의 공격을 받았을 때도 악에 대해 전혀 저항하지 않았고, 한 제자가 강도들에게 쇠막대기를 던지고 싶어 했을 때도 보복을 금했으며, "M.B"가 그에게 준 고통이나 악평, 굴욕을 참아 낸 것 등을 보면, 우리는 확고부동한 원칙이 어떤 것이며, 그것이 번지르르하지만 말뿐인 미덕의 고백과 얼마나 다른지 알 수 있을 것이다.

द्युतिमान् 는 '밝음illumination, 즉 밝은 관념들로 가득한 사람'이라는 뜻이다. 만일 마하리쉬가 그의 마음을 어떠한 것에 쏟기만 하면, 그의 새

로움과 풍부한 기략은 그가 제시하는 밝고 유용한 제안에 의해 입증된다. 예를 들어, 종교 서적을 영어로 번역할 때, 그의 제안들은 흔히 명료하고 인상적이다.

धृतिमान् 는 '용기 있는,' '늘 행복한'을 의미한다. 이 두 형용사는 똑같이 그에게 잘 어울린다. 장난꾸러기 소년들이 빠딸라 링감에 있는 그의 은신처로 사금파리 파편을 던지거나, "M.J.P."가 커다란 돌덩이를 그가 앉아 있는 산 아래로 굴러 떨어뜨리거나, 도둑들이 그의 눈에다 유포비아 띠루깔리(식물)의 젖 같은 수액을 넣겠다고 위협을 하거나, 강도들이 돈이 보관되어 있는 곳을 털어놓지 않으면 그를 다시 때린다고 위협하거나, 혹은 그가 산에서 거주하는 것을 보장해 줄 갸니가 아니기 때문에 산에서 내려가야 한다고 M.B.가 협박을 하여도, 다시 말해, 두려움이 어떠한 형태로 다가오더라도, 그는 놀라지 않았다. 두려움이란 몸과 거기에 부착된 것들을 사랑하고, 그러한 것들을 잃을까 봐 두려워하는 자에게만 찾아오는 것이다. 마하리쉬는 어떠한 것에도 신경을 쓰거나 두려움을 느끼지 않았으며, 그래서 벌에게 쏘이고, 도둑에게 맞고, 사악한 자들로부터 욕을 얻어먹고, 자신의 몸에 벽이 무너져 내려도 충분히 견딜 수 있는 그런 강인함을 지니고 있었던 것이다.

वशी 는 '자제심이 있는'을 의미한다. 마하리쉬는 완벽한 자제심을 가지고 있어, वेधाद्वेधाभ्रमंचक्रे कान्तासुकनकेषु च तासुतेष्वप्यनासक्त : भगवान् रमणोमुनिः 즉, "여자들과 부에 에워싸여 살아가지만, 그 어느 것에도 집착이 전혀 없다." 그의 자제심은 완벽하다.

बुद्धिमान्, नीतिमान् 는 '현명한, 공정한'을 의미한다. 흔히 마하리쉬는 그의 지혜와 정의를 통하여 방문객들에게 감동을 준다. 그는 심지어 자기의 동생이라 하더라도 다른 사람들에 대하여 우월권을 행사하도록 하지 않는다. 그리고 그 자신에 대해 말하자면, 그는 신분이 가장 낮은 사람보다도 자기 자신을 더 낮춘다.

वाग्मी 는 '언어 표현의 대가'를 의미한다. 그가 영적인 경험들과 그리고 일반적인 종교 서적에서 그런 경험들에 대하여 언급된 문제들을 간단명료하게 설명하는 것을 지켜본 사람이라면, 이 말(언어 표현의 대가)이 바로 마하리쉬에게 적용될 수 있다는 것을 느끼게 된다.

श्रीमान् 는 '행운의 여신의 사랑을 받는'을 의미한다. 많은 방문객들은 아쉬람에서 필요한 아주 적은 물건들을 공급하기 위해 들어오는 풍부한 물자와 더불어, 고급 선물들을 보고 어쨌든 이제는 스와미를 행운의 여신이 사랑하는 총아라고 생각한다. 그 말은 또한 '부와 지혜와 용기 등과 같은 슈리 락슈미의 선물을 소유하고 있는 사람'을 나타내며, 이런 의미에서 마찬가지로 마하리쉬에게 잘 어울리는 말이다.

सर्वदाऽभिगतः सद्भिः समुद्रइवसिंधुभिः 는 '끊이지 않고 이어지는 훌륭한 영혼들'을 의미한다. 이미 덕이 높고 영적으로 고결하거나, 오로지 미덕과 영적인 고결함을 성취하는 데 목표를 둔 그런 사람들의 끊임없는 흐름이 마치 영원히 끊이지 않고 바다로 흘러가는 강물처럼 매일 그의 발 아래로 몰려들고 있다. 슈리 라마크리슈나 빠라마함사는 우주의 어머니에게 그러한 사람들을 그에게 보내 달라고 기도했고, 그녀는 그들을 보내 주었다. 이러한 기도는 다음과 같이 『따이뜨 우빠니샤드』 1장에 나온다. यथापः प्रवतायन्ति । यथामासा अहर्जरम् । एवं मां ब्रह्मचारिणः धातरायन्तु

सर्वतः स्वाहा।।

여기에서는 마하리쉬의 입에서 흘러나오는 그러한 어떤 기도가 없는데도, 이러한 사람들의 물결이 지난 34년 동안 그에게 밀려들었고, 아직도 밀려들고 있다. 이것이 보다 약한 영혼들에게 힘을 주고, 그곳에 있는 모든 사람들을 도와주며, 그리고 미덕과 영성을 촉진하고 있다.

आर्यः는 '고귀한'을 의미한다. 다시 말해, 훌륭한 인품이 동반되지 않는 출생의 고귀함이 아니라, 진정한 인품의 고귀함을 의미한다. 흔히 이러한 특징은 마하리쉬의 행동에서 나타난다. 언젠가 한 사두가 북인도에서 내려와, 마하리쉬의 자리로 다가가서 마하리쉬가 앉아 있는 같은 소파에 그가 앉아도 이의가 없는지를 물었다. 그리고 부정적인 대답을 듣자마자 그는 마하리쉬에게 등을 돌린 채 거기에 앉았다. 다른 사람들은 충격을 받았지만, 마하리쉬는 그렇지 않았다. 다른 사람들이 그를 공격하고 얕잡아 보더라도 그는 똑같이 대갚음하지 않는다. M.B.는 마하리쉬가 그의(M.B.) 얼굴에 침을 뱉으며 복수하기를 여러 번 바라지만, 마하리쉬는 거절한다. 누군가가 야비한 수단에 의지하여 그를 괴롭히거나, 그의 이익이라고 생각되는 것에 해를 끼치더라도, 그는 본 체도 하지 않고 그들을 지나쳐 버린다. 그는 다른 사람들이 그에 대하여 불법 행위를 하더라도 그 일이 알려지면 그들이나 그들의 지지자와 숭배자들에게 고통을 줄까 봐 그 일이 알려지는 것조차 원하지 않는다.

सर्वसमः는 '만물에 대한 평등'을 의미한다. 이것은 마하리쉬의 일상 생활에서 볼 수 있는 가장 두드러진 특징이다. 동물 친구들이나 아쉬람의 강도 사건, 그리고 괴롭힘을 당했던 사소한 일들을 다룬 장들을

보면, 마하리쉬는 고통스러울 때나 기쁠 때나 한결같으며, 친구나 자신을 숭배하는 사람과 적이나 자신을 괴롭힌 사람에게도 똑같고, 개와 사람이나, 왕자와 농부나, 학자와 시골뜨기에게도 한결같다는 것을 알 수 있을 것이다. 그는 라자(왕)가 방문한다 해도 우쭐하지 않고, 죽어가는 병든 개를 만져도 무서워하지 않는다. 어떠한 것을 만져도 그에게는 불결하지 않으며 그는 어느 누구도 증오하지 않는다. 값비싼 선물을 받아도(결코 드문 일이 아니다) 그는 크게 기뻐하지 않으며, 즉시 그곳에 있는 모든 사람들에게 철저한 평등 의식에 따라 그 선물들을 분배함으로써 그 선물을 줄 때도 조금도 마음 아파하거나 싫어하는 기색이 없다. 어떤 이가 아쉬람에 삐pie(동전)를 하나 기부하거나 어떤 봉사도 하지 않고 여러 날 동안 앉아서 음식을 축내더라도 그는 괴로워하지 않는다. 이 때문에 마하리쉬는 모든 사람들, 심지어 세상적인 사람들과 신앙심이 없는 사람들로부터도 존경심을 받고 있다.

सदैक प्रियदर्शनः: '그는 항상 미소 짓는 얼굴이다.' 수년 동안 그를 지켜보더라도, 아무도 그가 얼굴을 찡그리거나 울거나 혹은 낙담해 있는 것을 보지 못할 것이다. 신체적인 고통이나 좋지 못한 뜻밖의 일들을 만나게 되면 아쉬람에 있는 다른 모든 사람들은 속상해할지 모르지만, 마하리쉬는 절대 속상해하지 않는다. 이것이 바로 모든 사람들이 마하리쉬를 좋아하는 주된 이유 중의 하나이다. R.M. 버크가 그의 『우주의식』(제5판)의 222쪽에서 225쪽까지 묘사한 월트 휘트먼에 대한 이야기는 그 배경만 빼고 정확하게 마하리쉬에게도 적용된다.

धर्मज्ञः: '학식이 풍부한.' 즉, 다르마샤스뜨라(힌두 경전)와 윤리학에 통달한. 이것은 명백한 사실이다.

सत्यसंधः "늘 진리와 청렴에 애정을 쏟는." 마하리쉬는, 띠루반나말라이에서 그와 함께 살았던 사람들이 충분히 증언할 수 있듯이, 35년 동안 줄곧 진리에서 벗어나 본 적이 없었다.

रक्षिता जीव लोकस्य धर्मस्य परिरक्षिता रक्षितास्वस्य धर्मस्य स्वजनस्य च रक्षिताः "모든 사람을 똑같이 보호하는, 하지만 자신의 원칙과 특별한 서언이나 덕행을 포기하지 않고 바로 그에게 의존해 있는 사람들을 보호하는. 미덕이라는 대의도 보호하는." 이 모든 것이 마하리쉬에게 해당된다.

वेदवेदांग तत्वज्ञः सर्व शास्त्रार्थतत्वज्ञः "박식하고, 경전의 정수에 정통한." 마하리쉬가 바로 그러하다.

स्मृतिमान् '강한 기억력을 가진.' 마하리쉬는 오로지 자신이 관심을 가지고 있는 것들에, 즉 영적인 진리와 사실들에 대하여 매우 뛰어난 기억력을 가지고 있다.

प्रतिभानवान् '풍부한 창의력, 풍부한 상상력.' 이것은 그의 시와 다른 저작들에 의해 입증된다.

प्रजापति समः धाता "인류의 창시자처럼, 만물에게 좋은 것들을 공정하게 제공하는." 이것은 바로 마하리쉬의 태도에 적용된다.

यशस्वी ज्ञान संपन्नः शुचिः वश्यः समाधिमान् "유명한, 지혜로운, 순수한, 기꺼이 남을 도와주는, 더할 나위 없이 침착한." 이러한 것들도 마하리쉬에게 해당되는 것으로 매일 입증되고 있다.

समुद्रइव गांभीर्ये, धैर्येण हिमवानिव, सोमवत्प्रियदर्शनः
क्षमया पृथिवी समः धनदेन समस्त्यागे सत्ये धर्म इवापरः ।।

"바다처럼 깊고 관대한, 히말라야 산처럼 두려움에 흔들리지 않는,

달처럼 매력적인 모습의, 대지처럼 인내하며 늘 견디는, 부의 신 꾸베라처럼 아낌없이 나누어 주는, 죽음의 신 그 자체만큼이나 엄격하게 진실하고 옳은." 이러한 것이 정말로 마하리쉬이다. 그는 일곱 번만 용서해 주는 것이 아니라, 칠십 번에 일곱을 곱한 것만큼 용서해 준다. 그는 자신의 몸에 필요한 것이 아무것도 없기 때문에 모든 것을 나누어 준다. 그는 진리를 말한다. 왜냐하면 그는 바로 참 실재이기 때문이다.

제 27 장

나따나난다스와미,
요기 라미아와 후기 제자들

गुकारस्त्वन्धकारस्यात् रुकारस्तन्निरोधकः।
अन्धकारनिरोधत्वाद्गुरुरित्यभिधीयते॥

'구'라는 음절은 어둠을 의미하고, '루'는 떨쳐 버림을 의미합니다.
따라서 우리는 무지의 어둠을 떨쳐 버리고 깨달음을 주는 사람을 구루
라고 부릅니다.

—구루 기따

मनश्चेन्न लग्नं गुरोरङ्घ्रिपद्मे ततःकिं ततःकिं ततःकिम्?

마음이 스승(구루)의 발에 경건하게 몰입되지 않으면 무슨 소용이
있겠습니까, 다른 어떤 것을 가지거나 성취하더라도 무슨 소용이 있겠
습니까?

—상까라, 구루 아슈따깜

　　라마나 마하리쉬의 대단히 존경받는 위치와 그를 따르는 수많은 사
람들이 그에게 사회적, 종교적 문제에 관한 영향력을 부여한다. 본서
의 마지막 장은 이러한 영향력이 과거와 현재에 어떤 방향으로 행사되
었으며 또 행사되고 있느냐 하는 물음에 대한 답을 주리라 당연히 기
대된다. 살아 있는 인물은 죽은 영웅만큼 자유롭게 객관적으로 분석되
고 해부되거나 논의될 수가 없다. 하지만 살아 있는 주체에 대하여서

슈리 마하리쉬, 슈리 라첸드라 쁘라사드 그리고 슈리 잠날랄 바자즈

바가반 슈리 라마나 마하리쉬

도 몇 가지 점은 언급할 수 있다. 그리고 아마도 독자는 그가 연구하는 그 인물의 실제적인 인격과 성격 및 삶의 특징에 대한 어떤 느낌을 얻을 권리가 있을 것이다.

마하리쉬는 사회나 종교 그리고 정치에 관한 논쟁을 피한다. 하지만 우리가 중요한 문제에 대하여 어떤 입장을 취하지 않고서는 매일 수백 명의 사람들 속에서 살아갈 수 없다. 마하리쉬는 그의 거룩한 삶의 기본 원칙들인 아힘사ahimsa, 사마뜨바samatva, 그리고 사르바히따뜨바sarvahitatva, 즉 비폭력, 평등 및 우주적 자비로 인하여 자연스럽게 사회 개혁이 가져다주는 자유화와 인간화의 측면들을 찬성하고 있다. 억압 받는 인도의 최하층민은 오랫동안 그의 직접적인 보살핌을 받는 사람들이었고, 정확히 그들은 마치 상류 계층에 소속된 사람들처럼 대접받았다. 1917년에 여성들과 수드라 계급의 사람들도 베다의 가르침을 받고, 참나 깨달음의 비전을 전수받을 수 있는지 여부에 대한 문제가 제기되었다. 마하리쉬는 조금도 주저함이 없이 그 문제에 대하여 긍정적으로 대답했으며, 그리고 브람마 경전들과 거기에 대한 주석서들이 무슨 말을 할지라도, 실제로 그는 여성들과 수드라 출신의 사람들에게 가르침을 전수했다. 영적인 구도자들은 일반적으로 초기의 준비 단계에서 뿐만 아니라, 심지어 후기 단계에서도 사회를 회피하는 경향이 있었다. 이에 반하여 마하리쉬는 사회와 떨어져서 고행하는 개별 수행자의 이상보다는 사회봉사를 강조하고, 개인 인격의 완성에 비해 사회의 중요성을 알아차린 현 시대의 윤리적 경향에 완전히 공감하고 있다. 요가난따가 샥띠sakti, 즉 자신의 공동체나 사회에 봉사할 수 있는 힘보다 샨띠santi, 즉 홀로 누리는 더없이 행복한 평화를 더 좋아해야 하는지를 묻자, 마하리쉬는 평화의 길은 사회적인 봉사를 통해 이어지며, 사람은 자신이 참나에 완전히 몰입된 삶을 가질 수 있기 전에 그가 태어난 사회에 봉사할 수 있는 충분한 힘을 개발해야 한다고 지적했다. 그는 매일 자신이 직접 사회적 봉사의 좋은 모범을 보여 주고 있다. 아쉬람을 찾아가서, 그가 나뭇잎을 꿰매어 접시를 만들거나, 야채를 손질하거나, 신문을 읽거나, 고통에 빠진 사람들을 도와주는 것을 본 사람들은 귀중한 사회적 그리고 영적인 교훈을 배운다. 지방의 학교 선생인 S는 10년 혹은 12년 전에 그러한 두 가지 교훈을 배웠다. 어느 날 그는 자신이 마하리쉬와 같은 높은 영적인 수준에 도달하지 못하자 화가 났고, 스스로 "나는 마하리쉬처럼 생각하고 행동할 수 있을 때까지, 다시 말해, 내가 그의 무집착(바이라기야vairagya)과 같은 것을 얻을 때까지는 마하리쉬를 만나러 가지 않겠다."고 말하면서 수개월 동안 아쉬람의 모임에 빠졌다. 그러나 마하리쉬를 오랫동안 만나지 않는다고 하여 그에게 향상된 것은 없었다. 오히려 그 때문에 그는 더 세상적이고 덜 영적인 존재로 변하고 말았다. 이러한 결과에 넌더리가 난 그는 다시 산으로 올라갔고, 마하리쉬가 의미심장한 웃음을 지으며 그를 맞이하는 것을 알았다. 마하리쉬의 말처럼, 너무 일찍 둥지를 날아가려고 하는 그런 깃털이 덜 자란 어린 새들은 떨어지고 만다. 그러니 "자신이 완전히 준비가 되고 발달하기도 전에 왜 너무 일찍 날아가서 세상을 정복할 수 있다고 생각하는가?" 그것이 바로 마하리쉬가 지은 웃음의 의미였다. 그래서 S는 아쉬람 모임에 나가지 않겠다는 너무 때이른 생각을 그만두었다. 또 그 후 S는 행운의 총아가 아닌 가장들에게 일어나는 수많은 고민거리로 걱정하며 사회생활에 염증을 느꼈다. 그는 마을과 가족을 떠나거나 자기 생명을 버리고 싶은 강한 유혹이 들었다. 어쨌든 그는 마하리쉬의 의견을 들어야겠다고 느끼고는 그를 만나러 갔다. 당시 마하리쉬는 나뭇잎 접시를 꿰매고 있었는데, S가 자신의 문제를 표현하기도 전에 나뭇잎 바느질로부터 끌어낸 도덕적 교훈을 그에게 들려주었다. "보십시오, 얼마나 많은 수고를 기울이면서 꿰매야 나뭇잎 접시를 만들 수 있는지! 그때서야 접시는 쓸모가 있지요. 접시도 그 용도가 다하면, 오직 그때 가서야 그 접시를 버립니다." 이를 통하여 S는 그가 일상적인 시련과 고민거리로 쉽사리 굴복해서는 안 되며, 자신의 몸이 존재하게 된 목적인 봉사를 하기 전까지 자신의 생명이나 일자리를 포기하는 것도 생각해서는 안 된다는 것을 배웠다.

사람들은 종종 마하리쉬에게 영성이 적극적인 가정생활이나 사회생활과 양립할 수 있는지 묻는다. 그러면 그는 그들에게 "라마는 영적으로 진보했지만 가장의 삶을 살아가지 않았습니까?"라고 반문한다. 감독관인 라가바짜르는 이따금 마하리쉬를 만나러 찾아갔다. 그러자 그의 아내와 어머니는 그가 사회적 본분을 포기하고 은둔자가 되지 않을까 두려워했다. 그들은 마하리쉬를 찾아가서 그들의 두려움을 이야기하였다. 그러자 마하리쉬는 필요한 엄격한 훈련 과정을 거치지 않고 은둔자가 되는 것이 얼마나 위험한 것인지를 그에게 충고해 주었다. 그는 다른 수많은 사람들에게도 같은 충고를 해주었다. 마하리쉬 자신의 예가 많은 사람들로 하여금 가정생활을 포기하도록 만든다. 해마다 열두 명 이상의 사람들이 가정을 버리고, 라마나와 같은 사람이 될 수 있다는 희망을 가지고 라마나스람을 찾아간다. 이들은 대부분 바이라기야vairagya의 일시적인 바람에 의해 마음이 움직였지만, 그들의 열정은 아쉬람의 경고와 그만두라는 말에 의해 곧 식어 버린다. 그리고 그들이 돌아갈 때는 슬픈 경험으로 많은 것을 깨닫게 된다. 하지만 소수의 사람들은 확고한 결심을 가지고 그만두라는 모든 설득도 물리치고, 혼자서 혹은 경건한 사람들 속에서 엄격한 따빠스tapas(고행)를 하면서 피나는 영적인 수련 생활을 시작하고 싶어 하는 사람들에게 훌륭한 실례를 입증해 보인다. 이 장에서는 최근에 (즉 지난 10여 년 동안) 마하리쉬를 깊이 사랑한 사람들 가운데서 이러한 사례에 해당하는 몇 사람을 적당히 살펴볼 것이다. 왜냐하면 그들의 삶이 마하리쉬의 영향력의 일면을 보여 주기 때문이다.

끊임없이 계속되는 만류와 시련에도 잘 견뎌 냈고, 따라서 은둔자의 생활을 잘할 수 있음을 입증한 사람들 가운데서, 훌륭한 제자인 나따나난다스와미에 대하여 각별히 언급을 하지 않으면 안 된다.

당시 나떼사 무달리아르로 알려진 나따나난다스와미가 초등학교 교사로 재직 중이던 1917년에, 그는 『갸나 띠랏뚜Jnana thirattu』, 즉 탐구의 길인 갸나에 대한 비베까난다의 가르침(즉 탐구의 길)이라는 따밀어 책을 입수하여 매우 흥미롭게 읽었다. 당시 그는 18세에 불과했지만, 결혼생활을 포기하고 은둔자가 되고 싶었고, 참나 깨달음을 얻기 위하여 적절한 구루를 찾아 나섰다. 그는 슈리 라마크리슈나가 비베까난다에게 영감을 주고 가르침을 준 것처럼 자신의 제자들에게 그렇게 할 수 있는 그런 살아 있는 구루가 있는지를 많은 사람에게 물어보기 시작했다. 많은 사람들이 "예, 한 분 있지요. 바로 띠루반나말라이에 계시는 슈리 라마나 마하리쉬죠."라고 말했다. "하지만 그에게서 우빠데사upadesa를 받기란 거의 가망 없는 일입니다."라고 몇몇 사람들은 덧붙여 말해 주었다. 조금도 굴하지 않고, 무달리아르는 그 후 얼마 지나지 않아 (즉, 1918년에) 마하리쉬를 찾아갔다. 그는 스깐다스람에서 그를 보았고, 그의 앞에 가서 말없이 조용히 앉았다. 그는 감히 어떤 질문도 던지지 못했으며, 스와미는 어떤 대화를 시작하려고 하지 않았다. 그래서 그는 스와미에게 우빠데사 즉 가르침을 받기란 거의 불가능하다는 친구들의 판단이 옳았다는 것을 느끼고 낙담한 채 돌아왔다. 그러니 이러한 특별한 은총을 받아야겠다는 그의 결심은 결코 포기되지 않았다. 여러 가지 어려운 점이나 혹은 목표로 삼은 대상이 희귀하다는 것은 오히려 목적을 달성하고야 말겠다는 그의 결심만을 증가시켜 주었을 뿐이다. "반드시 삿구루를 찾아야 한다. 어디 다른 구루들은 없을까?"라고 생각한 그는 평판이 자자한 몇몇 고행자들을 만나러 갔다. 그러나 그들은 그에게 충분한 감명을 주지 못했기 때문에 그는 제자로서 그들의 발아래에 자신을 내맡길 수 없었다. 그래서 그의 마음은 다시 마하리쉬에게로 달려갔다. 그리고 유일한 문제는 어떻게 하면 그의 은총을 받는가 하는 것이었다. 가끔 유망한 다른 대안도 그에게 떠올랐다. 그는 『뿌라나Purana』를 이미 읽었고, 거기에 **काश्यांतुमरणान्मुक्ति:**, 즉 "까시(바라나시)에서 죽으면 목샤moksha, 즉 '해방'을 얻는다."라고 적혀 있는 것도 믿었다. 그래서 그는 '바라나시 행의 안내자'를 찾았고, 그 여행에 필요한 것을 준비할 얼마의 재원도 받았다. 그는 같은 믿음을 가지고 있던 동료와 함께 실제로 출발하여 북쪽으로 슈리 빼룸부뚜르까지나 올라갔다. 거기서 그는 나이든 브람마짜리 박따bhakta를 만났는데, 그는 무달리아르의 일에 깊은 관심을 보이면서, 부모와 아내를 집에 두고서 까시로 가면 안 되기 때문에 다시 집으로 돌아가라고 무달리아르를 설득했다. 이렇게 하여 집으로 돌아온 뒤에 무달리아르는 두 차례 더 집을 떠났다. 하지만 이 두 차례 여행도 이런저런 이유로 좌절되고 말았다. 그러자 라마나 마하리쉬가 그에게는 구원을 얻을 수 있는 유일하게 남아 있는 수단처럼 보였다. 그래서 1920년에 그는 "*காகமுறவு கலந்துண்ணைக் கண்டீர்*"를 쓴 따유마나바르와 라마크리슈나 빠라마함사의 실례를 마하리쉬 앞에 제시하는 편지 한 통을 아주 상세히 써 보내면서, 열망하는 영혼들의 운명에 이기적인 마음으로 무관심하지 말아 줄 것을 요청했으며, 그리고 전번의 방문은 효과가 없었다는 것과, 만약 허락의 편지를 보내 주신다면 그(무달리아르)는 곧바로 그의 발아래로 달려가고 싶은 심정이라고 덧붙여 말했다. 한 달이 지나도록 답장을 받지 못했다. 그래서 그는 두 번째로 등기 우편물(지불된 영수증과 함께)을 마하리쉬에게 발송했다. 그 편지에서 무달리아르는 다음과 같이 말했다. "제가 몇 번이나 다시 태어나는 것을 견뎌야 한다 해도, 저는 오로지 당신에게 우빠데사$_{upadesa}$ 즉 가르침을 받을 각오입니다. 그래서 만약 당신께서 제가 당신의 가르침을 받기에 준비가 되어 있지 않거나 너무 미숙하여 이번 생에서 저를 포기하신다면, 당신도 이 때문에 반드시 다시 태어나야 합니다. 저는 이것을 단언합니다." 그로부터 며칠 후 마하리쉬가 무달리아르의 꿈속에 나타나서 "나에 대해 계속 생각하지 마십시오. 당신은 먼저 황소의 신인 마헤슈와라의 은총을 얻어야 합니다. 우선은 그분에 대해 명상하고 그분의 은총을 얻으십시오, 나의 도움은 그 후에 의당 따를 것입니다."라고 말했다. 그때부터 무달리아르는 집에 있던, 황소를 타고 있는 마헤슈와라의 사진 속의 인물을 명상하기 시작했다. 며칠 후 그는 바수데바 샤스뜨리로부터 "당신이 보낸 두 통의 편지를 받아 보았습니다. 마하리쉬는 편지에 답장을 하지 않습니다. 당신이 직접 오시면 그를 만날 수 있습니다."라고 적힌 편지를 받았다. 새 편지에 의해 샤스뜨리가 누구인지 그리고 그 답장이 마하리쉬의 분부에 따라 쓰여진 것인지를 확인한 후에 무달리아르는 띠루반나말라이로 향했다. 그는 꿈에서 들은 지시에 따라 아루나짤레스와라, 즉 마헤슈와라를 친견한 후에 그날 밤을 사원에서 보냈다. 같은 날 밤, 그 지역의 브람민이 무달리아르의 목적을 알고는 그를 단념시키려고 했다. "이봐요, 선생, 나는 라마나 마하리쉬의 아누그라함anugraham, 즉 은총을 받으려고 그와 함께 16년을 지냈지만 허사였소. 그는 모든 일에 너무 무관심하오. 설령 그대가 거기서 그대의 머리를 깨뜨린다 해도, 그는 신경도 쓰지 않고 그 이유도 묻지 않을 것이오. 그래서 그의 은총은 얻기가 불가능하므로, 그대가 그를 찾아가도 아무 결실도 얻지 못할 것이오." 하지만 무달리아르는 이러한 견해에 동의하지 않았다. 그러자 그 브람민은 "어쨌든 그대가 그의 우빠데삼upadesam을 얻을 만큼 운이 좋다면, 이런 식으로 시험을 해볼 수 있소. 이곳에는 '세샤드리'라는 이름의 성자가 있는데, 그는 누구와도 교제하지 않고 아무도 자신에게 가까이 오지 못하도록 합니다. 그는 대부분 사람들을 물리치고 다가오지 못하게 합니다. 만일 그대가 그에게 약간의 호의를 얻어 낼 수 있다면, 그것은 그대에게 성공이 다가올 좋은 징조가 될 것이오."라고 말했다. 그래서 다음 날 아침, 무달리아르와 (아난따뿌람에서 함께 근무하는 동료 교사인) 수브람만야 아이어는 이 '야생 조류와 같은' 세샤드리스와미를 찾아나섰다. 오랫동안 찾아다

넜지만 허사였다. 무달리아르의 마음의 고통은 더욱 늘어만 갔다.

　그러자 수브람만야 아이어는 무달리아르를 뼈알에 남겨 두고 홀로 세샤드리스와미를 찾아 나섰고, (정말로 매우 보기 드문 재주이지만) 그를 무달리아르에게로 데리고 왔다. 모든 이의 마음을 읽을 수 있는 달인인 세샤드리스와미는 무달리아르에게 "나에게 무엇을 주시겠소?" 하고 물었다. 무달리아르는 그에게 잭푸르트 하나를 주었다. 그러자 세샤드리는 그것을 먹고는 바자르 거리로 나갔다. 무달리아르와 아이어는 그를 따라갔다. 망고가게 옆을 지나면서 세샤드리 스와미는 무달리아르에게 "망고 과일 좀 사 줄 수 있소?"라고 물었다. 무달리아르는 이 스와미에게 봉사할 수 있는 새로운 기회가 자신에게 주어진 것을 크게 기뻐하면서 당장 그 과일을 사 주었다. 스와미는 그 망고를 쪼개어 모여든 사람들에게 몇 조각을 나누어 주고 그도 일부를 먹었다. 사람들이 모두 흩어지고 나자, 스와미는 물을 마시고 싶어 했다. 아이어가 물을 가지러 떠나가자, 무달리아르만이 세샤드리스와미와 남게 되었다. 이것이(스와미도 분명히 그랬겠지만) 바로 무달리아르가 무척이나 갖고 싶어 했던 상황이었다. 왜냐하면 홀로 있음 즉 은밀한 상태는 구루가 제자에게 우빠데사, 즉 가르침을 전수할 때 필수적인 요소로 간주되고 있기 때문이다. 곧바로, 세샤드리스와미는 다음과 같이 말했다. "ஐயையோ குழந்தாய்! ஏன் மனதைப் புண்படுத்தி கவலைப்படவேண்டும்? ஞானம் ஞானம் என்றுல் என்ன? எவை எவை அநித்தியமானவைகளோ, அவைகளை யெல்லாம் புத்தியால் நீக்கி, எது நீக்கமுடியாமல் மிஞ்சுகிறதோ அதுதான் ஞானம். அதுதான் தெய்வம்; எல்லாம்

அதுதான். மலையிலே போனலும்தான் ஞானம் வரும், குகையில் போனலும்தான் ஞானம் வரும், என்று அங்குமிங்கும் அலைவது பைத்தியம்தான். பயப்படாதே. போ.

"아아, 제자여, 왜 가슴 아파하고 걱정하고 있는가? 갸나jnana(지혜) 가 무엇이겠는가? 마음이 대상들을 하나씩 덧없고 비실제적인 것으로 버리고 난 뒤에, 그래도 남아 있는 그것이 갸나(지혜나 깨달음)이다. 그 것이 신이다. 모든 것은 그것이고 오직 그것뿐이다. 산이나 동굴로 가 야만 갸나를 얻을 수 있다는 믿음을 갖고서 이리저리 뛰어다니는 것은 미친 짓이다. 두려워하지 말고 가시오." 이렇게 말한 뒤 그는 떠났다. 무달리아르는 그를 몇 발자국 따라갔다. 그때 아이어가 물을 가져왔 고, 그는 마셨다. 그리고 세샤드리스와미는 그를 떠났다. 이 모든 일들 은 1920년 5월 2일 오전 11시경에 일어난 것이다. 이것은 분명히 경사 로운 조짐이었다. 기쁨에 겨워 무달리아르는 바로 그날 정오 마하리쉬 를 만나러 산으로 올라가서, 그의 앞에 절을 하고 앉았다. 5-6시간 동 안 그와 스와미 사이에는 아무 말도 오가지 않았다. 스와미가 식사를 하기 위해 막 자리를 뜨려 할 때, J.V. 수브람만야 아이어는 그에게 무 달리아르를 가리키며 "바로 이 사람이 당신께 편지를 쓴 사람입니다." 라고 말했다. 마하리쉬는 주의 깊게 무달리아르를 두 번 바라보고는, 밖으로 나갔다. 그래서 무달리아르 또한 작별을 고하고 그곳을 떠났 다. 그는 매달 간헐적으로 아쉬람을 찾아갔지만 마하리쉬에게 질문을 하기 위해 입을 열지는 않았다. 왜냐하면 다음이 그가 마하리쉬에 대 해 느꼈던 점이기 때문이다.

"다른 사람들은 우리의 질문을 기다린다—당신은 자유롭다.

우리는 묻고 또 묻는다. 당신은 미소 지으며 말없이 고요하다.

당신은 지식보다 더 높이 솟아 있기 때문이다."

"참나를 익히고, 참나를 자세히 살피고, 참나를 존중하며,

참나에 대해 확고한 신념을 가지고

당신은 어떤 추측도 허락하지 않은 채 땅 위를 걸어간다."

일 년이 지난 후 무달리아르는 입을 열어 마하리쉬에게 "저는 당신의 아누그라함anugraham 즉 은총이 어떤 것인지를 배우고 경험하고 싶습니다. 사람들마다 은총에 대한 이야기가 다르기 때문입니다."라고 말했다. 마하리쉬는 "나는 항상 나의 아누그라함을 베풀고 있습니다. 그것을 이해할 수 없다면, 내가 어떻게 해야 합니까?"라고 대답했다. 이 말을 듣고서 무달리아르는 그의 침묵의 사마디samadhi(즉, 황홀경의 상태)가 바로 그(무달리아르)와 여타 사람들이 모방하고 그 속으로 들어가야 하는 아누그라함 즉 그의 은총이라는 것을 알았다. 그럼에도 불구하고 모우남mounam(침묵)의 상태는 분명히 이해되지 않았다. 그리고 그 때문에 그는 마음이 괴로웠다. 어떤 친구들은 그에게 어떤 대상이나 신에게 집중해 보라고 조언했다. 그러나 그는 다음과 같이 노래한 따유마나바르의 글을 읽었기 때문에 그 과정에 동의하지 않았다.

கற்றதுங்கேட் டதுந்தானே யேதுக் காகக்
    கடபடமென் றுருட்டுதற்கோ கல்லா லெம்மான்
குற்றமறக் கைகாட்டுங் கருத்தைக் கண்டு
    குணங்குறியற் நின்பநிட்டை கூட வன்றே.

이 시구는 *குணம்* (마음)과 *குறி* (특징)은 명상을 통해 초월해야 한다는 것을 보여 준다. 며칠 후 마하리쉬는 그의 꿈에 나타나 말했다.

"இரு கண்களின் பார்வையையும் ஏகப்படுத்தி புறத்திலும் லக்ஷியம் வைக்காமல் திருஷ்டியை சமப்படுத்திக்கொண்டு அப்பியசி."

"당신의 시선을 하나로 통일시키고 그리고 외부의 대상이나 내부의 대상들로부터 물러나게 하십시오. 이렇게 하여 차이점들이 사라지더라도, 계속 집중하십시오." 무달리아르는 가르침을 받은 대로 육안을 가지고 봐야 한다는 의미로 그 충고를 받아들이며, "이것은 저에게 적절한 길이 아닌 것 같습니다. 당신처럼 탁월하신 분이 저에게 이런 충고를 해주신다면, 저에게 참된 충고를 해줄 사람이 누가 있겠습니까?" 라고 대답했다. 그러자 마하리쉬는 앞에서 말한 가르침이 바로 진실한 길이라고 단언하면서 다음과 같이 덧붙였다. "하지만 당신이 의심하는 것은 잘못된 것이 아닙니다. 잠시 이 방법을 좀 써 보세요. 이 방법으로 당신은 참나의 상태를 얻게 될 것입니다."

무달리아르는 그의 다음 단계를 이와 같이 설명하고 있다.

"나는 꿈에서 받은 이 우빠데사upadesa(즉 가르침)를 한동안 따랐다. 그러고 나서 한 번 더 꿈을 꾸었는데, 그 꿈에서 마하리쉬가 나에게 나타났을 때 내 곁에는 나의 아버지가 계셨다. 마하리쉬는 나의 아버지를 가리키며, '이분은 누구입니까?'라고 나에게 물었다. 나는 철학적으로 정확한 대답을 해야 하는지 몰라 잠시 주저하다가 '이분은 저의 아버지입니다.'라고 대답했다. 마하리쉬는 의미심장한 미소를 지어 보였다. 그래서 나는 덧붙여 말했다. '저의 대답은 일반적인 말에 따른 것이지, 형이상학적인 진리에 의한 것이 아닙니다.' 왜냐하면 나는 몸이 아니기 때문이다. 마하리쉬는 나를 자기 쪽으로 끌어당기고는 그의 손바닥을 처음에는 내 머리에, 그 다음엔 나의 오른쪽 가슴에 올려놓고 그의 손가락으로 나의 젖꼭지를 눌렀다. 약간 아팠지만, 그것이 그의 아누그라함anugraham, 즉 은총이었기 때문에 나는 조용히 그것을 견뎠다. 나는 그 당시 왜 마하리쉬가 왼쪽 가슴이 아닌 오른쪽 가슴을 눌렀는지 몰랐다. 곧 꿈에서 깨어났다." 무달리아르는 위의 내용에서 아버지에 대한 질문은 그로 하여금 그의 데하뜨마붓디dehatmabuddhi, 즉 자기 자신을 몸과 동일시하는 것을 완전히 버리게 하려는 목적이었고, 또 머리와 가슴을 만진 것은 하스따 딕샤hastha diksha, 즉 스승이 손바닥을 사용하여 제자에게 은총 즉 아누그라함anugraham을 전수해 주는 것이라고 추측했다.

얼마간의 시간이 흐른 후, 무달리아르는 마하리쉬를 찾아갔다. 영적인 문제에서, 다시 말해, 영혼이 비상하여 이를 수 있는 가장 높은 위치에서 남보다 앞서 체험한 여러 경험들을 가진 몇몇 뛰어난 재능이 있는 사람들이 스와미와 의견을 교환하고 있었다. 무달리아르는 아주 가까이에 앉아서 그의 귀에 흘러들어 오는 모든 말을 황홀하게 들으며, 놀라움을 금치 못했다. 그가 들은 말들은 쉽고도 잘 알려진 따밀어나 산스끄리뜨 말이었다. 그러나 그 말들에 의해 표현된 의미는 그의 이해 수준을 훨씬 넘어서는 것이 아니겠는가! 그 이야기는 모두가 그로서는 도무지 이해할 수 없는 것이었다. 커다란 슬픔이 그의 영혼을 압도했다. "나는 과연 언제쯤 이런 경험들을 하게 될 것인가? 아니, 경험할 수는 있는 걸까? 나의 미래 생에서도 가능한 일일까?" 이렇게 그는 내심 생각했다. 그의 낙심은 마하리쉬의 날카로운 시선을 끌었음에 틀림없다. 그래서 방문객들이 떠나가고 난 뒤에, 마하리쉬는 그에게, "왜 걱정을 하고 있습니까? 그대가 찾고 있는 것은 항상 그대가 소지하고 있는 것(**எித்த** 싯다)입니다. 항상 존재하고 있는 것을 얻지 못할까 걱정하는 사람이 어디 있을까요? 바로 지금 그대는 그것을 습득하지 못했다고, 다시 말해, 그것이 그대 손바닥 안에 없다고 느낍니까? 그것이 오늘 잘 이해가 되지 않으면, 내일이면 분명히 이해될 것입니다. 왜 그런 문제로 낙담하고 있습니까? 그대가 그것을 정말로 배울 수 없다면, 위대한 사람들을 만나고 싶은 생각이 어떻게 그대에게 떠오를 수 있었겠습니까?" 즉시, 평화가 무달리아르의 영혼 속으로 흘러들었다.

마하리쉬의 은총은 꿈을 통해 무달리아르와 그의 가족에게 쏟아져 내렸다. 그의 가족 모두가 띠루반나말라이로 가서, 믿음을 가지고 마하리쉬를 섬기고 싶었다. 마하리쉬는 특별한 계기가 있을 때마다 무달리아르의 감정이 얼마나 깊은 것인지를 알았다. 하지만 그에게 소원을 들어주기 전에 이따금 그의 결심이 얼마나 강한지 시험해 보곤 했다.

무달리아르는 1926년경에 스와미에게 다가가서, **துறவறம்**, 즉 수행자의 생활을 시작하고 싶다고 말했다. 왜냐하면 그것이 유일한 길처럼 보였고, 가정생활은 마음의 평화와 통제를 얻는 데 늘 방해가 되었기 때문이다. 마하리쉬는 그의 생각을 단념시키려고 하면서, 만약 하나의 장애물을 피하기 위해 가정을 버리고 숲 속으로 들어가면, 열 가지 장애물이 마치 그의 기개를 시험하기 위해 일부러 나타난 것처럼 그를 둘러싸게 될 것이라고 지적해 주었다. "하지만 내가 여기 온 이유는 묻지 마십시오. 어쨌든 그 당시 나는 왔으니까요."라고 스와미는 말했다. 그리고 스와미는 그러한 문제에 대한 무달리아르의 학식을 알고 있기 때문에 "**மஹாராஜா துறவு**"(왕의 무집착)을 인용하면서, 마하라자가 가정과 모든 것을 버리고 떠날 때 분명히 다음과 같이 말했다고 하였다.

"**தென்திசை நடப்பவர் கங்கை
சென்று தோய்ந் திருவரோதான்
… … … … இல்லில்
நிற்பவர் முத்தி சேரார்.**"

"만약 누군가 남쪽으로 간다면 그는 절대 갠지스 강에 닿지 못할 것입니다. 이와 마찬가지로, 누군가 집에 남아 있는다면 그는 절대로 구원을 얻지 못할 것입니다." 그러나 똑같은 마하라자가 후기 단계에 가서는 가정생활과 수행자 생활 사이에는 어떤 차이도 없다고 말하였다. 스와미는 "그대가 여기에 있는 것은 집안의 걱정거리를 회피하는 것과 꼭 같습니다. 집으로 가서, 가정생활 속에서도 마찬가지로 걱정하지 않고 아무 영향을 받지 않도록 노력하십시오."라고 말해 주었다. 무달리아르는 그 후 두세 번에 걸쳐 다시 산야사의 주제를 끄집어냈을 때도 똑같은 부정적인 대답을 들었다. 마하리쉬는 예리하게 무달리아르의 사르바상가 빠리띠야가_sarvasanga parityaga_에 대한 그의 소망이, 다시 말해, 그의 가족, 직업, 마을, 그리고 모든 것을 떠나고 싶은 그의 소망이 점점 커져가는 강도를 알아차렸다. 무달리아르의 아버지와 형과 아내는 거듭 그들의 꿈에 마하리쉬가 나타나서 무달리아르가 그의 은총을 받았으며, 그가 그들을 떠나려 시도하면 그들이 그(무달리아르)를 도와주어야 한다고 말하는 꿈을 꾸었다. 그래서 그들은 무달리아르의 요구에 따랐다. 그가 그의 교직을 포기하고 띠루반나말라이로 가서, 결국 1929년에 나따나난다 스와미란 이름 아래 까샤얌kashayam(황토색의 옷)을 입도록 허락해 주었다. 마하리쉬의 은총은 이러한 꿈에서 뿐만 아니라, 그 제자의 수많은 질문에 대한 그의 재빠르고 이해를 돕는 분명한 대답들에 의해서도 밝혀졌다. 이런 것들은 무달리아르가 마하리쉬를 찬미하며 노래한 그의 시들(즉, "ரமண தோத்திரமஞ்சரி", "ரமண தோத்திர சோடசம்," "ரமண நான்மணிமாலே," "ரமண அந்தாதி", "ரமணசதகம்,")에서 단지 암시되고 있을 뿐이었으나, 최근 그의 문답집 "உபதேச மஞ்சரி,"에서 더욱 분명히 언급되었다. 그 문답집은 그가 받은 답뿐만 아니라, 다른 사람들이 받은 답들을 포함하고 있는데, 그 답들은 그 책에 제시된 방식이나 순서대로 항상 나오지는 않았다.

마하리쉬가 나떼사 무달리아르의 가족(그들 모두는 그에 대해 진지한 믿음을 가졌다)에게 보여 준 호의들 가운데 여기서는 한 가지 사실만 골라서 이야기하겠다. 무달리아르의 제일 맏형은 약 5년 전에 마하리쉬를 찾아가서는 그의 앞에 앉아서 속으로 다음과 같이 생각했다. "이 마하리쉬에게는 이스와람사iswaramsa, 즉 신의 특성이 있다고 하는데, 과연 그렇다면 내 생각을 알아맞혀 내가 질문을 하지 않고서도 나에게 아뜨마 스와루빰Atma swarupam(신의 본성)을 가르쳐 줄 수 있어야 한다." 그는 어떤 질문도 하지 않았다. 마하리쉬는 질문을 받지 않는 한 가르침을 주는 법이 없는 분인데, 이 사람에게 말을 걸어, 아뜨만Atman의 본성을 말해 주기 시작했다. 이것은 마하리쉬가 상대의 마음을 읽을 수 있다는 것과 진지한 구도자들에게는 친절함을 베푼다는 것을 보여 주는 한 가지 사례였다.

이 장을 마감하기 전에, 가정과 친척을 떠나 라마나 마하리쉬를 찾아가 더 많은 지도를 구했던 대표적인 두 명의 수행자들, 즉 교사인 라마나뜨아이어와 순다람말, 그리고 바이라기야vairagya(무집착)의 개발에도 불구하고 마하리쉬의 지도 하에 여전히 사회적 접촉을 어느 정도 유지하면서 약간의 사회적 임무를 돌보고 있는 두 명의 제자, 즉 요기 라미아와 현재 이 전기를 집필하고 있는 작가를 잠시 살펴보자. 1929년의 단체 사진(309쪽 앞 사진의 맨 우측)에서 그의 모습을 볼 수 있는 라마나뜨아이어는 딴조르 지역에 있는 어느 마을의 초등학교 교사였다. 그는 라마나 마하리쉬에 대한 믿음을 키워 오다가, 휴가 때 처음으로 라마나스람을 방문했다. 그는 마하리쉬의 저작과 슈리 라마크리슈나 빠라마함사의 생애에 대한 글을 많이 읽은 것 같다. 그의 믿음이 더욱 뜨거워지자, 그는 사회적 의무에 소홀해지기 시작했다. 그는 나이 40이 넘었고, 교사로서 번 소득으로 부양해야 할 아내와 어린 자식들이 있었다. 하지만 그의 믿음이 자라자, 사회적 의무에 대한 그의 의식이 갑자기 무너졌고, 그는 자주 자신의 직책을 떠나 라마나스람이나 다른 지역으로 순례의 길에 올랐다. 첫 번째 근무 태만은 그의 상관들이 너그럽게 봐주어, 그의 직책으로 복직이 되었다. 하지만 또다시 그는 학교와 가정을 떠나 라마나스람으로 가 버렸다. 거기서 그는 멍한 상태로 마하리쉬 앞에 앉아 있었는데, 어떤 누구에게도 말을 하지 않았고, 심지어 마하리쉬에게조차도 말을 하지 않았다. 그는 완전히 옷을 벗은 상태로 아쉬람의 홀에서 계속 명상을 했다. 그것은 분명히 사람은 옷과 까스뜨 제도 등을 포함한 자신의 모든 덮개에서 벗어나야 한다는 슈리 라마크리슈나의 가르침을 따라 그를 본받으려는 것이었다.

스와미의 제자들은 이러한 관행에 반대하였으므로, 그에게 살 가리개를 다시 채워 주었다. 또다시 한밤중에, 그는 명상을 하기 위하여 인근의 저수지(빨리띠르땀) 안으로 들어갔다. 제자들은 그가 익사할까 봐 그를 끌어내어 다시 홀로 데려왔다. 또다시 그는 야밤에 밖으로 나가 아쉬람 너머의 공터에 벌거벗은 상태로 앉아 명상을 하였다. 제자들은 그가 가끔 아쉬람까지 내려오는 치타들의 공격을 받지 않도록 또다시 옷을 입혀 홀 안으로 데려왔다. 그리고 결국 그는 오두막에 감금되는 신세가 되었다. 그러나 그를 돌보는 것이 불가능하다는 것을 알고는 제자들 가운데 한 사람이 그를 그의 마을로 돌려보냈다. 그러나 얼마 지나지 않아 그는 띠루반나말라이로 다시 돌아왔고, 라마나스람에서 약간 떨어진 산기슭에 있는 빤다바띠르땀에서 벌거벗은 상태로 침묵의 명상을 계속했다. 그의 아내와 자식은 라마나스람을 찾아와 그에게 집으로 돌아가자고 권유했다. 마하리쉬 또한 그에게 사회적 의무를 돌보라고 조언해 주었다. 하지만 이 제자는 결국 가정의 의무에 대한 자신의 관계를 이미 단절하기로 결심한 터라, 모든 권유와 충고도 내팽개친 채 지금은 모우니mowni로서 떠돌면서, 그리고 자선을 받는 대로 생계를 해결하면서 아주 열심히 바이라기야vairagya와 갸냐jnana, 즉 무집착과 밝은 지혜의 개발에 열중하고 있다.

순다람말(부가된 단체 사진에서 마하리쉬의 왼쪽에 헝클어진 머리를 하고 있는 그녀의 당당한 모습이 보인다)은 마드라스에 사는 부유한 공무원의 아내이다. 그녀는 오래전에 몇 차례의 히스테리 발작을 일으켰고, 라마나스람을 방문하였다. 발작은 멈췄지만 계속해서 아이가 생기지 않았다. 그녀는 슬픔과 근심을 극복하기 위해 아쉬람을 계속해서 찾아왔다. 1928년 그녀는 삶의 방식을 바꾸고 산야시니sanyasini가 되기로 결심하였다. 그녀는 마하리쉬에게 그녀가 산야사sanyasa의 생활을 하게 되고 그 상징인 까샤야kashaya 옷을 입는 데 어떤 장애가 있는지를 물어보았다. 그의 대답에 따라 행동을 하여, 그녀는 까샤야 옷을 입고, 침묵의 맹세를 했다. 어느 날 저녁 그녀는 산으로 올라가 혼자서 비루빡샤 동굴의 베란다에 머물렀다. 그녀는 거주지를 선택할 때 그렇게나 무모해서는 안 된다는 말을 들었다. 그러자 삿구루 스와미 동굴로 자리를 옮겼다. 그녀는 이전에 누리던 모든 안락을 포기했고, 또한 영양분이 풍부한 두 끼 식사와 추가적으로 간단한 두 끼 식사, 즉 아침 차와 저녁 차(고급의 영양가 풍부한 진미가 포함된 차)도 포기했다. 대신에, 그녀의 하루 식사는 바나나 열매 두 개와 우유 한 잔이 되었다. 그녀는 머리 손질도 하지 않아 머리가 결국 헝클어지거나 축 늘어지게 되었고, 그리고 명상을 하면서 시간을 보냈다. 낮에는 아쉬람에서 마하리쉬 앞에 앉아 명상했고, 밤에는 그녀의 동굴이나 방에서 명상을 했다. 3년이 넘게 그녀는 매우 혹독한 고행의 삶을 살았으며, 지금은 띠룩까루꾼람, 빨라니, 꾼딸람 같은 성지를 찾아 순례하면서 시간을 보내고 있다. 최근에 그녀는 완전히 삭발을 하였고, 까스뜨 제도에 상관없이 모든 사람들이 주는 음식을 다 받아먹는다.

요기인 라미아는 렛디아르 공동체 소속의 일원이며, 넬로르 지방, 부쩌렛디뿔리엠 근처에 있는 안나렛디뿔리엠을 소유하고 있는 부유한 지주이다. 그는 어떠한 교육도 거의 받지 못했다. 그는 자기 재산의 유일한 소유주였기 때문에, 분별없는 자기 나이 또래의 친구들과 즐겁게 인생을 보내라는 모든 권유를 받았다. 그러나 18세의 나이로 접어들 즈음에 그의 생각은 진지하게 바뀌어서 이전의 친구들과 손을 끊고, 종교에 흥미를 갖기 시작했다. 브람민 출신의 어느 구루가 그에게 라마 따라까 만뜨람mantram을 주면서 매일 5,000번을 암송하라고 했다. "만약 5,000번을 넘기면 어떻게 되나요?" 열렬한 젊은이는 되물었다. 구루는 "많으면 많을수록 좋단다."라고 대답했다. "만약 제가 이것을 항상 되새기면요?"가 그 다음 질문이었다. 구루는 제자의 강한 열정에 크게 기뻐하며 만족스럽게 그래도 된다고 허락했다. 라미아는 아침부터 밤까지 무슨 일을 하고 있더라도 자빰japam을 계속했다. 그는 또한 호흡 조절을 연습하기 시작했다. 그 사이 바이라기야vairagya 혹은 세상적인 주변 환경에 대한 염증이 그의 가슴속에서 너무 커져 가자 그는 갑자기 집을 떠나 까시Kasi 등과 같은 몇몇 성지에서 따빠스tapas를 행하기 위하여 북쪽으로 갔다. 가는 도중에 그는 이전의 구루를 만났다. 그 구루는 그가 어머니의 허락을 얻어 순례를 하는지 물었다. 그가 아무런 통지나 허락도 없었다고 인정하자, 구루는 그를 다시 안나렛디뻴리엠으로 돌려보냈다. "가서 그대의 외진 정원에서 따빠스를 하십시오. 그러면 나도 나중에 내려가서 그대의 진척 상황을 살펴보겠습니다."라고 구루는 말했다. 그래서 라미아는 되돌아가서 그의 따빠스를 계속했다. 그는 어느 누구의 도움도 받지 않고 호흡 조절과 명상을 동시에 발전시켜 나갔다. 그는 호흡이 쉽게 조절되고 고요해졌으므로 코끝을 바라보면서 여러 시간 동안 더없이 행복한 기분에 잠겨 있을 수 있었다. 마찬가지로 그의 마음도 고요해지면서 행복했다. 완벽한 절제, 겨우 심신의 작용을 유지시킬 정도의 삿뜨바적인 음식, 그리고 신(슈리 라마)에 대한 자빠 수행을 통한 열렬한 헌신으로 말미암아 그는 곧 사마디 상태에서 밝은 지혜를 얻게 되었다. 그는 외부의 존재로서 슈리 라마 신이 사라지고 대신 참나 속에 신의 느낌이 자리 잡는 것을 보고 깜짝 놀랐다. 또 그는 비록 처음에는 그 자신(주체)과, 그가 지각하거나 생각하는 대상들 사이의 구별을 잊지 않고 있었지만, 그가 사마디에 들어가자마자 곧 그 구별이 사라져 버렸다는 것을 알게 되었다. "주체와 객체 사이엔 정말 어떤 차이도 없을까? 결국 그 둘은 동일한 것일까?" 이런 생각이 그에게 떠올랐다. 새롭고 당혹스러운 경험이었으므로 그는 결론을 확신하지 못해, 그 문제에 대하여 그 지방의 현자들(힌두교 성직자)에게 물어보았다. 그들의 대답도 그를 만족시켜 주지 못했다. 그래서 그는 띠루반나말라이로 왔고, 마하리쉬 앞에서 그 문제에 관하여 까비야 깐따 가나빠띠 샤스뜨리에게 물었다. "주체는 물론 대상과 다르지요." 이것이 그 현자의 대답이었다. 라미아는 실망하여 마하리쉬를 쳐다보았고, 그러자 마하리쉬는 즉시 그 현자의 대답을 수정 보완해 주었다. "주체와 객체는 현상계에서 보통 사람에게는 뚜렷이 구분이 됩니다. 하지만 사마디에서 그들은 합체가 되어 하나가 됩니다." 라미아는 이처럼 저명한 스와미로부터 이 확증적인 사실을 알아차리고는 매우 기뻤다. 그때부터 그는 마하리쉬를 그의 유일한 안내자로 택하였다. 그는 여전히 수년 동안 요가 생활을 계속하고 있는 가운데, 요가의 버팀목으로 모우남과 따빠스를 하고 있다. 그는 음식을 적게 먹으며, 호흡을 조절하고, 한 번에 여러 시간 동안 더없이 행복한 황홀경에 잠겨 있다. 그는 주로 그 자신의 정원에 있는 오두막에서 명상을 하지만, 또한 매년 몇 달 동안은 라마나스람에서 마하리쉬와 함께 명상을 하기도 한다. 그는 마하리쉬를 사랑하며 또 마하리쉬의 사랑을 받고 있다. 요기 라미아는 따밀어를 모르기 때문에, 마하리쉬는 그가 최근에 지은 따밀어 시, 『우빠데사 사라Upadesa Sara』와 『울라뚜 나르빠뚜 Ullathu Narpathu』를 뗄루구어로 번역해 주었다. 요기 라미아는 감사의 마음에서 빨리띠르땀을 수리하고, 아쉬람 홀을 건축하고, 아쉬람의 우물을 파는 일에 도움을 주었다.

마하리쉬에게 매혹된 또 한 명의 헌신자는 숫다난다 바라띠이다. 그는 지금은 고인이 되었지만 그의 동료였던, V.V.S. 아이어[29]와 함께 오랫동안 따밀 문학과 저널리즘, 구루꿀라 교육, 사회 재건과 정치 분야에서 일하고 있었다. 이와 같이 다방면의 활동에 종사하는 가운데서도 그는 종교를 등한시하지 않았다. 사실, 그의 사심 없는 활동에도 불구하고, 그는 힘을 원했으며, 그리고 그의 마음을 끈 것은 샥띠로서의 신이다. 그때 그가 채택한 방법은 주로 전통적인 쁘라나야마pranayama와 따빠스tapas였으며, 그것들은 그에게 잠깐 동안의 나다nada와 깔라kala와 라야laya(즉, 내면의 소리와 환시와 자기 자신을 잃는 것)를 가져다주었다. 하지만 그의 종교는 하나에 얽매이지 않는 보편적인 것이었다. 그는 종교적 만족을 찾아 여러 곳으로 열심히 돌아다녔으며, 기독교인, 이슬람교인, 불교인, 자이나교인, 조로아스터교인 그리고 시크교도들과 함께 친밀하게 돌아다녔으며, 그들의 경전과 종교적인 형식들도 연구했다. 내면에서 들리는 라마나의 부름이 강렬해진 것은 그가 스라바나 벨라골라(인도 남부 미소레 주에 있는)에서 자이나교를 공부하고 있을 때였다. 그는 오래전부터 마하리쉬에 대한 이야기를 들었으며, 그에게 끌려드는 느낌을 받았다. 그러나 그것은 그저 불꽃이었을 뿐, 그것이 그때처

---

29   띠루넬베리 지역에 있는 쉐르마데비 구루꿀람의 교장.

럼 작렬하면서 활활 타오를 때까지는 시간이 걸렸다. 그는 띠루반나
말라이로 가서 마하리쉬를 보았는데, 마하리쉬는 처음에는 신성한 잿
더미로 보이다가, 다음에는 불기둥으로 보였으며, 그 다음에는 쉬바
링가로 보였다. 그 대면에서 먼저 입을 연 사람은 마하리쉬였다. 바라
띠가 몇 야드 떨어진 거리에서 까비야 깐따 가나빠띠 샤스뜨리를 향
해 절을 하는 동안, 마하리쉬는 "바라띠! 『바라따 샥띠Bharata Sakti』의 저
자시군요!"이라고 말했다. 바라띠는 이처럼 자신을 알아보고 정중하
게 대하는 태도를 보고 매우 기분이 좋았다. 마하리쉬는 다음으로 그
를 아침 식사에 초대했는데, 그 초대는 방문객이 아쉬람을 찾아온 것
은 마하리쉬의 영적인 음식을 얻어먹기 위해서라는 추가 사항과 함께
기꺼이 수락되었다. 바라띠는 어떤 질문도 하지 않았고, 어떤 지적인
음식도 원하지 않았다. 그는 단지 마하리쉬를 바라보며 눈요기를 했으
며, 마하리쉬를 칭송하는 많은 따밀 시를 지었다.

마하리쉬와의 만남으로 그는 더욱 내적인 사람이 되었고, 그의 아집
은 아래로 깊이 가라앉아, 자기 자신을 3인칭으로 부르기 시작했다. 이
렇게 그는 띠루반나말라이에서 (1929년에) 몇 달을 보냈으며, 나중에는
뽄디체리에 있는 슈리 오로빈도 아쉬람을 찾아갔고, 거기서 샥띠의 탐
구를 다시 시작하게 된 것이 분명하다. 거기서 샥띠는 그에게 영감을
주어 영묘한 상상의 나래와 헌신을 불러일으켰으며, 그는 『라마나 비
자얌Vijayam』(슈리 라마나의 생애)이라는 뛰어난 시적 산문을 따밀어로 썼
는데, 그 작품의 모든 행은 마하리쉬에 대한 고귀한 헌신을 표현하고
있다.

나라심하 스와미에 관하여는 여기서 짤막한 전기적 혹은 자서전적

내용을 언급하지는 않을 것이다. 그가 변호사와 정치인으로서 왕성한 활동을 하였으며 그래서 사람들과 사물들을 연구하고 증거를 면밀히 조사하여 평가할 많은 기회를 가졌다는 것을 언급하는 것으로 충분하다. 1928년 5월부터 3년 동안, 그는 라마나 마하리쉬와 그의 가르침에 대하여 경건하지만 비판적인 연구를 했다. 그는 힌두의 종교에 나타난 최고의 가르침들을 서양의 윤리학, 심리학 그리고 철학에서 이룬 업적들과 결합시키려고 시도했다. 이들 사이에 실제적이거나 분명한 충돌이 있을 때에는 마하리쉬에게 부탁하여 설명이나 조정을 제안해 달라고 했다. 종종 그는 성공적으로 그러한 설명이나 조정을 제안했다. 이러한 것은 『마하리쉬와의 문답Talks with Maharshi』(본서의 자매편)에 나타나는데, 실례로서 한두 가지 사례만을 소개하겠다.

N(나라심하)은 정통 힌두교의 가르침, 즉 깨어 있는 상태, 꿈, 그리고 깊은 수면이라는 오로지 세 가지 의식 상태만이 있으며, 마지막 세 번째 상태에서는 "마음"과 "나"가 없다는 것에 불만을 느끼고 있었다. 그는 사람이 깊은 수면에서도 언제든지 깨어날 수 있기 때문에 마지막의 깊은 수면에서도 마음이 있다고 느꼈다. 비록 이전에는 그러한 능력이 그러한 수면 중에 느끼는 행복한 "몸의 느낌"에 대한 기억이나 다른 외부의 환경에 의해 해결이 되었지만 말이다. 그의 견해나 이론은, 비록 마음이 가지고 있는 "주의력"의 힘이나 진폭은 점차 감소해 가지만 동일한 '마음'이 세 가지 모든 단계에서 작용하고 있다는 것이었다. 그 마음이 어떤 단계 아래로 내려가면 공상, 백일몽, 최면 같은 수면이나 꿈이 되고, 그 마음이 더 아래로 떨어지면 깊은 수면이 된다. 하지만 "나"를 대동하고 있는 마음은 결코 사라지지 않는다. 그러

자 마하리쉬는 어떤 경우에서도 깊은 수면 상태에서는 마음이 너무 약하여 사실상 그 마음이 존재하지 않는 것으로 취급할 수도 있고, 또 실질적으로 그 마음은 없으며, 그래서 마음이 없는 것처럼 행동해도 안전하며, 그리고 세 가지 이상의 의식 상태가 있을 수 있지만 위의 세 가지가 두드러진 종류라고 지적해 줌으로써 이러한 제반 사실들과 힌두교의 가르침을 조정하여 주었다.

베다에서 발견되는 다양한 우주 진화론들과 현대 과학의 진화론적 발달과 기타 발달 사이에 서로 상충되는 문제도 마하리쉬 앞에 제기되었다.

마하리쉬는 모든 우주 진화론은 베다의 주요 가르침에 대한 보조적인 논쟁(아르따바다arthavada)이라고, 즉 브람만이 유일한 실재라고 말함으로써 어려운 문제를 단번에 해결했다. 그리고 그 결론이 질문자에 의해 받아들여졌기 때문에, 실제적이든 그렇지 않든 우주 진화론에 대한 의견 대립은 무시될 수 있을 것이다.

마하리쉬는 N에게 일반 종교적인 천재의, 특히 참나 깨달음의 심리학적 양상을 연구할 수 있는 충분한 기회를 주었다. 이런 목적을 위하여 그는 그가 젊었을 때와 나중에 겪었던 몽유병의 발작(어떤 이들은 그것이 신성하고 신비스러운 미덕을 나타내는 것으로 잘못 알았다)에 대해 상세히 설명해 주었고, 그 몽유병이 마하리쉬의 진정한 본성과 성격과도 어떻게 관련되어 있는지를 보여 주었다. 마하리쉬에 대한 심리학적 그리고 생리학적 제반 사실들을 솔직히 검토하는 것은 그의 명성을 훼손시키기는커녕, 그 명성을 보다 더 확고한 기반 위에 올려놓는다. 몽유병이란 보통 사람과 종교적인 천재에게 흔히 볼 수 있지만, 천재의 경우에는 영성의 갑작스러운 비상을 얻기 위하여 그 신경성 불안정이 이용되고 있다. 그리고 이미 존재하고 있는 성격의 힘으로 말미암아 천재는 그 높은 수준에서 계속 비상할 수 있다. 마하리쉬는 아주 젊었을 때 참나의 깨달음에 도달했다. 그 이후 가장 중요한 것은 이러한 깨달음을 하나의 습관으로 만드는 것이었다. 다시 말해, 그의 사마디를 사하자 사마디sahaja samadhi나 사하자스띠띠sahajasthithi로 바꾸는 일이었다. 만약 어떠한 것이 사마디의 방해물로 나타나면, 사하자 사마디 상태에 있는 사람의 마음은 곧 탄력적인 방석처럼 그 이전의 상태로 다시 돌아간다. 마하리쉬가 자신의 마지막 몽유병(아마도 몸이 뻣뻣해지는 강경증)에 대해 들려준 설명은 그의 사마디가 습관적 혹은 사하자적인 성격을 띠고 있음을 충분히 입증해 준다.

약 15년 전 어느 날 아침 스와미, 빨라니스와미, 바수데바 샤스뜨리 등 여러 사람이 함께 비루빡샤 동굴을 떠나, 오일로 목욕을 하기 위하여 오일과 비누 대용의 소우프넛 열매 가루를 가지고 빠찌암만 꼬일로 갔다. 왜냐하면 그곳에 그러한 목욕 시설들이 많았기 때문이다. 목욕이 끝나고, 그들은 산을 가로질러 직접 길을 내가면서 돌아오기 시작했다. 목욕하고 걷느라 스와미는 이미 신경을 무리하게 쓰고 있었다. 오전 10시경의 태양은 꽤 뜨거웠고, 산을 오르는 일은 추가적인 부담이었다. 빨라니스와미와 샤스뜨리는 몇 걸음 앞서 걸어가고 있었다. 스와미는 거북바위 근처쯤 왔을 때 현기증을 느끼기 시작했고, 그 다음 상황은 스와미 자신의 다음 말로 가장 잘 설명이 될 것이다.

"갑자기 내 앞의 자연 경관이 사라졌고, 흰색의 밝은 커튼이 나의 시야 경계선을 따라 드리워지면서 자연의 경관을 완전히 차단해 버렸다.

나는 점차적으로 변화해 가는 과정을 뚜렷하게 볼 수 있었다. 어떤 한 단계에서 나는 자연 경관의 일부를 아직은 선명하게 볼 수 있었고, 나머지는 내려오는 커튼으로 가려졌다. 그것은 입체망원경에 나타난 시야를 가로질러 슬라이드를 끼워 넣는 것과 꼭 같았다. 나는 이것을 경험하는 순간 넘어지지 않도록 걸음을 멈춰 섰다. 시야가 맑아졌을 때 다시 걸었다. 어둠과 현기증이 두 번째로 나타나자, 나는 바위에 기대었다. 그리고 그런 현상이 세 번째로 나타나자, 나는 앉는 것이 가장 안전하다고 느꼈다. 그래서 바위 근처에 앉았다. 그러자 흰색의 밝은 커튼이 나의 시야를 완전히 차단해 버렸고, 나의 머리는 빙빙 도는 것 같았다. 혈액순환과 호흡이 멈추었다. 피부는 납빛의 푸른색으로 변했다. 보통 죽음과 같은 색조였다. 그리고 점점 더 검은색으로 변해 갔다. 바수데바 샤스뜨리는 사실 내가 죽은 것으로 여기고, 나를 안고 큰 소리로 울면서 나의 죽음을 슬퍼하기 시작했다. 그의 몸은 떨고 있었다. 나는 그때 그가 나를 꽉 잡고 떨고 있는 것을 뚜렷이 느낄 수 있었다. 그가 슬퍼하며 내뱉는 말들도 들을 수 있었으며, 그 말의 의미도 이해할 수 있었다. 나는 또한 나의 피부가 변색되는 것도 보았으며, 혈액순환과 호흡이 정지되는 것도 느꼈으며, 내 몸의 손발이 점점 차가워지는 것도 느꼈다. 하지만 그때에도 나의 평소의 (명상) 생각의 흐름[30]은 평소와 마찬가지로 계속되고 있었다. 나는 전혀 두렵지가 않았다."

"또한 나는 나의 몸의 상태에 대해 조금도 슬픔을 느끼지 않았다. 내가 평소의 자세대로 바위에 기대지 않고 바위 근처에 앉자마자, 나는 두 눈을 감았다. 혈액순환도 호흡도 전혀 없었지만 여전히 몸은 그 자

---

30 즉, 사하자 사마디 혹은 영원한 참나 깨달음.

세를 유지했다. 이러한 상태는 약 10분 내지 15분 동안 계속되었다. 그 다음 갑자기 어떤 충격이 내 몸을 뚫고 지나가면서, 굉장한 힘으로 혈액순환이 회복되었고, 호흡 또한 재개되었다. 그리고 전신의 모든 땀구멍을 통하여 땀이 솟아났다. 피부에는 생명의 색깔도 다시 나타났다. 그 다음 나는 눈을 뜨고 일어나면서, '갑시다.'라고 말했다. 더 이상의 어려움 없이 우리는 비루빡샤 동굴에 도착했다. 이것이 나에게 혈액순환과 호흡이 동시에 멈춰 선 유일한 발작이었다."

마하리쉬는 이 사건에 대하여 널리 퍼졌던 어떤 잘못된 이야기를 수정하기 위하여, "나는 일부러 그런 발작을 일으키지도 않았으며, 내가 죽을 때 몸이 어떻게 되는지를 알고 싶지도 않았다. 나는 다른 사람들에게 알리지 않은 채 이 몸을 떠나지는 않겠다고 말하지도 않았다. 그것은 내가 이따금 가졌던 그러한 발작들 가운데 하나였다. 오직 이번 사례에서만 그 발작이 매우 심각한 양상을 띤 것이었다."라고 덧붙여 말했다.

제28장

서양의 헌신자

이 책의 초판이 발간된 이후, 인도의 다른 지방에서 뿐만 아니라, 서양에서도 사람들이 영적인 도움을 받고자 몸소 아니면 편지로 마하리쉬에게 접근해 왔다. 그들 중 한 명이 서양의 헌신자 혹은 숭배자였는데, 그의 경험을 다음에서 이야기하고자 한다.

1934년, 널리 읽혀진 책인 폴 브런튼의 『A Search in Secret India』가 출판되었는데, 그 책은 스릴 만점의 영적인 모험들을 다룬 정말로 흥미로운 책으로 마지막에는 마하리쉬를 발견하고, 마하리쉬를 통해 저자 자신을 발견하는 것으로 끝나고 있다. 이 장과 다음 장은 그 책의 관련된 부분을 번안하거나 발췌한 것에 지나지 않는다.

폴 브런튼은 저널리스트로서 성공한 영국인으로 신지학, 영성론, 최면술, 독심술 등에 많은 관심을 가지고 있었으며, 이들 몇몇 분야에서는 약간의 직접적인 경험도 얻었다. 그의 마음의 진지한 일면은 수익

성이 있는 신문잡지사의 제안마저 거절할 정도로 발달해 갔으며, 1930
년에는 모든 삶의 배후에 숨은 미지의 진리를 찾아 인도로 떠났다. 왜
냐하면 인도는 누구에게 들어도 서양보다 커다란 신비와 기적들이 더
흔히 일어나고 더 쉽게 볼 수 있고 경험되는 나라였다. 정식 자격이 있
다면 제자들에게 마술의 신비뿐만 아니라, 모든 신비 가운데 최대의
신비인 존재와 생명의 신비를 가르쳐 줄 수 있는 현자들이 여전히 발
견되는 그런 나라이기 때문이었다.

이곳 인도에서 그는 다양하고 흥미로운 경험을 했다. 그는 이집트의
마법사인 모하무드 베이(봄베이에서), 빠르시 교도의 메시아인 메허 바
바(나식에서)와 그의(메허 바바) 구루인 바바 잔(뿌나에서), 그리고 하따
요기인 브람만 수까난다 라자고빨라스와미(사이다뻬뜨에서)를 만난 후,
깐찌삐땀 슈리 샹까라짜리야가 야영하고 있던 찐글뿌뜨로 가서 그분
께 깨달음을 달라고 요청하였다. 그러나 슈리 샹까라짜리야는 그에게
라마나 마하리쉬를 찾아가라고 했으며, 그리고 남몰래 그(P.B.)의 친구
인 벤까뜨라마니에게 비록 그(P.B.)가 마하리쉬를 떠나 온갖 종류의 것
들을 찾아서 인도 전역을 여행하겠지만, 결국 그는 마하리쉬에게 돌아
갈 것이라고 알려 주었다. 왜냐하면 마하리쉬는 운명이 정해 놓은 그
(P.B.)의 구루였기 때문이다.

폴 브런튼은 띠루반나말라이로 갔고, 마하리쉬 앞에 엎드려 절을 한
후에 앉았다. 그리고 그는 마하리쉬가 여러 헌신자들에 둘러싸여 평소
와 같이 고요하고 평온하게[31] 응시하고 있는 것을 발견했다.

처음에 폴 브런튼은 마하리쉬의 평화와 고요함이 그의 헌신자들을

위한 단순히 피상적인 겉치레가 아닌가 하고 잠시 동안 생각했다. 하지만 이내 그런 생각을 떨쳐 버렸다. 그는 그 자신의 마음속에서 말없는 불가항력의 변화가 일어나고 있는 것을 알게 되었다.

끊임없는 평화의 강물이 그에게 흘러들어 오는 것 같았다. 엄청난 고요가 그의 존재의 중요한 내면까지 스며들어 왔으며, 생각으로 찌든 두뇌가 어떤 안식처에 도달하기 시작했다. 갑자기 그리고 분명하게 그는 지성이 그 자체의 문제들을 만들고, 그 다음 그 문제들을 해결하려다 그 자체를 불행하게 만든다는 것을 깨달았다. 당연히 이러한 갑작스러운 평화와 지각은 마하리쉬의 영향력 때문일 것이라고 그는 혼잣말을 했다.

"이 사람, 마하리쉬는 꽃이 꽃잎으로부터 향기를 내뿜듯이 영적인 평화의 향기를 발산하는 걸까?" 그가 만끽했던 평화와 지각은 오래 지속되지 않았다. 그것들은 분명히 하나의 전조에 지나지 않았으며, 곧 없어지고 말았다. 옛날의 그의 지성이 다시 머리를 내밀었다. 나중에 그는 마하리쉬에게 다음과 같이 물었다.

폴 브런튼 "인간의 물질적인 존재 너머에 어떤 것이 있습니까? 그렇다면, 어떻게 하면 제가 직접 그것을 깨달을 수 있습니까?"

다시 말해, 그는 삶의 배후에 있는 진리를 더 잘 알고 싶었고, 깨달음을 경험하기 위해 마하리쉬의 도움을 원했다.

잠시 침묵한 뒤 마하리쉬는 다음과 같이 대답했다.

마하리쉬 그대는 '나'라고 말했습니다. '나는 알고 싶다.'라고 말했습니다. 그 '나'가 누구인지 말해 보십시오.

폴 브런튼 질문을 잘 이해하지 못하겠습니다.

마하리쉬 분명하지 않다는 말입니까? 다시 생각해 보십시오.

그러자 브런튼은 자신의 손가락으로 자기 몸(루빠)을 가리키고, 자기 이름(나마)을 말했다.

마하리쉬 자, 그대는 그를 압니까?

폴 브런튼 (미소 지으며) 태어나면서부터 줄곧.

마하리쉬 그러나 그건 오직 그대 몸일 뿐입니다. 다시 묻지만 '그대는 누구입니까?' 해야 할 일은 하나밖에 없습니다. 그대 자신의 참나를 보십시오. 이런 참나 탐구를 바르게 하십시오. 그러면 그대의 모든 문제에 대한 답을 얻게 될 것입니다.

폴 브런튼 무엇을 해야 합니까? 어떤 방법으로 수행해야 합니까?

마하리쉬 그대의 참나의 본성을 깊게 성찰하고, 명상을 끊임없이 함으로써 그 빛을 찾을 수 있습니다.

폴 브런튼 저는 자주 진리에 대한 명상에 열중했지만, 발전의 기미를 전혀 보지 못했습니다.

마하리쉬 아무 발전이 없었다는 것을 어떻게 압니까? 영적인 세계에서 자신의 발전을 지각한다는 건 쉽지 않지요.

폴 브런튼 스승의 도움이 필요한가요?

마하리쉬 그럴 수도 있지요.

폴 브런튼 당신께서 제안하는 식으로 스승은 참나 탐구를 하는 데 도움을 줄 수 있습니까?

마하리쉬 스승은 이러한 탐구에 필요한 모든 것을 제공해 줄 수 있습니다. 그러한 것은 개인적인 경험을 통해 지각될 수 있습니다.

폴 브런튼 스승의 도움을 받아 깨달음을 좀 얻으려면 얼마나 걸리겠습니까?

마하리쉬 그 모든 것은 수행자의 마음의 성숙도에 달려 있지요. 화약은 한 순간에 불이 붙지만, 석탄에 불을 붙이려면 많은 시간이 필요하지요.

폴 브런튼의 마음은 즉시 마하리쉬의 불이 붙지 않았고, 오히려 그의 오래된 문제가 불쑥 나타나도록 허용했다. 그래서 그는 참나 깨달음에 분명한 영향을 조금도 미치지도 않는 문제들을 질문했다. "우리는 위기의 시대를 살고 있습니다. 마하리쉬는 세상의 미래를 어떻게 보십니까?"

마하리쉬 그대는 왜 미래를 가지고 골치를 썩고 있나요? 현재도 제대로 알고 있지 못하면서 말입니다! 현재를 돌보세요. 그러면 미래는 스스로를 돌볼 것입니다.

브런튼은 여전히 세상의 미래에 대한 예언을 듣고 싶은 마음에서 그 질문 공세로 돌아갔지만, 차가운 반응만이 돌아왔다.

폴 브런튼 세상은 곧 우호와 상호 협조의 새로운 시대로 접어들겠습니까, 아니면 혼돈과 전쟁의 나락으로 떨어질까요?

마하리쉬 세상을 다스리는 어떤 분이 있습니다. 그래서 세상을 돌보는 것은 그분의 일입니다. 세상에 생명을 주신 그분은 또한 세상을 돌보는 법을 알고 있지요. 이 세상의 짐을 지고 있는 것은 그분이지 그대가 아닙니다.

폴 브런튼 하지만 편견 없는 눈으로 주위를 둘러본다면, 이러한 자비심 많은 관심이 어디서 들어오는지 알기는 어렵습니다.

마하리쉬 그대가 존재하는 것처럼 세상도 그렇게 존재합니다. 그대 자신을 이해하지 못하고서 세상을 이해하려고 노력한들 무슨 소용이 있겠습니까? 이것은 진리의 구도자들이 생각할 필요가 없는 문제입니다. 사람들은 그러한 모든 문제들로 에너지를 낭비하고 있지요. 우선 그대 자신의 내부에서 진리를 찾으시지요. 그러면 그대는 그대 자신이 일부를 이루고 있는 이 세상의 배후에 있는 진리를 이해하는 보다 나은 입장에 놓이게 될 것입니다.

나중에 폴 브런튼은 마하리쉬의 앞에 있지만 성자의 근처에 있을 때 더욱 깊이 스며들기 시작하는 무형의 평화로움에 의해 마음이 진정되자 얕은 잠에 빠져 든다. 마침내 그의 의식에 틈이 생겨나고, 곧 생생한 꿈이 이어진다. 그는 어린 소년이 된 자신을 발견하고, 그 소년은 마하리쉬의 안내를 받아 아루나짤라 산으로 올라간다. 그런데 꿈속에서 마하리쉬는 돌아서서 그의 얼굴을 내려다본다. 그래서 그도 이제 기대하는 마음으로 마하리쉬를 올려다보며, 그의 가슴과 마음속에서 신비스러운 변화가 아주 빠르게 일어나는 것을 알게 된다. 지금까지 그를 계속 유혹하며 움직이게 했던 낡은 동기들이 그를 버리고 떠나기 시작한다.

갑자기 마하리쉬는 그에게 산 아래쪽을 내려다보라고 말한다. 그는 그 말에 따르고, 저 멀리 산 아래에 지구의 서반구가 펼쳐져 있는 것을 보고 깜짝 놀란다. 거기엔 수백만의 사람들로 붐볐는데, 그는 그들을 여러 형상의 덩어리로 막연히 식별할 수 있었지만, 밤의 어둠이 여전히 그들을 감싸고 있었다. 그때 마하리쉬는 다음과 같이 말한다.

"그대가 거기로 돌아갈 때 그대는 지금 느끼는 이 평화를 갖게 될 것입니다. 하지만 그 대가로 그대는 이제부터 그대가 이 몸이나 이 두뇌라는 생각을 버리게 될 것입니다. 이 평화가 그대에게로 흘러들어 가면, 그대는 자신의 자기를 잊게 될 것입니다. 왜냐하면 그대는 그대의 삶을 그것That에게 맡겨 버린 셈이기 때문입니다."

그리고 마하리쉬는 밝은 은빛 실의 한쪽 끝을 그의 손에 올려놓았다.

그는 너무도 생생한 그 꿈에서 깨어났지만 그의 전신에 스며든 숭고한 느낌을 아직까지 느낄 수 있었다.

나중에 폴 브런튼은 그의 평상시의 냉정한 계산으로 돌아가서, 그 사태를 세밀히 조사해 본다. 그가 알게 된 것은 그 성자의 사상이 그 무엇이든 간에, 그 성자는 어느 누구도 개종시켜 그 자신의 사상을 갖도록 하고 싶은 마음이 없다는 것과, 그의 추종자에 한 명을 더 추가하고 싶은 바람도 없으며, 그의 자존심이 그 사실로 약간 상처를 입었다는 것이다. 하지만 그는 꿈을 꾼 이후로 마하리쉬의 현존에 들 때마다 커다란 경외심을 느낀다. 이러한 것들과 또 다른 어떤 생각들이 그의 내면에서 서로 상충되는 흐름을 이루고 있어, 그가 성자에게서 흠모해

왔고 그 자신 내면에서도 동경했던 그러한 통일된 평화로운 기분을 그에게 줄 만큼 아직까지 조화를 이루지 못했다.

그는 종교적 정서에 자극을 받지 않아 여전히 냉소적이고 회의적인 견해를 가지고 있어서, 마하리쉬가 어떻게 하여 어떠한 고뇌도 그에게 영향을 미칠 수 없도록 모든 문제에서 벗어나게 되었는지 의아하게 생각했다. 폴 브런튼은 아직도 자기 자신과 싸우고 있기 때문에, 특히 고행의 필요성이나 고행의 해악에 대하여 여러 의문들이 터져 나왔다.

폴 브런튼 요기들에 의하면 우리가 진리를 찾고 싶다면 이 세상을 등지고 멀리 떨어진 정글이나 산으로 들어가야 한다고 합니다. 그러한 것을 서양에서는 거의 할 수가 없습니다. 우리의 삶은 너무 다르기 때문이죠. 당신도 요기들의 말에 동의합니까?

마하리쉬 행위적인 삶을 포기할 필요는 없습니다. 만일 그대가 매일 한 두 시간 정도 명상을 한다면, 그대의 임무를 계속할 수 있습니다. 만약 그대가 올바른 방법으로 명상을 한다면, 움직이게 된 마음의 흐름은 그대가 일을 하고 있더라도 계속 흘러갈 것입니다. 그것은 같은 생각을 표현하는 데 두 가지 방법이 있는 것과 같습니다. 그대가 명상을 통해 따라가는 동일한 길이 그대의 활동 속에서도 표현될 것입니다.

폴 브런튼 그렇게 하면 어떤 결과를 보게 될까요?

마하리쉬 그대가 계속 그렇게 해 감에 따라, 그대는 사람들이나 사건들이나 대상들에 대한 그대의 태도가 점차 변해 가는 것을 알게 될 것입니다. 그대의 행동들도 저절로 그대의 명상을 따라가게 될 것입니다.

사람은 자신을 이 세상에 묶어 놓는 개인적인 이기심을 버려야 합니다. 거짓된 자기를 버리는 것이 진정한 포기입니다.

폴 브런튼 세상적인 활동을 하며 살아가는 동안 이기심을 버리는 것이 어떻게 가능합니까?

마하리쉬 일과 지혜 사이에는 어떤 충돌도 없습니다.

폴 브런튼 예를 들면, 자신의 직업에서 옛날의 모든 활동을 계속하면서 동시에 깨달음을 얻을 수 있다는 말입니까?

마하리쉬 물론이지요. 그러나 그런 경우에 우리는 그 일을 하고 있는 사람이 바로 옛날의 사람이라고 생각하지 않을 것입니다. 왜냐하면 그의 의식은 점차로 변화하여 드디어 작은 자기 너머에 있는 그것 속으로 사라지기 때문이지요.

폴 브런튼 사람이 일을 하게 되면, 그가 명상할 수 있는 시간은 거의 남아 있지 않을 것입니다.

마하리쉬 명상 시간을 따로 내는 것은 오직 영적 초심자들에게만 해당되는 얘기지요. 먼저 시작한 사람은 그가 일을 하든지 하지 않든지 더 깊은 행복감을 누리기 시작할 것 입니다. 그의 두 손이 사회에 관여하고 있더라도, 그의 머리는 홀로 고요할 수 있지요.

폴 브런튼 (오직 수행자의 수행을 나타내기 위해 요가라는 말을 사용하면서) 그러면 당신께서는 요가의 방법을 가르치지 않습니까?

마하리쉬 요기는 마치 소 치는 사람이 막대기로 소를 몰아가는 것처럼 목표를 향해 자기의 마음을 몰아가려고 애씁니다. 하지만 이 길 위에서는, 구도자가 한 움큼의 여물을 내밀면서 소를 꾀어냅니다.

폴 브런튼 어떻게 그렇게 합니까?

마하리쉬 그대는 '나는 누구인가?'라는 질문을 그대 자신에게 던져야 합니다. 이러한 탐구는 결국 마음 저편에 있는 그대 내면의 무엇인가를 발견할 수 있도록 인도할 것입니다. 그 커다란 문제를 해결하십시오. 그러면 그대는 그것으로 다른 모든 문제들도 풀 수 있을 것입니다.

그것을 이런 식으로 표현하면 의미가 더 분명해질까요? 모든 인간은 슬픔으로 더렵혀지지 않은 행복을 늘 염원하고 있습니다. 그들은 끝나지 않고 영원히 계속될 행복을 붙잡고 싶어 합니다. 그러한 본능은 진실한 것입니다. 그러나 그대는 그들이 그들 자신의 자기를 가장 사랑하고 있다는 사실에 충격을 받아 본 적 있나요? 이제 그것과, 그들이 이런저런 방법을 통하여, 즉 음주나 종교를 통하여 늘 행복을 얻고 싶어 한다는 사실과 관련시켜 보세요. 그러면 인간의 참된 본성에 대한 실마리를 제공받게 됩니다. 인간의 참된 본성은 행복입니다. 행복은 진정한 자기 속에 내재되어 있습니다. 인간의 행복에 대한 추구는 자신의 진정한 자기에 대한 무의식적인 추구입니다. 진정한 자기는 불멸입니다. 그러므로 사람이 그것을 찾게 되면, 그는 끝이 없는 행복을 찾게 되는 것입니다.

폴 브런튼 하지만 세상은 너무 불행하지 않나요?

마하리쉬 예. 하지만 그건 세상 사람들이 진정한 자기를 모르기 때문입니다. 모든 인간은 예외 없이 의식적으로나 무의식적으로 그것을 찾고 있습니다. 설사 그들이 죄를 짓는다 하더라도, 그것은 그들이 저지르는 모든 죄를 통하여 자기의 행복을 찾으려고 애쓰기 때문입니다. 이런 노력은 인간에게 본능적이지만, 그들은 자신이 정말로 진정한 자기를 추구하고 있다는 것을 모르고 있지요. 그래서 그들은 자유를 얻기 위한

한 방법으로서 우선 이런 사악한 방법을 시도한 겁니다.

폴 브런튼 당신께서 말씀하시는 이 자기는 정확하게 무엇입니까? 당신의 말씀이 사실이라면, 인간에게는 분명 또 다른 자기가 있을 것입니다.

마하리쉬 사람이 두 개의 정체성, 두 개의 자기를 가질 수 있나요? 이 문제를 이해하기 위해서는 우선 자기 자신을 분석하는 것이 필요합니다. 다른 사람들이 생각하듯이 생각하는 것이 오랫동안 자신의 습관이었기 때문에, 그는 자신의 "나"를 진실하게 한 번도 대면하지 못했습니다. 그는 정확한 자신의 모습도 알지 못합니다. 그는 자기 자신을 너무 오랫동안 몸이나 두뇌와 동일시해 왔습니다. 그러므로 나는 그대에게 '나는 누구인가?'라는 이 탐구를 해보라고 하는 것입니다.

그대는 나에게 이 진정한 자기를 설명해 달라고 했습니다. 그것을 어떻게 말할 수 있겠습니까? 그것은 개인적인 '나'의 느낌이 일어났다가 그 속으로 사라져 가는 바로 그것That 입니다.

폴 브런튼 사라져 간다고요? 어떻게 사람이 그의 인격에 대한 느낌을 잃어버릴 수가 있지요?

마하리쉬 모든 생각들 가운데 가장 먼저의 생각, 즉 모든 인간의 마음속에 있는 최초의 생각은 '나'라는 생각입니다. 이러한 생각이 탄생하고 난 후에야 비로소 다른 어떤 생각이 일어날 수 있습니다. 마음속에서 일인칭 대명사 '나'가 떠오른 뒤에야 비로소 이인칭 대명사인 '너'가 나타날 수 있습니다. 만약 그대가 마음속으로 '나'라는 실을 따라 다시 그 근원으로 돌아갈 수 있다면, 그것이 모습을 드러낸 최초의 생각이듯이 또한 그것이 사라지는 마지막 생각이라는 것도 알게 될 것입니다. 이는 경험될 수 있는 문제입니다.

폴 브런튼 자기 자신에 대한 이러한 정신적 탐구를 완벽하게 이행할 수 있다는 말입니까?

마하리쉬 물론입니다. '나'라는 마지막 생각이 점차 사라질 때까지 내면으로 들어가는 것은 가능합니다.

폴 브런튼 그 다음 남는 것은 무엇입니까? 그러면 사람이 완전히 의식이 없어지거나, 아니면 바보가 됩니까?

마하리쉬 그렇지 않습니다. 오히려 인간의 참된 본성인 자신의 진정한 자기에 눈을 뜨게 되면, 그는 죽지 않는 영원한 그런 의식을 얻게 되며 참된 지혜를 얻게 될 것입니다.

폴 브런튼 하지만 '나'의 느낌이 또한 그 의식에 따라다니는 것이 확실한가요?

마하리쉬 '나'라는 느낌은 그 개인, 즉 몸과 두뇌와 관련이 있습니다. 사람이 처음으로 자신의 진정한 자기를 알게 되면, 내면의 깊은 곳에서 다른 무엇인가가 나타나서 그를 사로잡을 것입니다. 그 무엇인가는 마음의 배후에 있습니다. 그것은 무한하고 신성하며 영원합니다. 어떤 이는 그것을 천국이라 부르며, 또 어떤 이는 그것을 영혼이라 하고, 또 어떤 이는 그것을 니르바나라고 이름을 붙이고, 힌두교도들은 그것을 해방이라고 부릅니다. 말하자면, 그대는 그대가 붙이고 싶은 어떤 이름이라도 거기에 붙일 수 있습니다. 이것이 일어나면 사람은 진실로 그 자신을 잃어버리는 것이 아니라, 오히려 그 자신을 찾게 됩니다.

만약 어떤 사람이 이러한 진정한 자기를 찾아 나서기를 시작하지 않으면, 그리고 그 진정한 자기탐구를 시작할 때까지는 의심과 불확실성이 평생 그를 따라다닐 것입니다. 가장 위대한 왕들이나 정치가들이 다른 사람들을 지배하려고 노력할 때조차도, 그들은 가장 깊은 가슴속에서는 그들이 그들 자신을 지배할 수 없다는 것을 알고 있습니다. 하지만 사람의 가장 깊은 내면까지 들어간 사람은 가장 강한 힘을 마음대로 쓸 수 있습니다. 많은 것들에 대한 지식을 입수하면서 그들의 생을 보낸 위대한 지성인들이 있습니다. 이들에게 그들이 인간의 신비를 해결했는지, 그들 자신은 정복했는지를 물어보세요. 그러면 그들은 부끄러워 고개를 숙일 것입니다. 그대가 아직 자기 자신이 누구인지도 모르면서 다른 모든 것에 대해 안들 무슨 소용이 있겠습니까? 사람들은 진정한 자기에 대한 이러한 탐구를 회피하지만, 그 밖의 다른 그 무엇이 그만큼 이해할 가치가 있겠습니까?

폴 브런튼 그건 너무 어렵고 초인적인 과업입니다.

마하리쉬 어려움은 당신이 생각하는 것보다 실제로 적습니다. 진리에 대한 깨달음은 인도사람이나 유럽인들 모두에게 동일합니다. 틀림없이 진리에 이르는 길은 세상적인 삶에 열중해 있는 사람들에게는 더 어려울지도 모릅니다. 하지만 그렇다 하더라도, 어려움을 극복할 수 있고, 또 반드시 극복해야만 합니다. 명상을 하는 동안 생겨난 흐름은 습관에 의해, 즉 명상 수행을 함으로써 계속 유지될 수 있습니다. 그러면 바로 그 흐름 자체 속에서 자신의 일과 활동들을 행할 수 있으며, 거기에 어떠한 중단도 없을 것입니다. 그러므로 또한, 명상과 외부 활동 사이에는 어떤 차이도 없을 것입니다. 만약 그대가 '나는 누구인가?'라는 이 문제에 대하여 명상을 한다면, 그리고 만약 몸도 두뇌도 욕망도 진정 그대가 아니라는 것을 깨닫기 시작하면, 탐구하는 태도 그 자체가 결국은 그대 자신의 존재의 심연에서 그대에게 답을 끌어줄 것입니다. 다시 말해 그것은 심오한 깨달음으로서 저절로 그대에게 다가올 것입니다.

진정한 자기를 아십시오. 그러면 진리는 그대의 가슴속에서 햇빛처럼 빛날 것입니다. 마음은 고요해질 것이며, 참된 행복이 마음에 넘쳐흐를 것입니다. 행복과 진정한 자기는 같은 것이기 때문입니다. 그대가 일단 이러한 자기-자각을 얻게 되면, 더 이상의 의심은 없을 것입니다.

제29장

서양의 헌신자 ─ 계속

폴 브런튼은 띠루반나말라이를 떠나 자연스럽게 서양인의 관심을 끄는, 인도에 풍부한 수많은 초자연적이고 놀라운 것들, 예를 들면, 점성술, 마술, 강신술, 물질을 만들 수 있는 놀라운 영적 능력 등을 조사했다. 그는 또한 다얄바그에 있는 라다 스와미종파 센터와, 그에게 마법의 힘을 주겠다고 약속한 빠르시Parsi 교도 메시아의 본부가 있는 나식으로도 갔다. 하지만 이러한 모든 것에 만족하지 못한 그는 다시 마하리쉬의 제자가 되기 위해 띠루반나말라이로 돌아가서 간단하고도 직설적으로 부탁을 드렸다. 대답은 다음과 같았다.

마하리쉬 스승과 제자에 대한 이 모든 이야기가 도대체 무슨 의미가 있습니까? 이 모든 차이는 제자의 관점에서 볼 때만 존재합니다. 진정한 자기를 깨달은 이에게는 스승도 없으며 제자도 없습니다. 그러한 사람

은 모든 사람을 평등한 눈으로 봅니다. 그대는 그대의 내면에서, 그대
자신의 영적인 자기 속에서 스승을 찾아야만 합니다. 그대는 바로 스승
이 몸을 보는 것과 동일하게 스승의 몸을 바라보아야 합니다. 몸은 그
의 진정한 자기가 아닙니다.

이것은 거절의 뜻으로 보였다. 하지만 폴 브런튼은 아쉬람을 임시
거처로 삼고 기다렸다. 그리고 그는 무엇을 하든지 그곳의 신비스러운
흐름을, 다시 말해 그에게 끊임없이 스며드는 자애로운 빛의 발산을
항상 알아차리게 되었다. 그는 단순히 마하리쉬의 부근에 잠시 동안
앉아 있기만 해도 이루 말할 수 없는 평온함을 즐길 수 있었다. 세심한
관찰과 잦은 분석으로 그는 얼마 지나지 않아 자신이 마하리쉬 근처에
있을 때마다 상호 감화가 일어난다는 완전한 확신에 도달했다. 그것은
가장 미묘했다. 그러나 의심할 여지가 없었다.

또다시 그는 자신의 모든 질문들이 끝없는 게임, 즉 그 한계가 없는
생각들의 장난 속에서 움직이고 있다는 것과, 자신의 내면의 어딘가
에 그에게 필요한 진리의 모든 샘물을 제공해 줄 수 있는 확신의 우물
이 있다는 것, 그리고 이제는 질문을 그만두고 그 자신의 영적인 본성
의 엄청난 힘을 깨닫고자 하는 것이 더 나을 것이라는 것을 깨달았다.
그래서 숭고한 깨달음이 다름 아닌 이 침착하고도 불가사의한 성자로
부터 발산되는 텔레파시의 잔잔한 물결이 퍼져 가는 것에 기인한다는
것을 완전히 알고 있었기 때문에 그는 조용히 있으면서 기다렸다. 그
러나 마음은 적극적이었지만, 육신은 허약했다. 그리고 이전의 본성도
단번에 없애 버릴 수도 없었다.

폴 브런튼 이 길은 어려움들로 가득 차 있습니다. 그리고 저는 저 자신의 약점을 너무 잘 알고 있습니다.

마하리쉬 이것이, 다시 말해, 자신의 마음에다 실패에 대한 두려움이나 자신의 약점에 대한 생각으로 짐을 지우는 것이 자기 자신을 방해하는 가장 확실한 방법입니다. 그 두려움은 진실이 아닙니다. 인간의 가장 큰 잘못은 자신이 천성적으로 약하거나 사악하다고 생각하는 것이지요. 모든 인간은 그 참된 본성에 있어서는 신성하고 강합니다. 나약하고 사악한 것은 자기 자신이 아니라, 습관이나 욕망과 생각들입니다.

폴 브런튼 당신을 방해하거나 어지럽힐 것이 아무것도 없는 이러한 정글의 피난처에서는 영적인 고요함을 얻고 유지하는 것이 쉽지만, 바쁜 도심에 사는 우리들에겐 그렇지 않습니다.

마하리쉬 목표에 도달하고 나면, 즉 그대가 '아는 자'를 알게 되면, 런던의 집에 사는 것과 한적한 정글 속에 사는 것 사이에는 아무런 차이가 없습니다.

폴 브런튼은 마하리쉬가 다른 사람들을 도와주는 방법이 언젠가 과학이 설명해 줄 필요가 있는 그런 신비스러운 텔레파시의 과정이긴 하지만, 고통 받는 영혼들에게 남의 눈에 띄지 않고 말없이 치유의 정신적 파장을 끊임없이 흘려 보내는 방법이라는 것을 알았다. 폴 브런튼 자신이 어떻게 도움을 받았는지에 대하여는, 다음과 같이 그 자신의 정교한 문체로 그것을 표현한 그의 이야기를 들어 보는 것이 최선일 것이다.

"성자의 강한 힘이 미치는 가까운 곳에서 이와 같이 매일 명상을 하는 동안, 나는 나의 생각들을 점점 깊어 가는 내부의 어느 한곳으로 모을 수 있는 방법을 알게 되었다. 그분과 자주 접촉을 할 때마다 반드시 나의 내면은 밝아졌는데, 말하자면, 그분의 영적인 세계로부터 발산되는 빛나는 광선에 의해 내 마음이 밝아졌다. 몇 번이고 나는 이렇게 고요한 휴식 기간 동안에 그분이 나의 마음을 그분의 분위기 속으로 끌어당기고 있다는 것을 의식하게 되었다. 바로 그러한 때에 우리는 왜 이 성자의 침묵이 말보다 더 중요한지를 이해하기 시작한다. 서두르지 않는 그분의 고요한 자세는 들을 수 있는 말이나 볼 수 있는 행동의 매체를 통하지 않고서 강력하게 사람에게 영향을 미칠 수 있는 그런 역동적인 성과를 감추고 있다. 나는 여러 차례 이러한 그분의 힘을 너무나 강력하게 느낀 나머지, 그분께서 가장 충격적인 명령을 내린다 하더라도 나는 즉시 거기에 따를 것이라는 것도 알았다. 하지만 마하리쉬는 그의 헌신자들을 비굴한 복종의 사슬에 묶어 둘 그런 분이 결코 아니며, 모든 사람에게 최대의 행동의 자유를 주고 있었다. 이런 점에서 그분은 아주 새롭게도 내가 그때까지 인도에서 만났던 대부분의 스승들이나 요기들과는 달랐다.

나의 첫 방문에서 그분께서 내가 분명히 이해하지 못한 많은 답변으로 나를 애타게 한 적이 있었지만, 나의 명상은 그때 그분께서 말씀해 주신 길을 따랐다. 나는 자 자신의 자기를 탐구하기 시작했다.

그분이 주신 메시지의 요지는 다음과 같다. '나는 누구인가?'라는 물음을 끈질기게 맹렬히 추구하라. 그대의 존재 전체를 분석하라. 나라는 생각이 어디에서 시작되는지를 알아내라. 계속하여 그대의 주의력을 내부로 돌려라. 언젠가 생각의 수레바퀴는 속도를 줄일 것이고, 신비스럽게도 직관이 생겨날 것이다. 그 직관을 따르고 그대의 생각을 멈추도록 하라. 그러면 그로 인하여 결국 그대는 목표에 이를 것이다.

　도움이 되는 마하리쉬의 부근에서, 나는 명상과 자기 독백을 계속했는데, 지루함은 점점 줄어들었지만, 효과는 더욱더 컸다. 지도에 따라 강한 기대와 존재 의식은 나에게 힘을 불어넣어 끊임없이 반복되는 노력을 하게 하였다. 성자의 보이지 않는 힘이 나의 심적 상태에 강력하게 영향을 미치는 것을 분명히 의식하던 묘한 때도 여러 차례 있었다. 그 결과 나는 마음 내부에 있는 숨겨진 존재의 접경 지대로 조금 더 깊이 들어갈 수 있었다.

　하지만 인력으로는 비록 그가 외부의 접촉과는 충분히 차단되어 있다 하더라도, 미궁의 탈출에 없어서는 안 될 아리아드네의 실패를 찾는 자면 누구나 그와의 영적인 접촉을 가져다주는 내부의 길을 따라 걸어갈 수 있다.

　그리고 내가 그분을 대단히 좋아하는 이유는, 그분이 너무 소박하고 겸손하며, 진정한 위대함의 기운이 그분의 주변에 너무나 명백하게 있기 때문이며, 그가 신비를 사랑하는 자기 동포들의 성격에 감명을 주기 위하여 초자연적인 능력이나 교리 해설자와 같은 지식을 주장하지도 않기 때문이며, 그리고 그분에게는 우쭐대는 마음의 흔적도 완전히 없어서 그의 일생 동안 그를 성인으로 추앙하려는 모든 노력들에도 강력히 저항하고 있기 때문이다.

　더욱이, 이러한 성자는 우리와 무언가를 논쟁하기 위해서가 아니라, 우리에게 무언가를 드러내 주기 위해 다가온다는 사실을 우리가 받아들여야만 하는 것으로 보인다. 어쨌든, 그분의 가르침은 강하게 나를 매혹한다. 왜냐하면 그분의 개인적인 태도와 실용적인 방법을 이해하고 나면, 그들도 나름대로 아주 과학적이기 때문이다. 그분은 어떠한 초자연적인 힘도 끌어들이지 않고, 어떠한 맹목적인 종교적 신앙을 요구하지도 않는다.

마하리쉬의 주변에서 풍기는 숭고한 영성과 그의 철학이 보여 주는 합리적인 자기 탐구는 저쪽 아루나짤라의 사원에서는 단지 희미한 반향밖에 불러일으키지 못한다.

'신'이라는 단어조차 그분은 좀처럼 말하지 않는다.

그분은 단지 자기 분석의 방법을 제시할 뿐이다. 따라서 그것은 자신이 갖고 있는 어떤 고대의 혹은 현대의 이론과 믿음에 상관없이 실천할 수 있는 것이며, 결국 참된 자기의 이해를 가져다줄 방법이다.

나는 순수하고 완전한 존재에 도달하기 위하여 이러한 자기의 옷을 벗기는 과정을 따르고 있다. 몇 번이고 나는, 비록 우리 사이에는 어떤 말도 오고 가지 않았지만 마하리쉬의 마음이 나 자신의 마음에 무엇인가를 전수해 주고 있다는 것을 알고 있다.

나는 보통 베일에 가린 큰 사원의 몇몇 지성소를 답사하다가 급히 돌아와, 저녁의 명상 시간이 거의 절반 지났을 무렵에 홀 안으로 들어간다. 나는 조용히 마루로 들어가서, 즉시 나의 평상시 명상 자세를 취한다. 잠시 후에는 심란한 마음을 가라앉히며, 떠돌던 모든 생각들을 한곳의 강력한 중심으로 모은다. 두 눈을 감음과 동시에 강렬한 의식의 내면화가 일어난다.

마하리쉬의 앉아 있는 형상이 나의 심안에 선명하게 떠오른다. 그분께서 반복적으로 자주 들려준 가르침에 따라서, 나는 마음에 떠오른 모습을 뚫고 들어가서, 형상이 없는 그것, 그분의 참된 존재와 내면의 본성, 즉 그의 영혼에 이르려고 노력한다. 놀랍게도 그 효과는 거의 동시에 성공을 얻고, 그 모습은 다시 사라지며, 나에게 오직 강하게 느껴지는 그분의 친숙한 현존 의식만 남겨 놓는다.

나의 초기 명상의 대부분을 특징 지었던 마음의 여러 질문들은 최근에 멈추기 시작했다. 나는 반복적으로 나의 신체적, 정서적, 그리고 정신적 감각에 대한 의식을 차례로 탐색해 보았지만 자기의 탐구에 만족하지 못하여 결국 그 모든 것을 그만두었다. 그 다음 나는 의식을 그 의식 자체의 중심에 집중하며, 의식이 시작되는 곳을 알아내려고 노력했다. 드디어 최고의 순간이 다가온다. 움직임이 없는 고요한 그 집중 속에서 마음이 그 자체 속으로 물러났기 때문에, 우리의 낯익은 세계는 그림자와 같은 희미한 상태로 서서히 사라져 가기 시작한다. 우리는 분명히 일종의 마음의 막다른 벽에 도달했기 때문에 잠시 동안 순전한 공空으로 둘러싸이게 된다.

오늘 밤에는 보통 그 도착을 예고해 주던, 잇따라 계속 일어나는 생각들과의 싸움도 거의 하지 않고 재빨리 나는 이 지점까지 왔다. 어떤 새로운 강력한 힘이 나의 내면의 세계에서 역동적으로 움직이면서, 저항할 수 없는 속도로 나를 내면으로 데려간다. 거의 일격도 가하지 않고 첫 번째의 큰 전투는 끝나고, 즐겁고 행복하며 안정된 느낌이 그 전투의 높은 긴장감을 뒤따른다.

그 다음 상태에서, 나는 지성이 생각이라는 것을 알고 있지만 직관의 목소리가 그 지성이 단순히 하나의 도구에 불과하다고 경고해 주었으므로 나는 지성과는 분명히 다르다. 나는 이러한 생각들을 이상하게도 초연한 상태로 지켜보고 있다. 지금까지 단순히 일상적인 자부심의 문제였던 생각의 힘이 이제는 내가 벗어나야 할 대상이 된다. 왜냐하면 나는 놀랄 만큼 선명하게 내가 지금까지 무의식적으로 그 생각의 포로였다는 것을 알아차리기 때문이다. 그 다음 나는 지성의 바깥에 서서, 단지 그냥 존재하고 싶은 갑작스러운 욕망이 뒤따른다. 나는 생각보다 더 깊은 곳으로 뛰어들고 싶다. 나는 정신을 차리고 방심하지 않은 상태로 나의 모든 주의력을 기울여 두뇌의 끊임없는 속박에서 벗어나면 그 기분이 어떤지를 알고 싶다.

나는 생각의 발원지를 찾았다고 느끼고 있기 때문에 나의 집중력을 이 시점까지 지속시켜 준 강력하게 적극적인 태도를 버리고, 완전한 수동적 자세에 나 자신을 내던지지만, 뱀이 그 먹이를 노리고 있는 것만큼 여전히 열심히 경계를 한다.

생각의 물결은 자연스럽게 줄어들기 시작한다. 논리적이고 이성적인 감각의 작용은 영의 수준으로 떨어진다. 지금까지 내가 경험했던 가장 강한 감각이 나를 사로잡는다. 빠르게 성장하는 직감의 안테나가 미지의 세계로 뻗어 나가기 시작할 때, 시간은 현기증 나게 비틀거리는 것 같다. 나의 육체적 감각들의 보고는 더 이상 들리거나 느껴지거나 기억되지 않는다. 나는 어느 순간에라도 사물의 바깥에, 즉 이 세상의 비밀의 바로 가장자리에서 서 있게 될 것이라는 것을 안다.

결국 그것이 나타난다. 생각은 꺼진 촛불처럼 소멸된다. 지성은 그 실제의 터전으로 물러난다. 다시 말해, 의식이 생각의 방해를 전혀 받지 않고 작용한다. 나는 내가 얼마 동안 의심했던 것과 마하리쉬가 자신만만하게 확인해 주었던 것, 즉 마음이 초월적인 근원에서 일어난다는 것을 알아차린다. 두뇌는 깊은 수면에서처럼 완전히 정지된 상태로 넘어갔지만, 의식의 소멸은 조금도 없다. 나는 더할 나위 없이 고요하며, 내가 누구인지 그리고 무슨 일이 일어나고 있는지를 완전히 알아차린다. 하지만 지금까지 내가 자각하던 의식이 따로 독립된 인물의 좁은 한계에서 이끌려 나왔지만, 이제는 그것이 숭고하게도 모든 것을 포용하는 어떤 것으로 변해 버렸다. 자기는 여전히 존재하고 있지만, 그것은 변화된 빛나는 자기이다. 왜냐하면 과거에 나였던 하찮은 인물보다도 훨씬 우수한 무엇인가가, 다시 말해, 어떤 보다 심오하고 더 신성한 존재가 의식 속으로 떠올라 현재의 나로 변하기 때문이다. 그와 더불어 절대적인 자유에 대한 놀라운 새로운 의식이 태어난다. 왜냐하면 생각이란 항상 왕복 운동을 하는 베틀의 북과 같아서, 그 폭군과 같은 움직임에서 벗어나는 것이 곧 감옥을 벗어나 넓은 공터로 걸어 나가는 것과 같기 때문이다.

나는 나 자신이 세계-의식의 가장자리 밖에 서 있는 것을 본다. 지금까지 나에게 피난처를 제공해 주었던 행성은 사라진다. 나는 타오르는 빛의 바다 한가운데에 있다. 그 불타오르는 빛이 온갖 세상들이 창조되는 태고의 재료, 즉 최초의 물질의 상태라고 생각하기보다 오히려 느낀다. 그것은 믿을 수 없을 만큼 살아 있는 상태로 말할 수 없는 무한한 공간 속으로 뻗어 나간다.

나는 순식간에 우주 속에서 일어나고 있는 이 신비로운 우주의 드라마의 의미를 알게 되고, 그 다음에는 내 존재의 최초의 지점으로 돌아간다. 나, 즉 새로운 나는 신성한 희열의 무릎 위에서 쉬고 있다. 망각의 강인 레테Lethe의 플라톤의 물 한 잔을 마시자, 어제의 쓰라린 기억들과 내일의 근심 걱정들이 완전히 사라졌다. 나는 신의 자유와 거의 형언할 수 없는 행복을 얻었다. 나의 두 팔은 심오한 동정심으로 모든 피조물을 껴안는다. 왜냐하면 나는 아마도 가장 심오하게, 모든 것을 아는 것은 모든 것을 용서해 주는 것일 뿐만 아니라, 모든 것을 사랑하는 것이라는 것을 이해하고 있기 때문이다. 나의 가슴은 환희 속에서 다시 만들어졌다.

마하리쉬의 두 눈은 어슴푸레한 어둠 속으로 쌍둥이별처럼 빛나고 있다. 나는 지금까지 어떤 사람에게서도 인도 현자들의 이 마지막 후예인 마하리쉬만큼이나 비범한 눈을 본 적이 없다는 것을 다시 한 번 더 떠올린다. 인간의 눈이 신성한 힘을 반영해 줄 수 있는 한, 성자의 눈이 바로 그렇게 하고 있다는 것은 사실이다.

이제 우리는 말 없이도 서로를 더 잘 이해한다. 왜냐하면 이러한 깊은 침묵 속에서 우리의 마음은 하나의 아름다운 조화에 접근해 가고, 이러한 시각적인 전신 수단을 통해, 말은 없지만 분명한 메시지를 받기 때문이다. 이제 내가 마하리쉬의 인생관을 잊지 못할 만큼 훌륭하게 일견했기 때문에, 나 자신의 내면의 삶은 그의 내면의 삶과 어울리기 시작했다."

에필로그

S.S. 코헨

슈리 B.S. 나라심하 스와미가 전술한 슈리 라마나 마하리쉬의 전기의 집필을 마친 뒤 붓을 내려놓고 나서, 1950년 스승이 마하니르바나에 들 때까지 14년의 세월이 흘렀다. 그 사이에 아쉬람의 활동과 그 명성이 크게 확장되었다. 슈리 바가반의 가르침이 널리 전파되어 동서양을 막론하고 구도자들의 마음과 상상력을 사로잡음에 따라, 헌신자들과 진지한 구도자들은 점점 불어나는 강물처럼 많은 나라들로부터 아쉬람으로 몰려들었다. 그로 말미암아 그들 모두에게 숙식을 제공할 아쉬람 시설의 확충도 필수적이었다. 따라서 1938년경에 화강석으로 지어진 견고한 건물들이 아쉬람 경내의 여러 곳에 생겨났다. 이제까지 두 가지 용도로 사용된 작은 방에서 식당과 번갈아 사용되었던 사무실도 그때 그 자체의 상설 건물이 세워졌다. 식당은 한 번에 200명을 수용할 수 있는 훌륭한 건물이 되었으며, 마찬가지로 넓은 부엌이 인접해 있었다. 넘어질 듯한 우사는 구내의 동북쪽 가장 큰 모퉁이에 거대한 고샬라_{goshala}(외양간)가 되었다. 서점과 베다 빠따살라_{Patasala}는 각각 그때까지 그 자체의 건물을 가지고 있었다. 몇 개의 작은 테라스식 방들이 만들어져 원거리에서 온 임시 방문객들이 이용할 수 있었다. 수적으로 단연 최대인 남인도의 방문객들은 기숙사처럼 생긴 큰 숙소에서 수용되었다.

초기에 운영진에게 약간의 골칫거리를 일으켰지만 나중에 만족스럽게 충족된 새로운 특징은 특히 서양에서 온 영주 이주민들의 유입이었다. 왜냐하면 그들은 영구적인 셋방이나 건물의 부지를 신청했기 때문이다. 아쉬람의 대지는 너무 한정되어 있어서 별도의 부엌과 욕실이 딸린 한 개 이상의 방을 사용하는 데 익숙해져 있는 개별 이주민들에게 많은 수의 건물을 허용할 수 없었다. 최초의 서양인인 채드윅 소령에게 그 자신의 집을 짓도록 허가를 내 준 뒤에, 부지에 대한 수요의 쇄도가 잇따르자 위기감이 느껴지기 시작했다. 앞으로 예상되는 전망에 당국은 놀랐다. 그래서 그들은 그 모든 것을 단호하게 거절하게 되었다.

1941년경에는 사람들의 과다 유입이 극심하여 그때까지만 해도 일부는 마을에, 그리고 일부는 산이나 혹은 빨라꼿뚜라는 이름으로 알려진 가까운 숲과 같은 곳에서 흩어져 살았던 헌신자들이 아쉬람 근처에 많은 면적의 토지를 취득하여 그들끼리 그 땅을 주택 부지로 나누어, 그 부지에다 그들의 작은 집을 지었다. 5년이 지나는 사이에, 이곳은 아쉬람의 권한이나 관리로부터 완전히 독립되고 그들로부터 자유로운 하나의 새로운 마을로 성장했다. 그 마을 안에는 많은 사다까_{sadhaka}들이 살았다. 일부는 혼자서, 일부는 가족과 함께 살았다. 이러한 마을은 이제 슈리 바가반의 이름을 따서 라마나나가르란 이름으로 알려져 있으며, 그 자체의 우체국도 가지고 있다.

1946년까지 변화되지 않고 남아 있던 유일한 장소는 스승께서 생활하시고 주무시면서 끊임없이 흘러들어 오는 방문객들을 맞이했던 낡은 기와지붕의 달샨darshan 홀이었다. 그곳은 항상 만원이었다. 그래서 그 안으로 비집고 들어갈 수 없었던 사람들은 베란다 밖에 앉아서 명상하거나 혹은 문이나 창문을 통해 흘러나오는 내부의 이야기들을 듣는 것으로 만족했다. 1946년에 스승께서 띠루반나말라이에 도착하신 지 50년이 되는 50주년 기념행사를 맞이하여 세계 각지로부터 엄청난 사람들이 몰려들자, 홀의 북쪽에 삼면이 터져 있고 야자나무 잎으로 덮은 임시 구조물이 만들어져 활용되었다. 그 집은 50주년 홀로 알려지게 되었다. 하지만 이곳은 1949년 어머니의 사원에 소속된 커다란 석조 건물의 홀이 완성되어 개관할 때까지 달샨 홀로서의 역할을 했다.

제자들

본서의 본문 속에서는 마하리쉬가 제자들 개개인에 대하여 느꼈던 개별적인 매력을 설명하기 위하여 그들에 대한 간략한 소개와 더불어 그들의 이름이 언급되었다. 하지만 그들만이 소개할 가치가 있는 이야기를 가진 유일한 사람들이 결코 아니다. 실제로, 개개의 헌신자는 자신의 환경에 독특한 자신만의 재미있는 이야기를 가지고 있었다.

1935년 이후에 헌신자들의 수가 엄청난 비율로 증가함에 따라, 여기에 기록하기 위하여 그들 가운데 누군가를 골라내려고 한다면 그것은 불공평할 뿐만 아니라 크게 오도할지도 모른다. 이제는 외국인들이 눈에 띌 정도로 많이 들어왔으며, 어떤 방문객이 한 번쯤 자기 나라 대표로 오지 않는 문명국은 거의 없다. 바로 이 시간에도 그들 가운데 소수의 사람들은 여전히 그곳에 묶여 있다. 왜냐하면 그들은 그곳을 이 미친 세상에서 그래도 가장 정신이 온전한 곳 가운데 하나로 보고 있기 때문이다. 그곳에서는 그들의 신성한 구루의 성스러운 유골이 영적인 힘과 평화와 함께 계속 빛을 발하고 있기 때문이다. 그들 중 거의 모든 사람들이 그들이 살고 있는 집을 소유하고 있다.

책들

1936년 이래로 스승의 녹음된 대담들을 담고 있는 신간 서적들이 아쉬람에 의해 출판되었다. 일부는 따밀어 원본에서 번역된 책들이고, 일부는 직접 영어로 쓴 책들이다. 마하니르바나 이후에 잇따라 책들이 쏟아져 나왔는데, 그 모두가 회상록이나 일기 혹은 녹음된 대화로부터 오래된 헌신자들에 의해 쓰여졌다.

어머니의 사마디

1922년에 있었던 마하리쉬 어머니의 니르바나와 그리고 아루나짤라의 남쪽에 위치한 빨리띠르땀 근처에 그녀의 시신을 매장했다는 이야기를 이미 하였다. 그로 인하여 아쉬람의 본거지가 산에서 사마디가 있는 장소로 이동하게 되었으며, 그 사마디 장소를 중심으로 아쉬람은 성장하고 확장되어 나갔다. 스승의 동생인 슈리 니란자나난다스와미는 나중에 사르바디까리가 되었지만, 아주 헌신적인 아들로 드러났다. 자기 어머니의 사마디 위로 걸쳐 있는 단순한 구조물에 만족하지 못한 그는 사원의 형태로 항구적인 기념물을 지어 지금까지 살았던 가장 강력한 리쉬의 어머니로서 그녀의 유물을 불멸케 하려고 결심했다. 그는 1938년에 계획을 세워, 끊임없는 열의와 열정을 가지고 즉시 공사에 착수했다. 헌신자들의 기부금으로부터 그는 가능한 한 여분의 돈을 절약하여 그 돈으로 서서히 그 건물을 짓는 데 필요한 모든 자재들을 사 모았다. 그가 이러한 기념물의 완공에 쏟은 일점 지향의 집중은 문자 그대로 그에게 심장의 피를 잃게 했다고 할 수 있다. 11년간에 걸친 끊임없는 감독과 노고는 마침내 성공적으로 마무리되었다. 1949년 초에 웅장한 건축물이 완성되었다. 축성식(꿈바비쉐깜)은 바가반이 참석한 가운데 그의 틀림없는 축복과 함께, 아가마에 따라 3월 14일부터 18일까지 완전히 닷새 동안 거행되었다. 이 축성식에 참석한 인원은 적어도 만 오천 명이나 되었다. 이들은 띠루반나말라이의 지역과 인도 전역에서 왔다. 그날 이후부터 오늘날 마뜨루부떼스와라 사원으로 알려져 있는 이 성소에서는 그곳에 안치된 슈리 짜끄라[32]에 대한 정기적인 숭배의식과 일상의 숭배의식이 함께 매일 거행되어 왔다.

어머니의 마하뿌자 의식도 매년 힌두 달력에 따라 5월이나 6월에 아쉬람에서 거행되어 오고 있다.

---

32 분리할 수 없는 쉬바-샥띠를 우주의 가장 내부의 중심으로 삼고 있는 우주의 모든 것을 상징한다.

스승의 병과 마하니르바나

마뜨루부떼스와라 사원 옆에, 커다란 홀이 사원 자체와 똑같은 자재를 사용하여 항구적인 달샨darsan 홀로 세워졌다. 그 안에는 한 개의 바위를 깎아 내어 아름답게 윤을 내고 조각하고 설계한 커다란 침상 하나가 스승을 위해 놓여 있었다. 낮에는 좌석으로, 밤에는 침대로 역할을 했다. 이 새로운 달샨 홀은 1949년 6월 1일에 간소한 의식 속에 개관이 되었다.

아아! 하지만, 그때부터 스승의 건강이 무너지기 시작했다. 그는 이미 나이 70에 접어들었고, 젊었을 때 자신의 몸을 완전히 방치했기 때문에 생긴 만성병이 그에게 영향을 미치기 시작했다. 다양한 공터와 산에서 추위나 비, 바람에, 그리고 지하 동굴(빠딸라 링감)의 습기에 그대로 노출되어 있었기 때문에, 그는 천식과 관절염에 걸렸고, 그 질환은 그가 죽을 때까지 따라다녔다. 1947년에 허약함을 분명히 보여 주는 증세들이 나타났다. 그 때문에 그의 기관은 잠재적 혹은 새로운 질병의 침입에 노출되었다. 류머티즘 그 자체도 그 맹위를 더해 갔고, 장기간 계속되는 신경성 딸꾹질은 더욱 그를 허약하게 만들며, 그의 왼쪽 팔꿈치에 악성 육종의 종양을 촉진시켰다. 결국 그의 몸은 1년 이상 계속되는 중병을 치른 뒤에 그 종양으로 죽음을 맞이하였다.

1949년과 1950년은 스승에게 큰 신체적 고통의 해였다. 비록 그가 전혀 불평도 하지 않고, 사실 그와 같은 신성한 인간에게 어울리는 즐겁고 침착한 태도로 모든 통증과 외과적 수술, 그리고 라듐 도포를 견뎌 냈지만, 제자들은 악성 종양의 부식성 독성이 그의 허약하고도 민감한 몸속에서 일으킬 큰 피해에 대하여 조금도 잘못 생각하지 않았다. 그 종양은 1948년 11월에 왼쪽 팔꿈치의 척골 신경에 완두콩 크기만 한 작은 덩어리로 시작했다. 그래서 아쉬람의 주치의는 또 다른 헌신자인 의사의 도움을 받아, 그것을 바로 초기에 제거하는 것이 적합하다고 생각하여 1949년 2월 9일에 수술을 했다. 하지만 아아! 그 상처에서는 또 하나의 종양이 자라났고, 어느 날 스승은 농담조로 그것이 "링감처럼 솟아 있다."고 그 특성을 묘사했다. 따라서 3월 27일에 또 한 차례의 수술을 해야만 했다. 이번에는 저명한 외과의사가 집도하였고, 그는 재발을 방지할 만큼 충분히 종양을 제거했다고 생각했다. 하지만 또다시 그 상처는 좀처럼 나아지지 않았다. 나중에는 라듐을 도포하는 치료를 하였고, 그 방사선의 작용으로 상처는 좋은 증세를 보였고, 스승의 건강도 상당히 호전되었지만, 이러한 호전은 일시적인 것으로 드러났다. 한 달간의 허브 치료를 한 뒤에는, 페니실린 주사를 맞아야 하는 패혈증 증세가 7월에 나타났다. 의사들은 어깨로부터 왼쪽 팔 전체를 절단해야만 완전한 치료가 가능하다고 생각했으나, 스승은 거기에 동의하지 않았다. 따라서 8월 7일에는 아쉬람의 의무실에서 훨씬 더 정교한 수술을 행해야만 했고, 그 다음 12월 19일에는 팔 절단의 유일한 대안으로서 끔찍한 그 병을 바로 그 근원에서부터 잘라 버리겠다는 희망으로 마취제, 투열성 칼, 수혈 그리고 기타 모든 외과 수술용 용품들을 갖추어 놓고 네 번째 수술을 해야만 했다. 그러나 운명의 여신이 의사들의 기술보다 더 강한 것으로 판명이 났다. 그 네 번째의 마지막 수술이 스승의 체력을 너무나 고갈시켰으므로 더 이상의 외과 수술에 의존하는 것은 완전히 불가능해졌다. 그 다음에는 동종요

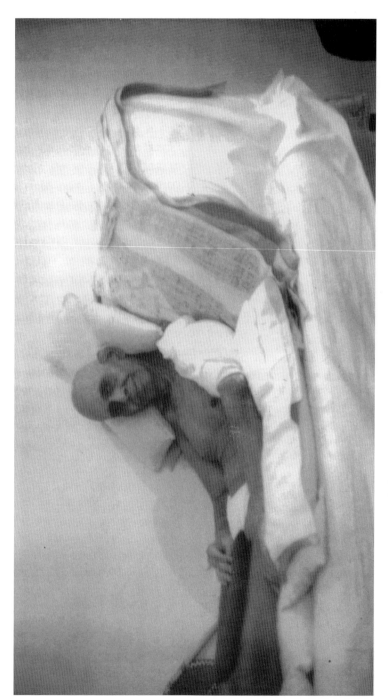

마가빈 슈리 라마나 마하리쉬(마하니르바나 열흘 전)

슈리 니란자나난다 스와미

빨리 띠르땀

법, 아유르베다, 그리고 싯다 바이디야와 같은 다른 의학 체계를 하나씩 시도해 갔지만, 모든 것이 효과가 없는 것으로 드러났고, 3월 말에는 모든 치료가 중단되었고 모든 희망도 사라졌다. 4월 초순에 모여든 엄청난 수의 헌신자들은 그의 얼굴에 나타난 평화로운 침착성과 그의 두 눈의 광채, 그리고 예민하고 빈틈없는 그의 마음을 보고 놀랐다. 그는 이 끔찍스러운 시련을 겪는 동안 한 번도 불평하거나 신음 소리를 내거나 한숨을 내쉬지 않았다!

1950년 1월 1일에 의무실을 떠난 뒤에, 스승은 큰 달샨 홀로 돌아가지 않고, 이전에 몇 개월 동안 침실로 사용하였던 작은 방으로 갔다. 거기에서 그는 아침저녁으로 하루에 두 번, 방 바로 밖에 있는 소파로 발을 끌며 걸어 나가서, 약 한 시간 동안 제자들 사이에 앉아 있었다. 하지만 3월 28일에 이렇게 몇 발자국도 걸어 나갈 수 없다는 것을 알고, 비록 헌신자들에게 하루에 두 번 그를 볼 기회를 주어야 한다고 주장했지만, 그만두었다. 그래서 헌신자들이 바로 4월 14일 마지막 저녁 때까지 줄을 지어 그의 문 앞을 지나감으로써 달샨을 계속했다. 스승의 병에 대한 구체적인 사항들은 이미 나의 책 『구루 라마나Guru Ramana』에서 발표되었다. 그래서 그 책을 읽지 않은 독자들을 위해 이 마지막 날과 그 다음 이틀 사이에 일어난 사건들을 그 책에서 인용해 소개한다.

"1950년 4월 14일, 마하리쉬는 매우 위중한 상태이다. 헌신자들은 숨을 죽이고 말없는 슬픔 속에서 아침 나절을 몽땅 보냈다. 천오백 명 이상이나 참석한 저녁 달샨 이후에, 확실히 마지막 순간이 왔다는 판단에 아무도 이의가 없었다. 이제 스승은 커다란 베개에 몸을 기댄 채, 마음대로 숨을 쉴 수 있도록 거의 앉은 자세로 있었다. 오후 7시에 몇 분 동안 그에게 산소를 공급해 주었지만, 그것이 그에게 별다른 위안을 주지 못한다는 것을 알아차리고, 그는 힘없이 그만두라고 요구했다. 상황은 긴박했다. 밖에서는 대략 5백 명의 헌신자들이 슬픔에 싸여 엄숙한 마지막 순간을 기다리고 있었다. 헌신자들과 아쉬람 일꾼들과 소수의 경험 많은 제자들이 차례로 안으로 들어가서 마지막 친견을 가졌다. 죽음이 다가오는 것으로 알려지자, 그곳에 모인 사람들은 8시 47분이 될 때까지 한 목소리로 그가 아루나짤라 신을 찬미하기 위하여 지은 따밀 찬가인 "아루나짤라 쉬바, 아루나짤라 쉬바, 아루나짤라 쉬바, 아루나짤라"를 계속 부르기 시작했다. 비탄에 빠진 헌신자들은 요가의 가부좌 자세로 앉아 있도록 한 성스러운 시신을 안치해 놓은 큰 달샨 홀로 달려가서 그들의 마지막 경의를 표하였다. 이 뉴스는 맹렬한 불길처럼 읍내와 이웃 마을들로 퍼져 나가, 많은 사람들을 이곳으로 모이게 하였다. 9시 15분경에 조문객들이 너무 많아, 모든 사람들에게 조의를 표할 기회를 줄 필요가 있어서, 질서정연하게 그 시신 곁을 지나가게 하였다. 따라서 차례를 기다리는 사람들의 행렬은 일곱 명에서 열 명 단위로 빽빽하게 빠른 속도로 만들어졌다."

"소파 주위에는 제자들이 앉아 있었는데, 일부는 마하리쉬의 저작과 헌신의 찬가를 노래하고 있었고, 일부는 말없이 앉아 있었다. 백단향 반죽과 재스민 꽃들이 이제 시신을 덮고 있으며, 그 옆에는 향불이 피어오르고 있다."

"오후 9시경에, 유명한 프랑스 사진작가인 까르띠에 브레송 씨는 자신의 경험을 나에게 이야기해 주었다. 그는 이렇게 말했다. '정말 놀라운 경험입니다. 내 방 앞의 공터에 있을 때, 친구들과 함께 나는 지금까지 보았던 어떤 유성과는 달리, 빛나는 꼬리가 달린 너무도 밝은 유성이 남쪽 하늘에서 나와 서서히 하늘을 가로질러 아루나짤라 정상에 이르러 그 뒤로 사라지는 것을 보았습니다. 그것이 너무나 특이하여 우리 모두는 그 별의 의미를 짐작하고 즉시 우리의 시계를 쳐다보았습니다. 8시 47분이었습니다. 우리는 급히 아쉬람으로 달려갔지만 결국 우리의 예감이 슬프게도 틀리지 않다는 것을 알았습니다. 스승께서 바로 그 시각에 마하니르바나로 드셨던 것입니다.' 아쉬람에 있던 다른 헌신자들과 마을에 있던 사람들도 역시 불운한 유성을 보았다고 나중에 나에게 전해 주었다."

"4월 15일, 숭배자들의 조문 행렬이 지난밤에 철야를 하며, 오전 11시 30분에 시신을 남쪽 베란다로 운구하여 뿌자puja와 아비쉐깜abhisekam 의식을 행할 때까지 계속되었듯이, 많은 헌신자들은 밤을 세우며 베다를 노래하고 계속 암송하였다. 사르바디까리인 슈리 니란자난다 스와미가 직접 임석한 가운데 그의 감독을 받으며, 슈리 T.N. 벤까따라만은 신성한 머리 위로 여러 병의 우유와 응유, 버터 밀크, 오렌지 주스, 으깬 바나나와 잭푸르트, 야자수 등을 부었고, 그 다음에는 여러 병의 장미 향수와 향유, 온갖 종류의 향수와 달콤한 향기가 나는 기름들을 부었다. 그 다음에는 거대한 화환과 재스민 꽃 더미가 목 주위에 놓여 졌고, 전신에 뿌려졌다."

"오후 6시 반에, 그때까지 적어도 4만여 명의 사람들로부터 조문을 받은 시신은 사원의 신을 위해 준비된 화려하게 꾸민 1인용 가마에 실려 사마디로 옮겨졌다. 여기서 그 시신은 동일한 요가 자세로 가장 좋은 깟다르kaddar(손으로 짠 천)로 만들어진 자루 속에 넣어졌고, 그 다음 그 자루에 순수한 장뇌와 신성한 재(비부띠vibhuti)를 채워 넣은 뒤, 그것을 위해 이미 준비되어 있던 땅 속의 삼각형 속으로 내려졌다. 그 다음 그 땅은 벌레들과 부패로부터 시신을 보존하기 위하여 장뇌, 소금, 신성한 재로 듬뿍 채워 넣고, 돌을 쌓아 봉쇄했다."

"긴 세월에 걸쳐 스승에게 헌신해 오던 빠르시 교도인 까이꼬바드 씨는 지난밤에 우연히 마드라스(띠루반나말라이에서 120마일 떨어진)에 있는 그의 집 테라스에 있다가, 까르띠에 브라슨 등이 지난밤에 언급했던 바로 그 유성을 보았으며, 직관적으로 그 유성을 스승의 마하니르바나와 관련시키고, 아침까지 기다리지 않고 지체 없이 차를 빌려 최고 속도로 달려왔다."

"4월 16일, 오늘 아침 마드라스에서 도착한 모든 영자 신문과 자국어 신문들은 제1면 톱 머리기사 제목으로 마하리쉬의 서거 소식을 크게 보도했다. 신문은 또한 4월 14일 밤 8시 47분에 수만 평방 마일에 이르는 마드라스 주 전역에 걸쳐 각기 다른 지역에서 수많은 사람들에 의해 하늘에서 목격되고, 그 특이한 모습과 행태에 감동을 받고 그 이상한 현상의 원인을 위대한 영혼의 서거로 돌린 많은 목격자들에 의해 언론사에 보고된 그 유성을 언급하였다. 증거가 필요하다면 이러한 다량의 증거는 자명하다."

성스러운 유해의 매장은 1938년까지 스승이 식사를 하셨던 거의 동일한 장소에서 이루어졌다. 즉 사무실을 겸했던 작은 식당은 그 무렵에는 존재하지 않았고, 스승의 사마디가 현재의 그림과 같은 사원으로 변모하는 동안에 그 사마디 대신에 숭배의 장소로만 사용되었다. 따라서 한때 식당이었던 것이 1950년에는 스승의 사마디인 아쉬람의 심장이 되었으며, 이곳에서는 아비쉐깜abhishekam, 뿌자puja 그리고 네이베디얌neivedyam 의식이 하루에 두 번 거행되며, 이때 빠라야남Parayanam (베다 경전의 암송)도 함께 진행되는데, 그것은 스승이 생전에 앉아 계셨던 그 좌석 근처에서 불리곤 했다. 아쉬람에 거주하는 헌신자들과 방문객들은 특히 저녁 행사 때, 보통 이 헌신의 의식에 참여한다. 그들은 앉아서 경건하게 선율이 아름다운 노래를 듣거나, 혹은 정화를 시켜 주는 신성한 사마디 근처에서 명상을 한다.

슈리 니란자나난다 스와미

독자는 이미 이 이름을 잘 알고 있을 것이다. 독자의 기억을 새롭게 하기 위하여 필자는 다른 곳에서 이미 기록한 내용을 간단하게 요약하고자 한다. 슈리 니란자나난다 스와미, 즉 간단히 찐나스와미는 슈리 마하리쉬의 동생이며, 끝에서 두 번째 자식이었다. 1885년에 태어난 그는 1917년에 홀아비로서 슈리 바가반을 섬기는 일에 그의 생애를 모두 바칠 셈으로 산야사의 맹세를 하면서 띠루반나말라이에 있는 스승의 아쉬람에 합류했다. 1930년에 그는 아쉬람의 사르바디까리sarvadhikari가 되어, 세상적인 문제들을 관리했다. 그때부터 그가 죽음을 맞이한 1953년 초까지, 그는 아쉬람의 복지를 위하여, 그리고 그의 가슴속에서 가장 소중히 여겼던 대상인 어머니의 추모의 영속화를 위하여 모범적인 헌신과 함께 지칠 줄 모르게 일했다. 현재의 아쉬람과 거기에 들어 있는 모든 것이 존재하게 된 것은 전적으로 그의 끈기 있는 노고와 검소함의 덕분이다. 그가 아쉬람을 위하여 얼마나 근검절약했는지는 그가 임종을 맞이하여 그의 후계자들에게 전해 준 마지막 메시지를 보면 판단할 수 있을 것이다. 그것에 대하여는 적절한 때에 언급을 하겠다. 이미 언급을 한 아쉬람 내부의 확장을 제외하고, 찐나스와미는 아쉬람의 명의로 띠루쭐리에 있는 슈리 마하리쉬의 출생지를 구입하여 그것을 "순다라 만디람"이라는 이름의 사원으로 개조하였다. 그는 또한 스승께서 절대적인 의식을 처음으로 경험했고 1896년에 띠루반나말라이로 떠났던, 마두라이에 있는 집도 취득했다. 그 집도 또한 "슈리 라마나 만디람"이라는 이름의 사원이 되었다. 이 두 성소에서도 매일 뿌자 의식이 거행되고 있다.

스승의 죽음은 찐나스와미에게 깊은 영향을 미쳤다. 특히 몇몇 옹졸한 마음을 가졌던 동료들이 그의 권위에 대항하여 고개를 들며 그를 방해하고 괴롭히는 일에 전념했기 때문에 스승의 죽음은 마치 태양이 그에게 영원히 지고, 그를 완전한 어둠 속에 무력한 상태로 내버려둔 것처럼 보였다. 그는 곧 심장병에 걸렸고, 이제 그의 일이 끝나고, 또한 잘 마무리된 것을 보고는, 그의 늙고 지친 몸에 마땅히 받을 가치가 있는 오랜 휴식을 주기로 마음먹었다. 그래서 1950년 6월에 그는 가장 유명한 헌신자들로 구성된 회의를 소집하여, 그들 가운데서 기꺼이 봉사하려는 가장 유능한 사람을 선출한 뒤에, 그는 '슈리 라마나쉬람 관리 위원회'라는 명칭으로 위원회를 결성했고, 그 자신의 주재 하에 아쉬람의 활동 사업을 이행할 주요 임무를 그 위원회에 맡겼다.

그의 사랑하는 형이자 스승이 떠나가고 그의 몇몇 동료들의 호전적인 반항을 보고 비록 그의 마음은 아팠지만, 그는 끝까지 배후에서 그를 지원해 주는 슈리 바가반의 힘을 느끼지 않은 적이 한 번도 없었다. 스승이 살아 계시는 동안 오랜 세월에 걸쳐 봉사를 하면서 어려움에 처할 때마다 그를 떠받쳐 주었던 영적인 태양은 내면에서 계속 빛을 내며 그에게 힘을 주며 이끌어 주었다. 이제 그것은 그에게 치유의 평화를 가득 채워 주었다. 그러나 심장병이 그에게 너무 많은 영향을 미쳐서 1952년 마지막 6개월 동안 그는 침상에 누워 영웅적인 힘으로 그의 병을 견디고 있었다. 신체적 고통을 통한 정화 작업이 끝날 수 있도록 죽음은 서서히 다가왔다. 비록 그의 가슴은 호흡을 하기 위해 몸부림치고, 그의 팔다리는 무거운 짐에서 벗어나기를 갈망했지만, 그는 아쉬람 진료소의 작은 방에 바가반의 사진을 앞에 걸어 놓고, 그의 마음은 바가반에게 집중된 상태로 있었다. 1월 23일에, 그의 죽음이 임박했음을 느끼고, 그는 아들이며 아쉬람 관리의 후계자인 T.N. 벤까따라만과 몇몇 아쉬람 근로자들과 헌신자들을 불러 놓고, 숨을 죽인 채 다음과 같이 말했다.

"나는 깨끗한 양심과 깨끗한 손으로 떠나려 한다. 나는 나 자신을 위하여 심지어 아쉬람 기금의 한 푼도 사용하지 않았다. 여기에 있는 모든 것은 바가반의 것이며, 보통 말하는 그런 주의와 경계를 하면서 지켜 내야 한다. 열과 성을 다해 신을 섬기는 일에 헌신하라. 그러면 신은 거기에 대한 보답으로 여러분에게 은총을 듬뿍 내려주실 것이다. 그대들 마음의 중심에 거짓이 없으며 진실해라. 내가 한평생 떠받들며 살아왔듯이, 이 아쉬람의 운용 방식에서 우리가 존중하던 옛날의 전통을 유지하라."

1953년 1월 29일 목요일 오후 11시 30분, 즉 마까람의 매우 신성한 만월이 되는 거의 정확한 시각에 아쉬람의 헌신자들이 베다와 아루나짤라의 찬가를 부르는 가운데 슈리 니란자나난다 스와미는 평화롭게 마하사마디로 접어들었다. 그의 유해는 그 자신이 직접 심고 길러 그에게는 소중했던 평화로운 야자수 숲 속에 매장되었다. 이곳은 그가 평생 사모했던 그의 어머니의 사마디가 있는 곳과 마주하고 있었다. 비록 그가 선택한 곳은 아니지만, 이 장소는 그의 영혼에게 큰 기쁨을 주었을 것이다.

그와 함께 순다람 아이어와 알라감말의 가장 어린 막내아들이 저 세상으로 갔다.

그의 아들인 T.N. 벤까따라만은 1953년 2월 1일에 슈리 라마나스라맘 관리 위원회의 종신 회장으로 취임했다.

"아따이ATHAI"

이 전기는 스승의 여동생인 알라멜루 암말에 대한 간략한 언급이 없다면 완전하지 못할 것이다. 그녀는 부모의 마지막 자식이며 외동딸이었다. 찐나스와미라고 불린 나가순다람은 아주 젊었을 때 홀아비가 되었다. 그의 갓난 아들이 그의 여동생이며 아들에게는 고모인 알라멜루 암말에게 맡겨져 자랐다는 이야기가 생각날 것이다. 따라서 그 아이는 자연스럽게 자라면서 그녀를 "아따이"(고모)라고 불렀고, 그때부터 그녀는 그 이름으로 불렸다. 그래서 스승의 모든 헌신자들도 친밀감 있게 바로 그 이름으로 그녀를 불렀다.

1888년에 태어난 아따이는 수정처럼 맑다는 점에서, 그리고 삶의 모든 조건들이 신으로부터 직접 오는 것이라 생각하며 그 조건들을 말없이 체념하며 받아들인다는 점에서 비할 데 없이 진귀한 그런 영혼들 가운데 한 사람으로 자랐다. 삶 자체도 오로지 신을 섬기기 위하여 마련된 신의 선물이라고 그녀는 생각했다. 그들이 낳은 자식이 없었기 때문에, 그녀와 남편 삐쭈 아이어는 감사하는 마음으로 조카아들 벤까따라만을 돌보며, 다정스런 부모의 모든 친절과 사랑으로 그를 양육했다. 그리고 벤까따라만이 성장하여 훌륭한 어른이 되고 결혼을 하여 자식을 낳자, 그들은 그(조카)를 돌보아 주었던 것과 똑같은 사랑스런 마음으로 그의 자식들도 돌보아 주었다.

1938년에 찐나스와미에게 보조자가 꼭 필요하자, 그는 당시 24세의 총명한 젊은이였던 벤까따라만을 불러 아쉬람 관리를 돕게 하였다. 벤까따라만과 함께 그의 아내와 두 갓난 아들이 왔으며, 이어서 2, 3년 뒤에는 삐쭈 아이어와 아따이도 왔다. 여성들은 아쉬람 본거지에 머물 수 없도록 되어 있었기 때문에, 가족 전체가 마을에 집을 빌려 살다가 마침내 삐쭈 아이어가 아쉬람 근처의 라마나나가르에 부지를 매입하여 거기에 그들의 집을 지었다.

하지만 아따이는 그녀의 오빠인 찐나스와미와 같은 달에 죽을 운명이었다. 오빠처럼 그녀도 1952년의 마지막 6개월을 악성 간질환으로 병상에 누워 지내다가, 신의 뜻에 따라 1953년 1월 3일 오전 8시 20분에 고통에서 벗어나, 신성한 오빠인 슈리 라마나 바가반에 의해 정해진 영원한 생명에 평화롭게 들어섰다.

슈리 바가반의 사마디

경전에 규정된 대로 매일 베다의 숭배의식을 올리고 헌신자들이 명상을 할 수 있는 영구적인 구조물로서 스승의 사마디 건물을 완성하려는 절박함이 아쉬람 당국자들에 의해 민감하게 느껴졌다. 슈리 바가반의 절대성에 대한 가르침이 급속도로 서양으로 전파되어 감에 따라, 사마디 건물뿐만 아니라, 아쉬람 그 자체를 스승과 아쉬람 일꾼들의 전용 거주지에서 모든 헌신자들, 즉 일꾼들과 특히 서양의 수행자들이 다 같이 사용할 수 있는 거주 구역으로 바꿀 필요가 있었다. 이러한 필요성은 스승께서 30년 이상 생활하시면서 방문객들을 받고 잠을 주무셨던 널찍한 "예전의 홀"이 항상 절대적 침묵만이 흐르는 명상의 주요 홀로 바뀜에 따라 더욱더 그러했다. 외국인들 가운데 일부는 며칠이나 몇 주가 아니라 몇 달이나 몇 년 동안 아쉬람에 머물고 있기 때문에 그들에 의한 아쉬람 구내의 숙박 시설에 대한 꾸준히 증대되는 수요는 더 이상 무시할 수 없는 문제가 되었다.

그러나 사마디의 건물이 먼저 세워져야만 했고, 기금의 마련은 속도가 느렸다. 그래서 수년 동안 그 기금이 너무 무기력하게 조금씩 들어왔으므로 마침내 그것이 1967년에 가서야 완공되어 축성식을 가지게 되자, 안도의 한숨을 내쉬게 되었다.

"산길"

"산길(The Mountain Path)"이라는 제목을 가지고 1964년 초부터 라

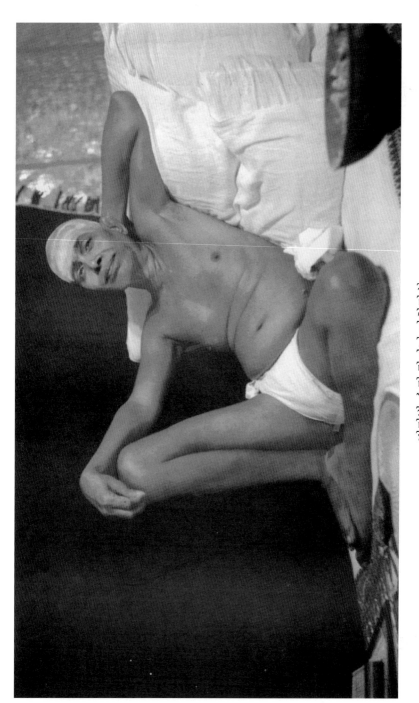

바가반 슈리 라마나 마하리쉬

바가반이 20년 이상 앉아 있던 옛 명상 홀에는 이제 그의 실물 크기 초상화가 놓여 있다.

마나스라맘에서 정기적으로 출간되기 시작한 계간지는 어떠한 소개도 할 필요가 없을 것이다. 그 계간지가 처음 발행되던 바로 그 순간부터 그것이 얻은 광범위한 인기 때문에, 독자들은 지금쯤 충분히 그것을 잘 알고 있을 것이기 때문이다. 그것은 아쉬람이 책임지고 있는 활동과 무관한 것이 아니라, 특히 멀리 떨어진 세계의 각지에 살고 있는 제자들에게 슈리 바가반의 절대적인 참나의 가르침을 전해 주기 위해 자연스럽게 생겨난 것처럼 보였다. 수많은 '편집자에게 온 편지들'과 그들에 대한 편집자의 답변들은 그 계간지의 매호에 나타난다. 하지만, 비록 그 잡지가 공언하고 있는 "목표가 특히 모든 종교와 모든 시대의 성자들과 신비가들에 의해 입증된 전통적인 지혜를 알려 주고, 현대 세계의 제반 조건 속에서 구도자들이 따라갈 수 있는 길을 명확히 해 주는 것"임에도 불구하고, 그 주요 목표는 슈리 바가반의 가르침과 그리고 우빠니샤드 지식의 핵심인 아드바이따 계열의 사상을 널리 보급하는 것이다. 아무튼 그 계간지는 이 아쉬람 및 아쉬람의 활동과 동일시되고 있다.

비록 외적으로는 마하리쉬가 현장을 떠나고 없지만, 아쉬람은 계속해서 신성함과 신성한 평화가 깃든 장소로 남아 있다. 순례자들과 헌신자들은 아쉬람을 찾아와서 신성한 사마디 앞에 앉아 있거나 혹은 명상 홀에 앉아 있으며, 그리고 평소와 마찬가지로 그들에게 모든 것을 의미했고, 마음이 허할 때 잃어버렸을지도 모를까 두려워했던 그들의 사랑하는 구루 바로 앞에 그들이 있다는 것을 알게 된다. 놀라움에 이어서 기쁨의 표정이 나타나고, 그들은 앉은 자리에서 일어나, 라마나가 살아 계신다는 것을 완전히 확신한 채 그 자리를 떠난다.

부록
슈리 바가반의 생애에 있었던 중요한 사건들

1879년 12월 30일 월요일 따밀력 쁘라마띠의 마르갈리 16일에 해당. - 뿌나르바사 별자리, 아르드라 달샤남 날. - 띠루쭐리의 슈리 순다라 만디람에서 새벽 1시에 태어나다.

1891년 띠루쭐리에서 초등학교를 마친 뒤 딘디굴로 가다. 1892년 2월 18일 아버지 순다람 아이어가 세상을 떠나다. 마두라이로 가서 스콧트 중학교와 미국 미션 고등학교에서 공부를 하다.

1895년 11월 나이가 많은 한 친척으로부터 '아루나짤람'이라는 말을 듣다.

1896년 (아마도 7월 중순) 마두라이에서 죽음의 경험을 통하여 완전하고도 영원한 참나 깨달음을 얻다. (슈리 라마나 만디람에서)

8월 29일, 토요일 마두라이를 떠나 아루나짤라를 향하다. 사원의 여러 곳, 즉 지하의 빠딸라 링가에서, 때로는 고뿌람과 같은 곳에서 지내다.

1897년 초에 읍 교외에 있는 구루무르땀으로 가다.

사원과 인접한 곳에 있던 망고 숲에 머물다.

1898년 5월 넬리압빠 아이어가 망고 숲에 있던 바가반을 방문하다. 9월 빠발라꾼루로 가다.

378 ●

12월 어머니 알라감말이 빠발라꾼루에 있던 바가반을 방문하다. 1899년 2월 아루나짤라 산으로 이동하다. 산의 여러 동굴에 머물렀지만, 주로 비루빡샤 동굴에서 머물다. 여름의 거주처로는 망고나무 동굴을 이용하다.

1900년 비루빡샤 동굴에서 감비람 세샤야에 의하여 제기된 질문에 답을 하다.

1902년 (위의 것이 『자기 탐구』로서 출간되었다.)

1902년 쉬바쁘라까삼 삘라이가 물은 질문에 답을 하다. (「나는 누구인가?」)

1905년 역병이 있던 6개월 동안 빠찌암만 꼬일로 가다.

1907년 11월 18일 까비야 깐따 가나빠띠 무니를 가끔 만나다. 바가반은 무니에게 우빠데사를 주다.

1908년 (1월에서 5월) 가나빠띠 무니 등 다른 사람들과 더불어 빠찌암만 꼬일에 머물다가 비루빡샤 동굴로 다시 돌아오다.

아디 쌍까라의 『비베까쭈다마니』와 『드릭 드리샤 비베까』를 따밀 산문으로 번역하다.

1911년 12월 첫 번째의 서구인인 F.H. 험프리즈가 바가반을 만나다.

1912년 바수데바 샤스뜨리와 다른 이들이 있는 가운데 거북 바위에서 두 번째로 죽음의 경험을 하다.

1914년 어머니가 병에서 회복될 수 있도록 아루나짤라에게 기도(노래)를 바치다.

1915년 「뿟빠둠의 노래」가 어머니를 위하여 쓰이다.

「아루나짤라 악샤라마나말라이」, 「아루나짤라 빠디깜」, 「아루나짤라 아슈따깜」, 「데비 깔롯따라」를 번역하다. 아디 쌍까라의 「닥쉬나무르띠의 노래」, 「구루 스뚜띠」와 「하스따말라까 스또뜨라」를 번역하다. 이러한 것들이 비루빡샤에 머무는 동안에 이루어지다.

1916년 스깐다스람으로 옮겨가다.

1917년 산스끄리뜨로 「아루나짤라 빤짜라뜨남」을 작성하다.

어머니가 스깐다스람에 거주하다. 「슈리 라마나 기따」가 가나빠띠 무니에 의

하여 산스끄리뜨로 번역되다.

1922년 5월 19일, 금요일. 어머니가 마하 사마디에 들다.

　12월 중순 현재의 슈리 라마나스라맘의 자리로 옮겨가다.

1927년 따밀어, 뗼루구어, 산스끄리뜨 그리고 말라얄람어로 「우빠데사」를 쓰다.

　5월 24일 아뜨마 비디야(참나 지식)를 작성하다.

1928년 따밀어와 말라얄람어(삿 다르샤남)로 「울라뚜 나르빠뚜」(실재에 대한 40 노래)를 쓰다.

1933년 「아가마: 사르바갸나노따람」 - 「아뜨마 샥샤뜨까라」를 따밀어로 번역하다.

1939년 10월 1일, 목요일. 마뜨루부뻬스와라 사원의 기초를 바가반이 세우다.

1940년 『바가바드 기따』로부터 42시구를 선별하다.(지금은 '천상의 노래'라는 제목이 달려 있다). 그것들을 따밀어와 말라얄람어로 번역하다.

1947년 2월 「에까뜨마 빤쨔깜」(참나에 대한 다섯 노래)을 뗼루구어와 따밀어로 짓다.

1948년 6월 18일 황소 락슈미가 니르바나를 얻다.

　아디 샹까라의 「아뜨마 보다」를 따밀어로 번역하다.

1949년 4월 17일 목요일. 바가반의 현존 하에 마뜨루부뻬스와라 꿈바비쉐깜을 하다.

1950년 4월 14일, 금요일. 오후 8시 47분 바가반이 브람마 니르바나에 들다. 그 순간에 빛나는 유성이 생생하게 남쪽(지금의 니르바나 룸)에서 천천히 북쪽 하늘을 가로질러 아루나짤라 봉우리 뒤쪽으로 사라지는 것을 인도의 여러 곳에서 많은 사람들에 의하여 목격되다.

―――――――

슈리 라마나르빠나마스뚜